철학적 사유의 근본 주제들 I

PHILOSOPHIE:
EIN GRUNDKURS, BAND I

철학적 사유의 근본 주제들 I

PHILOSOPHIE: EIN GRUNDKURS, BAND I

마르텐스(E. Martens) / 슈내델바흐(H. Schnädelbach) 편

원승룡 · 이강서 · 김은주 역

전남대학교출판문화원

■ 공역자 서문

공동 편집자의 짧지 않은 분량의 '서언'이 있기에 번역자 서문은 될 수 있는 대로 간략하게 붙이고자 한다.

이 번역의 원전은 『철학, 기초과정』(*Philosophie, Ein Grundkurs*)이라는 제목으로 1985년에 처음 세상에 나왔다. 좋은 반응에 고무되어 두 공동 편집자 마르텐스E. Martens와 슈내델바흐H. Schnädelbach는 1991년 '자연', '문화', '언어', '기술', '의식' 등이 새로 추가된 개정 증보판을 내기에 이른다. 애초 한 권이었던 책이 두터운 두 권의 책이 되었다. 공동 편집자 두 사람은 함부르크 대학에서 오랫동안 철학을 연구하고 가르쳐 온 동료로서 철학의 기초 지식을 전달해 주는 책들과 전문적 학술 서적 사이의 간격을 메꾸어 줄 수 있는 책을 기획했다고 한다. 이 기획 의도가 책의 수준을 가늠케 해준다. 원저의 제목에 나타나는 'Grund'라는 독일어 단어는 '기초'를 뜻하기도 하고 '근본'을 의미하기도 한다. '철학의 기초과정'이 결코 낮은 수준을 가리키는 것은 아니라고 본다.

이 책의 특징은 분명하다. 우선 이 책은 철학의 핵심 문제들, 주요 주제들을 다룬다. 그러니까 책 전체의 형식은 시간의 흐름에 따른 통시적(通時的) 접근이 아니라 공시적(共時的) 접근을 택하고 있다. 물론 어떤 개별 주제의 경우에는 그 주제가 역사적으로 어떻게 다루어져 왔는가 하는 것을 보이기도 하지만 전체적으로 보아서는 철학사적 접근과는 뚜렷하게 구별된다. 게다가 선택된 주제는 독일어권에서 권위자로 손꼽히는 필자에 의해서 집필되었다. 말하자면 독자들은 이 책을 통해 철학적 사유의 핵심 문제들을 해당 분야 최고 전문가들로부터 소개받는 셈이 된다.

철학의 핵심 문제들을 두루 다룰 뿐만 아니라 '철학 교수법', '철학 연구자들의 직업 전망', '철학 연구 방법론', '철학 연구 기관' 등 여타의 책들에서는 찾아보기 어려운 아이템도 담고 있다는 점을 이 책의 큰 미덕으로 꼽을 수 있겠다. 그러나 일부 주제의 경우에는 필자의 성향이 강하게 드러나 균형이 깨졌다는 단점도 분명하게 보인다. 그런 경우에는 대체로 분석철학적 관점이 지나치고 강조되었다고 하겠다. 독자들은 이런 점을 감안하고 읽어주었으면 좋겠다.

두 권으로 된 원저를 우리말로 번역할 때, 양이 방대한 관계로 번역서는 두 권 이상이 될 가능성이 있으며, 그 순서도 조금 개편할 예정이다. 우선은 가장 기본적인 철학적 주제들을 1권에 배치하고, 1권에는 철학, 이성, 진리, 좋음(선), 정의, 아름다움(미) 등의 주제가 포함되었다. 그리고 후에 출판될 예정인 2권(내지 3권)에서는 인간, 자연, 과학, 문화, 기술, 의식, 철학적 교수법 등등이 포함될 예정이다. 각 주제에 대한 책임 번역자의 이름은 각 주제 뒤에 표기하였다.

본디 이 책을 번역하기로 의기투합한 지는 매우 오래 되었다. 공역자들은 마치 원저의 두 공동 편집자처럼 같은 대학교에서 철학을 연구하고 가르치면서 더 나은 철학 교재를 찾고 있었다. 관심 분야를 나누어 번역하는 과정에서 전남대 박현아 박사와 김효영 선생이 많은 도움을 주었고, 전남대 김은주 선생이 번역의 일부를 감당하여 3인 공동 번역진이 갖춰지게 되었다. 긴 시간이 걸렸지만 이 번역으로 우리들의 학문적 인연이 발휘된 것을 기쁘게 생각한다.

2018. 1.

공동 번역자

■ 편집자 서언

이 책의 목적은 주변의 수많은 기초적 철학 입문에다가 또 하나의 입문을 추가하자는 것이 아니다. 가르치는 활동 속에서 우리가 주목했고, 많은 대학이나 학교의 동료들이 확인해 준 사실은 바로 철학의 기초 지식을 전달해 주는 많은 출판물들과 '학술적인' 전문문헌들 사이에는 하나의 간격이 있다는 것이다. 이 '기초과정'을 통해서 우리는 이 간격을 메우려고 하는 것이다. 이와 함께 명백히 교과서나 연구서에 대한 욕구가 있는데, 이미 철학함의 첫걸음을 뗀 사람들은 집중적인 독학을 통해 아카데믹한 철학적인 담론에 적어도 독자로 참여할 수 있는 능력을 갖추게 한다는 것이다. 동시에 우리는 철학의 전체영역을 적어도 윤곽이라도 소개하기로 했다. 여기서 <기초과정>이라는 말은 그런 식으로 이해해야 한다. 다시 말해 철학의 체계에 대한 기초놓기나 전체적인 개요적인 서술이 아니라, 오늘날 현실성 있는 철학함이라면 수행해야 하는 것처럼, 근본적인 문제들에 대한 기초에 집중된 해설이라는 의미에서 이해되어야 한다.

편집자들은 <서론>에서 이 <기초과정>의 근본 구상을 이끌었던 오늘날 철학에 대한 상황평가를 고려하고 있다. 이것은 사람들이 철학적인 현재의 조건 속에서 철학을 그같이 제시하고 가르칠 수 있듯이, <철학적인 관심 철학에 대한 관심>, <비의성 공공성>, 그리고 <학문으로서 철학 혹은 계몽으로서의 철학>이라는 긴장관계들을 고려할 뿐만 아니라, 유익하게 만들 수 있다는 생각과 관련하여 생겨났다. 오직 문제중심적인 전개만이 우리에게 유용한 것으로 보인다. 이 때문에 이 <기초과정>은 철학적인 분과들(논리학, 형이상학, 인식론, 윤리학 등등)을 제시하는 것이 아니라 오히려 언제나 전체 문제영역을 대표하는 개념들을 제시한다. 모든 현실성 있는 철학함은 자신의 이전 역사와 용해되지 않으면서 교차되므로 개별적인 문제영역들은 우선 개념의 역사와 문제의 역사적인 수단과 함께 제시되어야 한다. 그때그때 달성되는 논의단계(그러나 역사적 완전함은 아닌)로 인도하는 것이 모든 저자들에게 그들이 서로 다른 방식으로 해결해야 하는 절박한 과제다.

주제영역들의 선택에 관해서는 서론 2장 안에서 상론된 칸트적 물음들인 "나는 무엇을 알 수 있는가? 나는 무엇을 행해야 하는가? 나는 무엇을 희망해도 좋은가? 인간이란 무엇인가?" 하는 것들이 우리를 인도하였다.. 우리가 상응하려고 했던 칸트의 제시는 그래도 어느 정도 완전하게 이 <기초과정>의 독자들에게 철학의 대상을 눈앞에 보여주리라는 희망을 갖게 한다.

앞서 말한 것으로부터 이 <기초과정>은 객관적인 근거들로부터도 순수한 철학입문서일 수 없다는 사실이 도출된다. 이 책은 기초지식을 전달하기는 하지만 보편적인 목표설정과 관련하여 언제나 다시 기초수준을 벗어날 필요가 생긴다. 각각의 장들에서 많은 독자들에게 처음에는 과중한 부담을 가하는 '전문적인' 문제분석도 제공된다. 우리는 이 위험을 감수했다. 그리고 우리는 그것을 정당하다고 믿는다. 왜냐하면 인식과 행동의 근본문제들은 개별적인 절들에서가 아니라, 분리되었으면서도 상호 보완하고 해명하는 주제 장들의 결합에서 다루어지기 때문이다. 그렇기 때문에 독자는 그에게 어떤 한 장이 너무 어려우면 다른 장들이 그에게 더 나아간 설명과 도움을 제공한다는 것을 기대할 수 있다. 덧붙여 이 '기초과정'은 단지 독본이 아니라 오히려 무엇보다 연습장과 같다; 이 기초과정은 스스로의 힘으로 계속 나아가게 고무하고 이끌어 간다. 따라서 전거적인 언명들도 일차적으로 이러한 의미로 이해될 수 있다. 2권 뒷부분에서는 철학의 방법, 전달, 제도화된 현실의 문제들은 철학의 내용에 대해 외적인 것이 아니라 모든 현실성 있는 철학함안에서 각각 함께 고려되어야 한다는 편집자들의 신념을 반영한다. 그 때문에 여기에서 그 물음들에 상응하는 공간이 주어진 것이다.

이 <기초과정>에 적어도 개념적으로 통일적인 관점을 주는 데 성공하더라도 이것은 이 기초과정이 어떤 공통적인 철학이나 어떤 교과서적인 생각 같은 것을 대표한다는 것을 의미하지 않는다. 내용상으로는 개별 논문들 사이에는 모든 점에서 강조점의 차이와 입장의 차이가 있다. 그리고 편집자들은 조화를 이루려는 노력을 전혀 하지 않았다. 따라서 <기초과정>은 아카데믹한 논의에 대해서 얘기될 수 있는 것과도 동조한다. 현재의 철학함은 체계나 세계관에 대한 변호가 아니라 복합적인 문제에 대한 공동연구로서만 가능한 것이며, 그것도 학교나 전공의 경계를 넘어서 말이다.

오늘날 거의 모든 흥미로운 철학적 주제는 학제적인 프로젝트다. 그리고 이는 철학을 철학의 '근원적으로 고유한' 영역, 즉 '순수한' 철학적 물음들의 영역에서 수행하고 가르치는 것이 도대체 아직도 가능한지 의심을 품기를 좋아한다. 여기서 우리는 역사적으로 우연한 학과구분이 아니라 특정한 물음의 방식이 철학을 정의한다는 신념을 따른다. 어떤 물음을 던지고 계속 추구하는 사람은 그가 '전문분야에' 남아 있지 않다고 해도 그는 철학한다. 유감스럽게도 어떤 문제제기가 본질적으로 철학적인 문제제기로 타당할 수 있는지에 대해서는 어떤 보편적인 일치도 없다. 따라서 우리는 여기서 오직 우리 자신의, 그러나 바라건대 논증으로 정당화될 수 있는 신념만을 따를 수 있을 것이다. 그것을 위해 우리는 우리 자신을 불가피한 비판에 내맡기는 것을 감수한다. 아마도 이 <기초과정>은 철학에서 자신의 것과 학제적인 방향성에의 집중은 어떤 대립이 아니며, 철학자들이 그들의 전문능력의 한계까지도 성찰한다면 철학의 목소리는 바로 들려질 수 있다는 사실을 분명하게 할 것이다. 그리고 나서도 그들이 여전히 말해야 하는 것이 있다면 그것은 그만큼 더 지속적으로 영향력을 행사할 것이다.

한권으로 된 이 <기초과정>의 초판(1985)은 독자들의 즐거운 반향과 만났었다. 독자들의 폭넓은 동조가, 다른 한편 그들의 개정과 증보 제안이 출판사와 편집자들을 이 확대된 새판을 내게끔 고무하였다. 이전 논문의 저자들에게는 전거 제시를 현실화하도록 청탁되었다. 기타 대부분의 논문들은 사소한 것에서 개정될 필요가 있었다. 우리는 그동안 우리의 신념에 따라 철학적 관심과 철학의 관심을 더욱 강하게 견인하였던 주제영역들을 새롭게 받아들였다. 가령 자연, 문화, 언어, 기술, 그리고 의식 등이 그것들이다.

이 책이 나오는 데 조언과 행동으로 도와 준 모든 사람들을 거명하는 것은 불가능하다. 군다 베르너 여사, 가브리엘 베르너 여사, 아놀드 K. D. 로렌쩬 박사, 그리고 게르트 카일 박사는 원고에 대한 기술적인 편집상의 작업과 문헌 상의 작업의 가장 많은 부분을 떠맡았고 독립적으로 처리했다. 그들에게 이 자리에서 감사드린다. 우리는 중요한 쓰기 작업에 대해 카린 벤다 여사에게 감사드린다. 로볼트 출판사의 편집부원인 부르크하르트 쾨니히 박사는 총서의 편집자로서 언제나 격려, 고무, 그리고 유익한 비판을 통해 철학에 대한 자신의 참여를 보여 주었다. 이 개정판에 대해서도 그에게 특별한 감사가 돌아가야 할 것이다.

함부르크, 1991. 7.

에케하르트 마르텐스 Ekkehard Martens

헤르베르트 슈네델바흐 Herbert Schnädelbach

■ 목 차

제1권

서론 _ 철학의 현재적 상황

- E. 마르텐스 / H. 슈내델바흐

만일 우리가 문제사(問題史)적 수단과 개념사(槪念史)적 수단으로 오늘의 철학에로 들어서려 한다면 먼저 '오늘의 철학'이 무엇을 가리키는지 물어야만 한다. 현대철학이라고 말할 때 영원불변한 철학적 앎(philosophia perennis)의 시간적 현재가 문제인가, 아니면 내용적 의미에서의 현대철학, 그러니까 헤겔Hegel이 말하듯 "자신의 시대를 사유로 파악한" 현재에 대한 철학이 문제인가? 역사 의식이 생겨난 19세기 초 이래로 철학은 무시간성이라는 관념에 결별을 고한다. 그렇게 함으로써 그때마다의 철학적 현재는 그 자체로 체계적 문제가 되었다. 인간의 이성이 역사적 과정과 관계를 맺으면 철학하는 자 역시 그로부터 시간의 흐름과 사유의 전개를 '객관적으로' 통관(洞觀)하고 평가할 수 있는 초역사적 관점을 더 이상 갖지 못한다. 이렇게 해서 철학의 역사성은 그 본질과 뗄래야 뗄 수 없이 결합되어 있다. 즉 철학의 현재적 상황이 곧 현대철학의 상황이다.

1장

철학적 현재에 대하여

철학적 현재를 더 상세하게 규정하고자 한다면, 우리는 역사적 방법이나 유형론(Typologie)적 방법을 동원할 수 있을 것이다. 첫 번째 경우에 우리는 철학사의 내적 자료(관념사적 자료)나 외적 자료(사실사적 자료)가 자리 잡을 시대적 경계를 제시하려고 애쓸 것이다. 이에 반해 유형론적 과정은 철학의 현재 형태를 그 이전의 것들과 구별시켜 주는 일반적 특징들을 찾아 나설 것이다.

역사적 탐구는 아주 멀리 거슬러 올라가지 않는다는 것이 곧 드러난다. 독일 철학에 뚜렷한 영향을 끼쳤다고 볼 수 있을 외적 사건들, 그러니까 1918년 독일 제국의 패배, 1933년 히틀러 집권, 1945년 새 출발 등을 자세히 살펴보면 이런 것들의 흔적이 철학 담론에서 거의 찾아지지 않는다는 것을 보고 놀라게 된다. 1918년은 철학사적으로 전혀 중요한 순간이 아니다. 이 사건으로부터 설명할 수 있는 것이라고는 독일인들이 정치적 파국을 겪은 뒤에는 늘 훨씬 더 강하게 문화국가라는 전통으로 복귀하려고 시도했다는 사실이다. 1933년의 사건은 부끄럽게도 많은 유대인 철학자, 마르크스주의 철학자, 좌파 진보적 철학자를 망명으로 내몰았다. 소수의 사람들에게만 내적 망명(innere Emigration)이 허용될 수 있었다. 예컨대 후설Edmund Husserl과 야스퍼스Karl Jaspers가 대표적이다. 이로써 신마르크스주의나 정신분석학을 포함한 전체 사유 방향의 영향력이 거의 사그라든 것이나 마찬가지였다. 최근의 역사 연구는 다음과 같은 사실을 점점 더 명확하게 밝혀준다. 즉 이른바 '함께 헤엄친'(mitschwimmen) 철학자들뿐만 아니라 공개적으로 나치 정권에 참여한 철학자들도 '조합'(Zunft)의 변두리 그룹으로 활동했거나(Ernst Krieck, Alfred Bäumler 등) 철학적 작업 외에 정치적 활동도 병행했다. 하이데거Martin Heidegger가 나치 국가에 참여한 것은 하나의 예외라고 할 수 있겠는데, 그것도 딱 1년이었다. 1945년 이후에 일어난 일은 이미 오래 전부터 주로 역사적 연구와 해석학적-철학적 연구에서 그래 왔던 대로 대학의 전문가적 철학에로 되돌아가는 일이었다. 몇몇 망명객들이 돌아왔지만 오랫동안 동료들 사이에서 아웃사이더로 머물러 있었다. 호르크하이머Max Horkheimer, 아도르노Th.W. Adorno, 플레스너Helmuth Plessner 등이 대표적이다. 특히 새로운 점은 주저하면서도 외국에서 하던 것을 따라잡기 시작했다는 사실이다. 그렇게 해서 예컨대 1930년대와 1940년대 영어권 분석철학이 독일에서는 1960년대에 비로소 수용되었다.

더 효과적인 것은 내적인 시대의 문턱(Epochenschwellen)을 묻는 것일 것이다. 여기에는 특히 획기적이며 그 영향력이 오늘날에도 우리가 체계적 의미에서 현대철학이라고 부를 수 있는 것을 규정하는 1920년대의 세 저술이 있다. 비트겐슈타인Ludwig Wittgensten의 『논리-철학 논고』(1921), 루카치Georg Lukács의 『역사와 계급의식』(1923), 하이데거Martin Heidegger의 『존재와 시간』(1927)이 바로 그것이다. 이 세 책은 모두 상이한 의미에서 가히 혁명적인 영향을 미쳤으며 고유한 이론 전통을 세웠다.

『논리-철학 논고』는 프레게Gottlob Frege, 러셀Bertrand Russell, 무어G.E. Moore 등을 재수용하여 의식으로부터 언어로의 전회를 이끈다. 이로써 이 책은 분석철학, 더 정확하게는 '언어분석철학'의 출발점이 된다. 논리 실증주의를 표방하는 1930년대 '빈 학단'(Wiener Kreis: Rudolf Carnap, Moritz Schlick, Otto Neurath, Friedrich Waismann, Hans Reichenbach)은 바로 비트겐슈타인에게 그 근거를 둔다. '빈 학단'의 구성원 대부분이 해외 망명을 떠나지 않을 수 없게 만든 것은 1938년 오스트리아가 독일 제국에 합병되는 사건이다. 그들은 미국과 영국에서 대학 철학의 중요 인물이 되었다. (여기에서 포퍼Karl R. Popper도 언급해야 하겠다. 그는 아주 일찍부터 실증주의에 거리를 두었으며 비트겐슈타인이 들고 나온 문제에 특별한 동감을 표한 적이 없다.) 현대의 과학이론(Wissnschftstheorie)은 결정적으로 '빈 학단'의 구성원들과 제자들에 의해 규정된다.

루카치의 『역사와 계급의식』은 신마르크스주의 철학(Ernst Bloch, Karl Korsch 등)의 토대이다. 이른바 프랑크푸르트 학파(Max Horkheimer, Th.W. Adorno, Walter Benjamin, Herbert Marcuse 등)의 비판 이론(Kritische Theorie)

역시 신마르크스주의 철학으로 간주할 수 있다. 루카치는 마르크스 해석을 당 공식적인 정통 마르크스-레닌주의라는 좁은 한계로부터 끌어내고, 마르크스 초기 저술을 지렛대로 삼아 마르크스와 헤겔을 밀접하게 연관시키는 일을 중요하게 여긴다. 이렇게 함으로써 마르크스주의는 노동 운동 및 이 노동 운동에 우호적인 지식인들이 "독일 고전 철학의 유산"(엥겔스)을 이어받았다는 점을 그 이전보다 한결 더 믿을 만하게 표방할 수 있게 되었다. 마르크스의 작업을 정치 경제학에로 환원시키는 관점은 포기되었다. 이제 신마르크스주의는 사회과학과 연결되고, 나중에는 정신 분석과 연결되어, 자신의 이론 프로그램이 전통적인 철학 문제들을 새로운 매개체로 풀 수 있다는 낙관을 갖게 되었다. 프랑크푸르트학파의 비판 이론 뿐만 아니라 소비에트 권력 영향권 바깥의 모든 수정주의적 '마르크스주의들' 역시 루카치가 아니었다면 생각할 수 없을 것이다.

1933년 이후 독일 밖에서 분석철학과 비판 이론이 성공을 찾아 나서도록 강요받았다면, 하이데거의 『존재와 시간』은 독일 안에서 점점 더 강하고 깊게 영향을 행사했다. 이 저서는 후설 현상학을 완전히 무색하게 만들고 새로운 토대 위에 세운 것으로 보였다. 그래서 하이데거 학파는 곧 대학을 주도하게 되고 1960년대까지도 이런 상황은 이어진다. 이 점은 하이데거의 철학이 역사적, 문헌학적, 해석학적 텍스트 이해에 더욱 더 강하게 몰두한다는 것을 빼놓고는 설명되지 않을 것이다. 하이데거의 철학은 그 언어적 극단성에도 불구하고 정신과학적 추진력을 담고 있었다. 정신과학으로서의 철학은 실은 이미 19세기에 헤겔 이후 정체성 위기로부터의 탈출구였다. 게다가 하이데거는 사르트르Jean-Paul Sartre를 거치면서 뜻하지 않게 프랑스 실존주의의 공동 창립자가 되었다. 또한 그는 라이벌인 야스퍼스Karl Jaspers 및 그의 저서 『실존철학』을 훨씬 능가하였다. 야스퍼스와 그의 저서는 특히 키에르케고르Søren Kierkegaard에게로 소급한다. 실존주의는 1945년 이후 독일에 말하자면 '재수입된' 첫 번째 외국 철학이었다. 실존주의에 이어 비판 철학이 등장했고 훨씬 나중에 분석철학이 나왔다.

오늘날 비트겐슈타인, 루카치 그리고 하이데거에로 소급되는 여러 철학 '학파들' 사이의 경계는 점점 허물어지기 시작한다. 지금 탐구되고 논의되는 것은 대부분 여러 작업 그룹들에서 생겨난다. 이 작업 그룹들은 문제들을 중심으로 조직되고, 그 출신 배경이 아주 다른 철학자들이 공동으로 작업한다. 그들 사이에 "영구 평화"가 도래한 것은 아니지만 전통적인 강단 논쟁들은 이제 상당히 퇴색한 것으로 보인다. 그런 까닭에 철학 입문의 목적을 고려할 때 현대철학을 특징짓는 데에 있어서 유형론적 방법을 취하는 것이 보다 효과적이다. 그래서 우리는 **전통 지향적**(traditionsorientiert) 철학, **실천 지향적**(praxisorientiert) 철학, **학문(과학) 지향적**(wissenschaftsorientiert) 철학을 뚜렷하게 구별할 수 있다(참조, Helmut Fahrenbach, *Zur Problemlage der Philosophie*, Frankfurt/M. 1975) 그런데 이 구별에서 중점이 다를 따름이라는 것을 주목해야 한다. 어떤 하나의 유형의 철학에서 다른 두 유형의 특징들도 발견되기 때문이다.

전통 지향적 철학을 주로 철학 전통의 고전적 텍스트들을 해석하는 일로 이해한다면 이 철학의 대표자들은 당연히 비록 정신과학적 방법으로 그렇게 하는 것이지만 자기들 역시 실천적 지향과 학문적(과학적) 인식 전개를 추구한다고 주장할 것이다. 게다가 철학자들 가운데에서 해석학자들이야말로 항상 스스로를 자연과학적 방법론이 독점적 지위를 요구하는 데에 대해 반대하는 그룹으로 이해한다. 이렇게 볼 때 전통 지향적 철학은 늘 실천적 목표를 설정한다.

실천 지향적 철학은 실천으로부터 철학하고, 실천을 위해 철학하는 것으로 이해된다. 제2차 세계대전 이후의 철학사에서 실존주의, 비판 이론, 실용주의가 여기에 해당한다. 그렇지만 이 철학을 대표하는 이들도 늘 비판적으로, 또 흔히 실증적으로 전통과 관계 맺는다. 또 그들은 필연적으로 오늘날 과학이라 불리는 것을 지향할 수밖에 없다.

학문(과학) 지향적 철학은 지난 몇 십 년간 특히 학문이론적(wissenschaftstheoretisch) 논의에서 구체화 되었다.* 흔히 이 유형의 사유는 전통 지향이나 실천 지향

* 역주. 독일어 Wissenschaht는 우리말로 학문이라고도, 과학이라고도 번역할 수 있다. 우리말 '과학'은 영어권의 science처럼 거의 자연과학, 경험과학에 대해서만 사용되나, 학문의 전 영역과 역사로 볼 때 자연과학적 중심적 학문관이 학문관 전체를 대변할 수는 없다. 우리는 문맥에 따라서 그때그때 더 적합한 번역어를 선택한다.

을 필요로 하지 않는 것으로 보이기도 했다. 그러나 얼마 지나지 않아 이런 인상은 바로 잡혔다. 왜냐하면 '위대한' 철학자들은 (특히 근대의 경우) 가장 현대적인 과학 수준을 지향했기 때문이다. 게다가 대부분 분석철학자에 속하는 과학이론가들은 정확성과 논리적 엄밀성이라는 자신들의 표준이 철학의 다른 분파에서도 유효하며 또 적용되어야 한다고 요구했다. 파울 로렌첸Paul Lorenzen의 수학적 토대 탐구로 시작한 '에어랑엔 학파'의 구성주의(Konstruktivismus)는 이에 대한 인상적인 사례이다.

이미 언급한 대로 전후(戰後) 독일사에서 이 세 유형의 철학은 시기적으로 꼬리를 물고 전개되었다. 먼저 지배적이었던 것은 **전통 지향적** 철학이었다. 그렇게 된 것은 비단 대학의 철학 전통이 상대적으로 덜 붕괴되었기 때문만은 아니었다. 국가사회주의 이후 독일의 물질적 재건뿐만 아니라 정신적 재건이 필요했는데, 사람들은 바로 전통 지향적 철학에서 정신적 재건의 토대와 재료를 구했다. 이 점은 경쟁 관계였던 동독에서 매우 일찍 독단적인 마르크스-레닌주의가 국가의 지원을 받아 독점적 지위를 얻게 되었다는 사실로 인해 더욱 힘을 얻게 되었다. "우익 전체주의와 좌익 전체주의에 맞선 기독교 서구"가 당시의 구호이다. 그렇게 사람들은 명백히 개별학문의 특수화된 학문성으로 인해 생겨났고 국가사회주의자들이 자신들의 목적을 위해 악용할 수 있었던 정신적, 도덕적 진공 상태를 메꾸려고 했다. 그렇게 해서 신인문주의적 교육 이념이 회복되었고, 철학은 개별 학과들을 포괄하는 의미를 획득했다. 많은 대학들이 도입한 교직 과정의 철학 시험(Philosophicum)과 교양 수업(studium generale)이 특히 그렇다. 전통 지향적 철학은 스스로 변화하기 시작했다. 왜냐하면 단순한 내재적 텍스트 해석은 요구되는 과제에 부응할 수 없었기 때문이다. 그래서 실천 지향적 철학의 요소들과 학문 지향적 철학의 요소들이 더 큰 영향력을 얻게 되었다. 철학적 해석학은 과거 자신이 주로 내세우던 것, "항상 옳은" 텍스트에의 몰두로부터 점점 더 멀어져 갔다.

프랑스 실존주의가 2차 세계대전 이후 우리 사이에서 성공한 **실천 지향적** 철학의 첫 번째 형태이다. 여기에서 철학은 개별자, 그 개별자가 실제로 체험한 한계상황(전쟁, 독재, 죄, 죽음 등)으로부터 출발한다. 철학은 전통과 과학이 대답하지 않는 근본적인 의미 문제를 제기한다. 실존주의는 또한 한 때문학 생산을 규정하기도 했다. 사르트르Sartre와 까뮈Camus의 희곡과 소설이 대표적이다. 정말이지 1950년 전후 전체 지적 분위기는 실존주의적이었다. 그러는 사이 재건 단계 막바지에 실존주의로부터 실천 철학의 선도자 역할을 빼앗은 것은 비판 이론이었다. 사르트르가 마르크스주의로 개종한 것은 많은 것을 예고하는 사건이었다. 거꾸로 소련 바깥에서는(특히 유고슬라비아에서) 실존주의적-하이데거적 마르크스주의가 생겨났다. 바로 이것이 실존주의로부터 비판 이론으로의 이행을 쉽게 만들었다. 그렇지만 비판 이론을 시대의 총아로 만든 것은 바로 국제적 현상이었던 1968년 청년 봉기, 학생 봉기였다. 1960년 경 호르크하이머, 아도르노 그리고 마르쿠제가 아직 아는 사람들 사이의 '비밀 병기'였다면, 몇 년 뒤 그들은 모든 이가 말하는 대상이 되었고, 심지어 나중에 등장하는 좌익 테러리즘의 정신적 창시자이자 '배후 조종자'라는 비방을 받게 되었다. 이들의 목소리에 귀 기울이게 만든 것 - 1966년에서 1969년 사이의 대연정(大聯政, Groβe Koalition)과 그 대연정이 기획한 비상 입법안, 원외 야당(Auβerparlamentarische Opposition: APO), 대학의 위기, 베트남 전쟁, 미국 인권 운동, 제3세계의 문제 등 - 은 그런 해석들에서는 의도적으로 간과되었다. 이런 사건들이 국제 정치적으로나 국내 정치적으로 동서 대립이라는 그늘을 만들어냈다. 이 동서 대립이 그때까지 모든 것을 규정했으며, 내적으로는 '자유의 적'에 대항하는 견고한 대오를 생겨나게 했다. 이런 현상들에서 분명해지는 것은 저항하는 청년들이 보기에 서구 사회의 심각한 도덕적 위기였다. 모든 이의 몸에 밴 자유와 인간성의 가치와 규범이 이제 고작 국내 정치적으로나 국제 정치적인 권력 투쟁이라는 도박판 칩으로 여겨졌다. 이런 데에 대한 비판은 철학적으로는 비판 이론을 통해 가장 잘 정당화된다. 몇몇 요인들로 인해 비판 이론의 영향력은 곧 새로운 반마르크스주의(Antimarxismus)의 희생물로 전락한다. 그 요인들은 다음과 같다. 정치적 무기력을 경험하는 과정에서 많은 마르크스주의자들이 교조적으로 경직화된 것, 바로 이 경직화가 음모를 꾸미며 테러를 벌이는 조직(예컨대 아일랜드의 RAF)이 생겨나는 결과를 초래한다. 또 하나의 요인은 소련의 체코 진입과 반체제 운동의 성장이다. 세 번째 요인은 1973년부터의 경제 위기이다. 이 경제 위기는 세계적으로 "성장의 한계"를 드러내고, 내부적으로는 보수적이고 신보수적인 분위기와 흐름에 기름을 끼얹었다. 이렇게 마르크스에게 등 돌리는 일은 특히 한때는 급진적인 마르크스주의자였던 수많은 프랑스 지식인들에 의해 명시적으로 수행되었다. 앙드레 글뤽스만André Glucksmann의 1977년 저서 『사유의 거장들』(*Les maîtres penseurs*)은 이런 흐름에 대한 인상적인 기록이다.

비판 이론이 생겨나게 된 것이 실천 지향이 일반적으로 부족하다는 점에 기인한다는 사실이 나중에 분명해진다. 1970년대 초 이래 분석철학과 과학이론이 광범위하게 활발해졌지만 이미 전통 지향적 철학에 유효했던 것을 가릴 수는 없었다. 실천 철학이 필요했지만, 대학의 철학은 이 실천 철학을 제공할 수 없는 것으로 보였다. 이런 정황에서 비 마르크스주의 철학자 선도 그룹이 등장했으며 이 그룹의 프로그램은 『실천 철학의 복권』(두 권 짜리 논문 모음집, 프라이부르크 1974)인데 매우 잘 들어맞는 표현이다. 이제 윤리적이고 정치적인 문제들도 다시 체계적으로(단지 역사적으로만이 아니라) 탐구되고 논의되기에 이르렀다. 여기에는 모든 '분파들'(Fraktionen)이 참여하였다. 시간이 지나면서 실천 철학은 학문 세계에서의 비중을 과학이론에게 넘겨주게 된다. 이 점은 저서의 수나 학회들 주제에서 잘 드러난다. 물론 역사적-해석학적인 것을 추구하는 강한 경향도 분명히 있었다. 여기에서는 개념사적 작업이 지배적이었다. (특히 요아힘 리터Joachim Ritter가 시작한 거대 프로젝트 『철학 역사 사전』(*Historisches Wörterbuch der Philosophie*을 참조하라.) 이런 점에서 '전통 지향'은 흔히 다른 의미를 획득한다. 철학에서 신전통주의에로의 간과할 수 없는 이행이 있다. 이 이행을 우리는 그저 전통을 정신과학적으로 자기화 하는 것을 넘어서서 현재를 규범적으로도 전통에 뿌리 내리게 하려는 시도로 표현할 수 있을 것이다.

실존주의와 마르크스주의 외에도 실천 지향적 철학의 세 번째 주요 형태로 실용주의가 있다. 이 실용주의는 최근에서야 비로소 이전보다 한결 분명하게 이른바 전형적인 미국 세속 실용주의(Vulgärpragmatismus)와 구별된다. 미국 실용주의에 따르면 진리는 효용성과 일치한다. 논리학, 언어학, 과학이론, 사회과학의 근본 문제에 대한 논의에서 실용주의의 창시자 퍼스Charles Sanders Peirce(1839-1914)의 견해는 중요한 역할을 한다. 특히 그의 철학이 분석철학, 언어 지향적 철학과 가깝다는 점이 그렇다. 퍼스는 '실용주의 격률'에서 의미와 행위 사이의 밀접한 관계를 다음과 같이 표현한다. "다음을 숙고하라! 사유에 있어서 우리의 개념의 대상에 어떤 힘, 실천적 연관성을 지닐 수 있다고 생각할 수 있는 어떤 힘이 있다고 여기는지 숙고하라! 이 힘에 대한 우리의 개념이 대상에 대한 우리 개념의 전체이다."(*How to make our Ideas clear*, 1877/78) 아펠Karl-Otto Apel과 하버마스Jürgen Habermas는 이 단초를 자신의 언어 이론과 사회 이론에서 쓸모 있게 만들었고, 욀러Klaus Oehler는 이 단초를 특히 기호론적 논의에 끌어들였다.

이 지점에서 실용주의는 현대 철학의 세 번째 유형으로 이어진다. 바로 **과학 지향적** 철학이다. 여기에서 중요한 것은 개념과 사유에 있어서 체계적이고 상호주관적으로 증명할 수 있는 명료함이다. 더욱이 과학의 토대를 명료하게 한다는 맥락에서 그렇다. 개념적 분석이란 항상 핵심적인 철학 과제의 하나였다. 그런 한에 있어서 퍼스와 비트겐슈타인 이래 언어 분석이라는 수단으로 개념과 사유를 명료하게 만들려고 시도하는 현대 언어분석철학은 아직은 특별히 과학 지향적이라고 말하기 어렵다. 분석철학은 심각한 정체성 위기를 겪고서야 비로소 과학 지향적 성격을 갖게 되었다. 철학은 19세기 과학 발전을 거치면서 정체성 위기에 빠져들었고, 이 정체성 위기는 철학으로 하여금 이미 확립된 과학들에 밀착함으로써 자신의 고유한 안정성을 되찾도록 해주었다. 여기에다 과학들 자체의 토대 위기마저 온다. 특히 수학과 물리학이 그러 했다. 이 토대 위기는 토대에 대한 철학적 반성의 필요성을 일깨워 주었다. 이렇게 해서 과학 지향성은 양 쪽, 그러니까 철학과 과학 양 쪽에 도움이 되는 것으로 보였다.

우선 형식 논리학이 전면에 서게 된다. 프레게Gottlob Frege와 러셀Bertrand Russell은 논리학의 전통적 가르침을 재구성하고 확장시켜서 논리학의 도움을 받아 수학의 특정한 근본 문제를 해결할 수 있도록 만들었다. 러셀과 화이트헤드Whitehead가 쓴 『수학의 원리』(*Principia mathematica*, 1910-1913)의 언어적이고 방법론적인 수단은 러셀 자신과 특히 비트겐슈타인에 의해 철학적 문제들에 적용되었다. 이렇게 학문이론에서 더 잘 보존되는 것으로 보이는 논리적 분석이라는 과정을 철학 자체에도 적용한다는 방법적 아이디어로부터 분석철학이 생겨났다. 비트겐슈타인의 『논고』는 이런 점에 대한 고전적 모델이다. 훗날의 분석철학은 이런 전적인 학문 지향의 성격을 단호하게 수정하였다. 여기에서도 주된 역할을 한 이는 다시금 비트겐슈타인이다. 그는 우선 1930년대와 1940년대 케임브리지에서 가르치는 일을 통해서, 그 다음에는 1948년에 완성되었고 1953년 사후에야 발간된 『철학적 탐구』를 통해서 신호탄을 쏘아 올렸다. 그 주장은 다음과 같다. 학문의 인공 언어가 아니라 이 학문이 의존하는 일상 언어(ordinary language)가 철학적 사고가 지향하는 척도이다.

학문 지향적 철학의 문제점은 과학주의(Szientismus)이다. 과학주의란 과학 그 자체에 대한 철학적 믿음으로 이해된다. 이 과학주의는 과학 외적인 철학적 정당화 작업이 불필요한 것으로 보이게 만든다. 만일 과학들이 철학적으로 스스로를 낳을 수 있으며 게다가 철학이 이 과학들을 지향한다면, 철학은 남김없이 과학들과 하나가 될 위험이 있다. 이렇게 되면 과학들 자체는 더 이상 비판의 대상이 되지 않고 '절대적인 것'이 된다는 대가를 치르게 된다. 과학주의는 단순히 학자들이 취하는 태도로 그치는 것이 아니라 20세기에도 실제로 살아 있고 행해진 철학이었다. 신화 이후(nachmythisch)이자 종교 이후(nachreligiös) 시대에 현대 과학은 최상의 행위 지향이라는 역할을 떠맡았고, 우리도 여기에 맞추어 살아간다. 경제 위기, 기술 위기, 환경 위기에도 불구하고 우리는 오늘날에도 여전히 기술에 대한 회의, 과학에 대한 회의를 잊어버리고는 과학에 몰두한다. 왜냐하면 그 누구도 더 나은 것, 더 믿을 만한 것을 알지 못하기 때문이다. 이와 동시에 오늘날의 과학은 최고 등급의 기술적 생산력일 뿐만 아니라 정치권력이기도 하다. 왜냐하면 정치적 목표들은 과학성이라는 후광으로 감쌀 수 있을 때 그만큼 더 효과적으로 보이기 때문이다. 이렇게 볼 때 과학주의는 현대 생활 세계에 여러 모로 뿌리박고 있다.

돌이켜 보건대 전통 지향적 철학이 1960년대 실천 지향적 '물결'에 의해 종말을 고한 뒤 1970년대 초 이래 독일에서 과학 지향적 철학이 주도권을 잡았다는 것은 놀라운 일이 아니다. 신 마르크스주의를 표방한 학생 운동의 위기와 전후(戰後) 지속된 과학 및 진보를 대하는 낙관적 태도가 함께 이런 결과를 낳았다. (이에 대한 외적인 징후는 대학에서 무수히 많은 자리가 바로

'과학이론' 영역에서 채워졌다는 사실이다.) 오늘날 상황은 다시 한번 바뀌었다. 이제 과학 및 과학 지향적 철학만으로는 우리의 문제들을 풀 수 없다는 사실이 몇 년 전보다 훨씬 더 분명해졌다. 여기에도 내적인 요인들과 외적인 요인들이 함께 온다. 한편으로는 과학이론의 '합리성의 위기'를 들 수 있겠다. 우리는 쿤Kuhn, 툴민Toulmin, 파이어아벤트Feyerabend 등을 통해 과학이 그 구조와 전개에 있어서 합리성이 발현된 전형적인 사례요 그렇기 때문에 모든 다른 분야의 전범(典範)이라는 생각과 결별해야만 했다. 파이어아벤트는 『방법에 반(反)하여』(*Against Method*, Frankfurt/M. 1976) 이래 자신의 저술들에서 무정부주의적 귀결을 이끌어내고는 철학, 학문, 사회에서 아무런 경계도 없는 다양한 전통들로 이루어진 다원주의를 요구했다. 합리성은 여러 다른 전통들 가운데 하나일 뿐이다(참조, 『자유로운 인간을 위한 인식』, Frankfurt/M, 1979). 징후를 드러내는 사유로 평가받는 파이어아벤트를 둘러싼 논쟁은 여기에서 문제되는 것이 보편적인 합리성의 위기가 아니라 오로지 과학 지향적이기만 한 철학자들이 오늘날 합리성 개념과 관련해서 갖는 어려움이라는 사실을 흔히 망각한다. 이에 대한 대안들이 있다. 그런데 과학주의나 비합리주의는 설득력 있는 대안이 아니다. 카알 프리드리히 폰 바이체커Carl Friedrich von Weizsäcker, 파울 로렌첸Paul Lorenzen, 한스 렝크Hans Lenk 등과 같은 과학 지향적 철학자들의 저서들은 과학 지향과 과학 비판이 함께 이루어져야 한다는 사실, 과학 지향적 철학은 다른 두 유형의 철학과 통합되어야 한다는 사실을 분명하게 보여준다. 이에 대한 본보기로는 발터 슐츠Walter Schulz의 거대한 기획 『변화된 세계의 철학』(Pfullingen, 1972)을 들 수 있겠다.

과학 지향적 철학의 우세함이 끝나게 된 외적 요인은 동시대인들이 기술-과학적 문명의 일반적 위기로 경험하는 현상들이다. 이 현상들이 여기에서 자세히 언급될 필요는 없을 것이다. 이 현상들은 현대철학으로 하여금 과거 그 어느 때보다도 더 강렬하게 자신의 현대에 주목하도록, 자신의 시대를 사유로 포착하도록 강제한다. 왜냐하면 여기에서 중요한 것은 철학 자체의 토대이기 때문이다. 철학은 과학으로서 생겨났으며, 이성 혹은 합리성이 항상 그 기반이요 수단이었다. 만일 인간이 이성과 과학에 의심을 품는다면, 인간은 우리가 전통적으로 '철학'이라고 부르는 바로 그것을 포기하는 셈이 된다.

그런 까닭에 오늘날 과학 지향적 철학의 위기는 동시에 철학 일반의 토대의 위기이기도 한 것이다.

2장 철학적 관심과 철학에 대한 관심

왜 우리는 '철학적 관심'과 '철학에 대한 관심'을 구별해야 하는가? 이 두 가지는 같은 것 아닌가? 우리는 '철학적'이라는 말을 문제 제기와 탐구의 특정한 방식으로 이해하는 반면에 '철학'은 어떤 특정한 학문 분과의 명칭으로 파악한다. 그렇다면 어떤 특정한 문제들에 대한 관심이 대학에서 이루어지는 한 학문과 항상 일치하는 것은 아니라는 점이 분명해진다. 아도르노Adorno는 우리는 어린 시절에 모두 철학자였다고 말하곤 했다. 그런데 시간이 지나면 전혀 그렇지 않게 된다고 한다. 실제로 많은 사람들은 바로 젊은 시기에 우리의 문화 전통이 '철학적'이라고 부르는 것들에 종사한다. '철학적'이라고 불린다는 것을 알지도 못하고 경험한 적도 없으면서 말이다. 또 아도르노는 이 '철학적'이라고 불리는 것이 스스로 성인이 되었다고 생각하는 이들에 의해 보통 방해가 된다거나 원치 않는다고 느껴진다는 경험을 털어 놓는다. 그런데 동시에 대중 사이에서 여전히 높은 명망을 누리는 전문 학문으로서의 '철학'이 있다. '모든 학문의 여왕'이라는 상표는 예나 지금이나 널리 퍼져 있으며, 사람들은 이 표현을 무언가 특별히 깊은 것, 고상한 것, 포괄적인 것, 어려운 것, 추상적인 것이 문제 되고 있다는 생각과 연관시킨다. 대부분의 사람들, 과거 한 때 철학에 종사했던 사람들조차 자신이 철학을 하기에는 너무 '어리석다'고 간주하고는 철학에 대한 관심을 제한한다.

'철학에 대한 관심'과 반드시 일치하지는 않는 '철학적 관심'은 그저 이런 것이나 저런 것이 아니라 근본적인 것에로 향한다. 많은 사람들에 의해 단적인 철학적 질문으로 간주되는 '삶의 의미'에 대한 저 유명한 물음은 이 종류에 속한다. 전체가 의문에 부쳐지고, 질문을 던지면서 전체로 돌진한다. 삶에 있어서 어떤 특정한 것이 의미 있느냐가 아니라 삶 자체가 문제이다. 그런 물음들은 우리가 일상적 사유와 행위에서 의문의 여지가 없는 배경으로 이미 전제했던 것이 문제시 되는 지점에서 생겨난다. 철학적 문제들은 자명성이 문제시 된다는 증후요, 그렇기 때문에 철학도 역사적으로 생겨났다. 중요한 것은 이 문제들이 철학자들의 발명품이 아니요, 스스로 문제를 제기하고 문제 제기가 벌써 가장 중요한 학문적 성취로 간주되는 여타의 학문들과는 달리 철학은 그 문제들을 '바깥으로부터' 제시 받는다는 사실이다. 철학자들은 끊임없이 철학이란 인간의 '기질'(Naturanlage)이요 인간학적으로 기초지워져 있고 그렇기 때문에 피할 수 없는 '형이상학적 요구'를 충족시키는 일이라고 추론한다. 비록 이 견해에 공감하지 않는다고 할지라도 철학한다는 것은 우리의 일상적 세계 지향이 심각하게 불확실해지는 데에 대해 반응하는 하나의 방식이라는 점을 수긍할 것이다. 역사적 사례에 비추어 보자면 철학을 작동시키고 앞으로 나아가게 만드는 것은 다름 아닌 문화적인 전통 붕괴였다는 점이 밝혀진다.

이처럼 우리가 철학을 생활 세계의 자명성이 근본적으로 문제 삼아지는 데에 대한 반응으로 이해한다면 철학 활동을 불러일으키는 필요성은 그 근본 문제들에서 읽혀져야 한다. 칸트는 말한다. "내 이성의 모든 관심은 다음 세 가지 물음으로 집약된다. 1. 나는 무엇을 알 수 있는가? 2. 나는 무엇을 행해야 하는가? 3. 나는 무엇을 바라도 좋은가?"(『순수이성비판』 B832 이하) 여기에다 칸트는 논리학 강의에서 '인간이란 무엇인가'라는 물음을 추가한다.(A25) 흔히 인용되는 이 '질문 목록'을 기반으로 삼는다면 '의미에 대한 물음'(Sinnfrage)이 철학의 유일한 근본 문제가 아니라는 결과가 도출된다. '나는 무엇을 알 수 있는가'라는 물음에 대해 다른 학문들을 가리키며 "여타의 학문들이 알고 있는 것이 네가 알 수 있는 것이다"라고 답하는 것은 질문에 대한 대답으로서 충분하지 않다. 오히려 이 물음으로 학문들 자체의 앎 역시 의문시 되는 것이다. 왜냐하면 이 물음은 앎 자체의 가능성에 문제를 제기하고 있기 때문이다. 여기에서 알 수 있는 것의 범위라거나 인간의 앎의 한계만 중요한 것이 아니라 앎의 질, 다시 말해서 알게 된 것의 확실성의 등급, 신뢰성과 진리, 개별적 진리의 내적 연관성도 중요하다. 분과 학문으로서의 철학은 이런 것을 '인식론과 과학이론'이라는 이름의 영역에서 논의한다. 그렇지만 만일 근본적이고도 포괄적인 인식으로 나아가려는 요구가 밑바닥에 놓여 있지 않았다면 이런 철학 분과는 존재하지 않았을 것이라는 점이 분명하다.

'나는 무엇을 행해야 하는가'라는 물음 역시 마치 무엇을 행해야 하는지를 분명히 하기 위해서 각각의 유효한 규약, 법령, 도덕 법칙을 가리키는 것만 중요하다는 듯이 이해되어서는 안 된다. 왜냐하면 여기에는 이 행위 지침들을 따르는 것이 현명한 것인지 혹은 의미 있는 것인지, 또 내가 이 행위 지침들을 따라야만 하는지는 빠져 있기 때문이다. 따라서 '나는 무엇을 행해야 하는가'라는 물음에서 중요한 것은 행위 지침 자체의 의미와 구속성(Verbindlichkeit), 무엇보다도 그 구속성의 근거이다. 이 구속성의 근거는 어떤 입법자의 권위에 있는가, 그에 따름으로써 생기는 개인적인 혹은 일반적인 유용함에 있는가? 그것도 아니라면 이 구속성의 근거는 다른 어떤 곳에서 찾아야 하는가? 이런 것은 철학 분과로서의 '윤리학'의 근본 물음들이다.

'삶의 의미'를 묻는 물음이 '나는 무엇을 바라도 좋은가'를 묻는 물음과 완전히 일치하지는 않는다. '삶의 의미'는 무엇 하러 내가 세상에 있는지를 묻는 물음에 대한 대답 말고 다른 그 어떤 것일 수 있겠는가? 여기에서의 '의미'는 텍스트의 의미가 그런 것처럼 내 삶에서 이해 가능한 것을 뜻하는 것이 아니라 내 실존의 목적, 목표를 뜻한다. 이것이 앎의 문제가 아니라 희망의 문제라고 본 데에 있어서 칸트는 옳다. 우리는 우리의 삶이 언젠가 이 '의미'라는 의미에서 의미 있는 것으로 드러나기를 바랄 수 있을 뿐이다. 이것이 우리 삶의 내재성을 넘어 어떤 관점에까지 이르게 된다면 하나의 종교적 문제이다. 그 관점이란 우리 삶이 전체로서 밝혀지고 그 목적이 성취된 삶으로 드러나게 하는 관점을 말한다. 이런 '종교'의 의미에서 '종교적인 것'은 늘 철학적 사유에서 상실될 수 없는 주제요, 이런 점은 특히 '종교 이후'의 시대로 이해되는 시대에 타당하다. 만일 우리가 신심과 세계관에서 저 의미를 묻는 물음에 대한 설득력 있는 대답을 더 이상 찾아낼 수 없다면 우리는 종교적 요구를 충족시키기 위해 더 강력히 철학에 관심을 돌린다. 그런데 대부분의 경우 철학은 사람들을 기만한다. 비트겐슈타인은 말한다. "우리는 삶의 문제의 해결을 문제가 사라지는 데에서 알아차린다."(*Tractatus logico-Philosiohicus* 6.521) 철학은 이 문제의 해결에도 기여할 수 있을 것이다. 이와는 달리 만일 칸트가 옳다면, 우리가 우리의 삶을 의미 있고 성공적인 삶으로 체험하기 위해 바라도 좋을 것을 확정하는 일 말고는 아무 것도 할 수 없을 것이다.

마지막으로 '인간이란 무엇인가'라는 물음은 인간을 다루는 학문들이 유(類, Gattung) 호모 사피엔스에 대해 무엇을 말해야 하는지를 묻는 것이 아니라 우리는 누구인지를 묻는다. '우리는 누구인가'라는 물음은 인간이라는 우리의 정체성을 묻는 물음이다. 확실히 우리는 과학의 시대에 살면서 과학적 앎을 끌어들이지 않고서는 이 물음에 답할 수 없다. 그렇지만 오로지 이 과학적 앎만으로 우리가 누구인지 말하는 것은 충분하지 않다. 왜냐하면 이 앎에 대한 해석이 필요하기 때문이다. 우리의 정체성에 대한 이런 물음의 의미가 현대에 이르러 철학으로 하여금 '철학적 인간학'이라는 분과로 대답하게 만들었다. 최근 철학계 밖의 사람들에 의해 철학적 인간학에 쏟아 부어진 엄청난 관심은 인간이 현대 세계에서 갈수록 더 정체성 상실의 위협을 경험하고 있다는 점을 보여준다. 이런 데에 대한 근거들은 과학과 기술을 통해 특징지어 지는 우리의 문화에서 전통적인 인간의 자기 해석, 다시 말해서 대부분 여전히 종교적 전승에 의해 규정된 인간에 대한 자기 해석이 낡았다는 사실, 더군다나 그 자리에 새 해석은 출현하지 않았다는 사실에서 찾을 수 있다. 이와 관련해서 개별 학문들에게서는 많은 것을 기대하기 어렵다. 왜냐하면 개별 학문들은 바로 지금까지의 우리의 자화상을 문제 삼기 때문이다. 개별 학문들은 미래에도 이 일을 할 것이다. 개별 학문들에 있어서 '인간'이란 항상 그 자체로 '신인동형동성설'(神人同形同性說, Anthropomorphismus)에 지나지 않는다는 의심을 받는다.(참조, Ernest Gellner, *Cause and Meaning in the Social Sciences*, London 1973, 50쪽 이하) '신인동형동성설'이란 인간이 자신의 모습대로 무엇인가를 만든다는 것, 자신을 다른 것에 투사하는 것을 말한다. 자연의 힘을 신으로 해석한다거나 천둥 번개와 같은 자연 현상이 신의 행위라고 생각하는 것이 이에 대한 예들이다. 신인동형동성설의 관점에서의 인간, 이것은 학문 이전의 일상적 사유를 수단으로 우리가 우리 자신에 대해 알고 있는 것에 대한 정당화되지 않은 해석일 것이다. 이런 해석은 우리가 인간을 문제 삼는 학문들에서 거기서 알게 된 것들에서 정체성을 얻어내려는 해석을 전적으로 포기하고 오로지 사실만 견지함으로써 피할 수 있다. 그런데 바로 이를 통해서 우리의 정체성이라는 근본적인 문제가 훨씬 강화된 정도로 철학에로 전이된다. 분명히 우리는 어떤 식으로든 신인동형동성설적인 것 없이 지내기 어려울 것이다.

칸트가 나타낸 질문 형태로 드러난 철학적 관심이 끊임없이 커져 왔다는 것을 간과할 수 없다. 20세기의 사회 문화적 변동 및 이와 연관된 위험성은 이전 시대에는 알려지지 않은 폭과 강도로 근본적 방향 조정을 해야 할 필요를 만들어냈다. 이 위험성은 비단 우리의 정체성뿐만 아니라 유(類)로서의 실존에도 적용된다. 이렇게 볼 때 철학적 관심은 더 이상 '교양인들'의 문제로 그치는 것이 아니다. 만일 그렇지 않았다면 대다수 사람들은 상대적으로 확고하게 각자의 전통 방식에 따라 생각하고 행동했을 것이다. 이제 전문 학문(Fach)으로서의 철학이 대조를 이뤄 나타난다. 철학적 관심이 오늘날 동시에 철학에 대한 관심이라는 형태로 나타난다는 사실은 전문 학문 철학을 당혹스럽게 만들 수 있다. 대학의 학과로서의 철학은 정말이지 "학문적 전문가 문화"(하버마스)의 한 구성 요소이다. 게다가 일상적 생활 세계와 전문가 문화는 단순한 대립물이 아니다. 전문가의 앎은 보통 일정 정도 시간적 지체를 겪고 나서 '가라앉은 문화재'로서 생활 세계 안으로 스며든다. (이 점은 한 때 철학적 전문 용어 혹은 학문적 전문 용어였으나 이제는 자명한 어휘가 되어 지적 한담(閑談)에 등장하는 수많은 표현들을 보면 분명해진다.) 그런데 생활 세계적 일상의 확실성이 오히려 불확실해지기 시작한다. 그래서 사람들이 자신의 철학적 관심에 표명된 필요성을 이 필요성의 공동 원인이자 이 필요성을 강화시키는 심급(審級, Instanz)에 호소하게 된다는 어려움이 생겨난다.

이 딜레마는 불가피하다. 왜냐하면 과학적-기술적 문화 안에서 철학은 그 스스로 학적 요구들을 만족시켜야만 하기 때문이다. 철학은 그저 과학의 대안(代案)이기를 바라서는 안 되며, 바로 이런 점이 다시금 철학을 전문가의 일로 만든다. 우리 현대 세계에서는 예술과 종교가 이미 사적인 일이 된 반면에, 과학은 이성적 상호 주관성 혹은 상호 주관적 이성의 패러다임이다. 이것은 일반적 타당성과 검증 가능성을 요구하는 모든 것은 오늘날 과학성의 수

준에 상응해야만 한다는 것을 뜻한다. 그렇지만 이와 동시에 학문적 앎이 끊임없이 분화되고 특수화되기 때문에 학자들은 불가피하게 특수 전문가이다. 특수 전문가로서의 학자들은 대부분 서로 사이에서도 이해하기 어려우며 '학계 밖의 사람들'로부터는 점점 더 이해되지 않는다. 이 점은 분과 학문으로서의 철학에도 해당한다. 그래서 분과 학문으로서의 철학은 점점 더 과학화 되는 과정에서 철학적 관심을 충족시키기가 점점 더 어렵게 된다. 이 '철학적 관심'은 '철학에 대한 관심'의 형태로 표출되었었다. 근본적인 방향 조정의 필요성을 함께 만들어내고 강화시킨 생활 세계의 과학화 현상은 사람들로 하여금 과학으로서의 철학이 자신의 물음에 대답하기를 기대하게 만든다. 왜냐하면 과학이 우리의 문화에서 주도적인 지적 '질서 권력'이기 때문이다. 이때 사람들은 틀림없이 실망하게 된다. 왜냐하면 학문으로서의 철학을 하는 사람은 학자요 칸트 전문가, 양상 논리학 전문가 등등이기 때문이다. 여기에는 새로운 종교적 '물결', 그러니까 세계관과 청년 분파(Jugendsekten)에서 '정신적 고향'을 찾으려는 간과할 수 없는 경향의 원인들 가운데 하나가 놓여 있다고 하겠다.

그렇기 때문에 분과 학문으로서의 철학은 기대와 성공, 요구와 성과 사이의 부조화라는 경험을 모면할 수 없다. 이 부조화는 우리가 다소 과장해서 철학의 **정체성 위기**라고 부를 수 있을 현상을 초래한다. 철학은 근본적인 방향 조정을 제공할 수 있으며 따라서 이성의 사변적이고 실천적인 관심(칸트)을 감지할 수 있다고 자부한다. 이와 동시에 학문적 분과로서의 철학은 특수 연구 말고는 제공할 수 있는 것이 거의 없다. 그렇기 때문에 오래 전부터 '무엇하러 철학하는가'하는 물음이 철학을 시작하는 표준적 주제가 된 것은 결코 우연이 아니다.(여기에 대해서는 다음을 참조하라. Hermann Lübbe가 편집한 *Wozu Philosophie?*, Berlin 1978.) 여기에 표현된 불안감은 철학의 학문성이 그 자체로 어려운 철학적 문제라는 사실을 통해서 더욱 강화된다. 우리가 철학은 학문이어야 한다는 것을 받아들인다고 할지라도 이것이 도대체 가능한가, 어떻게 가능한가 하는 물음이 남는다. 철학의 학문성에 대한 의심은 헤겔에 이르기까지의 전통에서 친숙했다. 그런데 철학은 늘 이 의심을 철학적 수단만으로 지워버릴 수 있다고 믿었다. 사정은 19세기에 학문의 구조 변경, 기능 변경이 시작된다는 점을 통해 달라졌다. 이 학문의 구조 및 기능의 변경으로 철학 및 스스로를 학문으로 보는 철학의 자기 이해가 위협 받기에 이르렀다.(참조. Herbert Schnädelbach, *Philosophie in Deutschland 1831-1933*, Frankfurt/M. 1983, 제3장, 89쪽 이하.) 이렇게 해서 철학은 새로운 개별 학문들(Einzelwissenschaften)로 하여금 '참된' 학문 모델로서의 철학에 방향을 맞추도록 강요할 수 없게 되었고 거꾸로 이 개별 학문들에서 스스로의 도피처를 찾게 되었다. 철학은 스스로 학문으로서 타당할 수 있기 위해 개별 학문들을 모범으로 삼았고, 때로는 스스로를 이 개별 학문들의 부분으로 이해하기도 했다. 특히 파장이 컸던 것은 역사학에의 의존, 언어학에의 의존이었다. 철학사로서의 철학과 텍스트 해석학으로서의 철학은 오늘날에도 철학계에서 논란의 여지없이 과학으로 여겨진다. 이 두 가지야말로 가장 위험 부담 없이 교수 자격(Habilitation)을 획득할 수 있는 영역일 것이다. 이렇게 철학은 '정신과학'이 되었다. 그러나 이것이 철학자들이 학문 내적 정체성 위기로부터 벗어나기 위해 찾은 유일한 출구는 아니었다. 많은 철학자들은 자신이 하는 일을 논리학, 심리학, 언어학, 사회과학, 최근에는 심지어 생물학의 일부로 이해하려고 한다. 만일 우리가 철학의 학문성이라는 문제를 푸는 이 방식을 우리를 원래 이리로 데려 온 철학적으로 묻는다는 관심에 비추어 평가한다면, 이 보다 더 큰 부조화를 생각할 수 없을 것이다. 우리가 철학을 공부하는 사람들 및 그들이 대학에서 겪은 실망과 관련해서 할 수 있는 경험들은, 우리의 과학적 문화에서 철학적 관심은 오로지 자신에 대한 관심이 불가피하게 충족되지 않은 채 놔둘 수밖에 없는 철학을 통해서만 책임 있게 충족될 수 있다는 위와 같은 문제를 해결하려는 어떤 시도들이 어떤 막다른 골목에 봉착할 수 있다는 것을 분명히 보여준다.

3장 대내적 철학과 대외적 철학

철학은 '국외자'의 철학적 관심과 '전문가'의 관심 사이의 긴장 관계를 고대 그리스 이래 내적 문제로 안고 왔다. 철학은 '바깥으로부터'(exoterisch) 부여된 요구와 기대에 다소간 기꺼이 그리고 성공적으로 대처하고 비판적으로 논쟁을 벌일 뿐만 아니라 항상 자기 자신과의 대결에서 '안으로부터'(esoterisch) 자기의 본래 과제를 찾는다. 아도르노가 구별하듯이(*Philosophische Terminologie*, 1973/74) 비 전문성(Nicht-Fach)의 철학과 전문성(Fach)의 철학이라는 이중 역할은 벌써 플라톤의 아카데미아로, 더 강하기로는 아리스토텔레스의 리케이온으로 소급된다. 최근 이 이중 역할은 『철학의 대내적 성격과 대외적 성격』(*Esoterik und Exoterik der Philosophie*)이라는 표현 아래 다시금 철학의 관심을 모았다. 물론 이 표현은 1977년 홀즈하이H. Holzhey와 침멀리W.Ch. Zimmerli가 출간한 책 제목이다. 이 관심은 대외적으로 의미 결핍 및 방향 상실이 점점 더 심각해진다는 사실을 통해 규정될 것이다. 사람들은 이 의미 결핍과 방향 상실이 철학을 통해 바로 잡아질 수 있다고 생각한다. 어쨌든 격렬한 논쟁을 거친 철학의 실천 연관성, 그러니까 철학이 실천, 개인, 사회와 맺는 관계는 그것이 아니라면 '순수한' 철학의 추가적인 응용 문제일 뿐이라고 보는 것은 적절하지 않다. 최고의 지혜를 직관하는 일과 우리의 앎을 학문적으로 엄격하게 기초지우는 일을 '순수한' 자기 목적으로 이해하는 철학조차 적어도 실제적으로는 자신과 세계를 더 잘 이해한다고 하는 모든 이의 요구에 실천적으로 부응하고 있는 것이다. 이 요구가 충분히 채워지는지의 여부, 또 이 요구가 모든 이에게 있는지의 여부는 또 다른 문제일 것이다. 적어도 철학은 자신의 자기 이해 안에서 보통 모든 이가 갖고 있거나 가질 수 있으며 아마도 가져야 하기도 한 관심 및 요구와 관계를 맺는다. 말하는 방식과 내용적 관심에 의해 '다수 사람들'의 철학과 구별되는 '소수 사람들'의 엘리트 철학도 이런 구획에서 철학적 통찰의 능력에 있어서의 본질적 차이를 토대로 삼지는 않는다.(참조. 플라톤, 『국가』 IX 590d) 오히려 여기에서 중요한 것은 어떤 주어진 사회적 정치적 상황에서 학습 가능성과 교육 가능성을 현실적으로 헤아리는 일이다. 무엇보다도 광범위하게 학문화 된 철학은 철학자들로 하여금 종종 '다수 사람들'의 철학적 능력을 의심하게 만든다.

비 전문성의 철학과 전문성의 철학이라는 이중 역할은 어쩌면 예술, 종교, 정치의 역할과 비교될 수 있겠다. 한편으로는 실제적이고 이론적인 지향의 일반적인 내용과 형식, 원칙적으로 모든 이가 이해할 수 있는 내용과 형식이 중요하다. 다른 한편으로 여기로부터 특별한 학문들이 전개되는데, 이 학문들은 각고의 노력을 기울여야 가능하다. 학술적 지향과 실생활적 지향 사이를 매개한다는 문제가 점점 더 철학을 각인해 들어가 철학의 학문성이 계몽 기능과 중첩되게 된다. 철학은 우리의 문화적 상황에서 오직 하나의 학문적 형태로, 혹은 적어도 이 형태와의 다툼에서 가능한 것으로 보인다. 그러나 바로 이 점을 통해서 각자의 이론적이고 실천적인 지향의 관점에서 계몽의 요구를 점점 더 상실하지나 않을까 염려된다.

학문화된 생활세계에서의 학문화 된 철학이라는 이런 상황에서 대내적 철학과 대외적 철학 사이의 **내적** 긴장을 떠올리는 것이 도움이 될 것이다. 전문 철학은 비 전문 철학이 전달 가능성과 유용성을 요구하는 데에 대해 지나친 기대로 치부할 것이 아니라 이 두 가지를 자신의 과제로 삼을 필요가 있다. 여기에서 다시 칸트가 패러다임 구실을 한다. 그는 근대의 학문적 철학을 형성한 이들 가운데 한 명인데 대외적 측면과의 연관성을 시야에서 놓치지 않았다. 이 점은 신칸트학파 및 현재 지배적인 분석철학에 이르기까지 여러 상이한 유파에서 관찰된다. 패러다임으로서의 칸트와 관련해서 이미 그에게서 학문적 철학이 여타의 형태에 견주어 적절치 않은 과도한 비중을 차지한 것이 아닌가 하는 물음은 토론하지 않을 것이다. 이 보다는 오히려 대내적 철학과 대외적 철학 사이의 긴장이라는 근본적 문제를 보다 분명하게 해야 할 것이다.

칸트는 자신의 철학 이념을 과거로부터 전래된 것이요 현재에도 생명력을 유지하는 모든 이의 이해(Jedermnnsverständnis)를 내세워 획득한다.(참조. 『순수이성비판』 A 832/ B 860 이하) 거기에서 그가 "학교 개념"(Schulbegriff)에 따른 철학과 "세계 개념"(Weltbegriff)에 따른 철학을 나누는 것은 문제의 성격 상 대내적 철학과 대외적 철학을 말하는 것이 된다. 학교 개념에 따른 철학은 논리적 완전성 안에서의 인식의 체계요, 세계 개념에 따른 철학을 지향해야 한다. 칸트에 의하면 세계 개념에 따른 철학은 이론적 앎에 있는 것이 아니라 실천적 능력에 있다. 모든 철학의 "궁극 목적"은 "세계 현자(賢者)"의 인격이요, 이 세계 현자가 이상적인 경우에 "인간에 대한 규정"을 구현한다. 따라서 세계 개념에 따르는 철학은 "모든 이가 필연적으로 관심을 갖게 되는 것"(『순수이성비판』 A 840/ B 868), 다시 말해서 자율적 행위 혹은 도덕성을 문제 삼는다. 도덕적인 것, 자율적 행위는 칸트가 끊임없이 강조하듯이 철학의 도움을 받지 않고도 모든 이에게 허용되고 가능하다. 그러나 근본적인 성격의 갈등 상황에서는 철학이 논증의 도움을 제공할 수 있고, 종종 불분명한 도덕적 견해들에 대해 기초를 놓을 수 있다. 따라서 칸트는 결국 철학을 도덕적, 실천적으로 이해한다. 이런 점에서 그는 유럽의 대내적 철학과 대외적 철학의 역사에서의 일치(Konsens)를 증거로 끌어댄다. "우리는 나이 든 사람들 사이에서도 철학자라는 이름 아래에서 항상 동시에 그리고 우선적으로 **도덕가**를 떠올렸다. 이성을 통해 스스로를 지배한다는 외양마저 우리가 지금도 누군가를 그 앎이 제한적인 데도 불구하고 일종의 유비로 철학자로 부르게 만든다."(『순수이성비판』 A 840/ B 868)

칸트는 자신의 철학 이해에서 명백히 동시대의 '대중 철학', 특히 크리스티안 가르베Christian Garve의 대중 철학과 관계를 맺고 있다. 크리스티안 가르베의 철학은 실천적 방향의 관심을 지닌 계몽 철학의 형태를 보이고 있었다. 칸트는 세계 개념에 따른 철학이라는 가르베의 발상과 그에 따라 내용과 형식에 있어서 모든 이의 관심에 관계하려는 노력을 받아들인다. 그렇지만 그는 이 발상에 대한 원리적인 해명이 부족하다는 점을 비판한다. 이 해명은 결국 전문가들만 해 낼 수 있을 것이다.(참조. 『순수이성비판』 제2판 서문, 『도덕 형이상학 정초』 서문, 『도덕 형이상학』 서문.) 이렇게 해서 모든 이가 오직 어렵사리 접근할 수 있는 원리적 앎으로서의 철학은 실천적 계몽의 기능과 갈등을 빚게 된다. 이 실천적 계몽의 기능은 바로 칸트가 분명히 자신의 많은 주요 저작들의 방법을 다루는 장들, 교육론적(didaktisch)인 부분에서 중요하게 다루는 대상이다.

그렇지만 대내적 철학과 대외적 철학의 상호 학습 과정의 가능성, 유익한 긴장의 가능성이 전문 철학이 그 전통적인 이중 역할을 받아들이는지 여부에만 달려 있는 것은 아니다. 철학 활동에는 '여유 시간'과 '교양'(Bildung)도 속한다. 아리스토텔레스가 『형이상학』(I, 1) 서두에서 말하고 있고 마르크스가 '자유의 왕국'과 '필연의 왕국'을 구별할 때 넌지시 드러나듯이 우리는 '생존'(Überleben)과 '안녕'(Wohlleben)이 확보될 때에만 비로소 철학 활동을 위한 '여유'를 갖는다. 우선 이 여유 시간을 소수의 사람들만 갖고 있으며, 이 소수의 사람들이 말하자면 다수의 사람들을 대표해서 철학 활동을 한다. 이 점은 갈수록 짙어지는 우리 여가 사회(Freizeitgesellschaft)에서는 이미 변했거나 변화하는 중이라고 말할 수 있겠다. 또 아리스토텔레스와 칸트 이래 철학 활동을 하기 위해 꼭 필요한 일반적 교육 가능성은 개선되었다. 대외적 철학이 전문 철학이나 전통의 논증적, 반성적 역량 없이는 유지되지 않는다는 점에서 출발한다면 효과적인 철학 활동은 일정한 교양 없이 가능하지 않다. 여기에는 읽는 데에 있어서의 기술, 해석하고 이성적으로 담론을 나누는 일에 익숙해지는 것이 포함된다. 그래서 하버마스는 계몽철학의 프로그램이 "과거엔 일반적 교육 시스템이 완비되지 않아 그 토대가 결여되어 있었다"(*Philosophisch-politische Profile*, Frankfurt/M. 1971, 25쪽 이하)고 말한다. 그러는 사이 우리는 더 나은 교육 체계를 갖게 되었다. 이 교육 체계는 '교육 엘리트'(하버마스)에게만 득이 되는 것이 아니다. 여가 사회의 사회적-정치적 관계도 모든 이의 철학에 대해 호의적이다. 반면에 철학이 얼마나 확실하고 검증 가능한 학문의 형태를 가져야 하는지, 혹은 리차드 로티Richard Rorty가 지배적인 학문적, 분석적 철학에 대한 자기 비판에서 요구하듯이(*Der Spiegel der Natur*, Frankfurt/M. 1981, 387-427) 철학이 인간의 자기 이해에 있어서의 대화에 기여할 수 있는지, 기여해야 하는지는 우리의 학문적인 생활세계의 규범적 힘뿐만 아니라 자신이 나타나는 고유한 방식을 비판적으로 반성하고 변경할 줄 아는 철학의 힘에 달려 있다.

4장 학문으로서의 철학과 계몽으로서의 철학

대내적 철학과 대외적 철학 사이의 대립은 모든 실제적 철학 활동이 그 안에 있고 모든 철학 활동이 따라야 하는 긴장 관계를 규정한다. 동일한 것이 또 하나의 대립쌍에도 적용된다. 이 대립쌍은 '대내적 철학 - 대외적 철학' 이라는 대립쌍과 일치한다기보다는 교차한다고 하겠다. 이렇게 해서 철학을 적절하게 규정한다는 과제가 더욱 더 어려워진다. 여기에서 문제 되는 것은 바로 학문으로서의 철학과 계몽으로서의 철학을 유형론적으로(typologisch) 구별하는 일이다. 대외적 철학과 대내적 철학 사이의 관계에서와 마찬가지로 학문으로서의 철학과 계몽으로서의 철학은 그 어느 하나가 다른 하나로 환원되지 않으며, 철학은 이 두 가지를 구현하고 대표해야 한다.

'순수한' 유형으로 보았을 때 '학문으로서의 철학'은 전적으로 대상에 집중하고 자신을 잊을 정도로 매혹되어 대상의 본질, 대상의 구조, 대상을 규정하는 법칙들을 알아내려는 철학이다. 철학이 그리스 사람들 사이에서 학문으로서 생겨났다는 사실은 철학이 신화와는 달리 단순히 이야기를 말하는 것이 아니라 우주의 일반적인 것, 필연적인 것, 영원한 것을 개념을 수단으로 삼아 표현하고자 했다는 것을 뜻한다. 게다가 특히 철학은 이론(Theorie, 희랍어로는 '본다는 것'을 뜻하는 theoria)이기를, 다시 말해서 그 자체의 것을 주관적 첨가 없이 충실하게 재현하기를 추구했다. 그렇기 때문에 그리스 철학은 그 위대한 기획에 있어서 항상 대상에 집중해서 사고하고, 인식하는 자 자신의 주관성을 늘 대상들 가운데의 하나의 대상으로 해석한다. 예컨대 소피스테스 철학에 나타나는 것과 같은 주관주의에 대한 저항이 매우 강하여 — 플라톤과 아리스토텔레스 철학을 공부하면 알 수 있는데 — 학문적 대상들에 대한 구성 이론(Konstitutionstheorie)은 결코 등장하지 않았다. (칸트에 이르러서야 가능했던 구성 이론이란 어떤 의미에서 주관적 인식 활동이 주관에 대상으로서 나타나는 것을 규정하는지를 드러내는 이론으로 이해된다.) 이와 동시에 주관주의에 대한 저항은 왜 학문으로서의 철학이 대상 연관성(Gegenstandsbezug)을 선호하는지를 보여 준다. 대상 연관성은 객관성, 다시 말해서 객관적 진리와 앎의 상호주관적 타당성을 뜻한다. 반면에 그저 주관을 지향하는 철학 활동은 주관을 위한 진리에 이를 뿐이요 따라서 원칙적으로 임의적인 것에 도달할 뿐이다.

이와 반대로 '계몽으로서의 철학'은 분석하고, 해석하고, 인식하면서 자기 자신을 문제 삼는 것을 의미한다. 계몽과 학문을 구별 짓는 것은 정확히 이 주관 연관성이다. 그렇기 때문에 계몽은 단순한 정보 입수, 정보 축적에 그치는 것이 아니다. 계몽되어 있다고 할 수 있는 사람은 모든 것을 아는 사람이 아니라 아는 것을 자기 자신, 자신의 자기 이해(Selbstverständnis) 및 실천적 관심과 연관 지을 수 있는 사람이다. 계몽은 일차적으로 지식의 성장이 아니라 어리석음에서 벗어나는 일이다.(호르크하이머) 크세노파네스Xenophanes가 기원전 6세기에 "만일 소, 말, 사자에게 손이 있어 신을 그린다면, 소, 말, 사자는 각각 자신과 비슷하게 그릴 것이다"(토막글 15)라고 말한 것은 자기 자신과 자기의 문화 세계에 들어맞는 생각, 그러니까 종교적 주관성은 객관들을 만들어내려는 경향을 갖고 있으며 그 역은 아니라는 생각을 나타낸다. 이것은 순수한 객관적 사실이 아니라 지금까지의 종교적 의식(意識) 자체를 변경해야 한다는 통찰이다. 크세노파네스의 다른 토막글들은 계몽하는 의식 자체는 종교적 의식이라는 것과 동시에 신에 대한 믿음을 새롭게 파악하려 노력한다는 것을 보여준다. 신은 단순히 인간이 만들어낸 것이라는 일반적인 의심은 이 새로운 파악에 해당되지 않는다. 크세노파네스의 경우가 분명히 밝히는 것은 계몽이 항상 계몽하는 이의 변화를 뜻하기도 한다는 사실이다. 칸트가 계몽을 "자초한 미성숙 상태로부터 벗어나는 일"(『계몽이란 무엇인가?』, 1783)로 정의한 것은 계몽을 인간의 적극적인 자기 변경의 과정으로 파악했다는 것을 뜻한다.

칸트가 자신의 정의에 "미성숙 상태는 자신의 오성을 타인의 지도 없이는 사용할 줄 모르는 상태"라는 표현을 덧붙이는 것은 명백히 계몽을 학문과 연관시키는 일이다. 계몽의 목표로서의 독립성은 칸트에 의하면 오성의 독립성, 사유와 인식의 독립성이다. 『순수이성비판』에 따르면 오성은 학문적 사유와 인식의 원리이기 때문에 인간의 이성적 독립성과 학문이 대립되기만 하는 것이 아니라 서로가 서로를 요구한다는 점에서 전체 계몽 철학과 일치한다. 소크라테스 이전 철학 이래 우리의 철학 전통에서 학문의 이념은 이성의 이념과 너무도 깊게 결합되어 있어서 이성이 학문성에 주의를 돌리도록 할 뿐만 아니라 거꾸로 학문은 늘 인간 이성의 가능성과 현실성을 보증하는 역할을 하기도 한다. 이런 점은 스스로를 신화 이후의 세계이자 종교 이후의 세계로 이해하는 우리 근대 세계에서 더욱 그러하다. 우리는 학문에 대한 각종 회의와 비판에도 불구하고 그 보다 더 낫고 더 신뢰할 수 있는 합리성의 모델을 갖고 있는지 물어야 한다. 계몽은 학문에 주의를 돌리게 만든다. 왜냐하면 계몽의 결과들과 성찰들은 보편 타당성과 검증 가능성이라는 요구에 성공적으로 대처할 수 있을 때에만, 그때에만 오로지 상호 주관적으로 구속력을 갖기 때문이다. 바로 이 점이 플라톤 대화편의 소크라테스가 소피스테스들의 계몽에 반기를 드는 까닭이고, 동일한 의미에서 나중에 칸트는 18 세기 계몽철학에서 회의주의와 맞서게 된다. 만일 계몽이 주관적 임의성에 불가한 것으로 머물러 있지 않으려면, 계몽은 학문과 결합되어야만 한다.

거꾸로 계몽 없는 학문이란 우리가 철학에서 구하지 않는 정확히 바로 그것이다. 그렇지 않아도 개별 학문들은 그 객관성과 증명 가능성에 있어서 철학적 수단이 학문적 앎에 제공할 수 있는 모든 것을 벌써 능가한다. 그렇지만 항상 그런 것은 아니다. 헤겔에 이르기까지 일반적으로 오로지 철학적인 앎만이 학문적이라고 간주되었고, 그렇기 때문에 철학과 학문은 그 본질에 있어서 다르지 않았다. 헤겔 이후 철학의 정체성 위기는 거의 모든 것을 바꾸었다. 그럼에도 불구하고 위대한 철학 체계의 시기인 고전 시대에도 학문이 철학적이고자 한다면 늘 계몽에 주의를 돌리게 했다. 그 이유는 철학이 형이상학으로서 항상 전체, 총체성(Totalität)을 물었다는 데에서 찾을 수 있다. 이것이 의미하는 것은 철학하는 이가 늘 동시에 자기 자신을 캐물었다는 것이다. 왜냐하면 철학하는 이는 정말이지 전체의 부분이기 때문이다. 이렇게 학문으로서의 철학은 계몽의 물음을 제기하지 않고 이 물음에 답하지 않으면 총체성이라는 점에 관한 한 늘 불완전한 상태로 머물러 있어야만 했다. 근대 철학에 있어서 특징적인 점은 (적어도 데카르트 이래로) 이 철학이 철학하는 이의 자기 확실성을 체계적 철학 활동의 시초에 제기하고 그렇게 함으로써 보다 좁은 의미에서의 계몽철학이라는 사실이다. 이미 오래 전에 플라톤과 아우구스티누스는 '안으로 향하는 길'(*reditus in se ipsum*)이 학문적 인식의 시초라고 주장하였다. 그런데 체계 이후(nachsystematisch) 시대의 철학 활동에서도 만일 철학이 오로지 학문이려고만 하고 다른 어떤 것이려고도 하지 않으려 든다면 철학은 필연적으로 우리의 관심을 놓치게 된다. 이럴 경우 철학은 그저 무엇이 우리 자신 및 우리의 관심과 연관되는지를 끊임없이 물어야 하는 정신과학, 이념사(Ideengeschichte) 혹은 철학적 텍스트를 다루는 문학에 불과할 것이다.(참조, H. Schnädelbach, Morbus hermeneuticus, in: *Zeitschrift für die Didaktik der Philosophie* 3, 1981, 3쪽 이하)

따라서 비록 철학적 계몽이 학문에 주의를 돌리도록 환기시키고 학문적 철학은 계몽의 요소가 없다면 철학적으로 재미없어 지지만 이 두 가지가 쉽사리 하나의 개념으로 통일되지는 않는다. 계몽 그 자체는 객관 상실(Objektverlust), 객관성 상실(Objektivitätsverlust), 진리 소실(Wahrheitsverlust)로 가는 경향이 있다. 계몽은 주관적 임의성(subjektive Beliebigkeit)과 사적 대내성(private Esoterik)이라는 위험을 자초하기도 하는데, 이런 것은 흔히 권위적인 지도권을 요구한다. 반면에 학문은 주관 상실이라는 의심, 다시 말해서 학문을 하는 사람, 그의 조건, 요구, 관심이 시야에서 사라진다는 의심에 대해 변호해야 한다. 바로 이런 사람을 1968년 전후 '전문가 백치'(Fachidiot)라고 불렀다. 계몽과 학문이 던지는 물음의 방향은 마주 서 있다. 우리는 어느 하나의 목표를 추구함으로써 다른 목표를 이룰 수는 없다. 우리가 더 이상 헤겔이나 그 이전의 위대한 체계 철학자들처럼 총체성의 적극적 개념을 토대로 삼을 수 없다고 할 때, 객관성을 아주 집중적으로 뒤따라가면(모든 것은 결국 서로서로 연관되어 있기 때문에) 주관과도 맞부닥뜨리라는 희망은 더 이상 확실하게 보장되지 않는다. 근대 철학사는 철학 활동의 학문화가 항상 철학하는 이 자신이 시야에서 사라진다는 위험을 가져왔다는 것을 보여준다. 바로 이것을 형식 논리학, 칸트, 학문적 설명의 구조 등을 강도 높게 학문적으로 문제 삼은 뒤에 자신의 철학에 대한 관심이 과거 어디에 있었는지 이 모든 것이 자신의 철학적 관심과 어떻게 연관되는지를 묻는 많은 이가 깨닫는다.

1부 _ 철학

- E. 마르텐스 / H. 슈내델바흐

들어가는 말

철학이라는 개념은 그 스스로가 하나의 철학적 근본 개념인데, 이것은 당연한 일이 아니다. 물리학이 무엇이냐고 묻는 사람은 물리학자들로부터 다음과 같은 대답을 들을 것이다. “잘 보시오. 우리가 하고 있는 것이 물리학이요.” 어쩌면 그들은 물리학이 무엇인지를 묻는 것은 벌써 하나의 철학적 질문이라고 말할지도 모른다. 더 정확하게 알고 싶어하는 사람은 물리학자들로부터 보통 학문이론(Wissenschaftstheorie)을 안내받거나 아니면 물리학자가 아닌 학문이론가의 대답을 얻을 것이다. 위대한 물리학자들은 적어도 자신들의 분과에 대한 학문이론적 개념을 지니고 있다는 의미에서 항상 철학자들이다. 왜냐하면 물리학의 이론은 (학문이론 전체가 그렇듯이) 물리학이 아니라 철학이다. 오늘날 이 구별을 가리키는 표현으로 ‘대상이론’과 ‘메타이론’이라는 개념쌍이 생겨났다. 이런 의미에서 물리학은 자연(**physis**)의 대상이론인 반면에 물리학의 학문이론은 자연의 이론에 대한 이론, 곧 메타이론이다. 철학적 관심을 갖고 있는 물리학자들은 항상 대상이론가이자 메타이론가이다.

그런데 이것이 두 측면을 구별하지 않을 근거는 아니다. 이 두 측면의 차이는 학문 이외에 별도의 분과로서의 학문이론이 존립하는 데에 대한 합리적 근거이다. 물론 바람직한 것은 모든 학자가 항상 학문이론가이기도 하고 학문이론가는 늘 동시에 학자인 것이리라.

이런 식으로 모든 개별학문들에 대해 말할 수 있는데, 철학에는 이 방식이 통하지 않는다. 즉 철학은 자신의 메타이론(곧 철학이 무엇인지에 대한 탐구)을 메타-메타이론에 위임할 수 없다. 왜냐하면 학문의 메타이론으로서의 학문이론은 그 스스로가 벌써 하나의 철학적 분과이기 때문이다. 그런 까닭에 '학문이론'이라는 단어가 알려지지 않았던 시기에도[1] '철학'은 그 자체가 항상 하나의 철학적 주제였다. 그렇기 때문에 철학이 무엇인지에 대한 이해는 역사적으로 항상 철학 자체의 변화에 발맞추어 변해왔고, 철학자들은 늘 철학 개념에 대한 새로운 숙고로 이 변화에 대응해야 했다. 개별학문들의 경우에는 사정이 이렇지 않다. 학자들이 어떤 새로운 것을 창안해내고도 전문적인 학문이론가들과 공동으로 자신들 분과의 구닥다리 자기 이해에 여전히 오랫동안 고착되어 있었던 수없이 많은 예들이 있다. 이런 경우에 철학자들의 메타이론적 해석들이 특히 완강했던 것으로 드러난다. 더 이상 학문 세계의 풍경에 맞지 않았던 헤겔의 학문 개념이 이에 대한 두드러진 예이다.[2] 그런데 이것은 철학의 경우에 일정한 철학 개념과 무관하게 철학이 무엇인지 정의할 수 없다는 것을 뜻한다. 그렇기 때문에 이 철학 입문서를 쓰고 있는 저자도 스스로 갖고 있는 철학 이해를 최소한 함축적으로라도 개입시키지 않고는 '하나의 철학'(die Philosophie)에로 독자를 이끌 수 없다. 따라서 우리는 독자를 어떤 맥락으로부터도 자유롭게 '철학활동'(das Philosophieren)으로 입문시킬 수도 없다. 왜냐하면 방법에 대한 이해 역시 철학의 일반 상(像)에 따라 변하기 때문이다. 이것이 바로 철학자들이 서로 그토록 다른 진정한 이유이다. 철학자들이 예컨대 심리학자들이나 사회과학자들보다 훨씬 더 싸워서

1) '학문이론'이라는 단어가 등장한 것은 18세기에서 19세기로 넘어가는 시기이다.

2) 참조. H. Schnädelbach: *Philosophie in Deutschland 1831-1933*, Frankfurt/M. 1983, 3장, 89 이하.

분열되어 있다는 것은 맞지 않고, 철학자들의 문제는 철학이 무엇이며 그 대상들과 방법들이 어떻게 규정되어야 하는지에 대한 견해들이 항상 벌써 철학적 전체 구상에 연결되어 있다는 점이다.

철학 개념을 기술하는 데에 있어서 이로부터 두 가지 결과가 생겨난다. 이 개념이 변하기 때문에 우리는 이 개념을 개념사적 수단으로만 파악할 수 있다. 그런데 무엇이 그때그때 '철학'으로 정의되었는지의 목록을 제시하는 것은 충분하지 않고 그 정의들의 그때마다의 맥락을 고려해야만 한다. 다시 말하자면 우리는 - 최소한 개괄적으로라도 - 철학의 전체 구상의 역사를 눈앞에 펼쳐 보여주어야 한다. 철학 개념의 역사는 바로 이 철학의 전체 구상의 역사 가운데 한 측면일 뿐이다. 철학에서도 철학의 실천과 이 실천에 대한 철학의 개념이 항상 일치하지는 않는다는 것이 지적될 수 있다. 그래서 19세기와 20세기의 많은 철학자들은 자신의 활동에서 결코 부응하지 않았거나 부응할 수 없었던 철학의 체계 모델을 여전히 오랫동안 고수했다. 체계의 '이념'이니 '열린' 체계를 말하는 것이 많은 경우 이 곤혹스러움을 표현한다.

아래에서는 먼저 철학의 시초들(Anfänge)에 대해 몇 가지 언급한 뒤에 우리의 전통 안에서 구별되는 철학의 세 가지 중요한 구상들을 항상 각각의 함축적인 철학 개념으로부터 출발해서 각각 철학의 대상, 방법, 올바른 분류로 간주되었던 것에로 이행하는 방식으로 기술하려고 시도할 것이다. 이런 방식으로 개괄된 철학의 구상은 토마스 쿤Thomas S. Kuhn을 따라 '패러다임'이라고 불릴 것이다.[3] 하나의 패러다임은 항상 한 분과의 대상 영역, 자세한 문제 상황 및 모범적인 문제 해결에 대한 생각들을 포괄한다. 말하자면 패러다임은 존재론(Ontologie, 희랍어 to on - 존재하는 것)과 방법론을 아우른다. 이런 식으로 해서 '존재론적 패러다임', '의식론적 패러다임'(라틴어 mens - 의식), '언어론적 패러다임'으로 구별될 것이다.

지금까지 말한 것으로부터 철학 개념을 달리가 아니라 이렇게 기술하는 방식은 그 자체로 이로써 논의에 부쳐지는 특정한 철학적 입장을 전제한다는 결과를 낳는다. 이 점은 특히 저 세 가지 패러다임이 논증적 필연성으로 서로

---

3) Th. S. Kuhn: *Die Struktur wissenschaflicher Revolutionen*, Chicago/Frankfurt/M. 1962/1967.

분리된다는 주장에 적용된다. 여기에서 의도되고 있는 것은 '역사적 필연성으로'가 아니다. 왜냐하면 이것은 이념 역사 및 실제 역사의 맥락과의 연관 속에서만 입증될 수 있기 때문이다. 역사적으로 어떤 근거들로 해서 하나의 패러다임으로부터 다른 패러다임에로 이행했다는 정도로만 표현될 것이다. 이때 그런 근거들의 유래는 단순히 철학내적인 것이 아니라는 것이 분명하다. 쿤은 학문의 역사 전체에 걸쳐서 패러다임 변경을 위한 외적 동기가 얼마나 강하게 실제로 있었는지를 보여준다. 그래서 사람들은 학문이 '하나의' 역사를 갖고 있다는 것, '하나의 학문'이 있다는 것을 그럴만한 근거를 갖고 의심해 왔다. 따라서 철학 개념을 패러다임 역사적으로 기술하는 것은 철학 개념의 역사를 '관념적으로' 재구성하는 것이다. 이런 일은 아주 강하게 유형화하고 단순화하지 않고서는 일어나지 않는다. 그런데 이것의 방법적 장점은 우리가 이로부터 비로소 구조화된 전체 모델을 얻을 수 있다는 데에 있다. 이 전체 모델은 그 다음에는 역사적인 세부 연구에 비추어서 정미하게 다듬어지고 비판될 수 있다. 그런 한에서 철학 개념의 관념적 역사는 항상 가설적 역사이기도 하다.

앞의 제2장에서 '학문으로서의 철학'과 '계몽으로서의 철학'이 구별되었다. 만일 우리가 계몽 개념을 너무 넓게 파악하지 않는다면 철학은 서양에서 학문으로서 생겨났다고 말할 수 있을 것이다. 또 하나의 기본 테제는 학문으로서의 철학이 항상 계몽의 진척을 통해 어떤 한 패러다임으로부터 다른 패러다임으로 이행했다는 것이다. 그런 이행들의 논증적 내용만을 고려한다면 말이다. 여기에서 '발전'이라고 말하는 것은 잘못된 단순화일 것이다. 왜냐하면 모든 진보는 늘 대가를 지불하며, 우리는 한 측면에서는 진보로 보이는 것이 다른 각도에서는 퇴보, 망각, 본질적인 것의 상실로 나타나는 것을 배제할 수 없기 때문이다. 게다가 바로 이것이 철학이 르네상스를 좋아하는 이유이다. 우리가 중세의 아리스토텔레스주의, 르네상스 시기의 플라톤주의, 근대 초의 스토아주의와 에피쿠로스주의, 또한 신칸트학파, 신토마스주의, 신헤겔주의와 다른 '신'(新)자 붙은 사조를 예로 들어보면 낡아버렸다고 간주되는 것을 생산적으로 기억하는 일이 명백히 필연적으로 철학적 '진보'에 해당한다는 것이 분명해진다. 다른 어떤 분과에서도 이렇지 않다. 이로부터 철학은 자신의 역사와의 관계를 개별학문들의 경우와는 다르게 가져야 한다는 사실도 귀결된다. 왜냐하면 진보 이념조차 비판적으로 논의하는 것이 철학의 과제에 속하기 때문에 철학은 자신의 고유한 학문이론적 자기 이해 안에서 이 진보 이념을 아무런 비판 없이 그저 내버려둘 수 없기 때문이다. 그러니까 철학은 항상 철학의 개념과 이 개념의 역사의 개념을 동시에 구사할 수 있어야 한다.

1장 철학의 시초들

'철학' 역시 어원을 따져서 멀리 나아가지 못하고 단어의 역사가 개념의 역사를 대체할 수 없는 한 가지 예이다. 글자 그대로 '철학'(Philosophie)은 '지혜에 대한 사랑'(희랍어 philia - 사랑, sophia - 지혜) 정도를 뜻한다. 그러나 오늘날 철학에 관심이 있는 어느 누구도 자기 관심의 근거로 지혜에 대한 사랑을 대지는 않을 것이다. 누가 '지혜로운가'? 희랍어로 sophia는 원래 모든 종류의 지식, 교육, 탁월함 혹은 능숙함을 가리킨다. 이런 의미에서 헤로도토스 및 다른 여러 사람은 '일곱 지혜로운 사람'(7賢人)을 말한다. 그 가운데 가장 유명한 사람은 학자나 철학자가 아니라 정치가요 입법가인 솔론Solon이다. 그러니 철학은 원래 직접적인 삶의 관행을 넘어서는 지식과 능력에 대한 모든 관심을 뜻한다. 헤라클레이토스는 "지혜를 사랑하는 사람은 실로 많은 것을 잘 알아야 한다"(Diels, 『토막글』. 35)고 말한다. 이런 지식과 능력이 일반적으로 어떻게 평가되었는지를 투키디데스Thukydides가 페리클레스Perikles로 하여금 말하게 하는 다음 문장이 보여준다. "우리는 사치스럽게 되지 않고 아름다움을 사랑하고, 유약해지지 않고 지혜를 사랑한다."(『펠로폰네소스 전쟁』 II, 40) 사람들은 고전주의 시기에도 '철학'에 몰두하는 경우에 정당화해야 한다는 압력을 받았었다. 그 당시에는 지혜는 사치품으로 의심 받는 반면 정치와 전쟁만이 자유로운 인간에게 가치 있는 일이었다. 많은 경우 지혜는 하늘은 올려다보고 걷다가 물구덩이에 빠진 탈레스를 조롱하는 트라키아 출신 하녀의 일화가 보여주듯 우스꽝스럽기도 했다. 이 일화에서 그리스 사람들은 사회적 위계질서에서 맨 아래 단계의 사람으로 철학 정신의 시조를 비웃은 것이다.

sophia를 이론적 지식에 국한시키는 일은 고대의 철학사에서 벌써 피타고라스에게 돌려진다. 그는 명예와 재화에 대한 추구와 사물의 본질에 대한 탐구를 대비시켰다고 한다. 이렇게 아주 일찍부터 희랍어 sophia의 사색적 의미가 강조되었고, 이런 사실을 통해서만 sophia가 우선 체계적 이론적인 활동으로서 항상 실천적 활동, 특히 정치적 활동에 대비된다는 것을 이해할 수 있다. 아리스토텔레스도 여전히 자신의 윤리학에서 정치적 삶의 방식과 이론적 삶의 방식을 저울질 했고, 이론이 인간에게 더 완전한 행복을 가져다준다는 매우 '비그리스적 결론'에 도달한다.

따라서 '철학'이라는 단어의 역사는 이 표현이 처음에는 결코 하나의 용어가 아니었다는 것을 보여준다. 이 표현은 우리가 아리스토텔레스 이래로 비로소 철학이라고 부르는 것이 생겨나는 과정에서 하나의 용어가 된다. 철학 개념이 각각의 철학관과 무관하게 결코 명시되지 않는다는 처음의 테제가 철학의 시초들에 있어서도 유효하다. 따라서 우리는 최초의 철학자들이 최초의 철학 개념을 획득하기 위해 무엇을 행했는지를 개괄해야 한다. 이 최초 철학자들의 저술은 확실히 아무런 제목도 달고 있지 않았는데 나중에 '자연에 관하여'(peri physeos)라는 똑같은 이름을 얻었다. 그들은 physis에 대해 말한다. 즉 그리스인들이 보자면 그들은 인간과 별도로 있는 것 전체에 대해 말한다. 그들은 이 전체를 자연 종교의 영향을 받아 신적이고, 아름답고, 잘 질서지어진 것(kosmos - 질서, 장식, 세계(질서))으로 이해했다. 우리는 이 신적이고 아름답고 잘 질서지어진 것에 오로지 이론적(독일어 theoretisch는 희랍어 '보다', '관조'를 뜻하는 theoria에서 왔다) 태도를 취할 수밖에 없다. 최초의 철학자들은 이 physis와 kosmos에 logos(말, 이성, 근거)를 부여했기 때문에 우리는 그들을 아주 일찍부터 '자연학자들' 혹은 '우주론자들'이라고 불렀다.

그리스 사람들에 있어서 학문으로서의 철학이 생겨나는 과정을 네슬레의 저서가 나온 이래 '미토스로부터 로고스로'라고 표현하는 것이 일반화되었다.[4] 그러나 이것은 적어도 다음과 같은 점에 비추어 잘못이다. 즉 신화학자인 헤로도토스 역시 미토스에 로고스를 부여했다. 다시 말해 그는 보편적 세계 해명을 표방하면서 전통적인 신화에 유사 이론적 체계화를 시도했다. 미토스와 로고스가 대립되는 것이 아니라 미토스와 우주론(Kosmologie)이 대립되고 신화론(Mythologie)은 그 중간 단계를 차지한다고 하겠다. 신화론과 우주론 사이의 본질적 차이는 로고스에 포착된 대상이다. 한쪽에서는 신들과 영웅들의 행위이고, 다른 쪽에서는 탈레스의 물이나 아낙시메네스의 공기 등과 같은 비인칭적 세계 원리에서 나오는 존재와 생성이다. 헤시오도스는 신 발생론(Theogonie), 곧 신들의 세계의 전체 역사로서의 우주 발생론(Kosmogonie)를 이야기한다. 반면에 우주론자들은 더 이상 이야기하지(mythos - 이야기) 않고, 우주적 존재, 생성, 변화가 대상적 아르케(arche)를 통해 규정되는 것으로 기술한다. 아르케란 단어는 원래 '지배'를 뜻하는데 전이된 의미로 시초, 최초 근거, 원리를 가리킨다. 세계 근거의 비인칭화는 곧장 그리스 민족종교의 신인동형동성설(神人同型同性說, Anthropomorphismus)에 대한 비판을 불러오게 된다. 기원전 540년 경에 벌써 크세노파네스Xenophanes는 짐승들이 신을 그린다면 각각 자기 비슷하게 그릴 것이라고 조롱했다.(『토막글』 15) 흔히 그런 테제들로부터 철학자들을 '불온한 인물들'로 박해하는 것을 정당화했다는 것을 이해는 할 수 있다. 비록 그 당시나 지금이나 원인과 결과를 혼동해서 생긴 일이기는 하지만 말이다. 왜 그런고 하니 지식인들이 종교 없는 상태를 만들어내는 것이 아니요 그들은 다만 종교의 설득력이 약해지는 것을 기록하고 말했을 뿐이고, 이렇게 한 것이 다시 이 과정을 더 강화시킨 것이기 때문이다. 그러나 만일 이들이 알아차린 것이 사실이 아니라면 이들의 말은 결코 경청되거나 진지하게 받아들여지지 않았을 것이다. 세계 근거가 비인칭적으로 사유된다는 것은 곧바로 아르케의 완전한 비감각화로 이어진다. 탈레스의 물 역시 통상적인 물이 아니라 아르케로서의 물이다. 아낙시만드로스Anaximandros(기원전 560년 경)는 세계 원리를 '비한정자'(非限定者, apeiron)로 규정하고 세계의 근원이 되는 것은 사유할 수 있을 뿐 다른 보통의 대상들처럼 오관

4) W. Nestle: *Vom Mythos zum Logos*, 2.Aufl., Stuttgart 1940.

(五官)으로 포착될 수 없다는 것을 보여준다. 파르메니데스(Parmenides)에 와서 아르케와 관련한 추상화 과정으로서의 비감각화는 완성된다. 그는 '존재 일반'(einai)을 생각했으며, 이것을 실제로 존재하는 것은 오로지 사유의 대상이기만 한 것이라거나 순수 사유로만 포착되는 것이라는 의미에서 사유와 일치시켰다.(『토막글』 3)

철학의 두 번째 뿌리는 소피스테스들의 철학이다. 우리가 오늘날에도 '소피스테스적'이라거나 '소피스테스 술'(Sophistik)이라는 단어를 평가 절하적인 의미로 쓰는 것은 역사적으로 볼 때 플라톤에게로 거슬러 올라간다. 그는 자신의 스승인 소크라테스로 하여금 소피스테스들과 대결하게 함으로써 자신의 고유한 철학을 획득한다. 원래 소피스테스(sophistes)는 어떤 특정 영역, 특히 이론적 영역(sophia)에서의 학자, 대가 혹은 선생이다. 그래서 동시대 사람들의 관점에서 볼 때 소크라테스의 법정 연설이 보여주듯 우주론과 소피스테스 철학 사이의 경계는 유동적이다. 이 연설에서 소크라테스는 세상 사람들이 소피스테스들을 어떻게 생각하는지 그려 보인다. "그들은 땅 위의 것과 땅 아래의 것을 탐구하고, 신들을 믿지 않으며, 수사술로 더 약한 것이 승리하게 도와준다."(플라톤, 『아폴로기아』 23d) 무엇인가를 탐구하며 신들을 믿지 않는다는 것은 소피스테스들 뿐만 아니라 확실히 최초의 철학자들에게도 번번이 되풀이해서 비난 되었다. 소피스테스들에게 새로 적용되는 것은 세 번째의 것, 곧 지식을 실천적 목적에 동원한다는 것, 폴리스 민주주의 시기에 강하게 상승했던 실천적 지식에 대한 수요를 돈을 받고 가르침으로써 충족시켰다는 것, 의회와 재판소가 결합된 형태라고 할 민회에서 의견에 영향을 미치는 기술로서의 수사술을 강조한다는 것이다. 사회적으로 연관되는 요소로서의 지식, 이런 소피아는 더 이상 일차적으로 테오리아(theoria)가 아니라 탁월함(arete)이다. 소피스테스들은 귀족정이 지난 시대에 아레테가 가르쳐질 수 있다고 주장한다는 점에서 시의적절했다. 그때까지 사람들은 아레테는 최고의 사람들(aristoi), 곧 귀족들의 타고난 특권이라고 믿어왔는데, 이제 이 아레테를 그들도 소피스테스들에게서 배울 수 있다는 것이다.

소피스테스들은 탁월함을 가르친다는 목표로 코스모스를 이론의 중심에서 끌어내렸다. 기원전 420년에 아테네에서 신을 믿지 않는다고 고발되어 시칠

리아로 달아나다 사망했으며, 그 뒤 공개적으로 책이 불태워진 프로타고라스 Protagoras는 자신의 저서 『진리 혹은 제압하는 연설들』을 다음과 같은 문장으로 시작한다. "만물의 척도는 인간이다. 있는(-인) 것에 대해서는 있다고(이다고), 있지 않은(-이지 않은) 것에 대해서는 있지 않다고(-이지 않다고) 하는 척도이다. - 존재는 누군가에게 나타남이다"(『토막글』 1). 이 '상대주의'는 이론적 의도에서 나온 것이 아니다. 프로타고라스의 목적은 테오리아를 지적으로 유의미한 활동의 영역으로부터 제외시키는 것이다. 그렇게 함으로써 사람들은 방해받지 않고 수사술을 시작할 수 있다. 그러나 만일 이 인간적인 것과 정치적인 것의 영역조차 오로지 이론적으로만 접근할 수 있는 자연(physis)의 종류의 것이라면 실천적 활동이라는 점에서의 인간적 사안에 대한 이 단호한 관심은 불가능할 것이다. 그렇기 때문에 이것이 자연적인 것이 아니라 인간에 의해 설정되거나(thesei) 법으로(nomo) 규정된 것이라는 것을 입증해 보이는 것이 소피스테스들의 일관된 노력들 가운데 하나였다. 그래서 그들은 종교, 국가, 언어, 무엇보다도 특히 도덕과 법률의 성립을 인간의 행위로 환원시키고 일정한 목적에서의 인간의 발명품으로 간주한다. 이로써 그들은 그리스 문화의 전승된 자기 이해, 특히 종교와 도덕에 있어서의 지배에 대한 전통적인 정당화 근거를 거부하는 것이 되어 전통주의적 동시대인들이 보기에는 지적 해충에 지나지 않게 되었다. 그렇기 때문에 프로타고라스의 운명은 일회적인 것으로 그치지 않았다. 이 운명은 소크라테스에게도 들이닥친다.

실천적이요 전통비판적인 의도에서의 이런 인간 세계에의 관심 때문에 소피스테스 철학을 두고 '소피스테스적 계몽'이라고 부르는 것은 정당성을 갖는다. 만일 우리가 모든 인식의 진전을 '계몽'이라고 부른다면, 그리스의 우주론 및 신화로부터의 결별 역시 계몽이라고 불러야 할 것이다. 앞의 <서론> 4절에서 개괄된 것의 의미에서 인식이 인식하는 자 자신과 그의 상황에 관심을 기울이는 경우에만, 인식이 반성적 구조를 취하고 반성하는 자의 자기 모습을 변화시키는 경우에만 계몽을 말하는 것이 바람직할 것이다. 정확히 바로 이런 것이 소피스테스 철학에서 일어난다. 그래서 우주론과 소피스테스 철학의 관계에서 최초로 학문으로서의 철학과 계몽으로서의 철학의 대립이 아주 격화된다. 그 이후 철학사는 이 대립을 결코 전적으로 무시할 수 없었다. 게다가 우리는 이 두 사유 방향으로 나중에 이론철학과 실천철학으로 나뉘게 되는 것을 서로 연관시킬 수 있다. 코스모스와 인간적 사안들은 저 구별을 최초로 실제로 행했던 아리스토텔레스에 있어서도 여전히 두 분과 각각의 대상 영역들이다. 그러나 중요한 것은 이론철학과 실천철학이 학문으로서의 철학이나 계몽으로서의 철학과 같이 서로 관계를 맺지 않는다는 것을 분명히 하는 일이다. 이론 역시 계몽적으로 작용할 수 있고 실천에 대한 학문도 있다.

소크라테스는 소피스테스였는가? 고발장이 보여주는 바에 따르면 그는 동시대인들에게 그렇게 보였다. "소크라테스는 첫째로 국가가 인정하는 신들을 믿지 않고 새로운 신을 끌어들였기 때문에 법을 어긴 것이요, 둘째로 그는 청년들을 타락시키기 때문에 법을 어긴 것이다."(플라톤, 『아폴로기아』 23b 이하. 크세노폰, 『메모라빌리아』 I,1.) 신을 믿지 않는다는 비난은 통상적인 것이요, 청년들을 타락시킨다는 것은 그의 교육 활동에서 비롯된 것이다. 소크라테스가 변론에서 스스로 그 당시 떠도는 소피스테스들에 대한 선입관들을 열거하는 것을 보면 그도 소피스테스로 고발되었다는 것을 알고 있었다고 하겠다. 게다가 그는 자신과 소피스테스들 사이의 공통점을 강조하기도 한다. 즉 그것은 우주론에 관심을 두지 않는다는 것과 아레테를 중요하게 여긴다는 것이다. 그러나 차이점도 간과할 수 없다. 소크라테스는 자신이 무지하다는 것을 안다는 점에서 소피스테스가 아니다. 바로 여기에 그의 지혜가 있고, 바로 이 점에서 델피의 신탁이 말하는 대로 아무도 그를 능가하지 못한다. 무지한 줄 알기에 소크라테스는 가르치지 않고 질문을 던진다. 이때 그의 대화 상대방은 논의되고 있는 것에 대해 정확히 알고 있다고 확신한다. 이것을 '소크라테스적 에이로네이아'라고 부른다. 희랍어 '에이로네이아'(eironeia)는 위장, 가장을 뜻한다. 이것이 실제로 가장일 뿐인지에 대해서는 논란이 일고 있다. 우리에게 이 에이로네이아적 소크라테스를 보여주는 플라톤의 초기 대화편들에서 대화는 항상 '아포리아'(aporia)로, 곧 출구 없이 끝나고, 결국 소크라테스가 더 지혜롭다는 것이 밝혀진다. 왜냐하면 그는 처음부터 자신의 무지를 알고 있었기 때문이다. 이렇게 해서 신탁이 말하는 것이 무엇인지가 늘 새로 확인된다.

따라서 소크라테스의 잘못은 자기사유, 자기인식, 자기검토로 유혹했다는 것이다. 델피 신전 입구 위에 걸려 있는 "너 자신을 알라"라는 경구가 그에 의해 명백하게 인용된다. 그래서 그는 펠로폰네소스 전쟁에서 패한 이후 정치적으로 격앙된 시기의 아테네 사람들에게 동료 시민을 불안하게 만드는 위험 인물로 비쳐질 수밖에 없었다. 게다가 소크라테스는 늘 내면에서 울려나오는 신적 목소리라는 자신의 다이모니온(daimonion)에 대해 말하고 다녔다. 사람들은 이를 두고 새로운 신을 만들어낸다는 내용으로 고발장에 포함시켰다. 그러나 다이모니온은 신이 아니요, 정말이지 '양심의 소리'는 더더욱 아니다. 왜냐하면 이것은 항상 소크라테스에게 어떤 것을 하지 말도록 권하지 어떤 행위를 하겠다는 결심을 확인시키지는 않기 때문이다. 따라서 다이모니온은 의사 결정의 자유를 제한하지 않으며 소크라테스가 삶을 영위하는 원칙으로 제시하는 것에 위배되지 않는다. "지금 뿐만 아니라 항상 그래 온 것인데 나는 검토해서 최선의 것으로 밝혀진 로고스 외에는 그 어느 것도 따르지 않는다."(플라톤, 『아폴로기아』 46b) 소크라테스는 구속력 있는 삶의 지향을 다이모니온, 종교나 학문의 객관적 존재에서가 아니라 자신의 고유한 검토의 결과인 로고스에서 찾는다. 그를 유죄 판결로 이끈 것은 바로 이 앎에 있어서의 자율성의 추구였고, 다이모니온은 그 당시 동시대인들에게 이 위험을 가리키는 신화적 상징이었을 뿐이다. 고발자들이 아테네의 폴리스 질서를 심각하게 위협한다고 간주했고 간주해야만 했던 것은 신앙심이 깊은 것으로 인정받는 소크라테스가 끌어들인 새로운 신에 있는 것이 아니라 전통적인 행위지침에 맞서는 개인적 자율성의 요구에 있었다. 그래서 헤겔은 객관적으로 보았을 때 사람들이 소크라테스를 처형한 것은 옳았다고 주장한다. 왜냐하면 소크라테스는 벌써 고대의 도덕을 파괴하는 원칙으로서의 주체성의 원칙을 들고 나왔기 때문이다.[5)]

그런데 소크라테스가 수사술적 소피스테스들이 그랬던 것처럼 실제적인 성공이 아니라 최선의 로고스에 초점을 맞추었고, 게다가 아리스토텔레스가 말한대로 이 로고스를 일반적인 정의들로 파악하려고 애썼기 때문에(경건함, 아름다움, 올바름 등등) 우리는 소크라테스를 '학문으로서의 철학'과 '계몽으

5) G.W.F. Hegel: *Die Vernunft in der Geschichte*, Hamburg 1955, 71쪽 이하.

로서의 철학'이라는 두 근본 형태를 자신의 사유 안에서 통일시키려고 한 최초의 철학자로 간주해야 할 것이다. 철학은 인식이어야 한다. 이 점에서 철학은 학문으로 규정된다. 이와 동시에 철학은 우리 자신에게 해당되어야 하고 "너 자신을 알라"에 상응해야 한다. 이 점에서 철학은 계몽이다. **소피아**에 대한 추구라는 매우 어원적인 의미와 소피스테스들의 소유 주장에 대한 반대라는 의미의 '철학'이라는 단어가 후기 플라톤에 의해서 『파이드로스』에서 소크라테스의 입에 올려진다.(『파이드로스』 278d) 그러나 역사적 소크라테스 자신이 이렇게 표현했던 적이 있었는지는 매우 의심스럽다.

2장 존재론적 패러다임

이 장에서는 플라톤과 아리스토텔레스의 의미에서의 철학의 개념, 대상, 방법, 분류를 지적함으로써 존재론적 철학이 무엇인지를 분명히 하고자 한다. 플라톤-아리스토텔레스 모델은 근대가 출발할 때까지 모든 철학 활동을 규정했던 고전적 형이상학의 모델이다. 그럼에도 불구하고 우리는 항상 플라톤적 전통과 아리스토텔레스적 전통을 구별해야 한다. 플라톤주의와 아리스토텔레스주의는 존재론적 패러다임에서 늘 서로 대립되었다. 교부철학과 초기 중세철학에서는 신플라톤주의의 옷을 입은 플라톤의 영향이 지배적이었던 반면 알베르투스 마그누스Albertus Magnus와 토마스 아퀴나스Thomas Aquinas 이래 전성기 중세철학과 후기 중세철학에서는 아랍인들을 통해 기독교적 서양에 비로소 알려진 아리스토텔레스의 영향이 컸다. 1453년 터키에 의해 정복된 콘스탄티노플에서 탈주한 학자들은 플라톤을 서양에 가져다주었고 이로써 플라톤 철학에 대한 새로운 탐구를 자극했다. 이제 신플라톤주의적 각색과 상관없이 플라톤을 보게 되고 텍스트를 기반으로 삼게 되었다. 서양 사람들은 그때까지 유일하게 갖고 있었던 『티마이오스』 뿐만 아니라 다른 대화편들도 읽을 수 있게 되었다. 그럼에도 불구하고 존재론적인 모델에서 플라톤

아리스토텔레스 형이상학이라고 뭉뚱그려서 말할 수 있는 것은 원칙적인 문제 제기와 근본 확신에서 공통된다는 데에서 그 근거를 찾는다. 이 공통점이 플라톤주의와 아리스토텔레스주의를 동일한 패러다임의 두 변형으로 보는 것을 허용한다. 게다가 고전 형이상학의 이 두 설립자들의 영향사가 너무도 강력해서 헤겔에 이르는, 아니 오늘날에 이르는 모든 형이상학을 매우 큰 강제력을 동원하지 않고서도 플라톤적이라거나 아니면 아리스토텔레스적이라고 분류할 수 있다. 이에 대한 근거는 나중에 다룰 것이다. 물론 '형이상학'(Metaphysik)이라거나 '존재론'(Ontologie)이라는 단어는 플라톤과 아리스토텔레스 자신에게서 등장하지 않는다. '형이상학'이라는 단어는 이미 기원전 1세기에 만들어진 반면에 '존재론'이라는 단어는 16세기의 신조어이다. 존재론은 후기 스콜라 철학에서 존재자 자체에 대한 이론, 존재자 일반에 대한 이론으로서의 일반 형이상학을 의미한다. 이 일반 형이상학(metaphysica generalis) 곁에 신학, 우주론, 심리학이 특수 형이상학(metaphysica specialis)의 분과로서 서 있다. 칸트도 이런 분류에 따랐다.

플라톤에게 있어서 철학의 두 가지 근본 의미가 구별된다. 그 한 가지 의미는 체계적으로 수행되는 이론적 인식이다. 기하학이 그 예이다.[6] 그런 인식의 소유 역시 플라톤에 의해 철학이라 불렸다.[7] 그런 대목들에서 '철학'은 '학문'과 같은 뜻이다. 여기에서 플라톤은 아라스토텔레스를 통해 확립되고 헤겔에 이르기까지 철학관을 철저히 규정했던 정의를 준비하고 있는 셈이다. 즉 철학은 학문이고, 학문은 철학이다. 헤겔도 철학을 "진리의 학문적 인식"으로 규정하는데 이로써 철학이 진리의 학문적 인식(episteme tes aletheias)[8]이라는 아리스토텔레스의 정의를 글자 그대로 반복하고 있다. 거꾸로 자료들이 수집될 뿐만 아니라 설명되는 앎의 영역의 체계적 서술은 18세기에 이르기까지 모두 철학이라고 불렸다. 뉴톤은 1687년의 주저에 『자연철학의 수학적 원리』(*Philosophiae naturalis principia mathematica*)라는 제목을 붙인다. 볼

6) 참조. 플라톤, 『테아이테토스』 143d.

7) 참조. 플라톤, 『에우티데모스』 288d.

8) 아리스토텔레스, 『형이상학』 993b 20.

테르Voltaire는 이런 의미로 역사철학을 기술하며 당시에는 심지어 '물고기의 철학'도 있었다고 한다. 칸트 역시 아직 경험적 철학과 순수 철학을 구분하는데[9] 그렇게 함으로써 그는 오늘날 우리가 더 이상 그렇게 보지 않는 학문, 예컨대 고전역학에도 철학의 지위를 인정한다. 이 넓은 의미의 '철학적'이라는 개념에 대립되는 것은 '역사적'이라는 개념이다. 역사적 지식은 이미 아리스토텔레스에게서 그랬던 것처럼 단순한 자료적 지식, 무엇 무엇에 대한 단순한 앎이다. 그것은 마치 독일어에서 Naturkunde(자연-知)가 Naturwissenschaft (자연과학)와 구별되는 것과 같다. 우리의 조부모 세대만 해도 '자연사'(Naturgeschichte)라는 수업을 받았는데, 이 수업이 뜻하는 것은 진화론 같은 것이 아니라 자연사(historia naturalis), 곧 Naturkunde였다.

플라톤에게 있어서 '철학'의 또 다른 의미는 이미 언급했던 반소피스테스적 의미이다. "누군가를 지혜로운 자(sophos)라고 부르는 것은 지나치며 신에게나 해당된다고 생각되지만 지혜를 사랑하는 자(philosophos)나 이와 유사한 이름은 더 적절하며 더 잘 맞다고 생각된다."[10] 플라톤은 『심포시온』에서 필리아(philia) 사상을 에로스 이론과 결합시킨다. "지혜(sophia)는 가장 아름다운 것에 속하며 에로스는 아름다운 것에 대한 사랑이므로, 에로스는 필연적으로 지혜를 사랑하며(philosophos) 철학적으로 지혜로운 자와 무지한 자 사이에 위치한다."[11] 철학의 이 중간자적 지위는 플라톤에 의해 다른 곳에서 존재론적으로 정당화 된다. 여기에서 우선 중요한 것은 다만 철학이 지혜와 구별되지만 그럼에도 불구하고 지혜(sophia)로부터 규정된다는 사실이다. 철학이 목표에 도달했을 때 비로소 필로소피아(philosophia)는 지혜(sophia)와 일치한다. 이것이 플라톤에 따르면 '학문'(episteme)이다.[12] 아리스토텔레스에 있어서 필리아 계기는 뒷전으로 물러서고 간간히 철학을 탐구(zetesis) 혹은 연구로 특징지을 때에만 계속 작동한다. 그러나 인식을 소유하

9) 칸트, 『순수이성비판』 B868.

10) 플라톤, 『파이드로스』 278d.

11) 플라톤, 『심포시온』 204b.

12) 참조. 플라톤, 『테아이테토스』 145e.

는 것과 인식을 실천하는 것 사이의 단순한 구별은 플라톤의 반소피스테스적 요점을 재현하기에는 너무 약하다. 철학사에서 화석화된 체계와 그 권력 요구에 저항해서 새로 어떤 철학 사상을 태동시킬 때면 언제나 플라톤의 필리아 사상이 기억에 떠올려지고 철학은 진리의 소유가 아니요 진리에 대한 끊임없는 추구라고 주장되어 왔다. 이 점을 강조하는 플라톤 비판가 포퍼Popper는 긴 족보의 맨 끝에 서 있다.[13)]

만일 누군가 철학이 왜 바로 이런 식으로 규정되느냐고 묻는다면 존재론적 패러다임은 그런 사람에게 **대상**을 가리킬 것이다. 존재론적으로 철학한다는 것은 항상 대상으로부터 철학하는 것을 말한다. 이것은 우선 그럴 듯하다. 왜냐하면 그 인식이 무엇에 대한 인식인지를 묻는 것보다 더 잘 인식의 특징을 드러낼 수 없겠기 때문이다. "인식하는 자, 그는 무엇인가를 인식하는가 아무 것도 아닌 것을 인식하는가? - 무엇인가를 인식한다고 말하겠습니다. - 있는 것인가 있지 않은 것인가? - 있는 것이지요. 있지 않은 것이 어떻게 인식될 수 있겠습니까? - 이제 우리는 충분히 알았네. 완전한 존재자는 완전히 인식될 수 있지만 어떻게도 존재하지 않는 것은 완전히 인식될 수 없다는 것을 - 충분합니다."[14)] 인식은 **무엇(etwas)**에 대한 인식이어야 하며 이 무엇은 있어야 하지 있지 않을 수 없다. 무(nichts)에 대한 인식은 아무 것도 아닐 것이다. 그런데 존재자(to on)를 인식하는 것은 존재론적 인식이다. 이 존재론적 인식은 존재자 자체에 의해 생겨난다. 그렇기 때문에 이 인식의 시초는 놀라움(thaumazein)에 있다. 존재론으로서의 철학의 근본 물음은 '무엇이 있는가'이다. 주목해야 할 것은 플라톤이 존재자에 있어서 그 존재의 완전성의 정도로부터 출발한다는 사실이다. 있는 어떤 것은 더 완전할 수도 있고 덜 완전할 수도 있다. 이때 완전한 인식, 곧 소피아는 완전한 존재자의 인식으로 규정된다. 완전한 존재자(das vollkommene Seiende)라고 할 때 독일어 'vollkommen'은 형용사가 아니라 부사로 이해되어야 한다. 말하자면 존재자의 방식을 더 상세히 규정하는 것이다. 그래서 플라톤도 완전한 존재자를 'ontos on'(ontos는

---

13) 참조. K.R. Popper, *Logik der Forschung*, 7.Aufl., Frankfurt/M. 1982, 특히 80장.

14) 플라톤, 『국가』 476e-f.

부사로 실제로, 참으로)이라고 부른다. 이것은 이 존재 개념과 우리의 실존(Existenz) 개념 사이의 차이를 분명하게 한다. 실존은 '존재 혹은 비존재'이고 여기에는 등급이 없다. 반면에 플라톤 그리고 전체 존재론에 있어서 존재자to on는 항상 동시에 Daß-Sein(existentia, 있다는 것)이고 Was-Sein(essentia, 이러저러 하게 있다는 것)이다. 여기에는 중간 단계가 있을 수 있다. 아리스토텔레스는 '존재'의 이 이중 의미로 '본질'(ousia, 라틴어로 essentia가 esse에 속하듯이 ousia는 einai에 속한다)을 철학의 대상으로 규정하고 다시 이것을 세분화한다. 이 세분화는 일반 형이상학(metaphysica generalis)으로서 존재론의 일반적인 학습 내용이 되었다.[15)]

이미 파르메니데스는 순수 존재를 철학의 대상으로 파악하고 모든 비존재(Nichtsein)를 배제하려고 시도했다. "...이지(있지) 않다", "아직 ...이지(있지) 않다", "더 이상 ...이지(있지) 않다" 등으로 말해져야 되는 것은 단순한 의견(doxa)의 대상이다. 여기에서 대립하는 것은 한 쪽의 '존재'와 다른 쪽의 '생성되는 것', '소멸하는 것', '운동하는 것', '변화하는 것'이다. 플라톤은 소크라테스로 하여금 다음과 같이 말하게 한다. "내 생각으로는 이것은 확실히 해두어야 할 것 같다. 지혜를 사랑하는 사람들은 항상 자신들에게 저 존재(ousi)a, 그러니까 항상 존재하고 생성과 소멸로 흔들리는 법이 없는 존재에 대해 무언가를 드러내는 앎을 사랑한다."[16)] 이렇게 볼 때 플라톤은 인식의 목표에 있어서 파르메니데스와 일치한다. 여기에서 말하고자 하는 것은 존재자가 어떤 관점에서 완전할 수 있는가 혹은 불완전할 수 있는가 하는 것이다.

그런데 두 가지 차이가 중요하다. 우선 플라톤은 '완전한 존재'(ontos on)를 '존재'(einai)가 아니라 '이데아'(idea, eidos)로 규정한다. 이렇게 함으로써 그는 '관념론'(Idealismus)이라는 애매하며 종종 잘못 쓰이는 단어로 지칭되는 사조의 창시자가 된다. 다른 또 한 가지 차이는 존재와 비존재 사이의 관계에서 생겨난다. 파르메니데스가 그저 단순한 양자택일을 알아차리고는 순수 존재를 순수 사유로 보았다면, 플라톤은 의견(doxa)이 더하고 덜한 정도로 참된

---

15) 참조. 아리스토텔레스, 『형이상학』 1017 이하.

16) 플라톤, 『국가』 485a 이하.

존재에 관여함(teilhaben)으로써 더 완전하다거나 덜 완전하게 존재하거나 인식될 수 있는 가능성을 부여하는 방식으로 이 의견의 세계를 복권시킨다. 이로써 완전한 존재(ontos on)에 대한 사랑(philia)으로서의 철학 역시 존재와 비존재 사이에서 자신의 자리를 잡는다. 즉 철학은 순수 존재(einai)에 대한 단순한 사유와 비존재 사이의 선택권을 가질 뿐만 아니라 "지혜로운 자들과 무지한 자들 중간에서" 지혜(sophia)를 추구할 수도 있다. 아리스토텔레스가 일반적이고 필연적이며 변화를 겪지 않고 영원한 것을 이론적 학문으로서의 철학의 대상으로 규정하는 경우에[17] 그는 전적으로 파르메니데스-플라톤적 전통에 머물러 있는 것이다. 그는 이런 식으로 파악된 대상을 존재하는 모든 것의 근거와 원인 전체와 동일시 한다는 점에서도 역시 플라톤을 따르는 셈이다. 플라톤에 있어서도 사물의 원형(Urbild)으로서의 이데아가 존재의 원리였다. 그러나 아리스토텔레스는 다음과 같은 물음에 있어서 자신의 스승과 의견을 달리 한다. 그 물음은 이런 것이다. 즉 우리는 완전한 존재(ontos on)를 어디에서 구해야 하는가? 이로써 그는 철학적 입장들 사이의 결정적 차이들이 흔히 단순한 뉘앙스의 차이로부터 생겨난다는 일반적 관찰을 뒷받침 해준다. 그는 플라톤이 사물의 본질을 피안의 영역에로 옮겨 놓았고 그래서 사물의 세계를 그저 두 배가 되도록 만들었다고 비판한다. 이런 일은 예를 들어서 우리가 말(馬)의 이데아를 실제의 말로부터 구별할 뿐만 아니라 독자적 존재자로서 분리해내는 경우에 필연적으로 발생한다. 아리스토텔레스에 따르면 우리는 사물의 본질, 즉 있다는 것(定在, daßsein)과 이러저러하게 있다는 것(相在, sosein)의 근거와 원인을 사물 자체에서 구해야만 한다고 한다. 물론 이때 우리에게 맨 처음에 제시되는 것, 제1 우시아(ousia)가 벌써 본질인 것은 아니라고 한다. 오히려 우리는 방법적 절차를 밟아 탐구(zetesis)를 통해 제2 우시아를 찾아내야 한다는 것이다. 그런데 이를 위해 사물 자체의 범위를 벗어나서 따로 떨어져 있는 이데아의 세계로 올라갈 필요는 없다고 한다. - 오늘날 우리는 다음과 같은 점에 있어서 대체로 의견의 일치를 보고 있다. 즉 이 비판은 실제로 플라톤에게 들어맞는 것이 아니라 일차적으로 아카데미아

17) 참조. 아리스토텔레스, 『형이상학』 980a 이하.

에서 플라톤의 이름으로 표방되었던 플라톤주의의 특정 형태에 향하고 있다. 게다가 한 제자가 탁월한 스승과 결별하는 경우에 어느 정도 해석학적 불공평이 필요할 것이다. 어쨌든 아리스토텔레스는 거의 이십 년간 아카데미아의 일원이었으니까 말이다.

철학 자체가 존재론적 모델에서는 그 대상에 의해서 포착되는 것이라면 이 점은 방법에 대한 이해에 있어서도 마찬가지일 것이다. '방법'(Methode)이라는 단어에는 언어적으로 보자면 희랍어 '호도스'(hodos, 길)가 들어 있고 '길을 뒤따라 간다는 것'을 의미한다. 사실 존재론에서 방법론은 다름 아니라 존재에 이르는 길을 드러내 보이는 일이다. 그리고 이 존재에 이르는 길은 인식에 있어서 존재자 자체에 이미 나 있다. 이 점은 방법은 그 대상에 상응해야 하고 조응해야 한다는, 오늘날에도 자주 제기되는 요구에 부합한다. 방법이 대상에 맞춰져야지 그 역은 아니라는 생각보다 더 그럴 듯한 것이 무엇이겠는가? 플라톤은 『국가』 제7권의 유명한 동굴의 비유에서 완전한 존재(ontos on)에 이르는 이 길을 네 단계에 걸쳐 시각적으로 묘사했다. 그가 그려 보이는 인식은 동굴 안에 결박된 죄수들이 보는 동굴 벽면의 그림자로부터 출발해서, 이 그림자를 만들어내는 모닥불과 인간을 보는 단계를 지나, 동굴 밖의 실제 세계를 경험하며, 결국 모든 것을 빛나게 만들며 그로부터 따뜻함과 생명을 얻는 태양을 바라보는 것으로 되어 있다. 이에 덧붙여 태양의 비유와 선분의 비유는 플라톤의 방법론을 시각 효과와 비유를 통해 완성시킨다. 그런데 이 플라톤의 방법론은 학문을 수행하는 규칙을 뜻할 뿐만 아니라 혼에게 그림자의 세계로부터 좋음의 이데아가 의미하는 태양에 이르는 길을 가리키기도 한다. 동굴로부터 나오는 길이 동시에 인식과 혼의 해방을 의미하듯이 플라톤의 철학 방법은 일차적으로 혼의 교육 과정으로 이해된다. 여기에서 목표는 신과 닮아지는 것(Vergöttlichung)이다. - 동굴의 비유를 여기에서 더 자세하게 해석하기는 어렵겠다. 심지어 철학사 전체를 동굴의 비유에 대한 해석의 역사라고도 기술할 수 있을 것이다. 플라톤 이래 빛의 은유는 서구 사상의 개념틀 전체를 관통한다. 이 빛의 은유는 "세상의 빛"으로서의 예수로부터 시작해서 "조명"(Erleuchtung), "자연의 빛"(lumen naturale), "개념의 해명"(Begriffsklärung), "계몽"(Aufklärung), "존재 해명"(Existenz-Erhellung,

Jaspers), "반성"(Reflexion, 광학으로부터의 은유) 등에 들어 있고, 시각을 나타내는 개념으로부터 차용된 용어들, 통찰(Einsichten), 견해(Ansichten), 관점(Hinsichten), 조망(Übersichten), 명증성(Evidenzen, 라틴어 video: 나는 본다), 직관(Intuitionen, 라틴어 intueor: 나는 바라본다) 등에 포함되어 있다. "정신적 눈"(geistiges Auge)이라거나 "순간적 착상"(Gedankenblitz)과 같은 표현도 빠트려서는 안 될 것이다.

플라톤은 동굴에서 나오는 과정의 4 단계를 선분의 비유에서 '인식론적으로' 더 정교하게 제시한다. 처음 두 단계는 의견doxa의 세계, 즉 감각적 가상의 세계에 해당하고, 그 다음의 두 단계는 본래적인 의미에서의 인식의 단계, 곧 사유에서 참된 존재자를 인식하는 단계이다. 여기에서 기하학이 철학적 이데아 인식의 전 단계로 제시된다. 플라톤은 이 이데아 인식의 방법으로 변증술(Dialektik)을 제시한다. 플라톤은 감각적이지 않은 인식이 있어야 한다는 것을 기하학에서 깨달았다. 즉 종이 위에 그려진 모습은 사유의 대상이기만 한 선분이라거나 도형에 대해 말할 수 있는 단초에 불과하다. 이런 이유로 아카데미아 입구에는 "기하학을 모르는 자 이 문을 들어서지 말라"는 경구가 내걸려 있었다고 한다. 우리는 플라톤이 어떻게 기하학적 인식을 철학적 인식의 복사(Abbild)나 모사(Nachbild)로 규정하는지를 살펴봄으로써 그가 어떻게 철학 방법을 특징짓는지 알 수 있다. 플라톤에 충실하게 우리는 의견(doxa)의 실제 사물들을 탐구의 출발점으로 삼는다. 이 탐구는 변증술적으로 의견과 반대 의견을 개진함으로써(희랍어로 dialegesthai) 참으로 존재하는 것, 진리인 것, 곧 이데아에 이르는 길을 준비한다. 그렇지만 참인 것 자체의 인식은 직관(Schauen)이요, 이 직관을 변증술은 준비할 수는 있어도 대체할 수는 없다. 그런데 플라톤에 따르면 이 직관은 혼이 이미 본 것으로부터 상기(想起, anamnesis)하는 것이다. 혼이 육체에 갇히기 전에는 "정신의 눈으로" 이데아들을 직접적으로 직관할 수 있었다고 한다. 인식이 상기라는 모델은 플라톤적 전통에서 여러 변형된 형태로 끊임없이 표방되었다. 이 모델의 논증적 핵심이 말하는 것은 우리는 감각을 수단으로 해서는 참된 것을 포착할 수 없다는 것이다. 그 이유는 이렇다. 오로지 감각만이 우리로 하여금 외부 세계에 대해 무언가를 알게 해주며 우리는 이 참된 것의 인식을 우리 안에 이미 지니고 있어야 한다. 따라서 그런 인식은 원래 이미 알려진 것을 밝히고 해명하는 데에 있어서만 성립할 수 있다.

아리스토텔레스의 방법론적 저술들에서[18] 우리는 플라톤의 비유들과 같은 영향력이 큰 시각적 장치를 발견할 수 없다. 아리스토텔레스의 경우에는 매우 냉정하다. 우선 그는 철학은 그것이 실제로 보편자, 변화를 겪지 않는 것, 근거, 원인의 학문이 되려면 일반적으로 가르쳐질 수 있어야 한다는 것을 강조한다. 왜냐하면 이 모든 것은 누구에게나 접근 가능하기 때문이다. 아카데미아에서 보는 것과 같은 철학자들의 공동체, 그러니까 그들의 혼이 특히 참된 것을 직관하도록 단련된 엘리트들의 공동체는 아리스토텔레스에게 있어서는 차지할 자리가 없다. 본질은 사물들 자체에서 찾아질 수 있기 때문에 우리는 다행히 사물들을 지각하는 일로 시작할 수 있으며 플라톤이 그렇게 하는 것처럼 순수 사유로 옮겨갈 필요가 없다. 아리스토텔레스에 따르면 학문은 감각적 지각(aisthesis), 기억(mneme) 그리고 경험(empeiria)으로부터 생겨난다. 따라서 진리에 이르는 길은 외부 세계에 대한 경험이지 '상기'가 아니다. 게다가 근거를 아는 자는 그 근거를 댈 수 있다. 그런데 우리가 어떻게 근거를 대는지, 타당한 근거 제시는 어떤 것인지를 형식적으로 특징지을 수 있다. 아주 나중에 사람들이 '형식 논리학'이라고 부르는 것이 바로 이런 것이다. 아리스토텔레스는 광범위한 방법론을 개발했으며 이 방법론은 훗날 『오르가논』(organon, 도구)이라는 명칭 아래 수합된 문헌에 수록되었다. 그는 여기에서 플라톤의 변증술로부터 출발하지만 기하학을 모범으로 삼지 않고도 이로부터 올바른 추리(syllogismos)의 이론을 이끌어낸다. 이 추리 이론이 아리스토텔레스 방법론의 근본 토대를 이룬다. 스토아학파 사람들이 비로소 이 분과를 '논리학'(Logik), 곧 로고스(logos)의 학문이라고 불렀다. 아리스토텔레스는 이미 귀납(epagoge)과 연역(apodeixis), 곧 특수한 것으로부터 일반적인 것을 추론해내는 것과 일반적인 것으로부터 특수한 것을 추론해내는 것 사이의 차이를 알고 있었다. 그는 증명의 이론과 양상 논리학(Modallogik, 가능성, 실제성, 필연성의 논리)의 단초도 제시한다. 그렇지만 그의 가장 큰 공

18) 특히 『형이상학』 980a 이하 및 『분석론 후서』를 참조할 것.

헌은 완벽한 연역 추론(삼단논법)의 방법을 찾아낸 데에 있다. 이 방법은 19세기에 이르기까지 형식 논리학의 원형으로 간주되었으며, 칸트 역시 형식 논리학을 아리스토텔레스에 의해 완성된 학문으로 보았다. - 학문적 인식이 방법론적으로 기하학이나 수학을 모범으로 삼아야 할지 아니면 오히려 형식 논리학에 바탕을 두어야 할지는 플라톤주의자들과 아리스토텔레스주의자들 사이에서 항상 다툼거리였다. 19세기에 비로소 이 다툼은 수학 자신이 논리학의 분과라는 점을 설득력 있게 보여주는 데에 성공함으로써 해소되었다. 이렇게 하기 위해서 고전적인 아리스토텔레스 논리학을 대폭 확장시킬 필요가 있었는데, 이런 확장은 칸트나 헤겔조차 불가능하다거나 해서는 안 된다고 보았었다.

철학 전체가 여러 분과로 이루어져 있다는 것은 오늘날 우리에게 익숙한 형태로는 아리스토텔레스가 최초로 표방한 주장이다. 플라톤도 철학자가 여러 가지 것들에 종사한다고 보았다. 그러나 바로 그렇기 때문에 철학 자체는 오직 **하나**요, 이 철학은 순수하게 이론적인 문제가 다루어지는 곳에서도 진실로 실천철학이다. 키케로Cicero는 소크라테스를 두고 다음과 같이 말한다. "소크라테스는 최초로 철학을 하늘로부터 지상으로 끌어내렸다. 그는 철학이 도시에 거주하게 만들었고, 심지어 각 가정으로 끌어들였으며, 사람들로 하여금 삶에 대하여, 도덕에 대하여, 선과 악에 대하여 탐구하도록 강요했다."[19] 플라톤은 철학을 다시 이데아들의 하늘로 되돌려 놓은 것이 아닌가? 첫 눈에는 그렇게 보일 수도 있을지 모른다. 그렇지만 실제로는 우리는 그의 철학을 소크라테스적 계몽 프로그램을 최선의 **로고스**에 힘입어 아포리아(출구 없음)로부터 끄집어내고 수행하려는 시도로 해석해야 한다. 소크라테스가 물었던 윤리적 보편 개념은 - 경건함, 용기, 정의 등 - 우리가 변증술에서 근접하려고 시도할 목표 지점으로서의 이데아가 되었다. 플라톤이 비윤리적인 이데아들도 고찰하고 심지어 『티마이오스』에서는 우주론 전체를 펼친다는 사실이 이 모든 것이 '실천적 의도로' 일어난다는 점을 은폐해서는 안 된다. 소크라테스의 실천적인 철학 프로젝트는 순수 이론적 수단으로 실현되어야

19) 키케로, 『대화』 V10.

한다. 플라톤의 주저가 『국가』라고 불리는 것은 우연이 아니다. 최고의 이데아는 좋음의 이데아이지 '존재 자체'가 아니다. 철학은 결코 그 자체가 목표인 것이 아니라 국가를 올바르게 이끌어 가는 데에 필요한 방향타이다. 플라톤에 있어서는 윤리 외적인 철학 이론들은 곧장 이런 정치적이고 교육적인 철학의 기능이라는 관점 아래에서 평가된다. 플라톤은 소크라테스로 하여금 다음과 같이 말하게 한다. "여보게 글라우콘, 지혜를 사랑하는 이들이 왕이 되거나 아니면 왕이나 권력자가 참으로 지혜를 사랑하도록 만들지 않으면, 그래서 권력과 철학 이 두 가지가 겸비되지 않으면, 국가에 있어서 악의 종식은 이루어지지 않고 인류에 있어서도 마찬가지이네."[20] 결국 철학의 과제가 다스리는 것이라면 철학을 위한 철학이란 있을 수 없다. 최소한 그런 철학은 윤리적으로 허용되지 않을 것이다. 결국에는 철학이 정치적 권력을 행사하는 것을 정당화하는 결과를 낳는 철인 치자(哲人治者, Philosophenkönig)라는 철학적 모티브는 우리 시대에 이르기까지 항상 힘을 발휘해 왔다. 이 모티브는 특히 지식인들로 하여금 이론적 앎의 소유가 권력에 대한 요구를 정당화 한다고 오해하도록 만드는 유혹으로 작용해 왔다. 이와는 반대로 칸트는 이렇게 말한다. "왕이 철학자가 되거나 철학자가 왕이 된다는 것은 기대할 수 없고 또 바람직하지도 않다. 왜냐하면 권력의 소유가 이성의 자유로운 판단을 불가피하게 망가뜨리기 때문이다."[21] 근현대의 철인왕들, 프로이센의 프리드리히 2세, 로베스피에르, 레닌, 마오쩌뚱 등, 세계 모든 지역의 기술 관료들은 유감스럽게도 플라톤이 아니라 칸트가 옳았다는 것을 확인시켜 왔다.

아리스토텔레스가 이론철학과 실천철학을 구별한 것은 동시에 한편으로는 이론 그 자체의 정당화를, 다른 한편으로는 실천 및 이 실천에 포함되어 있는 이성을 순수 이론가의 독재로부터 해방시킨다는 것을 의미한다. 여기에 대한 근거 제시는 다시금 존재론적인 것이다. 즉 여러 가지 다른 종류의 대상, 다른 영역의 대상이 있다.[22] 아리스토텔레스는 두 가지 관점에 따라 구별한다.

---

20) 『국가』 473c 이하.

21) Kant, *Zum ewigen Frieden*, B69 이하.

22) 참조. 『형이상학』 994a 이하 및 1025b 이하.

그 한 가지는 '운동한다/변화한다 - 운동하지 않는다/변화하지 않는다'에 따른 구별이다. 이 구별에는 파르메니데스와 플라톤이 영향을 미친다. 또 다른 하나는 대상이 자신의 원리로부터 분리되어(독립적으로) 존립할 수 있느냐의 여부에 따른 구별이다. 이로부터 다음과 같은 도표가 이끌어져 나온다.

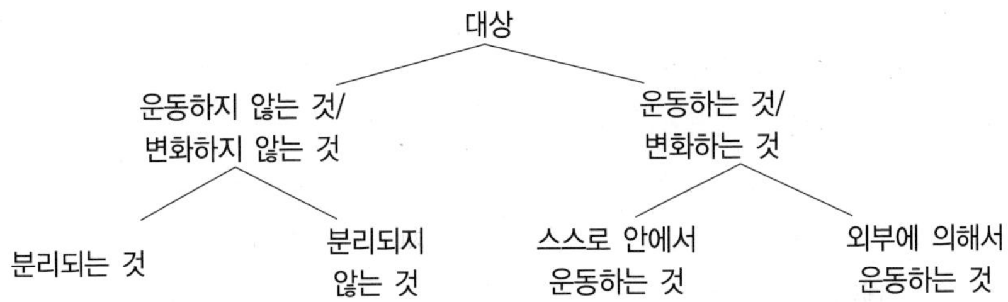

운동하지 않는 것/변화하지 않는 것, 그것이 인식되는 것으로부터 분리되지 않는 것은 수학(기하학)의 대상이다. 반면에 운동하는 것/변화하는 것은 - 플라톤에 있어서는 의견(doxa)의 세계인데 - 아리스토텔레스에 따르면 이 운동/변화의 원리를 스스로 안에 갖고 있느냐의 여부에 따라 분류된다. 스스로 안에 갖고 있는 경우가 자연과학의 총괄 개념으로서의 자연학의 대상이다. 심리학도 자연학에 속한다. 왜냐하면 인간의 혼은 아리스토텔레스에 따르면 스스로 운동하기 때문이다. 그런데 운동/변화의 원리를 스스로 안에 갖고 있지 않은 운동하는 것/변화하는 것은 인간에 의해서 만들어진 것, 예컨대 인간의 행위나 그 결과물이다. 이런 것에 대해서도 하나의 이론, 곧 실천철학이 있다는 사실이 아리스토텔레스가 이론철학과 실천철학이 하나요 그러면서도 실천이 위에 있다는 플라톤의 생각에로 되돌아갈 이유가 되지는 못한다. 아리스토텔레스는 실천의 세계는 수학적이거나 물리적 정확도를 가지고 이론을 허용하는 성질의 것이 전혀 아니라는 견해를 견지한다. 그는 플라톤과는 다른 생각을 말한다. 우리가 좋음의 이데아에 대한 인식을 갖고 있다고 해도 이것이 실천에서는 전혀 도움이 되지 못할 것이라고 한다. 왜냐하면 좋음은 보편자인 반면에 행위는 항상 개별적으로 일어나기 때문이다.[23] 이것이 철인왕 이데올로기에 대한 아주 유효한 비판이고, 이 비판이 철학적 사변에 맞선 상식의 복권이라는 결과를 가져온다는 것은 분명한 일이다. 그럼에도 불구하고 아리스토텔레스는 실천철학에 중요한 정치적이고 교육적인 과제를 부여한다. 비록 실천철학이 직접적으로 행위를 이끌어낼 수는 없다고 하더라도 일반적으로 실천의 조건을 해명하고 그때마다 체험된 에토스(ethos)에 대한 체계적 자기 이해를 가져올 수 있다. 이런 의미에서 그는 이론철학의 목표가 진리인데 반해서 실천철학의 목표는 '업적'(일, ergon, Werk)이요, 우리가 실천철학을 탐구하는 것은 단순히 이론을 목적으로 해서가 아니라 더 나은 인간이 되기 위한 것이라고 주장한다.[24)]

분리되는 '운동하지 않는 것/변화하지 않는 것'은 무엇인가? 이것은 다시금 플라톤의 이데아, 즉 실제의 개별 사물들에서 '분리되어'(choris) 존재하는 온토스 온(ontos on, 참된 존재자)이 아닌가? 여기에서는 아리스토텔레스가 철학을 존재하는 것의 근거와 원인을 다루는 학문으로 규정했다는 사실을 기억해야 한다. 만일 근거와 원인이 있다면 **첫째**(으뜸가는, erst) 근거와 원인, 곧 원리가 있어야만 한다. 왜냐하면 무한히 계속되는 일련의 근거 탐색(무한소급, *regressus in infinitum*)은 근거가 없다는 결말을 낳을 것이기 때문이다. 아리스토텔레스는 이 첫째 근거와 원인을 다루는 학문을 '제1철학'(the first philosophy, 희랍어로 prote philosophia, 라틴어로 prima philosophia)이라고 부르고 '제2철학'으로서의 자연학보다 우선시 했다. 기원전 1세기 로도스의 안드로니코스Andronikos가 아리스토텔레스의 저술들을 모으고 이를 출간하려 했을 때에는 이미 스토아학파의 영향을 받아 학문을 논리학, 자연학, 윤리학으로 분류하는 방식이 일반적 관행이었다. '제1철학'을 다루는 저술들이 이 분류 방식으로는 어디에 속하느냐 하는 문제가 생겼는데 안드로니코스는 이 저술들을 자연학 저술들의 뒤(meta ta physika)에 놓기로 결정했다. 우리가 '형이상학'이라고 번역하는 독일어 Metaphysik은 바로 이런 배경에서 나왔다. '제1철학'의 대상으로서의 '첫째의 것'(으뜸가는 것)은 운동하지 않고/변화하

---

23) 참조. 아리스토텔레스, 『니코마코스 윤리학』 I.

24) 본문에 소개된 아리스토텔레스 원전 구절들을 참조할 것. 다음도 참조. Otfried Höffe, *Ethik und Politik*, 2장: Ethik als praktische Philosophie - Die Begründung durch aristoteles, Frankfurt-M. 1979, 38 이하.

지 않으며 인식 대상들로부터 따로 떨어져(분리되어) 존재해야 한다는 아리스토텔레스의 주장은 하나의 플라톤의 유산으로 간주될 수 있다. 이 점은 양자 사이의 많은 차이점들에도 불구하고 뭉뚱그려서 '플라톤적-아리스토텔레스적 형이상학'이라고 말하는 것을 정당화시켜 준다. 아리스토텔레스는 이 세계에서 운동하는 것/변화하는 것의 운동/변화의 첫째 원리는 그 스스로는 운동하지 않고 변화되지 않아야 한다고 주장한다. 이 첫째 원리를 운동하게 만들거나 변화시키게 만드는 것은 무엇인가? 이렇게 해서 그는 '다른 것에 의해 운동하게 되지는 않으면서 다른 것을 운동하게 하는 것'(das unbewegt Bewegende)이라는 개념에 도달한다. 이 개념은 훗날의 유신론적 사유에서 항상 '부동의 원동자'(der unbewegte Beweger)로 표현되었고 인격신과 동일시되었다. 아리스토텔레스는 이 최초로 운동하게 만드는 것을 신적인 것으로 파악하며, 그렇기 때문에 '제1철학'을 '신학'(theologike)이라고도 부른다. 신학이 탐구하는 대상은 최고의 존재자이자 가장 완전한 존재자로서 존재자의 근거를 묻는 물음의 연쇄에서의 첫째 존재자, 다른 것에 의해 움직여지지 않으면서 다른 것을 움직이는 것이다. 그런데 '제1철학'의 대상으로 아리스토텔레스가 제시하는 다른 더 자세한 규정은 앞의 규정과 전적으로 양립 가능하지는 않다. "존재자를 존재하는 것인 한에서(to on he on) 고찰하고, 또한 이것에 이것 자체로 해서 속하는 것들을 고찰하는 하나의 학문이 있다. 이 학문은 개별적 학문들 가운데 그 어떤 것과도 같지 않다. 왜냐하면 다른 학문들은 그 어떤 것도 존재자를 존재하는 것인 한에서 보편적으로 다루지 않고 존재자의 한 부분을 떼어내서는 이 부분에서 생겨나는 규정들을 고찰하기 때문이다. 수학이 바로 그런 예이다."[25] 존재하는 것인 한에서의 존재자, 보편적 존재자는 다른 것에 의해 움직여지지 않으면서 다른 것을 움직이는 것과는 다른 의미로 운동하지 않는 것/변화하지 않는 것이요 분리된 것(독립적인 것)이다. 운동하지 않는다/변화하지 않는다는 것은 모든 개별적 사물들의 보편적 구조의 총괄 개념이다. 이 개별적 사물들로부터 분리된다(독립적이다)는 것은 방법적 의미로만 그렇다는 것이다. 그렇지 않다면 어떤 분과도 이것에

25) 아리스토텔레스, 『형이상학』 1003a.

종사하지 않을 것이기 때문이다. '제1철학'에 대한 이 두 가지 규정은 나중에 특수 형이상학(metaphysica specialis)의 분과로서의 철학적 신학과 일반 형이상학(metaphysica generalis)으로서의 존재론 사이의 차이에 전승되고 고착된다. 그렇지만 신학과 존재론 사이에는 늘 긴장 관계가 유지된다. 신이 만물을 창조했다면 신학이 존재론 위에 있는 것이 아닌가? 혹은 신도 하나의 존재자이므로 존재론이 더 고차의 학문이 아닐까?

우리가 유형화 시켜서 경계를 긋기 위해 고전적 형이상학 전통의 플라톤적 요소와 아리스토텔레스적 요소를 더 자세히 규정지으려고 시도한다면, 상기(anamnesis) 이론으로부터 출발하는 것이 바람직하다. 참된 것은 감각적 외부 세계가 아니라 사유 자체의 장소에서만, 다시 말해서 혼이나 의식의 내부에서만 발견될 수 있다는 확신이 플라톤주의이다. 반면에 아리스토텔레스주의는 감각적 경험에서 최소한 참된 것을 인식할 수 있는 연결 지점을 찾겠다는 생각이 확실한, 세계로 향하는 철학이다. 만일 우리가 인식론적인 표현 '아 프리오리'(a priori, 라틴어로 '먼저의 것으로부터', 즉 경험과 관계없이)와 '아 포스테리오리'(a posteriori, 라틴어로 '나중의 것으로부터', 즉 경험에 근거해서)를 적용한다면, 우리는 플라톤주의를 '아 프리오리 형이상학'이라고, 아리스토텔레스주의를 '아 포스테리오리 형이상학', '경험(empeiria)의 형이상학'이라고 부를 수 있을 것이다. 나중의 경험주의 전체는 아리스토텔레스적이라고 하겠다.

우리는 형이상학 자체에 있어서의 이 구별이 무엇을 의미하는지를 신 존재 증명에 비추어 명료화할 수 있다. 플라톤주의자인 아우구스티누스, 안셀무스, 데카르트는 신이 존재한다는 것을 순전히 개념으로부터 혹은 가장 완전한 존재로서의 신이라는 관념으로부터 증명한다. 만일 존재하지 않는다면 완전하지 않을 것이다. 이 이른바 '존재론적' 신 존재 증명은 경험으로부터 나올 수 없는 토대, 특히 가장 완전한 존재라는 개념에 기초한다. 데카르트는 우리가 바로 이 가장 완전한 존재라는 개념을 스스로 만들어낼 수도 없고 우리의 세계 경험으로부터 끄집어낼 수도 없다는 것을 보이려고 시도한다. 그래서 상기로부터 '본유관념'(eingeborene Idee)이라는 것이 있다는 사실이 일깨워진다. 이 본유관념이 그것이 우리에게 나타내는 것이 실제로 존재한다는 것을 보증한다. 반면에 아스토텔레스주의자인 토마스 아퀴나스는 - 이 사람으로 인해 큰 전통이 생겨나는데 - 신 존재 증명에서 아리스토텔레스와 마찬가지로 '우주론적으로' 논증한다. 즉 우연적이고 유한한 사물들의 존재는 필연적이고 무한한 어떤 것의 존재를 증명하는 근거가 된다. 다시 말해서 참으로 중요한 것은 외적 경험의 토대 위에서 신을 증명한다는 것이다. 우리가 보편적인 개념들에서 파악하는 보편자가 실제로 존재하는지 아니면 우리 사고의 구성물에 지나지 않는지의 문제를 둘러싸고 벌어지는 중세의 보편논쟁(Universalienstreit)에서도 보편 실재론자들은 대부분 플라톤주의자였고, 유명론자들(Nominalisten, 라틴어 nomen은 '이름')은 아리스토텔레스주의자였다. 이 점은 이데아이론과 보편 실재론 사이의 유사성을 보게 되면 놀라운 일이 아니다. 반면에 만일 우리가 아리스토텔레스를 좇아 보편자의 인식도 항상 감각적 지각으로부터 시작하게 하면 이 보편자에 있어서 결국 문제가 되는 것은 경험을 가공하는 우리의 추상 작용(Abstraktion)의 결과 이외에 다른 것이 아니라는 의혹이 떠오를 것이다.

'안으로 향하는' 철학적 길(reditus in se ipsum)은 플라톤적이고, '바깥으로 향하는' 철학적 길은 아리스토텔레스적이다. 플라톤주의는 '선험적'이고, 아리스토텔레스주의는 '경험적'이다. 이 거친 유형화는 아직 지각과 사유의 역할을 어떻게 평가하느냐 하는 것을 통해서 보충되어야 한다. '정신의 눈', 다시 말해서 사유 자체에 실재하는 것을 직관적으로 파악할 수 있는 능력을 부여하는 인식 모델을 말하는 모든 형이상학은 플라톤적이다. 반면에 아리스토텔레스는 직관을 예컨대 모순률과 같이 증명 자체에 있어서 더 이상 증명될 수 없는 몇몇 원리들에로 제한한다. 그에 따르면 모든 지각(aisthesis)은 감각적이요, 사유는 단지 지각된 것을 추론이나 연산을 통해(diskursiv-operativ) 가공하는 일일 뿐이다. 그러므로 아리스토텔레스주의는 항상 플라톤주의의 직관적 이성 모델에 추론-연산 모델을 맞세운다. 분명한 것은 바로 이 점과 늘 결합하는 것이 있는데, 그것은 특별한 능력을 갖고 있지만 상호주관적으로 통제할 수 있는 직관적 능력은 갖고 있지 못한 이들이 엘리트임을 내세우는 데에 대한 비판이라는 점이다. 이런 관점에서 보자면 아리스토텔레스주의는 평등적이다. 아리스토텔레스주의는 상식을 갖고 있고 여유를 지닌 모든 이를 신뢰하지 다른 이들을 지배하는 임무를 부여받을 몇몇 '고상한 혼들'만 신뢰하는 것이 아니다. 이렇게 해서 아리스텔레스주의는 우리 시민적, 민주주의적 문화의 토대가 되었다.

그러나 '학문으로서의 철학'과 '계몽으로서의 철학'이라는 관점 아래 여기에 주목할 만한 충돌이 개재해 있다. 만일 우리가 진지하게 계몽을 단순한 정보 수집과 구별한다면, '안으로의 길', 자기 성찰, **선험적으로** 이미 전제된 것과 타당한 것에 대한 반성, 이런 것들이 계몽의 근본 형태이다. 계몽은 흔히 '밖으로의 길'에서 실패한다. 객관 세계로서의 존재자를 다루는 학문에서 주관은 너무도 쉽사리 스스로 시야에서 사라져버린다. 그런데 바로 이 외부야말로 상호주관적으로 접근할 수 있는 것이다. 반면에 자기 성찰은 순전히 사적인 내면성에 고착될 위험성을 안고 있다. 따라서 철학의 계몽 모델은 엘리트적인 직관의 사적주의(Privatismus)와, 학문 모델은 추론-연산적 사고의 평등적 상호주관주의(Intersubjektivismus)와 필연적으로 결합되기 쉬워 보인다. 실제로 어떻게 각각의 개별적 인간에 의해서만 수행될 수 있는 계몽적 성찰이 민주적-학문적 대중의 규범과 양립할 수 있는가 하는 것은 근본적인 철학적 문제이다. 그렇지만 이것은 궁극적으로 형이상학적 문제가 아니라 윤리적 문제이다.

3장 의식론적 패러다임

철학이 존재하는 것을 인식하려 한다는 것은 당연한 일로 보인다. 그래서 존재론적 철학 활동은 매우 매력적이기도 하다. 왜냐하면 여기에서 우리는 세계에 관한 어떤 것을 경험하기 때문이다. 이에 반해 철학이 데카르트 이래 정신주의적으로 되어 의식의 내부로 숨어들어갔다는 것은 커다란 손실이요, 원래 '건강한' 주관과 객관의 관계를 손상시키는 것으로 보인다는 것은 틀림

없다. 부르주아 철학에 대한 마르크스주의적 비판가들은 자아Ich로의 이러한 방향 전환을 부르주아 이데올로기로 폭로하려고 시도했다. 그들 가운데 어떤 사람은 심지어 눈이 갑자기 '건강해졌기' 때문에 텔레비전 화면이 갑자기 좋아진 것이 아니라 텔레비젼 브라운관을 교체했기 때문에 텔레비전 화면이 갑자기 좋아졌다는 사실을 모르는 사람들이 바로 현대 의식 철학자들이라고 비난하기까지 했다.[26] 그러나 진정한 이유는 무엇일까?

어려운 점은 존재하는 것을 인식하려는 자는 존재하는 것이 또한 인식될 수 있다고 전제해야만 한다는 사실이다. 존재론자에게는 참된 인식은 참된 것의 인식으로서만 가능하다. 그런데 존재론자는 참된 것(ontos on)이 도대체 인식될 수 있다는 것을 무엇으로부터 아는 것인가? 존재론자는 그가 인식한다고 생각하는 것이 실제로 참된 것이라는 것을 어떻게 확신할 수 있는가? 그는 인식 자체를 통해서는 이러한 것을 확정할 수 없다. 왜냐하면 이 인식이 바로 문제이기 때문이다. 다시 말해 우리는 우리가 인식하는 것을 인식할 수 없다. 존재론적인 철학 활동은 참된 존재의 인식이 성취될 수 있다는 것이 근본적으로 한번이라도 의심되기만 하면 불가능하게 된다. 우리가 존재의 인식에 계속 관심을 가진다면 우선 우리는 이 의심을 제거해야만 한다. 따라서 철학은 더 이상 놀라움으로부터 시작하거나 대상세계를 통한 단순한 매혹됨에 자신을 맡길 수 있는 것이 아니라, 의심이 세계에 일단 발현한 후에는 이 의심을 진지하게 받아들여 자신의 일로 삼아야 하고, 그런 후 진리의 학문으로서의 철학이 가능하도록 이 의심을 지배하도록 노력해야 한다. 이제 시원적 물음은 더 이상 "무엇이 존재하는가?"가 아니라 "우리는 무엇을 인식할 수 있는가?", 또는 "나는 무엇을 알 수 있는가?"(칸트,『순수이성비판』 B 833)가 되어야 한다.

역사적으로 볼 때 이러한 변화는 '부르주아' 철학 보다 훨씬 이전에 고대의 회의(Skepsis, skeptomai-나는 엿본다, 두리번거리다, 숙고하다)에서 수행되었다. 한 때 플라톤의 아카데미를 지배했던 두 회의주의 학파의 논증들은 그 후 철학 활동에 언제나 동반되었고 그들과 대결하지 않을 수 없게 만들었

---

26) I. S. Narski: *Positivismus in Vergangenheit und Gegenwart*, Berlin 1967, 512쪽.

다. 존재 자체의 인식 가능성에 대한 이의 제기는 그들의 철저함과 단호함의 면에서 근대도 결코 능가하지 못했다. 심지어 방법적 의심(『성찰』. 11 이하)의 대가인 데카르트조차도 회의론적 논증들을 그저 진부한 '이야기'로 표현할 수밖에 없었고, 단지 마지못해 다시 화제에 올리고(『성찰』. 118), 그 회의론적 논증들에 단 하나의 논증만을 첨가했을 뿐이다. 이제 물어야 하는 것은, 철학 활동을 의심으로 시작하는 것이 존재론적 철학으로부터 의식론적 철학으로의 패러다임 변형을 위해 왜 필요한지이다. 여기에서 우리는 대상과 인식하는 의식의 일치(adaequatio rei et intellectus)라는 진리에 대한 고전적인 정의를 상기해야만 한다. 이러한 일치가 문제시된다면, 우리는 사물(res, 사물, 사태, 대상)에 더 이상 직접적으로 관계할 수 없다. 왜냐하면 우선 우리가 단지 지성(intellectus)을 지니고 있을 뿐이기 때문이고, 의식의 토대로부터 일치라는 진리를 재구성하고 확실하게 하는 것을 통해 회의론자를 반박하려고 해야 하기 때문이다.

그래서 분명한 것은 '내부를 향한 길'이 단순히 '내면성'에 대한 주관적인 편애를 표현하는 것이 아니라 회의와 그 의심 논증의 압박 하에서 강요된 것이라는 사실이다. 고대의 회의 이래로 모든 근본적인 철학 활동은 의심으로 시작했고, 비록 이것이 아주 매력적인 시원은 아닐지라도— 누가 그러한 불확실성으로 기꺼이 빠지기 원하겠는가? — 그럼에도 불구하고 모든 철학자는 존재론자와 함께 그것에 반응해야만 했고, 우선 참된 것의 인식 가능성을 밝히고자 언제나 노력해야만 했다. 그래서 헤르바르트Herbart는 "철학에 있어서의 초석을 놓는 모든 유능한 자는 회의주의자다"[27]라고 말했다. 더욱이 플라톤의 아카데미가 회의주의적이었다는 것은 인식(episteme)과 의견(doxa)에 관한 플라톤의 관계 규정을 상기한다면 놀라운 일이 아니다. 플라톤은 인식을 영혼의 상기(anamnesis)로 명한다. 왜냐하면 그는 의견의 세계를 참된 것과 동일시할 각오가 되어 있지 않았기 때문이다. 이제 사람들이 상기 자체를 의심함으로써 이러한 외부세계의 회의를 완성한다면, 그때는 더 이상 멈춤이란 없으며, 인식이 확실한 존재근거 위에 기반을 잡을 수 있는 곳은 어디에도

27) Diemer/Frenzel (편), *Fischer Lexikon,* Philosophie, 1967, 33쪽

없다. 반(半)신화적인 상기설을 논증으로 바꾸는 것이 성공할 때에야 비로소 회의를 향한 철학 활동이 다시 학문으로서 시작할 수 있다.

회의로부터의 이러한 길을 발견했던 것은 아우구스티누스Augustinus의 덕택이다. 그 자신이 오랫동안 회의주의를 지지한 후, 그는 의심하는 자가 의심할 수 없는 어떤 것이 있다는 것을 알았고, 이것은 바로 그가 의심한다는 것 그리고 의심할 수 있기 위해서는 그가 실존해야만 한다는 사실이었다. "나는 의심한다. 그러므로 나는 존재한다"(dubito, ergo sum)는 것이 그 논지이다. (『삼위일체에 관하여』, X; 『자유로운 의지에 관하여』, 3장). 의심하는 자의 의식의 실존은 그에 의해 의심될 수 없고 따라서 아우구스티누스에게는 최초의 의심 불가능한 사실이다. 따라서 회의주의는 회의주의 자신의 고유한 무기를 통해 부서질 수 있다. 하지만 이때 회의주의를 때려 부순 그 무기는 의식으로 시작해야 하고 우선은 의식론적으로 철학해야 한다는 것을 의미한다.

"나는 의심한다. 그러므로 나는 존재한다"는 이미 데카르트의 "나는 생각한다. 그러므로 나는 존재한다"(cogito, ergo sum)가 아닌가? 여기에서 다시 이미 언급된 철학사에서의 '뉘앙스'에 관한 테제가 진실임이 판명된다. 데카르트의 논증 자체는 새로운 것이 아니다. 즉 나의 의심을 모든 의식 활동으로 확대하는 것은 새로운 것이 아니다. 코기토는 단지 '나는 생각한다'는 것만을 말하는 것이 아니라 나에게 의식될 수 있는 모든 것, 다시 말해 지각들, 감각들, 느낌들 등을 뜻하는 것이다. 데카르트에게 새로운 것은 바로 '내가 존재한다'는 것을 나Ich에 입각하여 파악한다는 점에 있다. 아우구스티누스는 스스로를 원래부터 신학적으로 신의 피조물로서 이해한다. 그 때문에 그는 자기 안에서 발견하는 것 속에서 신의 흔적, 즉 신의 창조사유와 행위의 징후를 인식할 수 있다고 확신한다. "바깥으로 나가지 말고, 너 자신에로 들어가라. 인간 내면에 진리가 있다!"(『참된 종교에 대하여』, 39)라는 유명한 명제와 더불어 그는 회의론적 철학 활동을 다시 신플라톤주의적으로 변형된 **상기**-형이상학의 궤도로 되돌려 놓는다. 여기서는 이념들이 변하여 '신의 사유', 즉 세계의 창조에서 그리고 신의 인간과의 교섭에서 그를 이끌고, —성경이 말하듯이— 그의 아들 안에서 우리에게 계시되었던 '신의 사유'가 된다. 이와 같은 길 위에서 철학 전체뿐만 아니라 고대의 회의도 '신학의 시녀'가 된다.

이에 반해 데카르트는 이러한 신학적 틀은 탈락하고, 코기토는 철저히 자기 자신 위에 세워지고, 더 이상 빌려오지 않고도 나타날 수 있다는 것을 주장한다는 점에서만 아우구스티누스와 구분된다. 『방법 서설』은 자율성, 이성적인 자립성, 자신 안에서 획득된 지식의 확실성을 향한 근대적 주체의 욕구를, 즉 부르주아 계몽 철학의 원리를 후원하는 것을 자서전적으로 드러내고 있다.[28]) 이 모든 것은 바로 신학적으로 합법적인 전통 일반이 지니는 권위에 대한 대항에서 비로소 얻어질 수 있고 확증될 수 있다. 따라서 데카르트는 의심 논증의 "이야기"에 "기만자-신"을 덧붙인다. 기독교적 신플라톤주의와 아우구스티누스주의가 의심할 수 없는 것으로서의 "내부를 향한 길" 위에서 발견했다고 믿는 것—그러므로 선험적인 모든 진리들—이 기만적인 신(genius malignus, 시기하는, 사악한 정신)의 계시일 수도 있는 것이다. 그러나 데카르트는 그러한 신이 나를 속일지라도 내가 존재한다고 내가 생각할 경우, 내가 존재한다는 것에 대해 신은 결코 나를 속일 수 없다(『성찰』. 17 이하)고 말한다. 신의 힘은 거기까지 미치지 못한다. 이러한 것의 가치는 우선 생각하는 자가 '나는 생각한다, 그러므로 나는 존재한다' 속에서 사유된 것과 함축된 것 이외에 다른 아무 것도 요구하지 않는다는 점이다. 회의와 신학 이후에 순수한 의식 철학으로서의 철학이 시작한다는 것은 틀림없다.

존재로부터 의식으로의 패러다임 변형은 필연적으로 철학 개념을 역시 변경시킨다. 철학과 학문 일반을 동일하게 취급하는 것은 일반적으로 헤겔에게까지 확고하게 유지된다. 데카르트 또한 다음과 같이 말한다. "철학이라는 낱말이 지혜의 연구를 의미한다는 것, 그리고 우리는 지혜를 일상적인 삶에 있어서의 현명함으로 이해할 뿐만 아니라 인간이 인식할 수 있는 모든 사물의 완전한 지식으로 이해한다는 것"(『철학의 원리』 XXI 이하). 회의에 따르면 제일 철학은 더 이상 존재론일 수는 없다. '형이상학'은 데카르트에 따라 더 이상 존재자 자체와 존재자 일반에 관한 이론이 아니라, 오히려 형이상학은 철학의 첫 번째 체계부분이라는 점에서 "인간 인식의 원리들"(XLIII)을 포함하고 있다. 칸트 또한 대상들이 아니라 대상들에 대한 우리 인식의 가능성들

28) 참조. G. Krüger, *Die Herkunft des philosophischen Selbstbewußtseins*,, Darmstadt., 1962

과 한계들을 탐구하는 것을 철학의 출발점으로 삼는다. 이런 점에서 칸트는 데카르트주의자로 머물러 있다. 따라서 19세기에 '인식론'이라고 명명된 것이 제일 철학의 자리를 대신했다. 우리는 우리 인식의 가능성들과 한계를 그것이 대상경험의 선영역, 즉 의식이라는 장소에서만 확립되는 한해서 조망해 볼 수 있다. 그래서 데카르트적 의심은 방법적인 의심으로서 바로 역시 다음과 같은 방법인데, 즉 의식을 인식을 가능케 하고 한정짓는 원리로서의 자신의 기능에 있어서 의식을 통해서 비로소 표상된 대상으로 구성된 모든 것으로부터 고립시키는 방법이다.

칸트는 말하길, "모든 철학은 순수 이성으로부터의 인식이거나 경험적 원리들로부터의 이성 인식이다. 전자는 순수 철학이라고, 후자는 경험적 철학이라 불린다"(『순수이성비판』 868). 이때 경험적 철학이라는 개념은 아리스토텔레스 이래의 전통 철학의 이해를 재현한 것이다. 그에 반해 칸트는 "단순한 개념들에 의한 순수한 이성 인식은 순수 철학 또는 형이상학이라 불린다"(『자연과학의 형이상학적 시원』 Ⅶ)라고 보다 좁게 철학적으로 정의한다. 이 경우 "순수"란 "경험적인 앎에 독립적임을, 그리고 경험적인 앎과 혼합되어 있지 않음"을 의미한다. 형이상학은 선험적 이성 인식이다. 그리고 이러한 것은 플라톤-아우구스티누스적 전통이다. 그러나 칸트가 다음과 같이 말할 경우에는 데카르트적인 태도를 취한다. "나의 의도는, 형이상학을 다루는 것이 가치 있는 일이라고 생각하는 모든 사람들에게 그들의 연구를 중단하고 지금까지 이루어진 것을 없었던 것으로 여기는 것, 그리고 무엇보다도 먼저 형이상학과 같은 어떤 것이 과연 가능한지 가능하지 않는지에 대한 물음을 우선 제기하는 것이 불가피하게 필연적이라는 것을 확신시키기 위한 것이다"(『프롤레고메나』 A 3). 형이상학을 향한 길을 인간적 인식의 원리에 관한 이론으로 자유롭게 만들어야만 했던 데카르트적인 의심을 칸트는 형이상학이 도대체 있는지 없는지 그리고 형이상학을 가능하게 하는 것은 무엇인지라는 근본적인 물음으로 대신한다. 그래서 칸트는 "순수 이성 비판"을 "순수 이성에 의한 인식"으로서의 형이상학 앞에 놓는데, 순수 이성 비판은 순수한, 즉 경험과는 독립적인 이성 일반이 인식능력인지 아닌지 그리고 어떤 의미에서 그러한지를 해명하는 것이다. 주관적인 인식 조건들에 대한 모든 탐구를 칸트는 "초월철학"(Transzendentalphilosophie)이라고 부르고, 거기에서 그는 '초월적'(transzendental)이라는 말을 다음과 같이 설명한다. "나는 모든 인식을 선험적이라고 부르는데, 이것은 대상들뿐만 아니라 대상들에 관한 우리의 인식 방식—만일 이것이 선험적으로 가능하다면—을 다룬다"(『순수이성비판』 B 25). 인식의 대상이 아니라 대상의 인식이 초월철학의 문제이다. 그러나 칸트는 철저히 형이상학의 긍정적인 개념을 고집한다. 하지만 모든 "순수 이성으로부터의 인식"은 우선은 순수 이성비판을 관통해야 하므로, 형이상학은 더 이상 제일 철학일 수 없다. 왜냐하면 칸트는 형이상학에 대해 "비판적인 길은 여전히 열려 있다"(B 884)고 인식했기 때문이다.

칸트의 정식화에서는 순수 이성인식에 대한 물음은 "선험적 종합판단은 어떻게 가능한가?"라는 물음과 동등하다. 아 프리오리(a priori, 선험적)라는 표현은 이미 설명되었다. 형이상학에 있어 종합적 인식이 문제가 되는 것은 다음과 같은 것을 통해 알 수 있다. 즉 주어 표현에서 이미 말해진 것이 술어 표현에서 단지 반복되는 —"미혼남자들은 결혼하지 않은 남자들이다", "모든 물체는 연장적이다"—분석 판단은 진부한 것으로 선험적으로 참이다. 왜냐하면 '미혼 남자' 또는 '물체'에 관해 설명할 때 이러한 개념들에 언제나 이미 포함된 것을 말하기 위해 경험을 끌어댈 필요가 없기 때문이다. 이에 비해 형이상학은 항상 종합적이고자 했다. 즉 형이상학은 우리의 앎을 확장하며 개선하고자 했고, 우리가 언제나 이미 알고 있는 것을 단지 해명코자 하는 것은 아니었다. 칸트에 따르면 제일철학은 회의 이후에 "인간 인식의 원리들"(데카르트,『철학의 원리』 XLI)에 대한 학문으로서 선험적 종합판단이 가능한지, 그리고 어떤 조건들에서 가능한지만을 해명하고자 할 수 있다. 그래서 "사물 일반에 관한 체계적인 이론으로서 선험적 종합적 인식을 제공한다고 참칭되는 존재론이라는 거만한 명칭을 … 순수 지성의 단순한 분석론이라는 겸손한 명칭으로 바꾸지 않으면 안 된다."(『순수이성비판』 B 303). 따라서 존재자 자체와 존재자 일반에 관한 일반 형이상학의 자리를 우리의 사고와 사고의 개념들에 대한 분석이 대신한다. 사고의 개념들이 다음과 같은 규정들, 즉 우리의 인식 대상일 수 있는 모든 것에 대한 선험적이면서 보편적인 규정들을 포함하는 한에서 말이다.

제일 철학을 "인간 인식의 원리"에 관한 학문으로 또는 초월철학으로 새롭게 규정하는 것은 철학의 대상을 규정함에 있어서 중요한 결과를 가져온다. 칸트는 "순수 지성 개념의 연역"의 핵심부분인 "지성의 분석론" 끝 대목에서 "경험 일반의 가능성의 조건들은 동시에 경험 대상의 가능성의 조건들이고, 따라서 선험적 종합판단에서 객관적 타당성을 가진다"(B 197)라는 결과에 도달한다. 그러므로 존재론이 주장하듯이 인식하는 우리의 방식이 대상들에 준거해야만 하는 것이 아니라, 오히려 우리의 인식방식과 인식 가능성들은 우리에게 인식 대상일 수 있는 것과 없는 것을 선험적으로 확정한다. 따라서 대상과 방법의 관계에 있어 전통적인 위계질서는 역전된다. 왜냐하면 방법들의 준수를 통해 비로소 구성될 수 있는 대상에 방법들이 맞추어 질 수는 없기 때문이다.

데카르트에게 있어서 이미 방법들은 "인간 인식의 원리"에 속하고 모든 대상 인식에 선행한다. 『방법서설』에서 데카르트는 그 방법들을 네 가지 규칙으로 규정한다. (1) 전혀 의심할 여지가 없을 정도로 명석하고 판명하게 정신에 나타나지 않는 어떤 것도 참된 것으로 받아들여서는 안 된다. (2) 모든 문제들은 요소적인 부분 문제로 나누어질 수 있다. (3) 해결은 단순한 것에서 복잡한 것으로 상승해가면서 질서 있게 추구되어야 한다. (4) 완전한 열거와 개관을 통해 아무 것도 빼놓지 않았다는 것을 확신해야 한다(Ⅱ, 14-17절). 첫 번째 규칙은 의심으로 시작해서 더 이상 의심할 수 없는 것을 격리시키는 것과 연관되어 있다. 이 경우 주목해야 하는 것은 명석성과 판명성이 주관적인 요구들이라는 점이고 이 주관적인 요구들을 인식의 대상이 충족시키는 것이지 그 반대는 아니라는 사실이다. 두 번째와 세 번째 규칙은 분석과 종합의 순번을 확정하고 있다. 요약하면 여기에서는 "분해적-합성적"(라틴어 resolutio-풀기; compositio-합성) 방법 또는 "분석적" 방법이 말해지고 있다. 네 번째 규칙은 인식을 단지 인식의 체계에서만 실현될 수 있는 완전성의 이상 아래에 두고 있다. 우리가 이제 데카르트가 이러한 것을 어디서 가져오는지를 묻는다면, 그는 우리를 대해 대상들의 본성이 아니라-이것은 순환적일 것이다-유클리드 기하학으로 인도할 것인데, 이 기하학의 절차와 성과는 그를 인식의 명석성과 판명성에 대한 그의 요구의 빛 속에서 오로지 확신시켜 주었던 것이다. 어떠한 다른 학문은 결코 그것과 경쟁할 수 없다(Ⅰ, 특히 10절). 만일 기하학자가 분해적-합성적이고 체계적으로 진행하면서 이에 따라 명석하고 판명한 결과들에 이른다면, 철학은 왜 그렇게 진행하지 않고 유사한 결과를 이끌어 내지 못한다고 하는가? 그 때문에 데카르트는 아리스토텔레스의 삼단논법의 전통과는 반대로 기하학에게 옛 플라톤적 권리를 다시 부여한다. 인식문제에 적용될 경우, 의심은 **풀기**(resolutio)이다. 왜냐하면 진리는 **일치**(adaequatio)가 문제가 되고 있는 **지성과 사물**이라는 그것의 요소들에서 풀리기 때문이다. 다음으로 **합성**은 생각하는 자아(ego cogito)로부터만 시작할 수 있고, 통제가능한 절차로 **일치**를 명석 판명하게 재구성하려고 시도해야 한다. 마지막으로 그렇게 재구성된 철학은 하나의 체계를 형성해야만 한다. 왜냐하면 앎이 완전할 때에만 의심이 완전하게 논박되었다고 확신할 수 있기 때문이다. 철학이 단지 체계로서만 가능하다고 생각하는 것은 근대 철학을 고대 철학과 구별하는 것이었다. 데카르트 학파인 헤겔에 이르기까지의 모든 철학자가 이러한 생각을 했다. 따라서 칸트는 "모든 철학적 인식의 체계가 (…) 철학이다"(『순수이성비판』 B 866)라고 정의한다. 이는 반대로 철학이 단지 철학적 인식의 체계로서만 그 이름을 획득한다는 것을 의미한다. 또한 헤겔의 『철학적 학문들의 엔치클로페디』(1830)에서도 "체계 없는 철학활동은 결코 학문적인 것이 아니다"(14절 주석)는 구절이 나온다.

그래서 근대 철학은 데카르트 이래 대상 인식에 앞서 미리 놓여 있고 대상 인식을 이미 규정하고 있는 방법론적인 요구들에 일정하게 상응하는 것만을 자신들의 대상으로 고찰하고자 했다. 데카르트가 자신의 방법론을 기하학에서 빌렸기 때문에, 세계 속의 대상들을 명석 판명하게 인식할 수 있는 유일한 것이 세계의 실존 이외에 세계의 기하학적인 속성들일 수 있다는 것은 놀라운 일이 아니다. 자연은 연장된 물체세계(res extensa)이지 그 외에 어떤 것도 아니다. 칸트 역시 "모든 특수한 자연론에서는 거기에서 수학이 만나는 것만큼 그렇게 매우 고유한 학문을 만나게 될 수 있다"(『자연과학의 형이상학적 시원』 A Ⅷ)고 주장한다. 개념 형성과 대상에 있어서 전통적이고 직접적으로 용인되던 규정 관계의 전도는 그의 진행 방식에 대한 칸트 자신의 특징화와 관련하여 사람들이 "코페르니쿠스적 전회"라고 명명한 바로 그것이다. 칸트는 데카르트처럼 "학문으로 나타날 수 있는 모든 미래의 형이상학"(프롤레고메나의 명칭)의 조건들에 대해 묻고 덧붙여서 다음과 같이 말한다. "여기서의 사정은 코페르니쿠스의 최초의 사유와 유사하다. 그는 모든 성군(星群)이 관찰자의 주위를 돈다고 가정했을 때에 천체운동의 설명에 성공하지 못한 이후, 관찰자를 돌도록 하고 반대로 별들을 고정시켰을 때에 더 잘 성공할 것인지 아닌지를 시험했다"(『순수이성비판』 B ⅩⅦ). 이것은 형이상학에게는 다음을 의미한다. "지금까지 우리의 모든 인식은 대상들에 준거한다고 가정되었다. 그러나 대상에 관한 어떤 것을 선험적으로 우리의 인식을 확장하게 하는 개념을 통해 만들어 내려는 모든 시도는 이러한 전제 아래서는 무너지고 말았다. 따라서 우리는 대상들이 우리의 인식에 준거해야 한다는 것을 우리가 가정하는 것이 형이상학의 과제들에 있어서 더 효력이 있는지 없는지를 한번 시도해 보아야 한다. 이것은 이미 대상이 우리에게 주어지기 전에 대상에 대해 어떤 것을 확정하는 대상에 대한 요구된 선험적 인식과 한층 더 잘 합치하는 것이다"(같은 곳). —칸트의 유명한 정식화를 따라—자연이 지성에게 부여하는 것이 아니라 "지성이 자연에 법칙을 부여할" 때에만 세계에 관한 선험적 종합 판단의 의미에서의 "단순한 개념들에 의한 순수이성 인식"(『프롤레고메나』 36절)은 가능한 것으로 생각될 수 있다.

이러한 방향전환과 그것이 학문으로서의 형이상학에게 의미할 수 있는 장점에 대한 가치는 대단하다. 왜냐하면 자연이 우리와 무관하게 존립하는 것처럼 자연이 우리로부터 법칙이 부여되지 않는다는 것은 자명하기 때문이다. 그러므로 '그 자체로'(an sich) 존재하는 사물들과 우리에게 현상하는 또는 우리가 그것을 경험하는 사물들 사이는 구분되어야 한다. 그러므로 선험적 종합판단의 총괄개념으로서의 형이상학과 학문 일반은 단지 가능한 경험의 영역, 다시 말해 현상으로서의 대상들의 영역에서 가능하다. 따라서 모든 형이상학적 진술들은 경험에 근거를 둘 수 없는 증명하기 어려운 것으로서 떨어져 나가는데, 그것들은 영혼과 영혼 불멸성에 관하여, 세계 전체와 인간의 자유에 관하여, 무엇보다도 신과 신의 실존에 관하여 등이다. 칸트는 그의 동시대의 사람들에게 특히 신증명에 대한 그의 파괴적인 비판으로 깊은 인상을 주었다. 그래서 그는 클라이스트Kleist의 삶의 비극[29]에 기여했고, 하이네Heine

는 칸트를 로베스피에르와 비교하면서 그의 신증명의 비판은 전체 프랑스 혁명보다 매우 급진적이고 결실이 풍부한 행위라고 주장했다. 프랑스인들은 단지 한 왕의 목을 베었으나 "임마누엘 칸트는 … 하늘로 돌진하여 모든 점령군을 파멸시켰고, 세계의 통치자는 증명되지 않은 채 피투성이가 되었다."[30]

그러나 만일 지성이 자연에 법칙을 부여한다고 할 때, 이것은 지성이 그 법칙을 **무로부터 창조**한다는 것을 의미하지는 않는다. (순수한 사실행위 속에서 자아에 의한 비-아의 무로부터의 창조는 피히테가 처음으로 가르친 것이다.) 학문으로서의 형이상학은 아리스토텔레스에게서처럼 객관적으로 보편적인 것, 필연적인 것, 그리고 변화될 수 없는 것의 앎으로서 생각되는 것이 아니라 오히려 역으로 단지 보편타당하고, 증명할 수 있고, 그리고 체계 속으로 가져 올 수 있는 판단을 가능하게 하는 것만이 형이상학의 대상일 수 있다는 것이다. 그럼에도 불구하고 그러한 판단 역시 그에 대해 판단하는 것이 중요하고 판단함 자체에서 다 길어낼 수 없는 어떤 것에 의지해야만 한다. 여기에서 플라톤적-아우구스티누스적-데카르트적인 철학자가 자신의 "내부를 향한 길" 위에서 단지 자신의 철학활동과 실존의 사실 이상을 발견한다는 것을 상기해야 한다. 왜냐하면 모든 사고는 어떤 것의 사고, 즉 **코기토**의 **사고된 것들**(cogitata), **사고작용**(cogitationes)의 내용이기 때문이다. 직접적으로 발견된 이러한 의식내용을 데카르트는 "관념들"(ideae)이라고 부르며 우리는 곧잘 '표상'(Vorstellung)이라고 번역한다. (사물들의 객관적 원형들인 플라톤의 이데아와 그것을 혼동해서는 안 된다.) "'관념'이라는 이름을 나는 모든 의식의 형식으로 이해하는데, 그것의 직접적인 파악을 통해 나는 바로 이러한 의식을 의식한다. 따라서 내가 낱말들로 무엇을 말한다고 하더라도, 내가 말하는 바로 그것을 내가 생각한다면, 확실히 이러한 낱말들로 지시되는 것의 관념이 내 안에 있다는 것은 분명하다"(『성찰』 145). 따라서 관념이라는 주관적인 개념은 우리가 '주관적 관념론'이라고 부르는 것의 토대이고, 이러한 의미에서

29) 클라이스트의 자살의 상황에 대해서는 참조, Curt Hohoff, *Heinrich von Kleist in Selbstzeugnissen und Bilddokumenten*, Hamburg, 1958, 147쪽 이하

30) H. Heine, *Sämtliche Weke*. Hrsg. von H. Kaufmann. Band IX, München 1964, 241

모든 의식철학자들은 관념론자들이다. 만일 그들이 실제로 데카르트적으로 철학활동을 한다면, 그들은 역시 관념론적으로 시작할 수밖에 없다. 왜냐하면 실재적 또는 물질적인 사물들에 대해서는 우선은 결코 어떤 것도 알 수 없기 때문이다. 우리의 표상들에 대상들이 상응하는지, 다시 말해 **일치**의 의미에서 진리가 있는지가 언제나 우선 알려져야만 한다. 그래서 외부 세계의 문제는 근대 철학의 인식론적인 근본 문제이다. 의심에 따르면 우리는 사물들에 관한 우리의 표상들을 사물 자체와 혼동해서는 안 된다. 우리의 표상들을 사물들의 모사로 여기는 것은 순수한 독단론이다. 우리의 표상들, 개념들 그리고 방법들이 현실적인 대상들(객관들)과 관계를 가지며 이러한 의미에서 객관적일 수 있다는 것을 우리는 어떻게 보여 주는가? 데카르트는 여기에서 신증명을 행하는데, 그의 체계에서 신은 단지 우리의 주관적인 인식 노력의 객관성을 보증한다는 과제만을 가지고 있다.(사람들이 신에게 간청할 수 있다는 것은 사사로운 일이다.) 칸트는 신증명의 비판 후에 여기에서 자신의 유명한 "순수 지성 개념의 연역"을 제공하는데, 그것은 사물들에 관한 선험적인 우리의 개념이 현실적으로 사물을 만나고 객관성을 소유한다는 것을 연역한다고(다시 말해 표상을 정당화한다고) 한다. 그 결과는 이미 인용되었다. "경험 가능성의 조건들은 동시에 경험 대상의 가능성의 조건들"이므로, 우리의 개념은 "선험적 종합판단에서 객관적 타당성"을 가진다. 역시 중요한 것은 경험 가능성의 조건들이 경험 대상들, 즉 현상들의 개념으로서만 객관적 타당성을 소유한다는 것이다.

주관적인 관념 개념의 의미에서 칸트는 자신의 입장을 "초월적 관념론"으로 특징짓고 그 관념론이 동시에 "경험적 실재론"(B 43이하, A 369이하)이라고 주장한다. 다음으로 피히테는 셸링과 헤겔에게서 계속 형성된 절대적 관념론으로의 이행을 수행한다. 절대적 관념론은 주관과 객관의 통일, 사유와 현실의 통일로서의 절대자가 관념(이념), 즉 절대적 관념이라고 주장하는 하나의 철학적 입장이다. 이러한 관념론은 자신이 데카르트와 칸트와 함께 의식의 주관성으로부터 출발하고 관념을 순수한 객관성으로 간주하는 유혹에 굴하지 않는다는 것 때문에 플라톤과 구분된다. 그러나 주관성의 영역을 떠나지 않고도 칸트에 의해 이끌어진 형이상학의 한계를 넘어서고 단순히 주관적이지 않은 절대자의 개념을 다시 획득할 수 있을 것이 요구된다. 그래서 헤겔 철학을 우리는 데카르트적-칸트적인 토대 위에서 존재론과 형이상학의 회복의 시도로 간주할 수 있다.

물론 우리가 철학 개념의 역사에 집중해야 하기 때문에 여기에서 이것을 서술하는 것은 불가능하다. 중요한 것은 단지 독일의 절대적 관념론이 의식론적으로 머물러 있다는 점이다. 왜냐하면 그 관념론은 코기토로의 데카르트적인 방향 전환을 명확히 존중하고 있기 때문이며-헤겔은 자신의 변증법을 일찍이 "스스로를 완성하는 회의주의"(『정신현상학』 67)로 특징짓고 있다—, 본질적으로 의식론적 패러다임의 철학 개념 이외에는 어떠한 철학 개념도 지지하고 있지 않기 때문이다.

의식론적 패러다임에는 철학의 분류에 대한 물음이 남아있다. 이론철학과 실천철학의 관계와 관련해서 고전적인 대결인 '플라톤적 일원론 대 아리스토텔레스적 이원론'은 전 시기에 걸쳐 화해되지 않은 채 전해진다. 데카르트는 다음과 같이 말한다. "철학 전체는 … 하나의 나무에 비교할 수 있다. 그것의 뿌리는 형이상학이고, 그것의 줄기는 자연학이며, 그것의 작은 가지는 모든 나머지 학문들인데, 그것들은 세 가지 주요한 학문, 즉 의학, 역학, 그리고 윤리학으로 소급된다. 그때 나는, 윤리학이 다른 학문들의 모든 지식을 전제하고 있으므로, 윤리학을 최고의 그리고 가장 완전한 도덕이론, 즉 지혜의 최종적이고 최고의 단계를 이루고 있는 도덕이론으로 이해한다"(『철학의 원리』 XLII). 이것은 일원론적 모델이다. 왜냐하면 자연학과 윤리학은 동일한 뿌리, 즉 "인간 인식의 원리"에 관한 이론으로서의 형이상학으로부터 생겨나기 때문이다. 따라서 윤리학은 결국 세계의 인식으로부터 저절로 밝혀지는 것으로 보인다. 반면에 칸트는 이원론적인 모델을 대표한다. 왜냐하면 그는 우리가 우리와 자연에 대해 모든 것을 인식했다면 우리가 행위해야 할 것을 이미 의식하고 있다는 논지를 반박하고 있기 때문이다. 자연학과 윤리학은 칸트에 따르면 한 나무의 줄기와 가지 같은 상황에 대응하는 것이 아니라, 오히려 그것들은 그때마다 고유한 뿌리를 가지고 있다. 이론철학과 실천철학은 이성의 완전히 상이한 두 가지 "입법"에 기인하고 있다. 자연의 이론적 지성으로서의 입법이 자연 법칙을 규정한다면, 실천이성으로서의 입법은 존재 법칙이 아니라 당위 법칙인 자유의 고유한 법칙들의 근원이다. 최고의 당위 법칙은 정언 명법이다. 피히테는 칸트의 이러한 이원론을 실천 이성의 일원론으로 변형시킨다. 왜냐하면 절대 자아는 그의 행위 자신에 있어 실천적인 것으로 사유되기 때문이다. 여기에서 그는 '실천 이성의 우위'에 관한 칸트의 테제에 대해 끊임없이 언급하고 있다. 마지막으로 헤겔은 절대적 이념을 이론적 이념과 실천적 이념의 변증법적 통일로서 표현하고 있다. 이는 변증법에서 모순들은 '지양된다'는 주장, 다시 말해 부정될 뿐만 아니라 보존된다는 주장 때문에 이론 철학과 실천 철학의 일원론과 이원론의 통일로 귀결된다.

4장 언어론적 패러다임

철학의 존재론적 패러다임으로부터 의식론적 패러다임으로의 이행이—논증적 근거들만 볼 때—계몽의 진전을 통해 촉진되었다는 것을 분명하게 해두어야 한다. 회의는 소박한 신뢰의 상실을 예고한다. 회의는 자기 성찰의 결과요, 지금까지 당연한 것으로 간주해 온 것을 다시금 돌아본 결과이다. 회의는 반성이다. 왜냐하면 반성 속에서 사고와 인식이 자신과 자신의 가능성들과 관계하기 때문이다. 그래서 고대의 회의와 데카르트주의에서는 우리가 존재론적 패러다임에서 모든 문제의 해결을 기대했던 것, 즉 존재 자체의 인식이 바로 문제시 되었다. 데카르트 이래로 의심은 방법적으로 제도화되었고 모든 이성적 철학 활동의 당연한 출발로 통했다. 이때 의심을 전혀 허용하지 않으려는 독단론과 의심에 고착된 회의론이 정확히 두 극을 이루고 이 사이로 칸트의 '비판적 길'이 지나가야 했다. 계몽의 진전으로서의 회의의 영향이 얼마나 큰가 하는 것은 오늘날까지도 많은 철학자들이 회의론에는 교태를 부리지만 아무도 독단적이지 않으려 한다는 점에서 짐작할 수 있다.

여기에서 개괄해야 할 철학의 세 번째 패러다임인 언어론적 패러다임은 비트겐슈타인Ludwig Wittgenstein(1889-1951)이라는 이름과 결합되어 있다. 이 패러다임은 의식론적 모델에서 학문과 계몽의 새로운 자리 매김을 필요하게 한 계몽의 동력이 이제 정신주의를 넘어서까지 멀리 나아가고, 철학 활동이 독단론과 회의론 사이에서 '비판적 길'에 머물러 있으려면 새로 반성할 것을 요구함으로써 생겨난다. 칸트에게 있어 비판 철학은 의식이라는 매개체에 있어서의 인식 비판, 곧 이성 비판이었다. 반면에 비트겐슈타인에게 있어 비판적인 철학 활동은 언어라는 매체에 있어서의 의미 비판으로 등장한다. "모든 철학은 언어 비판이다."(『트락타투스』, 4.0031) 칸트의 출발점이 되는 물음은 "나는 무엇을 알 수 있는가"였다. 반면에 비트겐슈타인은 분명하게 말할 수 있는 것과 무의미 사이의 경계를 추구한다. 그래서 그의 문제는 "나는 무엇을 이해할 수 있는가?"이다. 의식의 철학에서 철학이 의심으로 시작한다면, 언어적 철학 활동의 출발점이 되는 경험은 이해의 붕괴, 혼동이다. "철학적 문제는 '나는 잘 모른다'는 형식을 지닌다."(『철학적 탐구』 123절) 전체적 개관을 다음과 같이 표로 나타낼 수 있겠다.

패러다임	존재론적	의식론적	언어론적
영역	존재	의식	언어
대상	존재자	관념(표상들)	명제/언명
시작	놀라움	의심	혼동
출발점 물음	무엇이 있는가?	나는 무엇을 알 수 있는가?	나는 무엇을 이해할 수 있는가?

비트겐슈타인은 말한다. "철학의 목적은 사상의 논리적 명료화이다. —철학은 이론이 아니라 활동이다. 철학 작품은 본질적으로 해명으로 이루어져 있다. —철학의 결과는 '철학적 명제들'이 아니라 이 명제들의 명료화됨이다. —철학은 흐릿하고 얼크러진 사상을 분명하게 하고 날카롭게 경계지어야 한다"(『트락타투스』, 4.112). 따라서 명석/판명이라는 데카르트의 이상이 고수되지만 그것은 인식이 아니라 사상에 관계한다. 사상은 명제들이 분명해짐으로써 명석 판명해진다. 명제들이 분명해지는 것은 다시금 철학의 해명 활동

의 결과이다. 비트겐쉬타인이 『트락타투스』와 후기 저서 사이의 큰 차이에도 불구하고 변경되지 않았던 이러한 철학의 특징에서 두 가지가 눈에 띈다. 자립적 철학 명제들이란 있을 수 없다는 것과 사상의 명료화는 명제들의 명료화와 같다는 것이 바로 그것이다.

첫 번째 테제에 대한 근거 제시는 『트락타투스』의 인용된 절 바로 앞에 있다. "참된 명제들의 전체는 전체 자연과학(또는 자연과학들의 전체)이다. —철학은 결코 자연과학들 중 하나가 아니다. ('철학'이라는 낱말은 자연과학들 위에 또는 아래에 있는 바로 그 어떤 것을 의미해야만 하지, 자연과학들과 나란히 있는 바로 그 어떤 것을 의미해서는 안 된다.)"(4.11, 4.111). 비트겐쉬타인은 철학과 과학의 옛 통일이 깨진 과학사의 상황 속에서 철학한다. 세계—"세계는 있는 모든 것이다"(1)—는 철학적 후견으로부터 풀려난 과학의 소유이다. 그때 철학은 공허해지고, 사실—철학사적으로 보면—헤겔 이후 19세기는 오늘날까지 지속되고 있는 철학의 철저한 동일성 위기의 시기이다. 어떤 의미에서 철학은 과학인가? 과학에 의해 이미 점유된 대상 영역이 아닌 철학의 고유한 대상 영역은 무엇인가? 철학은 정신과학으로서 스스로를 새롭게 확정하고 그래서 적어도 자신의 옛 명성의 나머지를 구할 수 있을까?[31] 이 물음들은 비트겐쉬타인에 의해 다음과 같이 근본적으로 대답된다. 일찍이 정신과학은 없었다. 왜냐하면 과학의 모든 참된 명제들은 자연과학적인 명제들이기 때문이다. 그리고 철학이란 결코 자연과학들 중 하나가 아니므로 철학은 진리로 받아들일 수 있는 명제들을 결코 내세울 수 없다. 반면에 사상의 명료화의 활동으로서의 철학은 자연과학들과의 경쟁에서가 아니라 준비 또는 보충으로서 자연과학들 위에 또는 아래에 있을 수 있다.

두 번째 테제에 대한 근거 제시는 칸트와 비트겐쉬타인 사이에서 발생하는 패러다임 변화를 분명하게 한다. 우리는 형이상학적이고 자연과학적인 판단 가능성의 조건에 대한 해명으로서 이러한 판단 자체와 동일한 의미에서 진리를 요구할 수 없는 칸트의 『순수이성비판』을 과학 이전 또는 과학 이후의 사상의 명료화로 이해할 수 있다. 새로운 것은 비트겐쉬타인이 사상의 명

31) 제 2부 참조.

료화에서 의식으로부터 해명 매체로서의 언어로 넘어간다는 것이다. 그는 자신의 『트락타투스』에 대해 다음과 같이 말한다. "우리는 이 책의 모든 의미를 대략 다음과 같은 말들에서 파악할 수 있다. 도대체 말해질 수 있는 것은 명료하게 말해질 수 있다. 그리고 이야기할 수 없는 그것에 대해서는 침묵해야만 한다. 그러므로 이 책은 사고에 하나의 경계를 긋고자 한다. 아니 오히려 사고가 아니라 사상의 표현에 경계를 긋고자 한다. 왜냐하면 사고에 하나의 경계를 긋기 위해서는 우리는 이 경계의 양 측면을 생각할 수 있을 것이기 때문이다(그러므로 우리는 사고될 수 없는 것을 사고할 수 있어야 할 것이기 때문이다). 따라서 경계는 단지 언어에서만 그어지게 될 수 있을 것이고, 경계의 저편에 놓여 있는 것은 단순히 무의미가 될 것이다"(서언). 그러나 우리가 알 수 있는 것과 알 수 없는 것 사이의 칸트의 경계 긋기는 여기에서 사고할 수 있는 것과 사고할 수 없는 것의 영역에서 반복된다. 그리고 사고될 수 없는 것을 우리는 사고할 수 없기 때문에, 우리는 사상의 표현으로서의 언어의 영역으로 넘어가야만 하고, 거기, 즉 언어(의 영역)에서 경계는 의미있게 말할 수 있는 것과 무의미 사이를 긋는다. 물론 우리는 말해질 수 없는 것을 말할 수 없다. 왜냐하면 "말할 수 없는 그것에 대해서는 침묵해야만 하기" 때문이다. 그러나 그럼에도 불구하고 사상의 표현으로서의 언어는 무의미를 무의미로 제시할 가능성을 제공한다. "말해질 수 있는 것, 그러므로 자연과학의 명제들—그러므로 철학과는 어떠한 관계도 없는 어떤 것—이외에는 말할 어떤 것도 없고, 다른 사람이 형이상학적인 어떤 것을 말하려고 할 때는 언제나, 그가 자신의 명제들 속에 있는 어떤 기호들에다 어떠한 의미도 부여하지 못했음을 입증해 주는 것, 이것이 본래 철학의 올바른 방법일 것이다. 이 방법은 다른 사람에게는 불만족스럽겠지만—그는 우리가 그에게 철학을 가르쳐 주었다는 느낌을 가지지 않으리라—, 이 방법이 유일하게 엄격히 올바른 방법일 것이다"(6.53). 말해질 수 있는 모든 것이 자연과학의 명제들이고 따라서 철학이 고유하게 말할 수 있는 명제들을 결코 소유하지 못한다면, 철학 행위는 단지 여전히 명료화하고 해명하는 보여주는 행위에서만 존립할 수 있고 다른 어떤 것에서는 결코 존립할 수 없다.

이와 더불어 "형이상학적인 어떤 것을 말하고자" 한 모든 사람들은 올바르게 철학하는 자들이 비판적으로 제거하려는 상황 속에 언제나 있었다는 테제가 결합되어 있다. "이 책은 철학적 문제들을 다루고 있고, ―내가 믿고 있듯이―이러한 문제들의 물음 제기가 우리의 언어 논리에 대한 오해에서 기인한다는 것을 보여주고 있다"(서언). "철학적인 것들에 대해 쓰여진 대부분의 명제들과 물음들은 거짓이 아니라 무의미하다. 따라서 우리는 이런 종류의 물음들에 대해 결코 대답할 수 없고, 다만 그것들의 무의미성을 확립할 수 있을 뿐이다. 철학의 대부분의 물음들과 명제들은 우리가 우리의 언어 논리를 이해하지 못한 데에서 기인한다. (그것들은 선은 어느 정도 미와 동일한가 하는 물음과 같은 종류이다.) 그리고 가장 깊은 문제들이 원래는 결코 어떠한 문제도 아니라는 것은 놀라운 일이 아니다"(4.003). 칸트가 신의 존재에 대한 물음과 같은 형이상학적인 물음을 결정할 수 없고 우리의 인식 능력을 넘어선 것으로 설명할 때, 그는 그러한 물음들이 무의미하고 그렇기 때문에 이미 결정할 수 없다고 주장하는 것은 아니다. 반면에 비트겐쉬타인은 철학 전체를 무위미성의 의혹 하에 둔다. 우리는 일반적으로 심지어 인식비판적인 물음과 관계할 필요가 없다. 왜냐하면 우리는 이미 우선 그 물음제기와 주장들의 무의미성을 확립할 수 있기 때문이다. 그리고 만일 우리가 그 무의미성을 확립한다면, 그때 "가장 깊은 문제들이 원래는 결코 어떠한 문제도 아니었다"는 것으로 드러나기 때문이다. 그래서 비트겐쉬타인에게서는 인식비판에 앞서 의미 비판이 지배하고 있고, 이 의미 비판은 다시 우리 의식의 세계 또는 인식 능력과 관계할 필요가 없다. 대부분의 우리의 철학적인 문제들 ―또는 우리가 그것으로 여기는 것―을 해소하기 위해서는 우리의 언어 논리의 오해를 해명하는 것으로 충분하다.

의미 있게 말할 수 있는 것과 무의미 사이의 경계를 제시하고 우리의 언어 논리의 이해를 교정하는 것은 비트겐쉬타인에게 있어서는 동일한 것이다. 그러나 여전히 모든 것은 의식론적으로 이해될 수 있다. 그래서 언어비판이 사상명료화의 도움 수단일 것이다. 왜냐하면 비트겐쉬타인은 "사상의 표현"으로서의 언어에 관해 말하기 때문이다. 『트락타투스』의 명제 4, 즉 "사상은 의미 있는 명제다"는 의식 철학으로부터의 완전한 결별을 수행하고 있다. 그러므로 언어와 의식은 서로서로의 피상적인 표현 연관 속에 있는 것이 아니라 오히려 사고는 언어이고, 우리가 말할 수 없는 것을 우리는 사고할 수 없을 뿐만 아니라 그것에 관해서 우리는 침묵해야만 한다. 따라서 철학의 의미 비판적인 방향전환은 동시에 언어 비판적인 방향전환, "언어론적 전회"이다.

사고가 언제나 필연적으로 언어인지 아닌지에 대한 물음은 여기에서 더 이상 추구될 수 없다. 여기에서 그것을 결정하는 것도 필요하지 않다. 중요한 것은 단지 다음과 같은 것이다. 즉 철학에 대해 언어비판적인 무의미성의 의혹이 처음으로 세상에 나오는 순간, 우리는 고대적 그리고 근대적 회의로서의 새로운 그리고 매우 철저한 회의와 관계하게 되고, 따라서 계몽의 새로운 원천과 관계 맺게 된다는 것이다. 모든 회의론자는 지금까지 여전히 언어 자체를 신뢰했다. 그들 중 어느 누구도 진지하게 우리가 우리의 의심과 더불어 우리의 말을 남에게 알아듣게 할 수 있다는 것을 결코 의심하지 않았다. 왜냐하면 의심 자체는 언제나 단지 대상들의 인식 가능성과만 연관되어 있었기 때문이다. 그러나 그가 진리 능력뿐만 아니라 우리의 철학적 명제 자체의 이해에까지 손을 뻗칠 때, '언어 비판'으로서의 철학은 명제들이 의미와 뜻을 가질 수 있는 조건들을 제시하는 것을 통해 의미비판적인 회의를 논박하는 것을 시작해야 하고 추구해야 한다. 명제들이 의미가 있다는 것을 우리가 확신할 수 있을 때, 우리는 그것들의 진리 또는 허위에 대해 결정할 수 있다. 그러나 비트겐쉬타인에 따르면 이것은 철학에서가 아니라 과학들에서 발생한다.

비트겐쉬타인은 현대 분석철학의 정초자이다. 오해를 제거하기 위해서 차라리 언어분석철학이라고 말해야 할 것이다. '분석'이라는 낱말은 이 자리에서 채용되었는데, 이것은 비트겐쉬타인이 『트락타투스』에서 그것으로부터 철학 작품을 본질적으로 구성하는 "해명"을 우리의 언어 논리의 분석 수단으로 획득하고자 했기 때문이다. 그것에 대한 방법적인 모범은 러셀Russell과 화이트헤드Whitehead의 위대한 작품 『수학 원리』(1910-13)이었는데, 이 작품은 수학의 논리적 정초와 이 목적을 위해 역시 모든 형식 논리의 새로운 파악을 포함하고 있다. 비트겐쉬타인은 자신의 후기 작품에서 이러한 방법적인 모범으로부터 떠나는데, 그것은 그의 『트락타투스』와 그의 후기 (작품인) 『철학적 탐구』 사이의 구분을 본질적으로 설명하고 있다. (자주 주장되듯이 비트겐쉬타인이 두 가지 완전히 상이한 철학 활동을 기획했는지에 관해서는 말할 수 없다.[32] 언어분석철학의 두 커다란 방향들은 전기 비트겐쉬타인과 후기 비트겐쉬타인에게로 되돌아온다. 형식언어의 분석론자들은 『트락타투스』에 의지하고 있다. 다시 말해 그들은 분석해야 할 것을 논리적 이상에서 측정한다. 마치 형식 논리의 이상이 형식언어에서만 형식화되고 실현되는 것처럼 말이다. 다른 전통의 끈은 비트겐쉬타인의 이러한 이상을 떠나고 모든 철학적 설명의 최종적이고 근본적인 매체로서의 정상(normal) 언어로 향해 있다. 사람들은 이것을 '일상언어 철학'(ordinary language philosophy)이라고 부른다. 50-60년대에 매우 현저했던 두 '학파' 사이의 대립은 오늘날 용해되었다. 이제는 대부분 순수하게 실용주의적 태도를 취하고 있고 방법들을 추구하고 있는데, 그 방법들은 그것들에게 그때그때마다의 문제 제기를 위해 가장 적합한 것으로 보인다. 그럼에도 불구하고 '형식언어 또는 정상 언어'라는 양자택일 속에 언어분석철학의 근본적인 문제 전체, 즉 그것의 고유한 토대가 숨겨져 있다.

언어분석철학은 빈번하게 논증을 비판적으로 시험하고, 모든 철학 문제들을 언어 문제들로 환원하고, 철학으로부터 언어학의 분과를 만든다. 언어분석철학 활동의 '영웅적인' 시기에서 이러한 종류의 의견들을 역시 증거로 발견할 수 있다. —가령 카르납Rudolf Carnap의 유명한 작품인 『언어의 논리적 분석을 통한 형이상학의 극복』(1931)을 공포할 때 말이다. 그러나 철학 파괴라는 비난은 자격 인정과 마찬가지로 이미 의식론자들에 대해 존재론자들도 똑같은 정당성으로 제기될 수 있었던 것이다. 그들은 모든 존재물음을 의식문제들, 즉 그렇다고 철학이 단순히 심리학일 수는 없는 의식문제들로 환원한다. 데카르트와 칸트가 의식으로의 그들의 방향전환 속에서 인식문제와 진리문제를 결코 놓치지 않은 것처럼 —왜냐하면 그들은 그 문제를 바로 그것으로부터 풀고자 했기 때문에—, 비트겐쉬타인에게도 『트락타투스』와 후기에서 세계의 인식과 궁극적으로 세계 자체가 문제였다. 더욱이 비트겐쉬타인은 『트락타투스』의 명제들에 관해 다음과 같이 말한다. "나의 명제들은 다음

32) 참조. Stegmüller 1969

을 통해 설명된다. 나를 이해하는 사람은, 만일 그가 나의 명제들을 통해—나의 명제들을 딛고서—나의 명제들을 넘어서 올라간다면, 나의 명제들을 결국 무의미한 것으로 인식한다. (말하자면 그는 사다리를 딛고 올라간 후에는 그 사다리를 던져 버려야 한다.) 그는 이 명제들을 극복해야 한다. 그러고 나면 그는 세계를 올바로 본다"(6.54). 언어비판은 바로 자기목적이 아니라 파르메니데스 이래 모든 철학이 얻고자 하는 것으로 나아가는 필연적인 사다리, 즉 세계를 올바로 봄이다. 비트겐쉬타인이 인식한 것은 다음과 같은 사실이었다. 즉 우리는 언어 비판 없이는 세계를 올바르게 본다고 확신할 수 없다는 것, 그리고 만일 우리가 철학에 진지하게 관심을 가진다면, 우리는 그 일(세계를 올바르게 보는 것)에 관여해야 한다는 것이다.

그래서 언어분석철학은 우리가 받아들일 수 있는 입장도 받아들일 수 없는 입장도 아니다. 언어분석철학을 그렇게 보는 사람들은 다음과 같은 것을 상기한다. 즉 언어론적 패러다임에서 모든 고전 철학의 입장들 —플라톤주의, 아리스토텔레스주의, 회의주의, 비판주의 등—이 다시 떠오르고 지지된다는 것 말이다. 이것은 19세기에 특히 심화되고 추진된, 전문분과나 사이(Bindestrich)-학문으로 철학의 전통적인 분류에 대해서도 타당하다. 말하자면 그것은 본질적으로 변화된 것이 아니라 변형되었다. 우선 '인식 이론'이라는 것은 비트겐쉬타인을 따를 때 "과학 언어의 논리적 분석"(Carnap)으로서 등장하고, 그 후 "분석적 과학 이론"으로 계속 교육된다. "에를랑겐 학파"의 구성주의적 반대 프로그램 역시 언어 이론적인 숙고와 시작한다. 무어G. E. Moore 이래 도덕 철학적 설명들에서 곧-'메타 수학'이나 그와 유사한 표현들에 의거해서- 메타-윤리(Meta-Ethik)라고 명명되게 될 "윤리의 언어"(Hare)의 분석을 미리 하는 것은 관례가 되었다. "분석적 역사철학"(Danto)은 역사적 명제들, 이야기들, 해명들의 구조와 의미들의 탐구이다. 미학은 "예술의 언어"(Goodman)로 모아지고 미학적 담론의 이론(Zimmermann)으로 성취된다. (이러한 예는 계속 열거될 수 있다.) 언어분석철학은 존재물음과 인식물음을 단순히 언어분석을 위해 포기하지는 않는다. 오히려 그 철학은 모든 철학적 사태문제들을 우선은 언어 문제들로서 세우기를 요구하는 방법적 프로그램이다. 따라서 그것은 그때 언어 논리의 오해를 통해 야기된 가상 문제들은 문제가 되지 않는다는 것을 분명하게 한다. 의미비판적인 회의에 따르면 우리는 인식 문제들과 '사태 자체'(Sachen selbst) 쪽으로 향하기 전에 먼저 철학적 담론 자체에서 근본적인 이해 조건들을 확실하게 하는 것이 중요하다. 말이다. 언어 분석적 철학 활동은 홀로 일반적으로 어떠한 문제들도 풀지 않지만 문제를 정확하게 세우는 것을 허용한다. 이러한 의미에서 또한 "비판적인 길이 오로지 열려 있다."(칸트, 『순수이성비판』 B884)

■ 인용된 문헌

Aristiteles, *Metaphysik*, (Bonitz 독역), Hamburg 1966.

Descartes, *Meditation über die Grundlagen der philosophie mit den sämtlichen Einwänden und Erwiderungen* (Buchenau 독역), Hamburg 1954.

________, *Die P rinzipien der Philosophie*, (Buchenau 독역), Leipzig 1908.

________, *Abhandlung über die Methode*, (Buchenau 독역), Hamburg 1957.

Diels, H.(편) 1957, Fragment der Vorsokratiker, Hamburg.

Diemer/Frenzel(편) 1967, *Fischer Lexition, Philosophie Neuausgabe*, Frankfurt/M.

Hegel, G. W. F., *Die Vernunft in der Geschichte*, Hamburg 1955.

______________, *Phänomenlogie des Geistes*, Hamburg 1952.

Krüger, G. 1962, *Die Herkunft des philosophischen Selbstbewußtseins*, Darmstadt.

Kant, *Kritik der reinen Vernunft*, Akademie-ausgabe, Bd. 3

____, *Metaphysische Anfangsgründe der Naturwissenschaft*, Akademie-ausgabe, Bd. 4.

____, *Prolegomena zu einer Jeden künftien Metaphysik, die als Wissenschaft wird auftreten Können*, Bd. 4.

Kuhn, TH. S. 1962/1967. *Die Struktur wissenschftichcr Revolution*, Chicago/Frankfurt.

Nestle, W. 1940, *Vom Mythos zum LOgos*, 2 Aufl. Stuttgart.

Narski, I. S. 1967, *Positivismus in Vergannenheit und Gegenwart*, Berin, 512.

Platon, Apopogie etc. *Sämliche Werke* (Schleiermacher 독역), Reinbek bei Hamburg 1957 이래.

Popper, K. R. 1982, *Logik der Forschung*, 7. Aufl, Frankfurt/M.

Schnädelbach, H. 1983, *Philosophie in Deutschland 1831-1933*, Frankfurt/M.

Stegmüller, W. 1969, *Hauptströmungen der Gegenwartsphilisophie*, 4, Aufl, Stuttgart.

Wittgenstien 1960-80, *Tractatus logico-philosophicus*, In, Wittgenstein Schriffen, Frankfurt/M.

_________________, Philosiphische Untersuchungen, In, s. o.

2부 _ 이성

- H. 슈내델바흐

들어가는 말

'이성'(Vernunft)이 철학적 근본개념의 하나라는 것은 존재로부터 의식으로의 전환을 특징으로 하는 근대철학에 대해서만 적합한 것처럼 보인다. 왜냐하면 우리는 '이성'을 무엇보다 단지 의식의 개념으로서만 알고 있기 때문이다. 우리의 언어용법에 있어서 이성은 인간이 소유하고 있거나 없음을 아쉬워하게 되는 어떤 것이다. 그리고 우리가 인간은 결국 이성을 받아들여야 한다고 인간에게 요구한다면, 그때 우리는 인간이 인간 밖에 존재하는 어떤 것을 자기화한다는 것이 아니라, 인간 속에 이미 갖춰져 있는 어떤 것, 즉 이성적이라는 인간의 능력을 스스로 발휘하게끔 한다는 것을 기대한다는 것이다. 일반적으로 우리는 명사 '이성' 때문에 어려움을 겪는다. 그것, 즉 이미 실체적 이성(die Vernunft)이란 대체 무엇인가? 형용사 '이성적'이란 말이 우리에게 훨씬 더 가까이 있다. 그리고 우리는 이성에 대해 말할 때도 역시 대체로 형용사적인 것을 생각한다. 즉 어떤 실체나 대상이 아니라 우리에게 이성적임(Venünftigkeit)의 특징으로 보이는 특성, 성질, 가능성 혹은 요구들을 생각한다. 그 때문에 '이성'이라는 용어가 '합리성'(Ratioalität)이라는 전문어에 의해 밀려나기 시작한 것은 우연이 아니다. 왜냐하면 이 '합리성'이라는 표현은 '이성'과 똑같은 정도로 사물적인 오해로 오도하지는 않기 때문이다.

오직 철학에서만 명사 '이성'을 쓰는 오래된 어법이 아직도 삶을 유지하고 있는데 이것은 우연이 아니다. 왜냐하면 철학의 발생 이래로 철학은-최소한 우리의 전통에서는- 이성의 철학, 로고스의 철학이고, '합리주의적'이기 때문이다. 물론 언제나 반대의 경향 역시 존재하였다. 그리고 1830년경 관념론의 종말 이후나 우리 세기의 시민적 계몽운동의 종말 이후, 철학적 합리론이 총체적으로 종말에 이르지 않았는가라는 물음이 정당성을 갖게 되었다. 그럼에도 불구하고 이성의 철학은 언제나 서양적 철학 전통의 표준적인 경우였고, 이것은 서양 문화 일반이 가진 합리주의적인 근본성격들을 근거로도 그러하다. 우리의 문화는 신화로부터 시작된 이래 '로고스중심적'이고 우리 문화의 역사는 본질적으로 합리화의 역사다.[1] 이는 어떤 가치평가적인 의미, 즉 우리의 과거에서부터 점점 더 이성적이 되었고 따라서 점점 더 나아진 것으로 이해될 수는 없다. 오히려 서구적인 세계해석이나 삶의 형식이 그것들의 전개 속에서 모든 명백한 내적 차이들에도 불구하고 하나의 일반적인 근본모형에 각인되어 있다는 사실적 상황을 뜻한다. '합리성'은 그저 이 근본모형에 대한 하나의 말에 불과하다. 그러나 그 '합리성'이라는 말은 전체상을 암시하는 여러 특징들을 가리킨다. 즉 특수성 대신에 일반성, 개별성 대신에 보편성, 우연·자의 혹은 카오스 대신에 합법칙성·규칙성·계산가능성을 가리키며, 순간적인 것·일시적인 것·미분화된 것에 대해 고정성·항구성·질서에 대한 선호, 통제불가능한 것으로서 모든 단순한 자연적인 것, 즉 인간에게서는 감정과 열정에 대한 불신을 가리킨다.

---

1) '로고스중심적'이라는 표현은 클라게스 (Ludwig Klages)의 말이다; 참고. *Der Geist als Widersacher der Seele,* Ⅰ-Ⅲ. Leipzig 1929-32. 항목 "합리화(Rationalisierung)". 참고. M. Weber: *Wissenschaft als Beruf*(1919). 6판. Berlin 1975.

우리 문화의 이 근본합리주의는 오늘날 위기에 빠졌다. 그것은 합리주의가 거의 욕설이 되었다는 사실을 통해 알 수 있다. "계몽의 종말"이라는 테제[2]는 최소한, 많은 동시대인들에게 계몽을 전파하려고 했던 이성의 빛이 그 빛의 힘과 매력을 잃어버렸다는 것을 내포하고 있다. 그 대신 사람들은 이성의 이름으로 잊어버렸던, 이제는 복구해야 할 것으로 이성에 이질적인 것, "이성의 타자", 심지어 비이성적인 것에로 전향하게 되었다. 동시에 이성은 여러 가지 면에서 지배와 기술적-산업적인 자연 파괴의 공범이라는 일반적인 이데올로기의 의혹을 받게 되었다. 인간을 스스로 노예로 만드는 자연지배의 원리로서의 도구적 이성에 대한 공리는 그것에 대해 근거를 제공한다. 아도르노와 호르크하이머가 『계몽의 변증법』(1969)에서 이성의 자기비판을 통해 계몽의 프로그램을 전진시키기 위해 그 공리를 정식화했다면, 그 도구적 이성비판의 공리는 오늘날 반계몽에 기여해야 한다는 것을 더 이상 막지 못한다. 오늘날 많은 사람들은 합리성에 맞서서 자연과 자유가 보호되어야 한다고 믿는다. 한때 시민적 계몽운동 시기에 사람들은 합리성과 자연, 자유를 자연적 동맹으로 간주했었다. 이 합리주의의 위기는 제국주의에 대한 비난을 통해 강화되는데, 그러는 동안 서구 문화까지도 세계적으로 비난에 내맡겨진 것처럼 보인다. 자기 것에 대한 타자적 관점은 적어도 루소 이후 문화비판의 기본 유형이다. 그리고 저 비난이 무엇보다 서구의 지식인들 자신에 의해 제시되고 있고, 이것이 과거에 시민적 계몽이 자유와 평등한 인권의 이름으로 등장했던 것보다 더 큰 권리를 가지고 제시된다는 것은 놀랄만한 일이 아니다.

철학이 계몽의 이념을 고수하고 최소한 이러한 의미에서 '이성 원리'를 고수하고자 한다면, 철학은 이성비판과 계몽을 넘어선 계몽을 자신의 고유한 직무로서 만들고 비합리주의와 반계몽에 굴복하지 않음으로써만, 철학은 이러한 도전들에 대해 스스로를 세울 수 있다. 이러한 것은 철학이 우선 무엇보다 싸잡아서 매도하는 정당성 없는 비합리주의의 공격을 방어하고 비합리주의의 유혹에 맞설 수 있게 하는 이성에 대한 설득력 있는 이론을 잘 다룰

---

2) 참조. H., Lübbe, *Philosophie nach der Aufklärung, Von der Notwendigkeit praktischer Vernunft,* Düsseldorf. 1980.

때에만 성공할 것이다. 덧붙여 유행하는 전 세계적인 합리주의에 대한 저주에 어떤 공격의 기반도 주지 않기 위해서는 무엇보다 이성개념 자체 속에 있는 내적 구분이 필요하다. 개념사적 재구성과 문제영역 분석은 당면해 있는 합리성의 이론에 충분한 복합성을 갖추어 주기 위한 방법적 수단이다. 또한 우리가 한번 관례적으로 '이성'이라는 말과 결합되어 있는, 가장 잘 알려진 형용사들과 대비적인 표현들을 목록으로 작성해 보면, 이성의 현상적 모습이 얼마나 다양한지 직관적으로 떠올릴 수 있다.

나는 이어지는 서술에서 전체 영역에 구조를 부여하기 위해 각각 3가지 내적, 외적인 대립 쌍을 선택한다. 여기서 '내적'이라는 말은 관련된 대비들이 이성개념의 내적 구분, 즉 객관적인 이성과 주관적인 이성, 이성과 지성, 이론이성과 실천이성에 관련되어 있다는 것을 뜻한다. '외적' 대상들이란 전체로서의 이성이 해소할 수 없는 긴장관계 속에 있는 것, 즉 비합리적인 것, 역사, 언어에 관련 된다. 이 대립들이 모순으로 인도되는지 혹은 조화롭게 균형 잡힐 수 있는지는 거기에서 더 상세하게 연구되어야 할 것이다. 관점들의 완전성은 요구되지 않는다. 관점들은 논의를 통해 현실적인 합리성 이론의 개요를 보여줄 수 있다는 점에서 선택된 것들이다.

1장 객관적 이성과 주관적 이성

첫 번째 접근에서 우리는 객관적 이성을 세계 속에 존재하는 것으로 규정할 수 있다. 즉 세계자체의 이성성과 세계의 이성성의 원리로 규정할 수 있다. 서양 형이상학의 주된 흐름은 헤겔에 이르기까지 "세계를 가장 깊은 곳에서 결속하는 것"을 어떤 이성적인 것이나 이성이 접근할 수 있는 어떤 것으로 간주했다는 의미에서 합리주의적이었다. 우리는 객관적 이성을 지적인 것, 즉 지성(Intellekt)을 통해 세계구조의 총체로 규정할 수 있다. 이에 비해 주관적 이성은 인간의 이성성, 즉 이성적으로 인식하고 행위 하는 인간의 능력을 말한다. 현대적 의식에서 보면 객관적 이성의 사상은 낯선 것이 되었다. 헤겔이 그의 『법철학』(1821) 서문에서 현실적인 것의 이성성과 이성적인 것의 현실성을 공표했을 때, 여전히 오늘날 철학에서도 느껴질 수 있는 분노의 폭풍이 일어났다. 기존의 것의 정당화라는 비난은 그 이래로 헤겔과 형이상학 일반에 대해 무수히 제기되었고 반복되었다. 현실성을 이성적인 것이라고 여기는 사람은 무엇보다 정치적으로 보수적이고 더 나아가 반동적이라고 간주된다. 그는 이성적인 변화를 불필요하다고 여길 뿐만 아니라 취소되어야 할 것으로 여기는 사람이다. 이에 반해 주관적 이성은 일반적으로 이성과 관계하는 한 계몽과 세계에 대한 모든 개혁, 혁명 프로그램의 토대이다. 여기서 이성은 세계 속으로 비로소 가져 올 수 있는 것으로, 이성이 세계 속에 있기 위해서 우리가 세계로 가져와야만 하는 것으로 간주된다. 그 때문에 우리는 이미-적어도 단초에서는- 그것에 대해 다룰 수 있어야 한다. 왜냐하면 이성적 주체만이 이성을 실행할 수 있기 때문이다.

주관적 이성은 철학의 역사에서 근대의 원리이며 고대와 중세에 대하여는 유효성을 갖지 않는다. 거기서는 언제나 존재로부터 사유되었던 것처럼, 이성 역시 일차적으로 어떤 객관적인 것으로 나타나고, 그에 대해 인간이 또한 주체로서 이성적이기 위해서 인식하고 행위하는 가운데 맞추어야만 하는 것이다. 고대는 객관적 이성을 일반적으로 비인격적으로 우주의 구조법칙으로서 생각하고, 기독교적 중세는 객관적 이성을 인격적인 창조주로부터 해석한다는 것은 이 객관적 이성의 우위라는 점에서 어떤 본질적인 변화도 없는 것이다.

이 말이 무엇인지 더 정확하게 규정할 수 있기 위해서는 우리는 우선 독일어 '이성'(Vernunft)과는 거리를 두어야 한다. 철학적 담론에서 '이성'이라는 독일어의 중심적인 위치는 겨우 18세기에서야 확보된다. 형이상학의 객관적 이성, 그것은 로고스다.[3)] 그리스어 logos는 철학 이전의 언어용법에 속해 있으면서 폭넓은 의미영역을 드러낸다. 우리는 로고스를 동사 lego의 두 가지

---

3) 참조. W. Schadewaldt, *Die Anfänge der Philosiphie bei den Grischen*, Frankfurt/M., 1978, 182 이하.

근본의미로부터 이해할 수 있는데 1. 모으다, 한데 모으다, 그리고 2. 말하다, 이름짓다 등이다. 로고스는 무엇보다 말(Wort)인데 요한복음 첫 장에 그렇게 나타난다. "태초에 말이 있었다."(라틴어로는 verbum). 그러나 처음은 아니지만 괴테의 파우스트(Ⅴ. 1210쪽 참조)에서의 번역의 시도 같은 경우도 단순히 어떤 언어학적인 것을 생각하는 것이 아니라, 그 말을 가지고 말해진 것, 즉 개념, 의미, 담화, 이론(예를 들어 -logie) 등등을 생각할 수 있다는 사실을 명확히 하고 있다. 중요한 의미 확장은 고대적 독일어 'rede stehen(해명하다)'에 해당되는 그리스어적 유사어로부터 나온다. logon didonai는 고려하다, 근거를 대다, 논증하다를 뜻하는데, 여기서부터 자주 로고스는 근거나 원리로 이해되었고, 요한복음에서는 모든 것은 신 곁에 있거나 신인 로고스를 통해 창조되었다고 한다. 이차적 파생어(lógizomai-계산하다, 검토하다. logismós-계산, 설명, 지금의 대수에까지)의 영역은 로고스의 근본의미의 관점으로 소급된다. 이를 우리는 '계산함'으로 가장 잘 설명할 수 있는데 이것으로부터 왜 키케로 이후 라틴어 용어에서 말(verbum)이 아니라 ratio(근원적으로 계산함)가 로고스의 자리를 차지했는지가 분명해진다. 이렇게 하여 우리에게 친숙한 '합리성'이라는 말의 역사에 대한 연결이 형성된다. 아리스토텔레스가 인간에 대해 인간은 로고스를 가진 생물이라고 말했던 것이(언어능력과 이성능력이라는 이중의 의미에서, 아리스토텔레스, 『정치학』 1253a), 라틴어적 전통에서는 근대까지 이성적 동물(animal rationale)의 공식으로 이어져 왔고, 독일어 '이성'은 그 후 최소한 18세기에서부터 ratio의 번역으로 나타난다.

그러나 이러한 파생 과정에서 우리는 근대 주관주의를 고대로 투사하는 것은 아니라는 것이 중요하다. 아리스토텔레스에 따르면 인간은 로고스를 가지고 있으나 인간이 로고스나 로고스의 원리는 아니다. 인간이 로고스와 더불어 가지고 있는 것이 무엇인지는 헤라클레이토스가 처음으로 모호한 용어로 말했었다. "여기에 놓여 있는 말(로고스)에 대해 인간은 결코 로고스를 듣기 전이나 후에나 마찬가지로 이해에 도달하지 못한다. 왜냐하면 모든 것이 이 말에 따라 일어남에도 불구하고 인간은 결코 그것을 상대하지 못한 자와 같기 때문이다. 앞으로 내가 보여줄 방식의 말과 작품을 상대하겠지만 말이다."(『단편』 1) 헤라클레이토스는 물론 그의 말이 세계를 지배한다고 생각하는 것이 아니라 그의 이론이 세계를 지배하는 로고스를 표현한다고 생각하는 것이다. 세계법칙, 근본구조, 존재자의 규범이나 규칙에 대해 해석자들은 헤라클레이토스가 그것들이 역동적이고 대립적인 우주 안에서 일관적으로 관통하는 비율로 생각했었다는 것을 분명하게 하였다.[4] 이러한 세계법칙은 동시에 세계근거로 해석되었고 불로 형상화되었다 (참조.『단편』30). 그리스와 라틴적 스토아는 여기서 그들의 로고스 이론과 연관되며, 이 우회로를 지나 로고스는 요한복음에까지도 이르렀다. 그러므로 객관적 이성으로서의 로고스는 이성적인 세계인식과 세계 속에서의 이성적인 행위 역시 가능하게 하는 세계질서의 원리다. 여전히 헤겔은 우리는 오직 이성적인 것**으로서** 인식할 수 있는 것만을 이성적으로 인식할 수 있다는 것을 강조한다. 그 때문에 우리는 이성적인 철학을 잘 숙달하기 위해서는 이성이 세계를 지배한다는 사상을 언제나 이미 가지고 있어야 한다(헤겔,『역사 속의 이성』28). 그래서 헤겔은 헤라클레이토스와 그의 로고스이론의 마지막 후예 중의 하나다.

객관적 이성이라는 이 개념은 로고스에 대한 반대개념을 끌어 들일 때 더욱 분명해진다. logos와 mythos(어원적으로 비밀스런 보고, 동화)는 전체 그리스적 사유에서 하나의 근본적인 대립을 형성한다. 단순한 이야기와 신과 세계에 대한 무수히 많고 대부분 혼란스러운 역사(민족종교는 이러한 것들로 가득 차 있다)에 대해 언제나 철학자들의 로고스 안에서 자명한 것, 일의적인 것, 본질적이고 지속적인 것에 대해 집중된 것이 대립한다. 신화와 신화적인 신의 형상에 대한 비판은 크세노파네스이후로 하나의 일관된 모티브이다. 따라서 철학자들의 로고스는 대개 doxa, 즉 다수의 의견이나 다수의 '건전한 상식'에 대립해 있다. 파르메니데스의 교훈시는 대부분의 사람들에게는 진리가 접근 불가능하다는 데에서 출발하는 헤라클레이토스의 비의학(Esoterik)과 나란히 그러한 최초의 예이다. 파르메니데스에게 존재의 진리에 이르는 길은 바로 우리의 일상을 다루는 세계해석으로부터 멀어지는 것이다. 왜냐하면 그것은 단순한 의견, 가상-지식이기 때문이다. 우리가 진리를 인식하고자 한다면 통례적인 신념으로부터 전향해야 한다는 테제는 철학의 역사에서 오

---

4) 같은 책, 351 이하.

늘날 우리에게 이르기까지 결코 포기된 적이 없다. 플라톤의 동굴의 비유, 헤겔의 변증법 그리고 하이데거의 암호해독학(Kryptik)이 전거로 충분할 것이다.

더불어 여기서 이제 언급되어야 하는 로고스와 감각적 지각인 aisthesis 사이의 세 번 째 대립이 연관되어 있다. 헤라클레이토스에 따르면 로고스는 모든 사람이 로고스를 직접적으로 파악할 수 있을 정도로 결코 그렇게 자명한 것은 아니다. 그는 언제나 다시 인간의 통상적인 세계의식을 잠이라고 불렀다. 그 후 파르메니데스는 전문용어적인 표어를 만들어 냈는데, 즉 참으로 존재하는 것은 오직 사유(noein)를 통해서만 파악될 수 있는 반면 doxa는 단순한 외적 현상에 기초해 있다는 것이다. 파르메니데스의 유명한 명제 "사유와 존재는 동일하다"(단편 6)는 시대착오적으로 관념론의 원리로 해석되면 안 된다. 그 명제는 "사유될 수 있는 것과 존재할 수 있는 것은 동일하다"는 것을 의미한다. '존재'는 강조적인 의미에서 '있는' 것이다. 즉 그리스적 사유에서 그것은 영원히 불변하고 항구적으로 있는 것이며 이는 파르메니데스에서나 플라톤에게서도 언제나 단지 변화와 변화하는 것만을 보여주는 감각들로는 접근할 수 없는 것이다. 이 그리스적 존재론(그리스어로 to on-존재자)의 특성은 참된 존재(einai), 객관적 이성(logos)과 주관적 사유 활동(noein)들의 의사-자연적 결합을 설명해 주며, 이는 헤겔까지 서양 형이상학의 주된 흐름을 규정하고 있다.

요한복음의 첫 번째 명제는 이미 지적되었던 변화 즉 유대적-그리스도적인 신학 전통의 인격신과 로고스의 결합을 통한 객관적 이성의 인격화라는 변화를 암시한다. 물론 초기 기독교는 여기서도 기독교 이전의 것과 연결될 수 있다. 스토아학파는 클레안테스Kleanthes[5]의 유명한 송가에서 볼 수 있는 것처럼, 신적인 로고스를 신이라고 부르는 것을 언제나 가능한 것으로 여겼다. 그럼에도 불구하고 '철학자들의 신'은 항상 민족종교의 신들과 명확하게 구별되었는데, 바울은 아테네 설교에서 자신을 "미지의 신"이라는 제단과 연

---

5) 번역은 R. Bubner(편). *Geschichte der Philosophie in Text und Darstellung*, 1권: 고대, 1982, 293 이하.

관지으면서 그러한 민족종교적 신들의 기반위에서 일어났다(사도행전 17장, 16). 기독교 신학은 헬레니즘 철학과의 대결 속에서 동시대인 예수를 육화된 신의 말씀으로 즉 로고스의 진리로 가르치려고 노력했다. 그래서 기독교 신학은 로고스-철학 자체의 완성이자 극복으로 이해된다. 우리는 이 과정을 객관적 이성의 객관적 주관화로 특징지을 수 있다. 즉 이전에 법칙, 구조, 의미, 세계의 형식 혹은 본질로 사유되었었던 것을 이제는 인격적인 주체가 인수한다. 12세기의 아리스토텔레스 수용까지 중세를 지배하는 철학으로 지속한 기독교적 플라톤주의에서 플라톤적 이념은 일반적으로 신의 사유로 이해되었다. 그리고 헤겔이 자신의 『대논리학』에서 "논리학은 … 순수 이성의 체계 혹은 순수 사유의 영역으로 파악되어야 한다. 이 영역은 진리가 숨김없이 즉자, 대자 그 자체로 존재하는 바의 진리다. 그 때문에 우리는 이 내용이, 자신의 무한한 본질 속에서 자연과 유한한 정신의 창조 이전에 존재하는 바, 신의 표출이라고 말할 수 있다."(헤겔, 『대논리학』 1권, 31)라고 할 때 헤겔도 여전히 이 전통 안에 서있다. 로고스에 대한 학문으로서의 논리학은 여기서 다시 한번 순수한 이성, 순수한(즉 비감각적인) 사유, 진리, 영원한 본질과 신을 하나의 사유물 속에서 결합한다.

그 다음으로 주관적 주관화의 결과는 철학에서 인간적인 이성보다 더 높은 이성은 더 이상 고려되지 않는다는 것이다. 이를 위해 '세속화'(이 말을 종교적 내용을 적당한 변경을 가하여 세속적인 영역으로의 이전으로 이해한다면)라는 공식에 집중하는 것을 쉽게 떠올릴 수 있다. 그러나 이 '세속화'라는 공식은 객관적 이성의 역사의 해석에 대해서는 별로 잘 적합하지는 않다. 우선 인간은 언제나 이미 자신의 이성에 따라 로고스의 형상을 만들어 왔는데, 이는 무엇보다 신의 모상으로서의 인간이라는 신학적 이론이 역설적인 방식으로 증명한다. 이 신학적 이론은 동시에 인간에게 신의 형상을 만드는 것을 금지했기 때문에, 우리는 단지 모상으로부터만 시작할 수 있었고 모상이 지닌 특성들은 신 안에서 상상할 수 없을 정도로 완전한 방식으로 존재한다고 주장할 수 있었다. 덧붙여 객관적 이성의 이 의인주의(신인동형동성설)은 먼 고대 즉 아낙사고라스까지 소급한다. 그는 nous(그리스어. 의미, 사유, 지성, 정신)가 세계를 지배한다고 가르쳤다. 여기서 이미 사유하는 자를 그들 자신의 이성과 결합시킬 수 있는 준-주관적 세계원리가 어떤 측면에서 객관적 로고스를 대치한다. 이 누스 역시 '기독교화' 되었고 기독교 신학 안에서 세계를 창조했던 로고스를 사유하는 신적지성(intellectus Dei)으로 나타난다. 따라서 인간은 언제나 이미 신의 이성 안에서 인간 자신의 이성적인 정체성을 해석해 온 것이다.

단순한 세속화의 모델은 또한 신적인 이성의 인간적인 이성으로의 환원은 전혀 신학 외적이지 않았고 오히려 이미 신학 내적인 과정이었기 때문에 적절치 못하다. 여기서 신론에 있어 주지주의와 주의주의 사이의 오래된 분쟁이 언급되어야 한다. 이 분쟁에서는 신의 의지가 자신의 이성에 종속되는지 혹은 이성보다 우위에 있는지가 중요한 문제다. 단순한 명령(fiat, 그렇게 있게 되어라!)를 통한 무로부터의 창조(creatio ex nihilo)라는 창조설, 그리고 구원이냐 저주냐 하는 인간에 대한 신적인 예정 조화 속에서 측량할 수 없는 신의 선택이라는 바울의 교리도 신적인 의지의 우위를 받아들이는 플라톤적-아우구스티누스적 신학전통을 옹호하는 중요한 논변이었다. 반면 기독교적 아리스토텔레스주의 (특히 토마스 아퀴나스에게서)는 신적인 이성의 우위를 부여했다. 기독교적 아리스토텔레스주의는 신이 어떤 비이성적인 것이나 반이성적인 것을 원할 수 있다는 것을 부정했다. 반면 주의주의자들은 이를 신의 전능의 부적합한 제한으로 여겼다. 그 후 둔스 스코투스Johannes Duns Scotus와 함께 의지-신학이 완성되었다는 것은 인간의 자연해석과 자기해석에 대해 자만할 수 없는 결과를 초래하였다. 신이 자신의 불가해한 결단에 따라 자신에 의해 주어진 자연법칙에 충돌하는 사물들에 영향력을 행사할 수 있다면, 신이 일반적으로 우리가 이성적인 것이라고 간주하고 싶어하는 모든 것을 무시할 수 있다면, 그때 자연과 역사는 과연 신의 전능한 의지를 증명하기는 하지만 더 이상 우리의 이성으로 파악할 수 있는 로고스를 증명하지는 않는다. 객관적 이성은 그렇게 비합리적이 되어버린 세계에서 사라졌다. 그리고 인간은 자신의 주관적 이성으로 되던져졌다. 동시에 믿음과 지식, 계시와 인식은 궁극적으로 대립하게 되었다. 즉 더 이상 신학이 아니라 신은 나타나지 않는 학문들이 주관적이 된 합리주의의 장소이고 보증이다.

주관적 이성의 다른 전통의 갈래는 자연의 빛(lumen naturale)으로서의 이성에 대한 학설이다. 이 학설의 뿌리는 헤라클레이토스적, 스토아적 로고스의 형상에 있는데, 이는 모든 사람들의 영혼 속에 여전히 빛을 발하고 있는 근원불이다. 신론에서 의지주의의 혁명 이후 자연의 빛은 불가해한 신적 지성에 대한 예속으로부터 해방되어 자신의 인간학적인 토대위에 서게 되었다. 여기서 자연의 빛은 계몽운동의 빛의 은유의 근거가 된다. 왜냐하면 계몽운동이 전파하고자 한 밝음은 자연적 인간이성 자체의 빛으로부터 생긴 것과 다르지 않기 때문이다. 즉 세계의 빛으로서의 예수에 대한 상은 여기서 실제로 세속화되었다(일반적으로 우리는 이성의 역사를 빛의 은유와 이것의 전통을 실마리로 해서도 쓸 수 있다). 다음으로 근대철학에서 자연의 빛은 전통과 계시종교의 권위요구들에 맞선 반대의 원리가 되었다. 자신의 사유와 인식의 현상으로 입증되지 못한 어떤 것도 참되고 구속력 있는 것으로 인식될 수 없다는 데카르트를 통한 철학의 정초는 그 점에 있어 칸트와 헤겔까지 구속력 있는 모범이다.

따라서 주관적 이성과 객관적 이성의 통일로서의 절대적 이성의 헤겔철학은 오랜 로고스-형이상학으로의 단순한 복귀가 아니다. 오히려 헤겔의 철학은 주관적 사유와 인식 자체를 통해, 즉 데카르트적 방법으로 통일을 성취할 것을 요구한다. 그러나 비판적 철학함의 원리는 손상되지 않아야 한다. 단순하게 말하면 헤겔의 사유는 주관적 이성의 자기비판에 근거해 있다. 이 자기비판에서 주관적 이성은 이성적인 객관성에 대한 자신의 의존성을 인식해야 한다. 물론 이는 순수한 객관적 이성으로 되돌아가는 것은 아니다. 왜냐하면 객관적 이성도 주관성에 의존하기 때문이다. 로고스가 자연과 역사 안에서 표명되는바 참된 로고스는 객관적 이성과 주관적 이성의 전체적 연관이다. 그런 한에서만 로고스는 절대자이고 이념, 신이다.

헤겔 이후 관념론의 종말은 부활한 로고스중심주의에 확실히 최종적인 종말을 확정했다. 오늘날 까지 지속되고 있는 쇼펜하우어의 영향사와 함께 비합리주의가 형이상학에서 지배적인 경향이 되었다. 쇼펜하우어는 이성이나 로고스가 세계의 가장 내적인 본질을 이루는 것이 아니라, 오히려 자연과 인간 내에서 삶에 대한 의지로서 다른 모든 것, 특히 인간의 주관적 이성을 지배하는 어둡고, 맹목적인 충동으로서의 의지가 본질을 이룬다고 가르쳤다.[6]

니체의 '권력에의 의지'와 함께 이 사유는 생철학의 토대가 되었고 생철학은 실존주의로 이행해 갔다. 쇼펜하우어는 여기서 오래된 의지주의를 이제 이성적인 동물로서의 인간의 주관적인 자기해석을 의심하는 형태로 반복하고 있다(이전에는 단지 객관적 이성만이 중요했었다). 삶에 대한 의지의 단순한 도구로서의 이성에 대한 쇼펜하우어의 해석은 그 후 이성론에서 객관주의의 개혁을 촉진시켰다. 그의 "지성의 객관적인 모습"(『의지와 표상으로서의 세계』, Ⅱ권, 22장)은 이성을 근저에 놓인 자연적이고 심리적이며 사회적인 과정들의 단순한 수반현상과 유사한 것으로 표상하는 이성에 대한 하나의 관점의 모델이다. 우리는 여기서 프로이트의 정신분석, 막스 베버의 합리화의 사회학과 루만의 체계이론을 예로 들 수 있을 것이다. 오늘날 이성철학의 근본문제는 우리가 계몽의 전통과 더불어 우리의 주관적 이성으로 자부해왔던 것이 새로운, 학문적으로 계몽된 세계상 안에서는 더 이상 어떤 위치도 가질 수 없는 것처럼 보인다는 것, 이성 자신의 자기계몽이 구태의연한 것이 되어버렸다는 데에 있다.

2장 이성과 지성

이 개념 쌍은 주관적 이성 자체의 영역 안에서의 구별과 관계된다. 두 표현은 공통적으로 전래적인 관점에 따라 우리를 동물과 구별하는 것, 즉 감성과는 구분되는 정신적인 것이나 사고의 능력을 가리킨다. '정신'(Geist)이라는 말은 오늘날 낡은 것처럼 느껴진다. 우리는 이따금 정신력이 풍부한 사람이라고 말하는 것을 제외하고는 인간의 하나의 본질적 특징의 명칭으로 '정신'이라는 말을 거의 사용하지 않는다. 그 이유는 개념의 신학적이고 형이상학

---

6) 참조. H. Schnädelbach, *Philosophie in Deutschland 1831-1933*, Frankfurt/M. 1983 5장, <<Leben>>, 174 이하.

적인 역사 안에서 찾을 수 있다. 여기서 '정신'은 언제나 신의 정신과 불멸의 영혼실체의 표상과 함께 결합되어 있었다. 또한 이것이 정신이라는 말을 사용하는데 있어서 근대 철학의 주목할 만한 절제를 설명해 준다. 헤겔은 자신의 주관적, 객관적 그리고 절대적인 정신의 철학을 통해 이 용어에 잠깐의 르네상스를 마련해 주었고 오늘날 마찬가지로 낡아져 위태로운 '정신과학'이라는 표현에서나 영향력이 남아있다. 정신개념을 복권시킨 다른 시도들은 완수될 수 없었다. 따라서 '정신'은 '이성'과 '지성'에 대한 공통의 상위개념으로 적합하지 않다. 이는 '사고'에 대해서도 마찬가지로 다른 이유에서 적용된다. 칸트가 여전히 사고와 감각, 지각, 직관 같은 감각적 능력을 구별하고 헤겔이 사고를 직접적인 인간의 특성으로 서술한 반면, 이때부터 더 자주 사고는 감각적인 것들까지 포함하여 모든 종류의 표상(Vorstellung)을 포괄하는 것으로 사용되었다. 이미 로크는 어떤 표상(ideas, **관념**)이 중요한 지는 제시하지 않고 사고를 직접적으로 표상(관념)의 소유로 규정하였다(로크, 『인간 지성론』 2. 1권). 오늘날 우리가 일상어로 "나는 그것을 생각할 수 있다!" 혹은 "나는 마지막 휴가를 즐겨 상기한다"고 말할 때, 우리는 표상함, 어떤 것을 현재화함(떠올림)을 일반적인 것으로 생각하지 특정한 이성적인 것으로 생각하지 않는다. 현대 심리학은 마침내 사고를 무엇보다 지능적인 행동으로 파악하고, 이것을 동물들에게도-최소한 단초에서- 부여할 준비가 되어 있다[7]. 따라서 오늘날 '사고'는 인간적 특성에 대한 개념으로도, 감각적이고 신체적인 인간의 능력에 대한 대립개념으로도 적합하지 않다.

그 때문에 우리가 일단 새로운 전문어 '합리성'(Rationalität)을 도외시한다면 우리가 앞에서 '주관적 이성'이라고 불렀던 것을 묘사하기 위한 어떤 통일적인 어휘영역도 다룰 수 없다는 결과가 남는다. 여기서 '이성'과 '지성'은 서로 경쟁한다. 어원학적으로 볼 때, 이성은 직관적으로 아는 것(Vernehmen)에 속하고 지성은 이해하는 것(Verstehen)에 속한다. 다른 한편 용어사적으로 이성과 지성은 M. 에크하르트와 M. 루터 이래로 ratio 내지 intellectus의 번역이다. 여기서 지성(intellectus)은 칸트까지 일반적으로 '상위' 사고능력, 인식

7) H. G. Furth, *Denkprozesse ohne Sprache.* Düsseldorf. 1972.

능력으로 통용되었다. N. 쿠자누스에게 까지 소급하는 오랜 발전과정의 전사 이후 칸트는 최종적으로 이성(ratio)을 지성보다 우위에 두었고, 이로써 철학의 새로운 언어사용을 규정하였다. 주목할 만한 개념쌍인 '이성과 지성'은 18세기까지 독일에서도 철학활동을 규정했던 라틴어 용어 속에 이미 두 개념이 있었다는 사실에 자신의 존재를 의존하고 있다. 그리고 이는 다시 무엇보다 키케로가 라틴어 용어 창조의 기초로 삼은 고대 그리스 철학의 언어에서 자신의 근거를 갖는다(ratio는 dianoia를 가리키고, intellectus는 nous를 가리킨다). 이 용어의 역사는 무엇 때문에 오늘날 합리성이라는 표현에 자주 불신이 생기는지도 분명하게 한다. 즉 이 표현은 **하나의** 어원(ratio)에 속하는데, 이성을 희생하고 '단순한' 지성에게 '합리적인 것'의 영역에서의 독점적인 지위를 마련해 준 것처럼 보인다.

누스와 디아노이아는 그리스어에서는 같은 언어 영역에 속한다. 즉 일상어의 평범한 말로서 동사 noein(사고하다, 인식하다, '궁리하다', '생각을 품다' - 이에 대해 dia-noeomai는 나는 의미를 따라 간다, 나는 생각한다, 구체적으로 '어떤 것을 관통해 생각하다, ~에 대해 숙고하다)에 속한다. 누스와 디아노이아는 플라톤에게서 최초로 철학적인 용어들로 명확한 의미를 드러냈다. 『국가』의 '선분의 비유'에서 노에시스(noesis) 즉 누스의 활동은 철학적 이데아 인식에서 예시되었고 디아노이아는 기하학에서 예시되었다. 누스는 '정신의 눈'이고 노에시스는 참되게 '존재하는' 존재자(ontos on)로서의 이데아들을 비감각적인 수단으로 파악하는 능력이다. 이와는 반대로 디아노이아는 보는 것이 아니라 조작하는것(연산하는 것, Operieren)이며, 포착함이 아니라 진행적 사고이고, 직접적인 봄이 아니라 방법적인 진행이다. 나중의 라틴어 학술어는 노에시스적인 것과 디아노이아적인 것을 플라톤과 아리스토텔레스가 파악한 것처럼 **직관적인 것**과, **논증적인 것** 내지 **조작적인 것**으로 규정하였다. 즉 순수한 정신적 통찰 능력으로서 직관은 intellctus(=nous)에 귀속되었고, 반면 논증성(즉 개념적 규정의 진행절차)과 조작능력은 ratio의 특징이 되었다(여기서 변형된 형태이긴 하지만 ratio의 근본 의미는 계산(Rechnung)이라는 것이 확정되었다).

따라서 이성과 지성을 구분하는 가장 분명한 근거는 개념사 속에서 그저 표현되고 유지되어 온 하나의 통찰, 즉 우리가 스스로를 사고하는 자로 경험할 때 우리는 언제나 적어도 두 가지 '정신적' 능력, 다시 말해 사고 속에 어떤 것을 '소유하는' 능력과 사고하면서 어떤 것에 관여할 수 있는 능력을 우리에게 부여하고 있다는 통찰이다. 나는 감각적인 인상들을 단지 받아들일 뿐, 그것들을 변화시킬 수는 없다. 반면 사고는 자신이 사고한 것을 질서 짓고, 변화시키고, 이동시키고, 새로 진행시킬 수 있다. 이러한 조작은 거꾸로 언제나 어떤 사고된 것에 관계해야만 한다. 왜냐하면 사고 내용 없는 공허한 사고는 결코 사고가 아니기 때문이다. 이러한 통찰은 파르메니데스 이후 철학자들이 확신했던 것으로, 즉 우리는 감각적인 것과 무관한 어떤 내용적인 것을 단순한 사고 속에서 파악하는 능력을 가지고 있다는 것, 다시 말해 정신적인 '직관'(Vernehmen)으로서 nous, intellectus, 이성을 가지고 있다는 통찰일 것이다.

물론 이 통찰이 논쟁의 여지가 없었던 것은 아니었다. 이미 고대에 데모크리토스와 에피쿠로스, 그리고 다른 이들은 미리 감각들에 의해 포착되지 않은 것은 아무 것도 사고 속에 없다는 것을 주장했다. 우리는 이를 감각주의(라틴어 sensus는 감각이다)라고 부르며 이성을 독립적인 하나의 인식기관으로 파악하는 합리주의(인식론적 의미에서)와 구별한다. 아리스토텔레스 역시 이 관점과 매우 가까운데, 왜냐하면 그는 학문(episteme)은 경험(empeiría)으로부터 발생하며 이 경험 자체는 기억(mneme)과 지각(aisthesis)으로 소급된다고 가르쳤기 때문이다(『형이상학』, 980a 이하). 플라톤이 디아노이아나 노에시스를 감각적 세계경험과 엄격하게 구별하고, 이를 이데아의 관조에 있어 육체로의 추방 이전에 영혼의 상기(anamnesis)의 방식으로 해석했다면, 아리스토텔레스는 자신의 학문의 개념을 세계경험과의 연속성으로 밀어 넣는다. 플라톤과 비교한다면 그는 최초의 '경험주의자'이며, 반면 플라톤은 '합리주의자'로 남는다. 경험주의는 이성적 인식을 단순히 부정하는 것은 아니라는 점에서 감각주의와 구별된다. 경험주의는 다만 이성적 인식을 합리주의와는 다르게 해석할 뿐이다.[8] 그럼에도 불구하고 경험주의에 의하면 감각적으로

---

8) R. Specht,, Die Vernunft des Rationalismus, In, Schnäadelbach, H, (편), *Rationnalitat,*

지각가능한 것의 영역을 넘어선 인식(개념적, 이론적, 원리적인 인식)의 기초에는 감각적으로 지각가능한 것이 놓여 있으며. 우리는 이러한 토대로부터 인식을 재구성할 수 있다고 주장한다. 거기서 지성과 이성은 어떤 고유한 인식내용도 제공하지 않음에도 불구하고 중요한 역할을 한다. 즉 이성과 지성은 분석, 결합, 추상이나 체계화와 같은 인식의 획득에 있어 경험의 감각적 '재료'의 조작적 가공의 형식으로써 작용한다.

사고에 대한 순수 조작적 해석은-홉스는 어원학에 의거하여 사고와 계산을 동일시한다(참조.『리바이어던』 5장)- 이미 아리스토텔레스가 영혼의 인식능력을 디아노이아적인 덕(능력)으로서, 플라톤이 디아노이아라고 불렀던 것의 방식으로 규정했을 때 예고된 것이다. 그럼에도 불구하고 누스의 노에시스는 이러한 덕의 하나로 여전히 유지되었지만 디아노이아 의 방식으로 유지되었다(아리스토텔레스, 『니코마코스 윤리학』, Ⅵ 3 이하., 1139b 이하). 두 가지 이론적 이성능력으로서의 학문(에피스테메)과 정신적 통찰(누스)은 서로 구분되는데, 학문이 증명하는 것인 반면 정신적 통찰은 그 자체로는 더 이상 증명 불가능한 학문적 증명의 토대(왜냐하면 모든 증명은 이미 그것을, 예를 들어 모순율을 전제하기 때문이다)에만 관계한다. 그 이상의 과제는 누스에게는 주어지지 않는다. 사실상 에피스테메와 누스는 상호 보완적인 관계 속에 있고 합쳐서 지혜(sophia)를 낳는다(아리스토텔레스, 『니코마코스 윤리학』 Ⅵ 3 이하). 근대의 경험주의(베이컨, 홉스, 로크 등등)는 인식론에서 보면 아리스토텔레스적인 이론의 철저화에 다름 아니다. 플라톤적 '합리주의', 즉 자립적인 노에시스적, 혹은 직관적인 이성 인식의 이론이라는 마지막 유물은 단절되었다.

이것은 관념사적으로 근대의 합리주의적 형이상학(데카르트, 스피노자, 라이프니츠, 크리스챤 볼프 등등)이 자신의 체계의 근거로 삼았던 '본유관념들'(ideae innatae)의 이론에 대한 로크의 비판에서 일어났다(『인간지성론』, 1권). 이들은 플라톤, 신플라톤주의, 아우구스티누스의 전통에서 다시 한 번 감각세계로부터 전향하여 '내면을 향한 길'(reditus in se ipsum)에서, 그리고

Beiträge zu einer Theorie, Frankfurt/M. 1984.

사유의 자기전향 속에서 순수한 정신적 노에시스의 영역을 발견할 수 있다고 믿었으며, 그것도 감각이나 우리 자신의 조작으로부터 나올 수 없고 우리 안에서 단순히 '필연적인 진리'로 발견할 수 있을 뿐인 표상들(ideae)의 영역에서 그러하였다. 라이프니츠는 말하길 "필연적인 진리의 인식을 통해, 그리고 인식의 추상화를 통해 우리는 우리를 반성적 작용들로까지 고양시킨다. 이 반성적 작용들은 우리를 우리 자아의 사고를 파악하게 하고 전자나 후자나 우리 안에 있다는 숙고로 나아가게 한다. 우리는 이 방식으로 우리 자신을 사유함으로써 우리의 사유를 또한 존재, 실체, 단순한 것과 복합적인 것, 비물질적인 것, 심지어 우리 자신을 제한하는 것은 그 자신 안에는 한계가 없다는 생각을 함으로써 신에게로까지 향하게 한다. 그러므로 이 반성적 작용들은 우리의 이성인식의 주요 대상들을 전해 준다."(『단자론』, 30절). "우리에게 우리 자아의 사유를 파악하게 하는"이 "반성적 작용들"은 하나의 대상영역에 대한 통로를 열어 주는데 이는(존재, 실체, 단순한 것과 복합적인 것, 비물질적인 것, 신) '밖에서', 즉 감각들로부터 유래할 수 없다. 이 이론에 따르면 우리는 이러한 것들(Dinge)을 스스로 고안해 낸 것은 아니며 따라서 순수한 이성인식의 대상들이 중요하다. 물론 이 주장의 설득력은 본유적이라고 하는 저 노에시스적 객체들이 실제로 감각적 경험과 조작적 사유의 결과들로 해석될 수 없다는 것을 입증하는 것이 가능한지에 달려있다. 그러나 로크 이래로 경험론자들은 바로 이것을 체계적으로 증명하려고 노력했다. 나아가 경험론자들은 경험을 만들고, 그 때문에 여전히 경험에 선행해야만 한다는 자아 자체, 의식까지도 경험의 결과로 해석하는 데까지 나아간다. 따라서 라이프니츠의 '반성적 작용들'은 단순히 내적 경험으로 재해석 되었고 감각적 경험과 구분되는 자립적인 이성 인식을 위한 어떤 공간도 남아 있지 않게 되었다.

경험론적 전통에서 사고에 대한 순수 조작적 해석으로 바뀌면서 이성과 지성 사이의 차이는 근거가 없는 것이 되었다. 왜냐하면 모든 직관은 감각적인 것으로 간주되었기 때문이다. 그 후 칸트는 대단한 파장을 몰고 온 방식으로, 즉 '본유 관념들'의 형이상학을 다시 이용하지 않은 방식으로 자신의 『순수이성비판』에서 저 차이를 원상 복구했다. 칸트는 합리주의에 속한다. 즉 경험주의가 주장하는 것처럼 모든 표상들이 감각들로부터 유래하는 것은 아니다. 그러나 표상들은 대상들이 아니라 오히려 인식이 일어날 때 우리가 언제나 이미 아프리오리하게(더 먼저, 처음부터) 가지고 있는 대상적 인식의 순수한 형식들일 뿐이다. 이 형식들은 우선 감성의 형식들(공간과 시간)과 사고의 형식들(범주: 단일성, 다양성, 실체, 인과성 등등)이며 거기서 사고형식들 자체는 조작적 사고행위의 형식들로 해석되었다. 지성(intellectus)은 이 형식들에 맞게 사고하는 능력 이외의 아무것도 아니다. 즉 칸트에서는 규칙들에 따라 판단하는 것이다. 반면 이성(ratio)은 논리적 추리의 지도 원리로 설명된다. 따라서 이성은 또한 조작적으로 해석된다. 즉 지성과 이성은 오직 작동방식에 의해 구별된다. 추리 자체는 이미 판단을 포함한 하나의 조작(Operieren)이다. 왜냐하면 "모든 사람은 죽게 되어 있다. 가이우스는 사람이다. 따라서 그는 죽게 되어 있다"고 주장하는 사람은 처음의 두 주장들을 이미 참된 것으로 가정해야만 하기 때문이다. 따라서 칸트는 추리를 이차적인 판단으로 즉 판단들에 관한 판단과 판단들의 관계에 대한 판단으로 파악하였다. 그래서 칸트는 합리주의적인 형이상학 안에서 순수한 직관적 이성인식의 근거와 주요증인으로 간주되었었던 이성의 이념들-신, 세계전체와 자아-의 조작적 재구성도 하게 되었다. 칸트는 전체성과 무제한자의 관점에서 제한된 세계인식의 고양으로부터 그것들(신, 세계전체, 자아)을 설명했다. 이러한 전체성과 무제한자의 관점은 전제(가정)와 추론의 완전성에 대한 논리적 추리의 욕구로부터 이해할 만한 것이다. 따라서 라이프니츠의 '필연적인 진리들'(vérités de raison)은 칸트부터 주관적-필연적인 사고조작의 결과들로 재해석 되었다. 그러나 이 결과들은 어떤 객관성도 지니지 않는다. 칸트의 신 증명에 대한 유명한 반박은 이 이성개념의 귀결이다.9)

그러나 판단과 추리 사이의 차이에 대한 단순한 유비는 지성과 이성 사이의 칸트적 구별의 성과가 아니었고, 이성은 지성과 지성의 작용과 반성적으로 관계한다는 것이 귀결되는 사상이 오히려 성과였다. 그러나 이성과 지성은 두 가지 서로 다른 능력이 아니라 오히려 서로 다른 기능을 하는 하나의

9) 앞서 말한 것에 대한 참고, 칸트, 『순수이성비판』. 이성일반에 대하여, B 354 이하; 순수이성 개념에 대하여, B 366 이하.; 존재론적 신증명의 불가능성에 대하여, B 620 이하.

동일한 사유다. 실제로 그 때문에 이성이 지성과 관계된다면 이성은 어떤 특정한 기능 속에서 자기 자신과 관계하는 것이다. 칸트에 따르면 사고 속에서 사고의 이러한 자기복귀적 관계는 바로 이성의 이성성을 이루는 것이다. 반면 지성으로서의 이성은 이성 자신이 경험, 대상들, 세계로 향해 있다. 라이프니츠가 '반성'이라 불렀고 어떤 내적인 통찰로 이해했었던 것은 따라서 그 안에서 이성이 현실화되고 '단순한' 지성을 넘어서는 사고의 비직관적인 사고로 재해석 되었다. 여기서 독일 관념론 철학-피히테, 셸링, 헤겔-이 연관된다. 반성 속의 사고의 자기대상화는 여기서 모든 대상성 일반의 근거로 이해되었다. 그럼으로써 사고는 아 프리오리 하게 스스로와 자신의 대상들을 언제나 이미 포함하고 있다. 피히테는 칸트의 지성의 활동을 자아의 실행위(Tathandlung)으로 해석하였고, 이성의 이차적 판단은 그에게서 저 실행위 자체를 여전히 다시 의식과 더불어 동반하는 능력이 된다. 피히테는 이것을 '지적 직관'이라고 불렀다. 칸트의 이성해석의 전적으로 조작적인 영역에서 어떻게 플라톤적인 노에시스가 원상복구 되는지 보는 것은 놀랍다. 셸링은 이것을 자신의 사변적 자연철학의 근거로 만들었다. 그리고 헤겔은 저 사유의 결과 속에서 '개념의 노력'과 '순수한 봄'의 동일성을 주장하였다.[10] 즉 디아노이아적인 것과 노에시스적인 것은 여기서 마침내 일치되는 것처럼 보인다. 하지만 그 대신에 치러야 했었던 대가는 절대적 관념론이었다. 즉 사유자체의 고유한 대상화의 결과들 외에는 결코 다른 대상성이 존재하는 것이 아니라는 테제가 절대적 관념론이다. 19세기에 '관념론의 붕괴'와 함께 자연히 여기서 다시 칸트에게로 되돌아 갈 수밖에 없었다.

관념론의 문제와는 독자적으로 칸트의 반성으로서의 이성의 특성에 대한 규정은 현재에도 현실성 있는 **비판적** 이성과 **변증법**의 이념들이라는 두 가지 결론을 발생시켰다. 칸트에게서 이성의 자기관계는 단지 지성의 수행(활동)의 체계화의 근거일 뿐만 아니라 지성의 수행에 대한 비판의 근거이다. 지성의 비판 즉 지성의 수행능력의 한계 규정은 『순수이성비판』이라는 제목의 유

10) Hegel, *Phänomenologie des Geistes,*. L. Hoffmeister(편). Hamburg 1952, 70이하. 독일 관념론에 대해서는 참조 R. Kroner, *Von Kant bis Hegel*, 1921/1961.

명한 이중적 의미가 보여주는 바 실제로 이성의 자기비판이다. 즉 비판하는 이성과 비판되는 이성은 서로 다르지 않다. 이와 같이 이미 칸트에게서 비판 능력은 자기를 스스로 인식하는 이성의 본질적 특성이며 칸트에게서 '단순한 지성'에 속해 있던 도구적 이성이 체계적인 지위를 차지하는 비판 이론 안에서 처음으로 생긴 것이 아니다. 이성 자신의 맹목과 어리석음에 맞서고, 이성의 자기파괴와 자기지양에 맞선 해독제로서의 이성의 자기비판, 이것은 확실히 오늘날 칸트적 이성개념의 가장 중요한 유산이다.

헤겔적 의미에서 변증법은 반성 속에서 이성의 이성능력을 찾아내는 시도의 다른 결과다. 이미 칸트는 저 사유의 전체적 자기관계가 그가 '이율배반'이라고 불렀던 모순들에 이른다는 것을 알았다. 그는 예를 들어 우리는 이성을 수단으로 자유는 있어야 한다는 것과 자유는 있을 수 없으며 오직 자연적 필연성만이 있을 수 있다는 것을 동시에 증명할 수 있다는 것을 보여 주었다. 칸트는 이 모순들을 지양할 수 없는 것으로 간주하였고, 단지 우리가 그 모순들을 어떻게 피할 수 있는지 만을 보여 주었다. 이에 반해 헤겔은 '순수 이성의 이율배반'을 사변철학적 사유 자체의 매개체와 기관으로 만들었고, 동시에 칸트에게 지적 오류에 빠지게 했었던 변증법에 일찍이 플라톤에게서 노에시스를 기술할 때 가졌었던 긍정적 의미를 되돌려주었다. 헤겔은 변증법적인 것을 필연적인 것으로, 그리고 지성으로서의 이성의 자기비판의 결코 피할 수 없는 결과로 제시함으로써 이성의 비판-모티브를 변증법적 모티브와 결합시켰다. 그 때문에 우리는 모순들을 두려워하지 않아야 하며 오히려 모순들 속에서 모순들과 함께 사유해야 한다. 변증법은 헤겔 이후 철학에서 가장 논쟁적인 개념들 중의 하나다. 즉 어떤 사람들에게는 인간적 이성능력의 정점으로 보이고, 다른 사람들에게는 정신적으로 사악하고 정치적으로는 위험한 것으로 보인다.[11] 우리는 '이성과 지성'의 진행과정의 출구가 앞으로도 계속 열려있다고 본다.

11) 이것에 대해 항목 <변증법> 참조, J. Ritter (편) *Historisches Wörterbuch der Philosophie*, 2권, 또한 Roland Simon-Schaefer, *Dialektik. Kritik eines Wortgebrauchs.* Stuttgart, 1973.

3장 이론 이성과 실천 이성

여기서 고찰하게 될 이성개념의 세 번째 내적 구별은 이론과 실천 사이의 차이에 상응한다. 이성개념의 내적구별이 이론과 실천 사이의 차이와 단순히 일치하는 것은 아니다. 왜냐하면 이성이 이론과 실천에 대해 똑같이 관계할 수 있다는 것이 확정된 것은 아니기 때문이다. 이론에서는 거의 어려움이 없을 것이다. 그러나 우리는 적절한 근거들을 가지고 인간행위의 영역은 이성 일반에 의해 도달될 수 있는가라고 의심할 수 있다. 지그문트 프로이트가 아주 일반적인 의혹으로 공식화했던 것, 즉 우리의 실천은 실제로 아주 다른 동인에 따르고, 이성은 언제나 꼭 너무 늦게 와서 그 결과로 단순한 충동이었던 것을 이성적이라고 주장하고 - 즉 합리화하는 것-이라는 사실은 여전히 진실일 수 있다. 그 자체로 실천적인 것이고 우리의 행위를 규정하는 이성의 능력에 대한 그러한 회의는 전체 철학사를 관통하고, 실천 철학의 첫 번째 과제는 언제나 실천 이성의 이념에 대한 의심을 반박하는 것이었다.

그러나 이론 이성과 실천 이성사이의 구별은 이론 철학과 실천 철학 사이의 구별과 혼동되지 않아야 한다. 실천 철학은 실천과 실천의 이론에 대한 철학활동이다. 그리고 실천 이성의 이념이 이미 이성과 실천의 관계에 대해 특정한 입장을 내포하고 있는 것처럼 똑같이 실천 이성과 실천 철학의 단순한 동일시는 이성적으로 행위 하기 위해서는 실천에 대한 이성적인 이론으로 이미 충분하다는 생각으로 귀결된다. 이는 철학자들에 의해 언제나 다시 지지되었지만 그러나 이 조차 논쟁의 여지가 없었던 것은 아니다.

'이론 이성과 실천 이성'의 구별은 '이론과 실천'과 '이론적 철학과 실천적 철학'이라는 개념 쌍 사이에 서 있으며, 서로 다른 지평 사이의 관계들은 서로 다른 철학적 문제들을 세운다. 우선 우리가 이성이 실천적일 수 있다는 것을 가정한다면 이론과 실천 안에서 동일한 이성 (혹은 동일한 의미에서 이성)이 문제인가 아닌가라는 문제가 발생한다. 그래서 우리는 일원론적이거나 이원론적인 입장에 이른다. 이성일원론은 다시 두 가지 가능성들을 허용한다.

한편으로 일원론은 실천 이성이 결코 이성 이론과 다른 것이 아니라는 테제와 이론 이성이 실천에 대한 이론을 가능케 하고, 이성적 실천에 대한 충분한 근거라는 테제를 의미할 수 있다. (우리는 이를 '이성의 주지주의'라고 부를 수 있다.) 다른 한편으로 일원론은 실천 이성의 관점으로부터 사유할 수 있다. 그래서 우리는 인간의 이성은 언제나 이미 실천적 삶의 연관에 귀 기울이고, 더 나아가 이론은 그 자체로 실천의 형태라는 것을 논증한다. 따라서 실천과 무관한 이론은 전혀 있을 수 없다. (이것을 우리는 '이성의 실천주의 혹은 실용주의라고 부를 수 있다.) 이성문제에서 이원론은 이성의 통일을 원리적으로 부인할 필요는 없지만 결국 이성적 이론과 이성적 실천에서 각각 다른 의미의 이성이 문제되어야 한다는 것에 기반을 두고 있다. 이원론자에게는 이론적 영역과 실천적 영역에서 이성기능의 서로 다름을 입증하는 것으로 충분하다. 우리가 실천 이성의 이 세 가지 '순수한 유형들'에게 역사적 위치를 부여하고자 한다면 다음과 같은 도식이 나타난다.

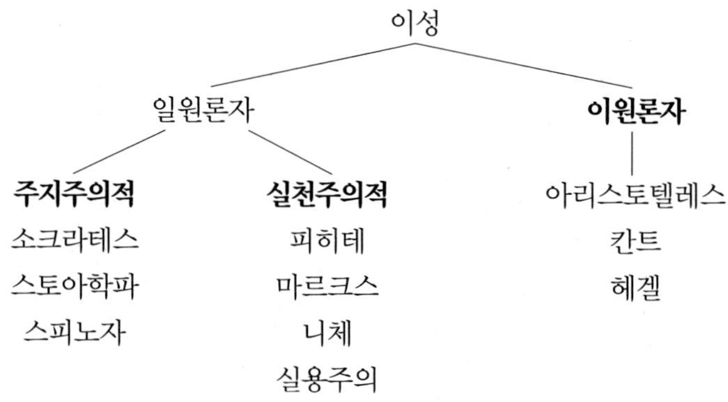

이것은 물론 단지 대강의 분류다. 즉 주어진 이름들은 전체적으로 철학들을 대표하지만 그러한 단순한 수단과 실제로 들어맞기에는 철학들은 너무 복잡하다.

소크라테스 혹은 아리스토텔레스 중의 누가 실천 철학을 정초하였는지는 논쟁의 여지가 있다. 우리가 실천의 문제에 대해 체계적으로 사유하는 일을 '실천 철학'으로 이해한다면 우리는 첫 번째 대답에 마음이 기울 것이다. 물론 우리는 소피스트들을 잊어버려서는 안 된다. 그러나 실천철학이 이론철학과 구분 되어야 하는 하나의 다른 이론영역이라면, 그럴 경우 아리스토텔레스는 실천철학의 창립자였다. (플라톤에게 모든 철학은 결국 실천철학이었고 그에 대해 아리스토텔레스는 반대하였다.) 반대로 이성이 일반적으로 실천적일 수 있다는 것은 고대에서는 한 번도 진지하게 논쟁이 되지 않았었다. 인간이 어떻게 살아야 하는가가 모든 철학의 중심문제였다. 즉 사람들은 철학에게 바로 전통의 붕괴와 생활세계의 변화로 잃어버린 방향제시를 고대하였다. 소피스트 이전이나 소크라테스 이전의 철학에서도 결국 행위의 방향제시가 중요했었다는 것을 우리는 다음과 같은 사실로부터 알 수 있다. 즉 헤라클레이토스의 세계법칙으로서의 로고스와 아낙사고라스에 의하면 세계를 지배하는 누스는 사회적 형태로-즉 법과 통치와 유사하게 사회적 행위지침으로- 사유 되었다[12] 그러고 나서 소피스트들과 소크라테스가 실천 자체에 이론적으로 접근했다는 사실은 단지 자연의 관조(theoria) (그리스어-관조, 관찰)는 인간의 일들을 이성적으로 조정하는 방법으로는 충분하지 않다는 평가의 결과였다. 즉 이론을 매개로 잘 질서 지워진 우주에 대해 단순한 영혼의 도야적 자기화(Anverwandlung)는 실천의 문제를 처리하는 데에서는 불충분한 것으로 경험되었다. 실천의 이론이 필요하다는 것은 후세에서 논쟁의 여지가 없었지만 단지 실천에 대한 이 이론의 의미 평가는 서로 다르게 판단되었다.

덕은 앎이며 나쁨은 오류이거나 자기착각이라는 플라톤적 소크라테스의 테제는 이성의 주지주의의 고전적 형태다(우리는 이를 '윤리적 주지주의'라고도 부른다). 소크라테스는 누구도 스스로에게 자발적으로 해를 가하지 않는다는 것으로부터 출발한다. 그 때문에 악을 행하는 사람은 그가 실제로 스스로 자신에게 악을 행한다는 것을 모르는 사람이다(부당함을 당하는 것보다 부당함을 행하는 것이 더 나쁘다). 만약 그가 그것을 알았다면 그는 그것을 행하지 않았었을 것이다. 플라톤은 "영혼의 수레" 비유 속에서 인식능력으로 이해된 단순한 이성은 행위를 아직 충분히 규정하지 못한다는 것을 인정하는 자신의 심리학을 통해 이 이론을 상당히 변화시켰다. 플라톤에 따르

---

12) 참조. E. Topitsch,, *Vom Ursprung und Ende der Metaphysik*, Wien, 1958, 18 이하.

면 인간의 영혼은 날개를 단 두 말과 하나의 마부를 가진 마차와 같다. 거기서 하나의 말은 좋고, 다른 말은 나쁘다. 마부는 이성적 영혼의 부분이고(logistikon-숙고함, 헤아림) 말들은 비이성적인 영혼의 부분을 상징한다. 즉 마부를 따르는 좋은 말은 용기, 열심, 노함(thymoeides)이고, 나쁜 말은 열망, 탐욕, 충동(epithymetikon)이다. 나쁜 말과 함께 하는 마부는 어려움을 겪으며 말 전체를 땅으로 끌고 가고 하늘로 날아가는 것을 방해한다(참고 『파이드로스』, 246a). 플라톤은 이 비유에서 더 이상 주지주의자가 아니다. 왜냐하면 그는 수레를 끄는 힘과 수레를 조정하는 힘 사이를 분명하게 구별하였기 때문이다. 아리스토텔레스가 플라톤을 비판한 것 (『니코마코스 윤리학』 Ⅰ과Ⅵ 참고)은 영혼의 수레를 조정하는 숙고함(logistikon)이 이론의 주체로서의 이성과 동일하다는 주장이다. 아리스토텔레스는 이 이론의 주체로서의 영혼의 부분을 epistemonikon(인식함)이라고 부른 반면, 숙고함을 실천의 영역에 제한하였다. 숙고함은 철학사에서 실천 이성의 최초의 형태다. 아리스토텔레스에 따르면 잘 숙고할 줄 아는 자가 실천 이성(phronesis-윤리적 통찰, 현명함(사려); 라틴어 prudentia)을 소유하는 것이다. 따라서 아리스토텔레스에게서 주지주의에 대한 비판은 실천의 비합리주의로 귀결되는 것이 아니라 오히려 단순한 이론은 실천 자체에 대해-그것이 실천의 이론이라 할지라도- 직접적인 어떤 의미도 갖지 않는다는 것을 의미한다. 이는 단지 실천을 근거로 해서만 일어나는 것은 아니며 오히려 숙고와 인식 사이의 차이 때문에 일어난 것이다. 왜냐하면 행위는 언제나 개별적인 경우로 일어나고, 반면 이론은 보편성과 관계 맺고 있기 때문이다. 아리스토텔레스에게 있어서 인식의 대상들은 -예를 들어 별의 행로- 숙고의 대상이 아니다. 왜냐하면 누구도 아침에 해가 뜨는지 아닌지 숙고하지 않기 때문이다. 숙고는 자립적이라는 것이 실천의 이론으로서의 실천 철학이 실천적인 의미가 없다는 것을 함축하지는 않는다. 실천 철학 자체가 방향제시하는 힘과 윤리적인 힘을 갖고 있다. 그러나 실천 철학이 실천 이성을 대체할 수는 없다. 아리스토텔레스는 최초로 이론 이성과 실천 이성 사이의 차이를 logistikon와 epistemonikon 사이의 구별을 통해서 용어상 파악했다.[13)]

후세의 주지주의적-일원론적 입장과 이원론적 입장은 모두 소크라테스 아니면 아리스토텔레스 이론의 변주로 서술될 수 있다. 스토아주의자에게 있어 세계의 본질에 대한 통찰 즉 신적인 세계법칙의 인식은 훌륭하고 행복한 삶의 직접적인 동인이다.[14] 스피노자는 자신의 형이상학적 주저를 『윤리학』이라 부르는 데, 그는 이것으로써 좋음(das Gute)을 위해서는 진리의 인식 이외에 그 이상의 조건은 필요하지 않다는 확신을 표현한다. 이와 반대로 이원론자들은 언제나 올바른 행위를 위해서는 노력하는(orektikon) 영혼과 숙고하는 영혼 사이의 협력이 필요하다는 아리스토텔레스의 테제를 따랐다. 왜냐하면 숙고함만으로는 아무것도 움직일 수 없고(마부가 수레를 끌지 못하는 것처럼) 오히려 숙고하는 영혼을 '들을' 수 있어야 하는 노력함만이 고삐에 반응하기 때문이다(아리스토텔레스, 『니코마코스 윤리학』 Ⅲ). 그러나 일원론자들과 이원론자들 사이의 차이는 비이성적인 영혼이 이성적인 영혼을 '들음'에 관계 될 뿐만 아니라, 무엇보다 마부가 어떤 심급에(즉 순수한 이론이냐 '우리의 통제 속에 있는' 것의 영역에서의 숙고이냐) 반응할 수 있는가하는 물음에 관련된다. 두 번째 것이 적합할 때에만 그 이성의 이론은 이원론적이다.

우리는 아리스토텔레스의 두 가지 더 나아간 정리를 끌어들일 때만 근대에 실천 이성의 이념으로부터 이루어진 것을 설명할 수 있다. 아리스토텔레스는 실천 이성의 영역에서 계속해서 행위(praxis)와 제작(poiesis) 사이의 차이에 따른 더 나아간 구별을 끌어 들인다. 행위에서 참된 것과 올바른 것에 적중하는 디아노이아적인 덕은 이미 언급했던 프로네시스(pronesis)이고, 올바른 제작의 덕은 테크네(techne, 수공업, 기술Kunst, 라틴어 ars: '기술적인' 능력, 노하우)이다. 아리스토텔레스에 따르면 행위는 자신의 목표를 그 자신 안에 갖고 있으며 좋은 행위로서 자기목적이다. 그런데 좋은 행위와 좋은 삶은 일치한다. 이와 반대로 제작은 자신의 목적을 생산 되어야 할 대상 속에서 갖고 단지 목적을 위한 수단으로서의 목적일 뿐이다(아리스토텔레스, 『니코마코스 윤리학』, Ⅵ). 여기서 기억해야 되는 다른 아리스토텔레스적 이론은

---

13) 참조. G, Bien,, *Die Grundlegung der politischen, Philosophie bei Aristoteles*, Freiburg/München, 1973, 특히 II부.

14) 참조. M. Forschner, *Die stoische Ethik*, Stuttgart., 1981.

인간의 삶 자체의 목적과 관련이 있다. 아리스토텔레스와 그가 연루된 전체 기독교 전통은 그 목적을 폴리스(polis) 또는 테오리아(theoria)안에서의 좋은 삶, 신에 대한 찬미와 영원한 열락 같은 인간과 무관하게 규정된 어떤 객관적인 것으로 간주한다. 이 객관적 목적론은 근대에서는 단순한 믿음의 문제(믿느냐 안 믿느냐)가 되며 더 이상 철학적으로 요구될 수 없다. 인간은 모든 객관적인 목적규정으로부터 벗어나서 그 스스로 목적들을 정립할 수 있다. 인간의 의지는 자유롭고, 자신을 스스로 규정할 수 있다. 그러나 자기규정의 근거와 전제조건은 자기보존이다. 자기보존은 아리스토텔레스가 이전에 좋은 삶(eu zen)이라고 불렀었던 것 대신에 들어선다. 자기 삶의 보존, 즉 자유의지에게 넘겨진 모든 여타의 규정과 무관한 생존(좋은 삶이 아닌), 이것이 객관적 목적론에서 살아남은 유일한 것이다.

이제 더 이상 좋은 삶의 미리 주어진 규정이 없다면, 실천 철학은 어떤 의미에서 좋은 삶과 좋은 행위가 자기목적인지 더 이상 보편적으로 입증할 수 없다. 실천 철학이 제공할 수 있는 모든 것은 우리가 선취할 수 있건 없건 특정한 목적들에 어떻게 도달할 수 있는가를 지적할 뿐이다. 실천적 지식은 '기술적' 지식에서(즉 techne로부터) 해소되어 버리고 '목적합리적 수단선택'의 권유(막스 베버)나, 혹은 <네가 A를 원한다면, X를 행해라!>라는 형식의 '가언적 명령'(칸트)속에서 해소되어 버린다. 객관적 목적론을 단순한 자기보존의 목적으로 환원함으로써 실천 이성을 '기술화하는' 것은 근대가 철학적으로 실천에 대한 자기이해의 토대로 놓은 순수한 자기규정에서 의지의 자유를 위한 대가이다. 그 결과는 '도구적 이성'(호르크하이머)으로서의 실천이성이고, 여전히 목적들과 목표들을 이성적으로 결정할 수 없다는 도구적 이성의 무능력이다. 이는 결단에 맡겨진다. 따라서 실천철학에서 결단론(Dezionismus)은 도구적 이성자체에 대한 보완적 짝과 다르지 않다. 결단론은 행위의 수단과 목적은 이론에서 더 이상 결합될 수 없다는 것을 가리킨다.

칸트는 이미 홉스의 철학이 명백하게 보여주었던 이러한 상황 속에서 단순히 '기술적'이지 않은 실천적 이성의 개념을 되찾으려는 시도를 했다. 여기서 출발점은 존재(존속(Bestehenden)의 존재나 우리의 행위의 객관적인 목적의 존재로서)가 아니라 오히려 우리의 의무의 의식 속에서 우리에 드러나는 당위이다. 칸트는 이성 자체가 우리를 의심의 여지없이 절대적인 당위적 요구로 높이고, 이 당위적 요구는 <너의 의지의 준칙이 언제나 똑같이 보편적 입법의 원리로 통용될 수 있도록 행하라!>는 정언적 명령의 형태 속에 "순수 실천 이성의 사실"로 있다는 의미에서 우리 자신의 이성자체가 실천적이라고 주장했다(칸트, 『실천이성 비판』, 서문). 칸트에 따르면 기술적인 것과 실천적인 것은 각각 서로 제한된(가언적) 당위와 무제한의(정언적) 당위에 관계한다. 그리고 칸트는 오직 정언적 당위만이 도덕과 권리의 근거일 수 있다고 가르쳤다. 예를 들어 기술상의 권고 속에서 표명되듯 가언적 당위는 칸트에게서는 이론철학과 이론적 학문에 속한다. 따라서 칸트에게서 실천철학은 이성적으로 명령된 것의 이론 바로 그것뿐이며. 사실상 오로지 규범 윤리학이다.

『법철학』에서 체계형식으로 제시되는 헤겔의 실천철학은 존재와 당위 사이를 이것들의 차이를 간과하지 않고 매개하기 위해 노력한다. 마찬가지로 이론이성과 실천이성은 절대 이성 안에서 합일 되어야 한다. 하지만 실제로 헤겔은 절대 이성을 활동하는 원리로 이해하기 때문에 사변적인 확대 속에서 이론이성과 대립된 실천이성의 원리에 대한 칸트적 테제를 대변한다. 칸트에게서 인식, 기술, 정치보다 도덕이 우위에 있다는 것이 의미하는 것은 여기서 절대적 주관성과 그의 활동하는 삶의 형이상학이 된다. 칸트에서 헤겔로 넘어가는 중간 고리는 이미 마지막 장에 암시되었었던 피히테의 자아와 자아의 무제한적 사실행위(Tathandlung)의 철학이다. 피히테에게서 칸트의 사유 속에서 지성의 자발성에 대한 이론은 당위 속에서 이성의 실천적 존재의 정리와 융합한다. 그로부터 이론이성과 실천이성은 절대적 자아로 소급한다는 형이상학이 발생한다. 헤겔의 절대 정신은 자기 안에 변증법적인 측면과 객관적인 측면을 포함하는 피히테적인 자아의 전개 외에 다름 아니다.

따라서 피히테에게서 처음으로 첫머리에 말했었던 이성의 실천주의가 공식화 되었다. 이 러한 입장이 헤겔에게도 속한다고 할 수 있는지는 이론의 여지가 있다. 그러나 칼 마르크스는 자신의 초기 작품에서 실천을 인간류의 대상적 활동으로, 후기에는 생산으로 규정했는데(마르크스, 『독일 이데올로기』, 139, 82 이하), 관념론의 유물론적 '전복'에서 자신 스스로는 헤겔과 더 가깝다고 믿었음에도 불구하고 헤겔보다 피히테를 더 따랐다. 물질적 생산을 통해 스스로 인간성 자체를 생산하고 재생산하는 류, 이는 마르크스에 따르면 관념론적 사변의 절대주체의 "합리적 핵심"이다. 이는 실천적 이성의 우위를 견지한 채 유물론적인 것으로 전향한 피히테의 자아와 다른 것이 아니다. 이 우위는 여기서 인간의 모든 이론, 생각, 종교, 세계관은 인간의 물질적 삶의 실천에 완전히 의존하고, 이를 통해 완전히 규정되어야 한다는 것을 의미한다. 이런 것들은 마르크스에게 있어서 넓은 의미에서의 '이데올로기'이다. 이렇게 해서 실천적 이성의 우위는 이데올로기 비판의 기반이 된다. 이론 이성의 비독립성이란 테제를 지닌 이성의 실천주의는 완전히 다른 전제를 갖긴 하지만 실용주의(퍼스, 쉴러, 제임스, 듀이)철학에 의해서도 지지되었다.

헤겔 이후 근대 실천철학의 가언적 명령이 인간의 사실적 행위와 함께 새로 생겨난 사회과학의 전문분야가 되었을 때, 실천 이성자체도 사회과학적, 기껏 해야 심리학적 대상으로 퇴화할 우려가 있었다. 이성은 실천적이고, 우리 안에서 실천적인 것은 이성인가? 사실 니체, 쇼펜하우어, 그리고 많은 그 이전으로 소급되는 프로이트적 회의는 오늘날 보편적인 이성에 대한 회의의 상황 속에서, 우리가 전체적으로 아직도 노력한다면, 이전보다 더 설득력 있는 근거들을 가지고 극복되어야 한다. 가장 가능성있는 기회는 칸트적 "순수 실천 이성의 사실"의 개량과 재구성의 영역 속에 있을지 모른다.[15] 다시 말해 그러한 사실만이 우리가 자기기만에 빠지지 않고 이론 이성과 실천 이성 사이의 차이를 견지하도록 할 것처럼 보인다.

4장 합리적인 것과 비합리적인 것

이 장 서론에서 말했던 합리주의의 현재의 위기는 우리에게 "이성의 타자"[16]를 상기하게 한다. 오늘날 많은 사람들에게 '구원자'는 오직 이성이 아

15) 참조. K.-O. Apel, Das Apriori der Kommunikationsgemeinschaft und die Grundlagen der Ethik, In:: *Transformation der Philosophie*. Band Ⅱ, Frankfurt/M, 1973, 358 이하.

닌 것으로부터만 나올 수 있다. 마치 숙고함(logistikon)이 철저히 방황한 후에야 플라톤적인 영혼 수레의 말 스스로가 조정권을 넘겨받을 수 있는 것처럼 보인다. 플라톤은 용기와 충동-이미 플라톤에게서 '비이성적인 것, 비합리적인 것'(alogon)이라는 표현은 그 차이를 나타내기엔 너무 애매하다는 것이 분명하기 때문에-, 즉 수레 앞의 두 마리 말의 고삐를 쥐는데, 그것은 **무이성적인** 것과 **반이성적인** 것을 구분하는 것이다. 우리가 더 이상 객관적 이성을 가정하지 않는다면 세계 전체가 비합리적이다('무이성적'이라는 의미에서). 그러나 그 때문에 우리는 이성과 비합리적('반이성적'이라는 의미에서) 저항을 대비시켜야 한다고 가정해야 할 필요는 없다. 이러한 차이의 의미에서 플라톤에게서 용기는 비이성적이지만 고분고분하다. 반면 충동은 이성에 의해 제어되어야 한다. 오늘날 다시 한 번 비합리적인 것이 위력을 발휘한다면, 이성의 지배요구 앞에서 무이성적인 것의 구원이 중요한지, 혹은 활기 없을 뿐만 아니라 적대적인 이성에 대하여 반이성적인 것의 동원이 중요한지가 물을 만한 가치가 있는 문제이다.

철학적 심리학의 발생이래로 인간에게서 비이성적인 것은 언제나 세 가지 영역 즉 지각, 느낌(감정), 욕구에 귀속되었다. 여기서 직접적으로 경험할 수 없는 무이성적인 것, 예를 들어 아리스토텔레스가 영양섭취 능력(treptikon)으로 소급시킨(『니코마코스 윤리학』 Ⅵ 1과 2) 우리 육체의 생물학적인 생의 기능은 제외되었다. 지각(aisthesis)은 그 자신으로부터 유래하지 않고 어떤 이성외적인 것을 나타내는 표상 때문에 이성과 대결한다. 다섯 감각은 예로부터 철학에서 지각이라고 생각해왔던 것을 해명하는 데에 적합하다. 감정(쾌와 불쾌, 기쁨과 고통, 사랑과 분노 등등)은 고대 이래로 언제나 영혼의 겪음(pathos, 라틴어 passio, 열정, 정념)으로, 또는 '감흥'(Affekte)을 통한 타자 규정으로서 이해되었다. 이것이 왜 이미 스토아주의자들 이전에 현자들의 이상이 언제나 열정의 극복의 이념과 결합되었는지를 이해할 수 있게 한다. 자기 지배의 윤리적 이념 역시 지각과는 전혀 상관없고, 오히려 감흥과 관계가 있

---

16) 참조. H. und G. Böhme, *Das Andere der Vernunft, Zur Entwicklung von Rationnalitätsstrukturen am Beispiel Kant,* Frankfurt/M, 1983.

었다. 그러나 이것은 언제나 오늘날 우리가 때때로 열정이라고 간주하는 욕구(orexis)는 분명하게 구별되었다. 왜냐하면 욕구는 행위에 속하지 경험에 속하지 않기 때문이다. 칸트도 의지를 열정처럼 지배되어야 하는 것이 아니라, 인간의 품위에 걸맞는 실천을 가능케 하기 위해 이성적으로 조종되어야 하는 욕구의 능력으로 정의한다. 바로 이러한 의미에서 이미 아리스토텔레스는 결정(prohairesis)을 욕구하는(orektikon) 영혼과 숙고하는(logistikon) 영혼 사이의 협력의 결과로 설명하였고, "우리의 지배력 안에 있는 것을 향한 숙고된 노력"으로 정의하였다.

비이성적인 것의 이러한 고전적 구분들이 어느 정도 설득력이 있는지 우리는 근거를 가지고 의심할 수 있으며, 고전적 구분들은 이미 과거에 언제나 재차 문제되어 왔었다. 이제 감각(Empfindung)은 어떠한가? 지각에 속하는가? 감정에 속하는가? 이것은 고통의 경우에는 분명해 보인다. 그러나 우리의 다섯 감각에 어떤 대상도 전혀 맞서 있지 않다면, 우리는 붉음-감각에 대해서 말하지도 못하거나 종종 이러한 종류의 감각을 갖지도 못하는 것이 아닌가? 감흥과 열정을 그것들 편에서 욕구와 구별하는 것은 번번이 어렵다. '굶주림과 사랑'[17]은 둘 다 동시에 느낌(감정)이며 욕구다. 분명히 우리가 매번 이론 이성과 실천 이성의 대립에서 출발할 때에만 저 세 가지 구분은 지지될 수 있다. 지각과 감정은 의식의 방식들이며 이 안에서 의식은 자기 자신의 안팎에서 무이성적인 것을 '관조적으로' 경험한다. 반면 욕구는 우선 이성외적인 행위의 원동력들이 의식 속으로 들어오는 방식이다. 그러한 욕구 자체가 경험된다는 것이 실천적인 동기로서의 욕구의 성격을 바꾸는 것은 아니다. 물론 반대로 감흥 역시 행위의 원동력으로 될 수 있지만 그 때에는 '관조적인 것'에서 실천적인 것으로 넘어가는 것이다.

따라서 우리가 저 구분에 기초를 놓는다면, 합리적인 것과 비합리적인 것 사이의 대립은 이성과 감성, 이성과 열정, 이성과 의지라는 3가지 대립 쌍의 형식을 취한다고 볼 수 있다. 서로 대립되는 규정의 관계에서 가능한 일원론

---

17) 쉴러(Schiller)의 시에 따르면 "아주 오래전 세계의 행로를/ 철학이 결속하는 것이 아니라/ 세상에서 일어나는 분망한 일들이 다스린다/ 굶주림과 사랑이."

적 입장과 이원론적 입장들의 조립들도 모두가 역사적 실례를 통해 증명될 수 있다. '사고와 직관'이라는 주제에서 플라톤은 주지주의적 일원론으로 기울고 아리스토텔레스는 이원론으로 기운다. 반면 데모크리토스와 에피쿠로스는 이미 감각주의적 일원론을 지지하였다. 플라톤에게 모든 인식은 '정신의 눈'으로 보았던 것의 상기(재인식)이며 이는 모호함의 정도에서만 봄과 구별되는 것이다. 아리스토텔레스에게 과연 모든 학문은 지각으로부터 생겨난다(여기서 이미 감각주의를 공식화한 것처럼 보인다). 그러나 지각은 감성으로 환원할 수 없는 누스와 인식에 있어 사고의 조작적 몫 때문에 충분한 것은 아니다. 근대에서 로크는 감각주의자이고 라이프니츠는 주지주의적 일원론자다. 그리고 칸트는 다음과 같이 말한다. "로크가 지성개념들을 ... 전체적으로 감각화한 것처럼 라이프니츠는 현상들을 지성화했다. 즉 경험적이거나 혹은 독립된 반성 개념 이외에 대해서는 아무 것에도 진력하지 않았다. 지성과 감성 속에서 두 가지 전혀 서로 다른 표상의 기원(결합속에서만 객관 타당하게 사물들에 대해 판단할 수 있는)을 추구하는 것이 아니라, 이 위대한 두 사람 각각은 그들 생각에 물자체에 직접 관계한다고 생각한 어느 한 쪽에만 머물러 있어 다른 것은 또 다른 것을 혼란시키거나 정돈하는 일 외에는 아무 것도 하지 않는다고 생각했다."(『순수이성비판』 B 327). 칸트는 결국 아리스토텔레스적인 이원론을 다시 복구하면서 감각적 지각 또는 사고하는 관찰이 오직 홀로로만 대상들의 인식을 위해 이미 충분하다는 생각을 비판한다.

정념론에서 고대 스토아 학파는 주지주의적-일원론적 입장을 취했다. 제논은 다음과 같이 말한다. "정념은 단지 사악하고 빗나간 판단 때문에 나쁜, 고삐가 풀린 이성이다."(『단편』 208) 이렇게 열정(정념)은 잘못된 지성의 판단으로부터만 일어나고 단순한 '정신의 혼란'으로 보인다. 즉 덕이 앎과 같다면, 정념에 대한 '스토아적' 절제는 오직 올바른 통찰을 통해서만 이를 수 있다. 반대로 전도된 '정념적' 일원론은 이성 안에서 인간의 열정의 도구만을 주시하는 경향이 있는 모든 이를 대표한다. 이 계열은 몇몇 소피스트들로부터 에피쿠로스, 홉스, 몇몇 프랑스 계몽주의 철학자들을 거쳐 니체와 프로이트까지 미친다. 이와 반대로 플라톤과 아리스토텔레스는 서로 다른 영혼의 부분들에 대한 이론으로 인해 이원론자들이며 그 점에 있어 다수의 철학자들이 그들을 뒤따르고 있다. 여기서 다시 칸트가 그의 유명한 의무와 경향성의 대립과 함께 거론되어야 한다. 이 대립을 이미 쉴러는 역설적으로 신랄하게 비판하였었다. "기꺼이 나는 친구를 돕지만, 나는 그것을 유감스럽게도 경향성 때문에 행한다. 내가 덕이 있지 못하다는 사실이 자주 나를 화나게 한다."(쉴러, 『풍자시』) 칸트에 따르면 실제로 우리는 오직 실천 이성이, 즉 어떤 정념도 아닌 법칙에 대한 존경이 우리를 행위하도록 규정할 때에만 도덕적으로 행위한다. 덧붙여 18세기의 계몽철학이 인간의 열정을 무시하고 감정을 멸시한다는 의미에서 합리주의적이라는 것은 널리 퍼진 선입견이다. 이는 낭만주의적 전설 외에 아무 것도 아니다.[18] 거기서는 끊임없이(그 후 피히테와 헤겔에게서도 마찬가지로) 세계 속의 어떤 중요한 것도 열정없이 일어나지 않는다는 테제가 지지되었다. 그리고 마르크스가 단순한 '머리의 열정'으로서의 철학을 비판하고 철학이 '열정의 머리'여야 한다고 요구했을 때 그도 이 전통을 따른 것이다.

'이성과 의지'의 관계에서 모든 것은 의지 자체가 어떻게 규정되느냐에 달려 있다. 고대 철학은 여기서도 대상으로부터 사유하였고 의지를 대상에 의해 작동되는 "~을 위한 노력(~을 향해 나아감)"으로 파악한다. 왜 세계에 대한 올바른 인식이 행위에 있어 그렇게 중요한지가 이해된다. 왜냐하면 인식만이 우리에게 진리로 추구할만한 가치가 있는 것을 보여 줄 수 있고 욕구를 올바른 목표로 유도할 수 있기 때문이다. "우리의 지배력 안에 있는 것을 얻기 위한 숙고된 노력"(『니코마코스 윤리학』 Ⅲ)인 결정(prohairesis)은 아리스토텔레스에게 직접적인 행위의 원인이었다. 그러나 오로지 좋음(Gut)의 인식을 통한 행위의 조종가능성은 그 후 바울에 의해 의문시되었다. 즉 "그러니 나는 내가 원하는 선을 행하지 않고 오히려 내가 원하지 않는 악을 행한다. (...) 나는 불쌍한 사람! 누가 나를 이 죽음의 몸통으로부터 해방시켜줄 것인가?"(『로마서』 7, 19). 여기서 아리스토텔레스가 통합하여 생각했던 이성적인 욕구능력과 행위의 원인이라는 의지의 두 가지 관점도 격퇴될 수 있다는 경험이 표현된다. 또한 아우구스티누스(De libero arbitrio), 루터(De servo

---

18) E, Cassirer, *Die Philisophie der Aufklärung*, Tübinben, 1932.

arbitrio)와 칸트(『순수이성비판』의 제3이율배반)에 의해 고전적인 방식으로 논구된 것처럼 자유로운 의지와 자유롭지 않은 의지의 문제가 생긴다. 의지가 스스로 행위의 원인으로서의 자신의 역할을 비이성적이고 이성에 낯선 행위의 계기에 의해 무력화될 때, 의지는 '노예화된다'. 그러나 의지는 자신으로부터 그 역할을 제외시킬 수 없다. 왜냐하면 의지는 그 역할을 자신 속에서 발견하고, 자기 자신에게 귀속시킬 수 있기 때문이다. 그 때문에 바울은 여기서 "죄의 법칙"을 말한다(『로마서』 7, 23, 25). 쇼펜하우어는 니체, 프로이트와 함께 이성과 의지의 연속성의 아리스토텔레스적 일원론과 아우구스티누스적-바울적 이원성에 반대하여 의지의 일원론을 대결시켰고, 지성 자체는 '삶에 대한 의지' 혹은 '힘에의 의지', '그것'(Id)의 도구이외에 아무것도 아니라고 주장하였다. 칸트는 자신의 후기철학에서 전적으로 이성적인 계기를 따르는 의지만이 엄밀한 언어적 의미에서 의지로 간주되어야 하고, 그러한 한 실천 이성 자체와 일치한다고 가르쳤다. 이렇게 해서 칸트는 스토아적 일원론으로 다시 되돌아갔다(『도덕 형이상학』, 서론, Ⅳ)

쇼펜하우어와 함께 하나의 형이상학적 입장으로서의 현대 비합리주의의 역사가 시작된다. 쇼펜하우어의 "세계를 가장 내적으로 결합하는 것"은 어두운 것, 맹목적 충동, 이성에 낯선 것인 의지라는 이론은 주관적 의지와 지성의 관계에 대한 그의 서술에서 단지 예증되었을 뿐이다. 형이상학적 비합리주의는 그 후 니체와 생철학을 통해 20세기의 지배적인 형이상학이 되었다. 비합리주의는 객관적 이성의 믿음에 대한 최종적인 이별을 표현하며, 계몽철학과 독일 관념론에서 여전히 살아남아 있었던 영역, 즉 주관성 자체의 영역에서 그 이별을 보충한다. 오늘날 유행하는 비합리주의는 전혀 독창적인 것이 아니며, 이미 쇼펜하우어와 니체에게서 발견할 수 없는 어떤 유일한 근대 합리성 비판의 주장도 없다.

5장 이성과 역사

우리가 역사가 이성적인지 이성이 역사적인지를 숙고할 때, 이성과 역사의 관계에서도[19] 하나의 외적인 대립 쌍이 문제가 된다는 것이 분명하다. 오늘날 우리는 첫 번째 물음은 반사적으로 부정할 것이다. 우리 세기의 역사적 경험만으로도 모든 다른 대답은 공공연한 경멸로 나타나게 될 것이기 때문이다. 그러나 우리는 이성이 역사적이라는 사실을 그와 같이 직접적으로 배제할 수는 없다. 왜냐하면 결국 우리가 우리의 이성으로 간주하는 것이 언제나 존재했던 것은 아니기 때문이다. 따라서 그것은 발생한 것이며, 하나의 역사를 갖는다. 그럼에도 불구하고 이 대답 역시 어려움을 야기한다. 왜냐하면 객관적으로 이해하든 주관적으로 이해하든 '이성'은 언제나 보편적인 것, 필연적인 것 그리고 불변하는 것의 총체이었고, 반면 우리의 역사 개념은 개별적인 것, 우연적인 것 그리고 가변적인 것을 생각하기 때문이다. 따라서 이성의 역사성에 대한 테제는 바로 역사의 이성적 성격의 지양을 초래한다. 독단론자만이 역사를 이성적인 것으로 간주할 수 있다. 그러나 자신의 이성을 역사적으로 간주는 것은 상대주의다. 왜냐하면 우리는 이성은 끊임없이 변한다는 것, 각 시대는 자신의 고유한 이성을 갖는다는 것, 더 나아가 결국엔 역사적 시점들처럼 이성의 다양한 형식들이 존재한다는 것을 고려해야만 하기 때문이다. 그렇다면 우리는 어떻게 이 모든 것을 인식해야 하며 이성의 일관적 개념을 확정할 수 있을 것인가?

사유의 역사에서 '이성과 역사'의 문제가 언제나 존재했던 것은 아니다. 그 문제는 맨 처음 근대적 역사개념의 발생 과정에서 제기되었고 이는 자신의 편에서 이성개념에 되작용하였다. 요약하여 말하자면 역사의 합리화의 문제를 이성의 역사화의 문제가 바짝 쫓았다. 이를 명료하게 만들기 위해 우리는

19) H. Schnädelbach, *Geschichtspilosophie nach Hegel, Die Problem des Historismus*, Freiburg/München, 1974 특히 7 이하.

'이성'처럼 '역사'도 객관적 의미와 주관적 의미로 이해될 수 있어야 한다는 것을 기억해야만 한다. 객관적으로 보면 역사는 출현된 사건들(res gestae)의 총체다. 반면 주관적 역사개념은 출현된 사건에 대한 보고를 말한다(rerum gestarum memoria). 고대의 사유에서 역사(historia)는 단순한 ' ~에 대한 보고'였다. 여기서 대상들은 우리가 생각하는 단순히 역사적인 것이 전혀 아니다. 그래서 헤로도토스는 자신의 『역사』에서 페르시아전쟁뿐만 아니라 그가 다른 나라에서 보고 들었던 많은 다른 것에 대해서도 이야기한다. 아리스토텔레스에게서 히스토리아는 용어상 개별적인 것과 관련된, 가르칠 수 없는(우리는 경험을 스스로 만들어야 하며 그 때문에 어떤 학문도 용인되지 않는다) 앎의 한 영역으로서 경험(empeiria)과 결합한다. 왜냐하면 아리스토텔레스에 따르면 학문은 오로지 보편적인 것, 필연적인 것 그리고 불변하는 것에 대해서만 있을 수 있기 때문이다(아리스토텔레스, 『형이상학』 Ⅰ). 역사에 대한 이 히스토리아 개념은 19세기까지 '자연사'와 같이 유지되었다. 자연사란 진화이론이 아니라 우리가 '박물학'으로 가장 잘 번역할 수 있는 historia naturalis를 뜻하는 것이었다. 칸트에게서도 이러한 히스토리아의 의미에서 여전히 '역사적인'과 '학문적인'은 반대였다(『순수이성비판』, B 863이하). 즉 원칙적으로 모든 대상영역에 대해 있을 수 있는 '역사'와 '-지'(-kunden)는 일반적으로 前학문적인 것으로 간주되었다.

그러나 칸트가 오랜 학문이론적 전통의 마지막에 역사적인 것에 대한 학문적 이론으로서의 역사철학을 불가능한 것으로 간주한다면, 그것은 historia를 객관적으로, 즉 '역사'라는 대상의 개념으로 생각한다는 것을 의미한다. 역사는 '자연적' 존재법칙과는 다른 존재법칙을 따르는 하나의 고유한 대상영역을 나타낸다는 것은 고대의 사유에서는 낯선 것이었다. '역사'(die Geschichte)라는 단수집합명사는 대체로 18세기에 처음 출현했다.[20] 이에 대한 근거는 고대는 모든 개별적인 것(따라서 '역사적' 사건들도)을 불변하는 우주의 구조에 의해 지배되는 것으로 간주했고, 이 개별적인 것에 대한 어떤 학문도 있을 수 없지만 그럼에도 불구하고 저 구조들을 철학적으로 서술될 수 있는 것이

20) Brunner/Conze/Koselleck, *Geschichtliche Grundbegriiffe*. 2권, 593 이하, 항목 <역사>.

다. 이는 유대-기독교적 사유의 침입으로 변하였다. 일찍이 신이 세계를 창조했고, 가까운 미래에 메시아가 오거나 재림하게 된다면 세계는 전체적으로 처음과 끝, 기원과 목표 즉 역사를 갖는 것이다. 이에 따라 역사철학은 이 우주의 '역사적' 사건에 대한 학문이며, 아우구스티누스에게서 처음으로 신학적 복장을 하고서 완성되어 등장했다(『신의 나라』). 후세의 문제는 이러하다. 즉 어떻게 기원으로부터 목적으로 움직이는 유일한 과정의 이 역사개념을 플라톤과 아리스토텔레스 이래로 보편적인 것, 필연적인 것, 불변하는 것에 향하고 있는 학문의 이념과 함께 사유할 있는가? 아우구스티누스적인 역사, 이것은 물론 보편적임에도 불구하고 개별적인 과정이다. 실제로 신이 그것을 원했다면 다른 방식으로도 시작하고 진행할 수 있었다. 즉 신은 변화를 원했고, 만약 그렇지 않다면 구원사로서 인간을 포함한 어떤 신의 역사도 있을 수 없었을 것이다. 반대로 '이성' 개념은 언제나 '학문'과 관계되었었다. 학문은 항상 주관적 이성과 객관적 이성의 주요증인으로 통용되었다. 따라서 역사철학은 전체적으로(이미 아우구스티누스에게서, 그리고 나서 부르주아적 계몽철학의 진보 신앙 속에서 구원사를 세속화한 후 비로소) 더 이상 고대적-정태적으로 이해되지 않은 역사의 영역과 이성을 비교할 수 있게 하는, 즉 역사를 합리화하는 시도를 표현한다는 것이 분명해진다. 그 후 '역사속의 이성'이라는 헤겔의 철학은 그 절정과 종결을 이룬다(헤겔, 『역사 속의 이성』).

세속화된 근대적 역사 사유가 이성 자체로 확산될 때 이성의 역사화라는 반대의 과정이 작동된다.[21] 모든 인간적인 것이 역사적이라면 인간의 이성도 공간과 시간 속의 하나의 사실인 한 역사를 가져야 하지 않을까? 구원사의 유산으로서의 인류의 역사, 이것은 준동물적인 단초로부터 인간성으로의 인류의 발전의 역사이어야 할 것이다. 확실히 볼테르, 레싱, 칸트, 헤르더, 쉴러, 콩도르세, 헤겔 그리고 마르크스는 이 역사를 구상했었다. 그 후 다윈의 진화론이 나타났을 때, 보편적인 것과 불변하는 것으로서의 이성에 대한 믿음은 나쁜 형이상학이라는 의혹에 완전히 빠졌다. 우리가 역사와 발전을 객관적으로 구조화된 것으로 간주할 수 있고, 이 구조들이 그 자체로 이성적이며 이성

21) Schnädelbach 1974, 1979, 17 이하.

에 접근할 수 있다는 것을 받아들이는 한에서 이성의 역사성은 이성에게는 아무 문제가 아니다. 이러한 의미에서 헤겔 역시 세계사와 관련하여 말한다. 즉 "세계를 이성적으로 보는 사람은 세계 역시 그를 이성적으로 보는 것이다. 이는 둘 다 상호규정 속에 있다."(헤겔, 『역사 속의 이성』 31). 이는 발전개념 자체가 역사화될 때, 즉 비역사적이고 영원히 변함없는 진행모델('밤을 통해 빛으로', 혹은 '퇴락, 무로서의 퇴락'과 같이)과는 독립적으로 생각될 때 바뀐다. 그 때는 어떤 발전이 어떤 것을 취했고 취할 것인지는 더 이상 선험적으로 파악될 수 없으며, 이성 자체의 역사는 어떤 우연적인 것, 이론적으로 파악할 수 없는 것이 된다. 여기서 비로소 완전히 역사화된 역사개념의 배경을 업고 이성의 역사성에 대한 사유는 상대주의로 진행한다. 많은 역사 이론가가 여기에다가 주관적인 역사개념의 기억을 대비시키려 하였고, 우리는 모든 객관적 역사처럼 이성의 역사 역시 '그 자체'가 아닌 우리의 재구성의 결과로서만 표상할 수 있고, 역사철학에서는 일차적으로 역사적 지식의 이론이 문제되어야한다고 주장했다(드로이젠, 딜타이, 리케르트, 짐멜, 트뢸취 등등). 그러나 그러한 이론은 우리가 자신의 고유한 토대를 역사적인 것으로만 간주하고 더 이상 칸트처럼 보편적이고 불변하는 인간이성 속에서 찾아낼 수 없었던 만큼이나 오랫동안 상대주의 문제의 해결책이 아니었다.

'이성과 역사'의 영역에서 우리의 체계적인 문제는 오늘날 우리는 우리를 동시에 이성적인 존재와 역사적인 존재로 이해해야 한다는 것과, 이 두 규정이 실제로 서로 배제한다는 것을 동시에 파악해야 한다는 데에 있다.[22] 우리는 이성을 소유하고, 우리는 역사를 소유한다. 왜냐하면 우리의 이성 역시 역사적이기 때문이다. 누가 이것을 부인하겠는가. 다른 한편 우리의 이성은 역사적일 수 없다. 왜냐하면 첫머리에 말했듯이 그것이 역사의 이성적 성격을 부인하고 상대주의로 인도했기 때문이다. 이 딜레마의 해결을 위한 헤겔적 우회로, 즉 정통 마르크스주의자들이 오늘날까지 고수하고 있는 역사 속의 이성이라는 이론은 폐쇄되었다. 따라서 우리의 자화상 속에서 이성의 요구와 역사성은 서로 모순인 채로 놓여 있다. 오늘날 합리성의 이론의 가장 중요한

22) Schnädelbach 1981, 15 이하.

과제중의 하나는 이성과 역사에 대한 우리의 개념들을 똑같이 위협하는 이 모순을 해결하는 것이다.

6장 이성과 언어

아리스토텔레스가 인간에게 로고스가 있다고 생각하고 그것을 가지고 인간을 모든 다른 생물들과 구별했을 때(『정치학』 I), 그는 로고스를 언어와 이성으로 생각하였으며, 후세에 다음과 같은 문제를 남겨 놓았는데 이 문제는 근대에서야 비로소 현실적으로 촉구되고 비판되었다. 즉 우리는 우리의 이성으로 여기는 것을 언어와 무관한 것으로 설명할 수 있는가? 혹은 이성과 언어능력은 동일한 것인가? 근대 초기까지 확실히 귀머거리를 아리스토텔레스적인 정의의 의미에서 인간으로 여기지 않았다. 왜냐하면 귀머거리는 말을 할 수 없기 때문에 이성이 없는 것, 미성년으로 여겼다.[23] 반면 근대 철학은 데카르트 이래로 이성을 언어와 무관한 것으로 설명하는 것에 가장 중요한 역점을 두었다. 왜냐하면 언어는 권위를 가지고 우리의 사유를 인도하는 전통을 의미하며, 언어적 관습 속에서 선입견이 운반되기 때문이다. 이 모든 것은 계몽의 프로그램과 그것의 토대, 즉 전통, 권위와 선입견으로부터 해방된 '나는 생각한다'(cogito)라는 개별적 의식에 반하는 것이다. 따라서 언어가 아니라 기껏해야 형식 논리학이 순수 이성의 해명를 위한 '실마리'(칸트)를 제공할 수 있었다. 18세기 후반의 낭만주의의 계몽주의 비판의 과정에서 칸트와 순수 의식철학에 반대하는 논거로서 이성의 언어성이 다시 등장했다.[24]

---

23) 참조. H. G. Furth, *Denkprozesse ohne Sprache.* Düsseldorf. 1972.

24) 참조. J. G. Hamann, *Metakritik über den Purismum der Vernunft* (1784); J. G. Herder, *Metakritik der reinen Vernunft*; W. v. Humbolt, *Über die Versciedenheit des menschlichen Sprachbaus*.

그리고 동시에 언어철학의 전통이 만들어졌다. 오늘날 우리는 이성과 언어에 대해 숙고할 때 언어철학의 전통을 비켜갈 수 없다. 이성의 철학에 대한 이 언어문제의 의미는 슐라이어마허, 딜타이, 하이데거와 가다머에 의해 논구된 것처럼 해석학적 주제를 통해 강화되었다면, 해석학적 철학은-해석학은 이해에 대한 이론이다- 이성의 모든 현실성을 본질적으로 언어적 이해수행에 관련시킨다.[25] 그 외에 우리 세기의 언어에로의 철학적 방향 전환은(언어론적 전회) 비트겐슈타인과 분석철학을 통해 일어났다.

우리가 이성의 언어종속성 혹은 언어비종속성으로부터 일어나는 철학적 문제들에 대해 묻는다면, 우리는 역사적 이성의 딜레마의 강화된 형태에 이르게 된다. 이성이 언어적이라면 이성은 역사적이기도 하다. 왜냐하면 언어조차도 어떤 역사적인 것, 경험적인 것, 시공간 속의 실재이기 때문이다.[26] 하만Hamann이 『순수이성비판』의 저자를 "순수주의"라고 나무랐을 때, 그는 동일한 논거에서 우리의 이성성의 기반들로서 전통, 경험과 언어를 주장한 것이며, 이는 현실적인 것이며 그저 철학자들에 의해서 고안된 것이 아니다. 이것이 상대주의 문제의 강화로 귀결되는데 이로부터 하만의 테제에 따라 자연적 언어처럼 많은 서로 다른 종류의 이성이 있어야 한다는 사실이 나타난다. 모든 언어는 자신의 고유한 '세계관'을 내포한다는 훔볼트의 테제는 우리 세기의 사피어Sapir, 워프Whorf 등 수많은 문화인류학자들이 경험적으로도 증명하려고 했던 것처럼 이미 언어의 상대성의 원리의 공식화다.[27] 언어의 이성상대주의는 실제로 문화관점주의며 자연적-언어적 세계관들의 다원주의다. 거기서는 어떤 '세계관'도 특권이 없다. 왜냐하면 이 현상의 관찰자 역시 하나의 이 하나의 관점 속에서 사고하기 때문이다.

따라서 이성은 언어종속적으로 설명되어야 하는가? 여기에서 어떻게 우리가-하만, 훔볼트, 슐라이어마허, 비트겐슈타인에 따라- 그러한 '순수한' 이성을 획득하는가 하는 문제가 제기된다. 그 때는 오직 우리의 그때그때 의식만

25) 참조. H.-G. Gadamer, *Wahrheit und Methlde*. Tübingen 1960.

26) 참조. Schnädelbach 1982, 347 이하.

27) 세계상들에 대한 언어종속의 테제에 대하여 참고. B. L. Whorf, *Sprache-Denken-Wirklichkeit*, Reinbeck bei Hamburg, 1963/1984.

이 탐구영역으로 남게 되며, 내가 여기서 기술하는 것이 똑같은 방식으로 다른 의식 속에서도 발견될 수 있다는 것을 나는 확신할 수 없다. 논리학과 학문은 또한 이성의 미로 속에서 매우 불확실한 '실마리'다. 왜냐하면 논리학과 학문 역시(자주 설명되었던 것처럼) 언어적이고 역사적이고 가변적 토대들에 근거하기 때문이다. 상대주의 문제의 자리에 들어서는 위험은 유아론의 위험이다. 즉 이성적인 상호주관성의 각각의 보증이 없는 개별적 의식 속의 개별화의 위험이다. 유아론은 최근 사유의 역사에서 일반적으로 언어적 세계상의 상대주의보다 더 위험한 것으로 간주되었다. 왜냐하면 후자에서는 우리는 적어도 상대적 상호주관성과 관계하고 있기 때문이다. 이제 철학에서 언어로 인도되는 절차들이 일반적으로 관철되었으며 전통적 의식철학을 해체했다는 것은 그리 놀라운 것이 아니다. 이것은 '이성'이라는 테마에도 유효하다.

'이성과 언어'가 너무 늦게 일반적으로 철학의 근본문제로 발견되었다는 것은 18세기 후반의 언어철학의 변화와 관계가 있다. 우리는 이 변화를 과장 없이 혁명이라고 말할 수 있다. 아리스토텔레스가 로고스 속에서 이성과 언어를 결합하여 사유했음에도 불구하고 그는 언어관점주의를 알지 못했다. 아리스토텔레스에게 자연적 언어의 다양함은 이성의 단일성과 일관적인 동일성에 반하는 반대가 아니다. 왜냐하면 그는 비인습적인 방식으로 모든 의식 안에 외부 대상의 기호로서 인상(pathemata)으로 발견되는 것에 대해, 언어를 인습적인, 즉 원리상 자의적인 기호의 총체로 해석하기 때문이다(『명제론』 Ⅰ). 외부세계와 인간의 감각기관의 유사성으로 인해 모든 인간의 언어적 기호로 대표되는 그것은 모든 인간에게서 동일한 것이어야 한다. 모든 인간은 자신이 사유한 것과 상호 전달의 도구로서 그러한 기호체계를 고안해낸다는 사실을 통해 이성을 증명하며, 이것이 아리스토텔레스에게는 공통성으로 충분하다. 따라서 언어의 상이함 자체는 문제가 아니다. 불변하는 인간이성의 표상과 연결된 이 단순한 도구적 언어이해는 아리스토텔레스로부터 칸트까지의 언어철학의 의심의 여지없는 토대였다. 또한 그것은 전통적으로 신학적이고 형이상학적인 언어개념에 맞서 언어의 '자연성'을 증명하기 위해 계몽철학에서 지지되었었던 언어의 발생에 관한 여러 이론들의 토대를 이루었다. 하만과 헤르더는 그들과의 비판적 논쟁에서 언어는 세계경험의 고정과 전달의 단순한 도구일 수 없다고 보았다. 왜냐하면 우리가 경험하는 것은 우리의 언어자체의 특성을 통해 규정되고 '구성되기' 때문이다. 여기서 인식론에서는 칸트가 성취했었던 언어철학에서의 '코페르니쿠스적 전환'이 일어난다. 즉 언어는 하나의 세계를 '그 자체로' 대변하는 것이 아니라 오히려 언어는 경험세계를 능동적으로 함께 형성한다. 즉 우리는 '사물 그 자체'를 인식할 수 있다고 말할 수 없는 것처럼 세계가 언어독립적이라고 말할 수 없다. 이러한 통찰의 대가는 세계경험을 '드러내는' 이성 역시 '언어 없이' 사유될 수 없다는 것이다. 즉 이성은 그 자체로 이미 언어적 이성이라는 것이다. 하만과 헤르더는 칸트가 여전히 언어에 종속되지 않은 '순수' 이성을 고수했다는 점에서 그를 비난했다. 그 후 훔볼트는 헤르더와 칸트의 기본사유를 동시에 이끌면서 그로부터 언어적 '세계관'에 대한 이론을 전개했다.

그 이후 '이성과 언어'는 이성철학 일반의 체계적인 핵심문제였다.[28] 여기에서는 앞 장들에서 구분적으로 스케치되었던 모든 논의 갈래들이 그저 함께 진행하는 것은 아니라, '순수' 이성이란 표지 속에서의 계몽의 한계도 지적되며 이리하여 계몽으로서의 철학의 전체적 자기이해도 문제시된다. 오늘날 모든 합리성 이론은 언어의 철학 속에서 자신의 토대를 발견해야 한다.

7장 합리성의 이론을 향하여

그러한 이론 대신에 제기되어야 할 첫 번째 요구는 이성에 대한 오랜 숙고의 가능한 다양한 관점과 결과들을 자신 안에 수용해야 한다는 것이다. 그 요구는 주관적 이성으로부터 시작해야 하고 객관적 이성은 잘해야 문제로 간주될 수 있다. 왜냐하면 근대의 형이상학과의 이별의 과정은 뒤집을 수 없기

28) Apel 1973, 2권, 311 이하.

때문이다. 게다가 이 요구는 '이성과 지성' 그리고 '이론 이성과 실천 이성'의 구별을 합리성의 내적 구별로 표현(재현)할 수 있을 만큼 포괄적이어야 한다. 또한 그것을 넘어 이성의 역사성과 언어성의 테제에 대해서처럼 비합리주의의 문제에 대해서 반응해야 한다는 것이 분명히 밝혀져야 한다.

논리적-의미론적으로 고찰해 본다면 합리성은 어떤 속성의 명칭이다. 우리가 합리적인 행위, 결정, 제도적 규칙화에 대해 말할 때 '합리적'은 단순한 술어로서 기능한다. 그런데 이는 우리가 개인들을 합리적이라고 명명할 때는 그렇지 않다. 여기서 '합리적'은 우리가 이 개인에게 부여하는 어떤 '능력' 즉 우리가 특정한 상황 하에서 그에 대해 기대하는 어떤 반응이나 행동방식을 표현하는 성향 술어이다. 이러한 말의 성향적 의미는 우리가 (단순한 서술 속에서) 합리적인 행위, 결정, 혹은 제도적 규칙화를 행위하는 개인의 합리성으로 소급하는 곳에서는 어디서나 암묵적으로 밑에 깔고 있는 것이다. 이것이 어떤 개인들도 등장하지 않는 곳에서 합리성을 얘기하는 것을 어렵게 만드는 것이다(이때 우리는 다분히 단지 전이된 의미에서만 '합리적'이라는 말을 사용한다). 아리스토텔레스가 이성 영역에서의 "덕"에 대해, 그리고 칸트가 "능력"에 대해 말한 후로 오늘날은 촘스키가 언어학에 도입했던 '전문능력'(Kompetenz)이라는 표현이 권고된다(『통사론의 관점들』, 1969). 전문능력 개념을 통해서 능력 개념을 본질적으로 정밀화하는 일은 전문능력과 규칙의 결합에 놓여 있다. 즉 전문능력이란 이것 또는 저것을 할 수 있을 뿐만 아니라 규칙을 따르고 규칙을 다룰 수 있는 능력이다. 우리는 이것을 우리 이성성의 본질적인 특징으로 여기기 때문에 "합리성"은 일차적으로 전문능력 개념이다.

동시에 '합리적'이란 중성적-기술적 술어일뿐만 아니라 평가적, 규범적인 술어라는 사실은 일상어적 직관에도 고려되어 있다. 규칙을 준수함에는 언제나 '옳은 것'과 '그른 것'이 있으며 우리는 그러한 규범적인 관점과 관계없이 어떤 사람이 규칙을 따르는지 아닌지를 결코 서술상 확정할 수 없다. 따라서 합리성은 '몰가치적'이지 않다. 문제는 우리가 어떻게 '합리적'을 사용하는 데에서 언제나 하나의 역할을 하는 가치의 관점을 논증적으로 정초할 수 있는가 하는 것이다.

우리가 이성과 언어의 해체할 수 없는 관계에 주목한다면 우리는 합리성을 언어적 전문 능력(가장 넓은 의미에서)의 총체로 이해해야 한다.[29] '이성적임'이라는 것이 뜻하는 바는 더 이상 단순히 논리학을 '실마리'로 해서가 아니라 언어를 실마리로 설명되어야 한다. 그러나 현실적인 언어는 언제나 말함의 현실성이다. 즉 이러한 단초에서 합리성의 예시로서의 행위가 결여되어 있는 말함의 현실성인데, 여기에서 현실적인 언어는 말함 자체가 행위이며 말함은 언제나 '언어 행동'(Austin, Searle)에서 일어난다는 점이 상기될 수 있다. 문제는 언어 행동이 아닌, 가령 먹고 마시는 것, 산책하기, 피아노 연주, 정원에서 일하기 등등의 행위들과 함께 일어나는 것이 그럼에도 불구하고 합리적이거나 비합리적일 수 있다는 것이다. 여기서 모든 인간 행위(도구적이건, 전략적이건, 표현적이건, 기타 어떤 성질을 가지건)의 토대에는 의사소통적 행동이 놓여 있다는 테제(하버마스), 따라서 언어적으로 조직된 행위 조정은 모든 행위의 토대라는 것이 지적되어야 한다. 이를 증명하는 것이 성공하기만 한다면 우리는 합리성은 완전히 언어적 전문능력을 매개로 설명될 수 있다는 주장을 확정할 수 있다. 이성과 언어의 통일성으로서의 아리스토텔레스의 로고스가 이전의 권리를 되찾게 되는 것이다.

서로 다른 합리성의 유형들의 구별은 내적 구별의 수단이며, 동시에 합리성 일반에 대한 싸잡은 비난으로부터의 방어의 수단이라는 것은 이미 언급되었었다.[30] 그래서 막스 베버는 목적 합리적 행위와 가치합리적 행위 사이를 구별했는데(『사회과학적 근본개념들』 § 2), 우리는 그것을 통해 다만 합리성 일반을 공격하는 사람은 대부분 목적합리성만을 생각하면서 다른 곳에서는 가치합리적으로 논증한다는 것을 분명히 말할 수 있다. 우리가 행위 유형들뿐만 아니라 아펠과 하버마스의 의사소통적 전문 능력 일반을 합리성 유형학의 토대로 받아들인다면 훨씬 더 스펙트럼이 넓어질 것이다. 그때 우리는 기술적-학문적인 합리성과 더불어 해석학적, 윤리학적, 그리고 아마도 변증법

29) 참고. J. Habermas, Vorbereitende Bemerkungen zu einer Theorie der kommunikativen Kompetenz in: Habermas/Luhmann, *Theorie der Gesellschaft oder Sozialtechnologie?* Frankfurt/M. 1971, 101이하, 여기서 이것이 최초로 공식화되었었다; 또한: 위르겐 하버마스: 의사소통행위이론. Band 1. Frankfurt/M. 1981, 서론, 13 ff.

30) Apel 1984, 15 이하.

적인 합리성(Apel)도 구분할 수 있을 것이다. 무엇보다 우리가 이성비판의 토대를 이루는 이성의 자기반성의 능력을 합리성 이론으로 재구성한다는 것이 중요하다. 왜냐하면 그럴 때 우리는 이성을 논증으로 공격하는 사람은 언제나 이미 이성의 토대위에 서있다는 것을 보여줄 수 있기 때문이다.

이로부터 비합리주의 문제에 대한 하나의 테마 하나가 생겨난다.[31] 우리는 객관적 이성에 대한 믿음을-자연 속에서, 역사 속에서, 혹은 학문 속에서) 형이상학적 합리주의라고 부를 수 있다. 형이상학적 합리주의와 비교하면 형이상학적 비합리주의는 홀로 모든 것을 갖고 있다. 즉 세계를 지배하는 것은 '그 이성'이 아니다. 그러나 그로부터 추론되는 것은 우리가 우리의 사유와 행위에서도 합리성과 작별해야만 하는 것이다. 방법적 비합리주의가 형이상학적 비합리주의로부터는 도출될 수 없는 입장(왜냐하면 존재하는 것으로부터는 존재해야 하거나 우리가 해야 하는 것이 귀결될 수 없기 때문이다)이라면 말이다. 그러나 방법론적 비합리주의가 그것(형이상학적 비합리주의)과 독립적으로 지지될 수도 없다. 왜냐하면 우리는 자기모순 없이 방법론적 비합리주의를 논증적으로 주장할 수 없기 때문이다. 일반적으로 논증하는 사람은 이미 방법론적 합리주의의 토대위에 서 있고, 더 이상 논증하지 않은 사람은 아마도 비합리적일 것이며 여전히 어떤 사람을 납득시키려고 하는 어떤 '~주의'의 지지자는 아니다. 이러한 의미에서 우리는 단지 방법론적 합리주의자로서의 비합리주의자일 수만 있는 것이며, 쇼펜하우어부터 클라게스Klages와 파이어아벤트Feyerabend까지의 모든 비합리주의들은 그렇게 생겨났다.

방법적 합리주의는 우리가 형이상학과 로고스중심주의 시대 이후 이성의 사실(Sache)을 여전히 옹호할 수 있는 유일한 형식이다. 합리성은 실재 사실이 아니라 우리가 사유, 언어, 인식과 행위 속에서 제기하는 특정한 요구들의 총체다. 우리가 이성의 반성성을 합리성의 표준에 대해 합리적으로 판단하고, 그것을 비판하고 변경할 수 있는 원리적 가능성으로 이해한다면 이 요구들이 변할 수 있다는 것은(즉 이 요구들의 역사성의 문제) 아무 문제가 아니다. 물

31) Schnädelbach 1981, 155 이하.

론 이것 역시 다시 우리가 그러한 표준에 대해 자격이 있는 것으로 판단할 수 있기 위해 성공적으로 요구해야만 하는 특정한 전문능력을 전제한다. 위르겐 하버마스는 자신의 『보편화용론』에서 모든 의사소통적 행위에서 필연적으로 일어나게 되는 보편적 적용의 요구들의 형태로 전문능력을 명백히 논증했다.[32] 오늘날 보편적, 혹은 초월론적 화용론(Apel)은 보편적인 합리성 이론을 위한 가장 생산력 있는 토대처럼 보인다.

아직도 우리가 실제로 방법론적 합리성의 요구들을 충족시킬 수 있는지, 또는 요구들의 명령을 따를 수 있는지를 의심하는 회의론자들을 안심시켜야 할 일이 남아 있다. 우리는 회의론자에게 최소한 원리상으로는 어떤 반증도 있을 수 없다고 말할 수 있다. 왜냐하면 반증은 바로 회의론자가 공격하는 것 즉 합리적으로 논증하는 능력을 사용해야만 하기 때문이다. 왜냐하면 단순한 회의의 표현은 여전히 논증이 아니기 때문이다. 심지어 그러한 표현 속에서조차 여전히 회의론자가 충족되지 않은 것으로 여기는 요구로서의 합리성의 계기를 입증될 수 있다.

■ 인용된 문헌

Apel, K.-O. 1973, Das Apriori der Kommunikationsgemeinschaft und die Grundlagen der Ethik, In: *Transformation der philosophie.* Band Ⅱ, Frankfurt/M., 358ff.

__________. 1973, Sprache als Thema und Medium der transzendentalen Reflextion, In, *Transformation her philosophie.* Band Ⅱ, 311ff.

__________. 1983, *Zum problem der Rationalitätstypen, In, H.schnädelbach*(편), rationalität, a.a.O., 15ff.

Aristoteles, *Nikomachische Ethik.*

Bien, G, 1973, *Die Grundlegung der politischen, Philosophie bei Aristoteles*, Freiburg/münchen(inbes, Teil Ⅱ).

Böhme, H. und G. 1983, *Das Andere der Vernunft*, Zur Entwicklung von Rationnalitätsstrukturen am Beispiel Kant, Frankfurt/M.

---

32) Habermas 1976, 175 이하.

Cassirer, E, 1932, *Die Philisophie der Aufklärung*, Tübinben.

Forschner, M. 1981, *Die stoische Ethik*, Stuttgart.

Furth, H. G. 1972, *Denkprozesse ohne Sprache*. Düsseldorf.

Gadamer, H.-G. 1960, *Wharheit und Methlde*. Tübingen.

Habermas, J. 1976, *Was heißt Universalprammatik?* In, K. O. Apel (편) Sprachepragmatik und Philosophie. Frankfurt/M., 175ff.

Hegel, G. W. F., *Die Vernunft in der Geschichte*, Hamburg 1955.

- *Wissenschaft der Logik*, s Bde, Hamburg 1971.

Horkheimer/Adorno 1947/1969, *Dialektik der Aufklärung*, Amsterdam/frankfurt.

Leibniz, *Monadologie*, In, Hauptschriften, (Cassirer 독역 · 편), 2Bde, 2, Aufl, Leipzig 1924.

Locke, J, *Über den menschlichen Verstand*, Berlin 1962.

Lübbe, H, 1980, *Philosophie nach der Aufklärung, Von der Notwendigkeit praktischer vernunft*, Düsseldorf.

Mark, k. Thesen über Feuerbach und Deutsche Ideologie, In, Marx/engels Studienausgabe, 편, v, I, Fetscher, Frankfurt/M, 1966, Bd, I.

Schadewaldt, W. 1978, Die Anfäge der Philosiphie bei den Grischen, Frankfurt/M., 182ff.

Schnädelbach, H. 1983, *Philosophie in Deutschland 1831-1933*, Frankfurt/M. Abschnitt5, <<Leben>>, 174ff.

______________. 1974, *Geschichtspilosophie nach Hegel, Die problem des Historismus*, Freiburg/München (insbes, 7 ff).

______________. 1979, *Über historische Aufklärung, In, Allgemeine Zeitschrift für Philosophie*, 17ff.

______________. 1981, *zur Dialekik der Historischen Vernunft*, in, Posser, H, (편), wandel des Vernunftbegriffs. Freiburg/München, 15ff.

______________. 1981, *Über Irrationalität und Irrationalmus*, In, Duerr, H.P.(편), Der Wissenschafter und das Irrationnale, 2, Bd, Frankfurt/M., 155ff

______________. 1982, *Bemerkungen, über Vernunft und Sprache*, In, Böhler/Kuhlmann(편), Kommmuikation und Reflextion(Apel- Festschrittft). Frankfurt/M., 347ff.

______________. (편), 1984, *Rationnalität, Beiträge zu einer Theorie*, Frankfurt/M.

Specht, R. 1984, *Die Vernunft des Rationalismus*, In, Schnäadelbach, H, (편), Rationnalitat, Beiträge zu einer Theorie, Frankfurt/M.

Topitsch, E. 1957, *Vom Ursprung und Ende der Metaphysik*, Wien(insbes.18ff) Zenon, Zitert nach Forschner, M.

3부 _ 진리

- W. 퀸네

일러두기

생각되거나 말해진 것들 가운데 상당수는 참이고 나머지는 거짓이다. 이러한 맥락에서 진리란 무엇으로 이해해야 하는가?

철학적 전통은 적어도 첫 눈에는 서로 경쟁하는 많은 답변들을 제공했지만, 오늘날도 여전히 우리는 이 논쟁들을 조정하는 데 도달하지 못하고 있다. 나는 이러한 논쟁에서 논의되고 있는 '참(wahr)'이란 낱말의 사용방식을 한정한 뒤, 여러 진리관들의 분류를 제안할 것이다. 그리고 이 이론들에 대한 뒤따르는 논의는 각기 특히 시사적이고 영향력 있는 텍스트들에 대한 분석적인 주석의 형식을 띨 것이다. 나는 우선 진리의 **비-인식론적**(nicht-epistemisch, 또는 실재론적) 견해들을 다루고, 그것과 연관하여 **인식론적**(epistemisch, 또는 반(反)-실재론적) 진리이론들을 소개하겠다. 이것들은 '참임'(Wahrsein)을 그때마다 여러 방식으로 정당화된 '참인 것으로 간주함'(Fürwahrhalten)의 개념적 성질에 있어서 해명하고자 하는 이론들이다.

여기 나오는 문헌들에 조금이나마 친숙한 사람이라면 아마 다음과 같은 깨우침의 경험을 했을 것이다. 즉 즉 진리의 본질을 규정하려는 시도들은 이 진술, 혹은 저 진술이 참인지 알아내려고 하는 사람에게 통상적으로는 도움이 되지 않는다는 것이다. 그렇다면 이 말은 본래 이러한 진리의 규정들에 반대한다는 것인가? 만약 '참'이 실제적으로 'x'와 같은 것을 의미한다면, 그때 어떤 것이 x인가 아닌가를 탐문하는 것은 그것이 참인가 아닌가를 탐문하는 것과 마찬가지로 어려워야(또는 쉬워야) 하지 않은가? 인식론적 진리개념을 대변하는 실용주의자들은 바로 이러한 주장을 강력히 표명했고(James 1909, 304. Dewey 1939, 572이하), 그 후에 러셀은 진리의 그러한 억측적인 '판단기준'은 유감스럽게도 진리를 발견하는 일에 결코 아무런 도움이 되지 않는다고 비판했다(Russell 1910, 118-121. 1939, 146). '판단기준'이라는 이 아른거리는 개념은 우리 물음과 관련하여 그저 쉽게 충족될 수 없는 기대만 일으킬 뿐이므로, 나는 아래에서 그 개념을 완전히 피할 것이다.

1장 한정하기

우리가 생각하거나 말하는 어떤 것을 참이라고 **부를 때**, 이 때 진리란 무엇으로 이해해야 하는가? 이것이 내가 논구하려는 물음이다. 우선 나는 여기에서 논의되는 '참' 또는 '진리'의 사용방식과, 철학적 전통에서 똑같이 중요한 역할을 했던 진리의 두 가지 다른 사용방식을 구분하고자 한다. <진리를 말한다>와 <참된 친구>와 같은 관용어들은 이 두 가지 다른 사용방식의 예들이다.

1절 진리, 진실성, 그리고 거짓

> 〈진리〉를 위해! — 〈기독교의 진리성을 증명한 것은 기독교인들의 유덕한 행실, 시련 속에서의 꿋꿋함, 견고한 신앙, 그리고 무엇보다 특히 모든 시련에도 불구하고 널리 전파되고 성장했다는 것이다!〉 그대들은 오늘날에도 여전히 이렇게 말하고 있다! 가련하도다! 그대들은 다음의 사실을 배워야 한다. 이 모든 것들은 기독교가 진리라는 것도 거짓이라는 것도 증명하지 않으며, 진리는 진실성(Wahrhaftigkeit)과는 다르게 증명되는 것이고, 진실성이란 결코 진리를 위한 논거가 되지 않는다는 사실을!
>
> (F. 니체, 『여명』, 1권, Nr. 73)

진리(=진실)를 말하겠다고 맹세한다는 것은 정직하겠다고 약속하는 것이다. 누군가 비진리를 말했기 때문에 비난당한다면, 우리는 그가 거짓말했다고 질책하는 것이다. 이러한 관용구들은 말해진 것들의 진리성과 화자의 진실성 간의, 그리고 말의 허위성과 화자의 부정직 간의 연관을 암시하지만, 이 연관은 적어도 일반적으로는 존재하지 않는 것이다. 이러한 암시는 아마도 하나의 낱말(alêtheia 또는 pseûdos)로 그때그때 둘 다를 표시하는 언어에서보다 더 강하게 작동할 것이다.

아리스토텔레스는 확실히 이러한 유혹에 굴복하지 않았다. 그는 알레테이아의 덕을 과장(alazoneía)과 과소표현(eironeía, 라: ironia)의 중간을 지키는 것으로 특징짓는다. 과장하는 사람은 그가 실제로 지니고 있지 않은 명예로운 성품을 지니고 있다거나, 그가 실제로 지닌 것보다 더 많은 장점들을 지니고 있다고 꾸며댄다. 과소표현하는 사람은 자기 공로를 과시하지 않는 사람이다. 이런 의미에서 고대의 소크라테스는 탁월한 '과소표현자'(Ironiker)로 여겨졌다. 이러한 극단들의 중간을 지키는 사람은 그가 실제로 지닌 성품을 확대하지도 축소하지도 않고 그대로 인정한다(『니코마코스 윤리학』 1969, Ⅱ, 1108 a 19 ff., Ⅳ, 1127 a 21 ff.). 이 점에서 알레테이아란 용어는 '진실성'이라 번역되곤 한다. 그러나 본래 아리스토텔레스는 여기서 진실성 일반이 무엇인지가 아니라, 단지 어떤 사람 자신에게 닥친 상황과 관련하여 진실성이 무엇인지 해명한다. 그리고 물론 모든 거짓말이 화자의 장점을 과장하거나 축소하는 진술인 것도 아니다.

도대체 **거짓말**이란 무엇인가? 어떤 한 사람이 거짓된 어떤 것을 말한다는 것으로부터 그가 거짓말을 한다는 것이 확실히 따라 나오는 것은 아니다. 또한 진실된 사람도 결론적으로는 잘못을 범할 수 있다. 여기서 이미 역이 가능한데, 즉 어떤 사람이 거짓말을 한다면, 그는 거짓된 어떤 것을 말하고 있다는 것이다. 히피아스라는 소피스트의 이름을 가진 두 대화편 가운데 작은 것[=小히피아스]에서 플라톤적인 소크라테스는 정확히 이러한 가정을 세운다. 히피아스는 도덕적 관점에서 호메로스에 대한 강연을 한 적이 있는데, 여기서 그는 정직한 아킬레우스가 교활한 오디세우스보다 더욱 좋은 사람이라는 명제를 대변한다. 여기서 소크라테스는 최고의 거짓말쟁이는 진리를 알고 있는 현자라는 것을 히피아스에게 설득하려고 한다. 그는 그에 대한 증명으로서 다음과 같은 것을 제시한다. 진리를 알고 있는 사람은 그가 실수로 어떤 참된 것을 말하는 것을 가장 잘 피할 수 있다는 것이다. 여기서 가정되는 것은 우리가 참이 아닌 어떤 것을 말할 때, 오직 그때에만 거짓말을 한다는 것이다.

우리는 장 폴 사르트르의 소설, 『벽』의 결론의 입장에서 이 가정은 수용할 수 없는 것임을 밝힐 수 있다. 전쟁포로 이비에타가 심문과정에서 "너희들이 찾고 있는 그 남자는 묘지에 숨어있다."라고 말할 때, 그는 거짓말을 한다. 그러나 그가 말한 것은 참이다. 그는 진실을 말한 것이 아님에도 불구하고 실수로 참된 것을 말한다.

그러므로 다음의 네 가지 상황들은 모두 실현될 수 있는 일이다. 참된 것을 말하는 동시에 진실된 경우. 거짓을 말하는 동시에 진실된 경우. 거짓을 말하는 동시에 진실되지 않은 경우. 그리고 참된 것을 말하는 동시에 진실되지 않은 경우.

거짓을 말하는 사람은 어떤 상황에서도 무조건 틀린 것을 말하지 않지만 적어도 자기 생각에 틀린 것이라 생각하는 것을 말한다. 이러한 전제 조건은 또한 이비에타의 운 나쁜 발언 때문에 적중되었다. 그 반대도 타당한가? 어떤 사람이 거짓임을 확신하고 있는 어떤 것을 말한다는 것으로부터 그가 거짓을 말한다는 것이 따라 나오는가? 배우는 종종 무대 위에서 그가 거짓으로 간주하는 것을 표현한다. 예를 들면 그는 실제로 5살이 더 많다는 것을 알고 있음에도 불구하고 "저는 올해 20살입니다."라고 말한다. 그럼에도 불구하고 그가 거짓을 말하고 있는 것은 아니다. 즉 그는 '주장하는 힘을 가지고' 말하는 것이 아니다. 그는 오직 주장하는 것처럼 그렇게 행동할 뿐이다.

이러한 표현방식의 특성을 프레게는 그의 거짓말의 개념에 대한 설명에서 받아들였다. X가 그 자신의 생각에 따라 거짓된 무언가를 주장할 때, 그때 바로 X는 거짓말을 하는 것이다(Frege 1892, Anm. 8, 14).

이로써 거짓말에 대한 개념이 적절히 설명되었는가? 아우구스티누스는 세 저작에서 거짓말에 관한 도덕적 문제를 매우 심도 있게 다루었으며, 또한 거짓말의 개념을 해명하는 통찰력 있는 작업을 수행했다. (1)『거짓말에 관하여』, (1-4절), (2)『거짓말에 맞서서』, (23, 26절), (3)『Enchiridion』, (16-22절). (1)에서 그는 다음과 같은 문제를 논의한다. A는 B가 가려는 길 위에 강도가 숨어 있다는 것을 알고 있고, B의 안전은 A의 관심사였다. 그는 B가 혹시 그 길을 위험하다고 간주하고, 그 때문에 자신의 여행계획을 바꿀 것을 기대한다. 그러나 여기서 A는 자신이 B의 눈에는 악명 높은 거짓말쟁이라는 것을 안다. 이 때문에 그는 다음과 같이 말한다. "네가 가려는 이 길에는 결코 강도가 숨어있지 않아!" A는 거짓말을 했는가?

우리가 프레게의 설명에 따른다면, 이러한 물음에 긍정적으로 대답할 수 있다. 왜냐하면 A는 자기의 신념에 따라 거짓인 것을 주장하기 때문이다. 아우구스티누스는 (1)에서 거짓의 정의를 토론으로 끌어들이고, 나중에 (2)와 (3)에서 그것을 일관적으로 자기 것으로 만든다. 거짓말이란 **속이기 위해** 거짓을 진술하려는 사람의 진술이다. 속이려는 사람은 자신이 거짓으로 간주하는 그것을 누군가가 믿게 만들려고 의도한다. 따라서 우리가 다음과 같이 표현할 때, 아우구스티누스적 정의의 정신을 잘 포착하는 것일 것이다. 즉 X가

누군가에게 그것이 참이라고 믿게 하려는 의도로 자신의 생각에 거짓인 어떤 것을 주장할 때, 그 때 정확히 X는 거짓말을 하는 것이다. 아우구스티누스의 사고실험에서 A는 이러한 의도를 가지고 있지 않았다. 그러므로 그는 거짓말을 하지 않았다.

토마스 아퀴나스는 거짓말에 대한 그의 영향력 있는 논고에서 아우구스티누스와 연결된다(『신학대전』. 2권 2부, 110, Frage). 그러나 하나의 관점에서 아우구스티누스에 반대한다. 토마스는 속이려는 의도가 거짓말의 본질이라는 것을 부인한다. 속이려는 의도는 오직 거짓말의 "완성"에 관련되어 있다. 이러한 명제의 설명과 논증은 (나에게는) 분명하지 않다. 토마스가 성공적인 거짓말은 정확히 그것을 듣는 사람들을 속이는 것이라고 말하는 것이라면, 그는 확실히 옳다. 그러나 하나의 표현이 거짓말인지 아닌지는 그것의 성공에 달려있는 것이 아니다. 그러나 아우구스티누스 명제는 거짓말하고 속이는 자가 아니라, 거짓말하고 속이려는(will) 자이었다. 이 명제에 대항하는 토마스의 논증은 어디에 있는가?

여기서 아우구스티누스가 한 편에 있고 다른 편에는 토마스와 프레게가 함께 있다. X가 틀린 것을 믿도록 하는, 그러한 주장으로 누군가가 그 의도를 따르는 것에도 불구하고 X는 거짓말을 하지 않는다는 것은 가능하다. 아우구스티누스와 토마스는 창세기 20장에서 이러한 모습을 다룬다. 창세기의 이야기를 논해보면, 아브라함은 사람들이 낯선 땅에서 "그의 부인 사라 때문에" 그를 죽일까봐 두려워했다. 그런 까닭에 그는 주위의 사람들에게 "그녀는 나의 여동생이다."라고 말했다. 그는 거짓을 말했는가? 아브라함은 이러한 비난에 대해 방어했다. "그녀는 진실로 나의 여동생이다. 나의 어머니의 딸이 아니라 나의 아버지의 딸이다. 그래서 그녀는 나의 부인이 될 수 있었다." 확실히 아브라함은 낯선 사람들을 속이려 했다. 그는 그들이 사라가 자신의 부인이 아니라는 것을 믿게 하려 했다. 그러나 그는 그것을 주장하지는 않았다. 그것은 — 프레게는 그렇게 말할 것이다 — "부수적 생각"(Nebengedanke)이다. "사라는 나의 여동생이다."라는 문장의 표출은 그 생각이 이 문장을 통해 표현되도록 하지 않은 채, 생각하도록 암시하는 것이다. (결국 아브라함의 변명은 모순이 없다!!) 아브라함이 도처에 퍼트렸던 것처럼, 진리는 무척이나 혼란스러운 것일 수 있다.

2절 사물-진리

"우리는 '참'이라는 말을, 본래적, 왜곡되지 않은 의미에서 알기를 원한다는 것을 말하기 위해서, 이 말을 다른 말 앞에 놓는다. 이러한 사용방식 역시 여기서 추구하는 길에서는 비켜나 있다. …" (Frege 1918, 31)

아리스토텔레스의 『형이상학』 6권 4장에는 "거짓과 참은 사물이 아니라 사고에 있다."는 말이 있다. 그런데 5권의 29장에는 다음과 같은 귀절도 있다.

거짓이란 우리가 어떤 사물(pragma)을 거짓이라고 부르는 그런 방식으로 언표된다. … 하나의 존재자인 것이 〔그렇게 거짓이라 불린다.〕 그러나 그 본성에는 있는 그대로의 것이 나타나지(phainesthai) 않거나, 혹은 있지 않은 것이 나타난다는 것이 속해 있다, 예를 들면 실루엣이나 꿈처럼 말이다. 이런 것들은 어떤 것이긴 하지만, 그 나타남을 통하여 우리로 하여금 무엇으로 간주하게끔 하는 바로 그것은 아니다.

아리스토텔레스는 '거짓'이라는 표현을 다의적으로 사용하거나, 혹은 스스로 모순을 범하고 있는가? 아니면 아마도 세 번째 가능성이 있을까?

토마스 아퀴나스가 이러한 물음을 긍정한 것은 옳다(『진리에 대하여』, 첫째 질문, 항목 2 와 10). 그는 아리스토텔레스가 특별한 유형의 다의성을 알고 있다는 데에서 출발하는데, 여기서 한 낱말의 여러 가지 의미는(예를 들면 'Bank'처럼) 마치 서로 무관하게 병행한다. 하나의 술어는 그 사용방식들 중의 하나가 다른 것들에 비하여 중심화되어(zentriert) 있을 때, 하나는 일차적이고 다른 것들은 이차적일 때, 다의적으로 **중심화되어** 있다. 아리스토텔레스는 이러한 연관성 안에서 '건강한'이라는 예를 끌어들인다(그가 본래부터 관심을 가진 경우인 '존재하는'(seiend)이라는 말을 언급하기 전에). '건강한'이라는 술어의 여러 가지 의미들 사이에는 어떤 내적 연관성이 존재한다. 그것을 생물에 적용하는 것이 중심적이다. 이것에 의거해서 우리는 예를 들어 약용식물에 적용하는 것을 설명할 수 있다. 카밀레 차는 우리의 건강을 다시 회복시킬 수 있는 한에서 우리에게 건강하다. 이에 따라 이제, 토마스처럼, 사고에서(in intellectu), 언표에서(in enunciatione)의 거짓은 사물에서(in rebus)의 거짓에 우선하는 것이다. 여기서 토마스는 위에 언급된 『형이상학』 5권 29장의 텍스트에 의지할 수 있다. 왜냐하면 여기서 사물들은 그 사물들의 현상에 의하여 그저 쉽게 우리를 거짓된 판단으로 오도하는 한에서 거짓이라고 불리기 때문이다. 어떤 거짓(가짜) 10마르크 지폐는 10마르크지폐가 아니다. 그러나 그것은 그렇게 보임으로써 우리가 그것을 10마르크 지폐로 간주하기 쉽게 만든다. 일반적으로 말해 x는 F가 아니지만 그 현상을 통해 x가 F라는 판단을 불러 일으키도록 유혹할 때, 그 때 정확히 x는 F가 아니다. 이제 '참'이라는 말의 사용에 대해서도 똑같이 말할 수 있다. 토마스가 말하는 것처럼 하나의 사물은 "그 자체에 대한 참된 평가를 산출하는 것이 그 본성에 놓여 있는 한에 있어서 참이라고 불린다." 하나의 참된 친구는 그저 그가 우리의 친구인 것처럼 행동해서가 아니라 어려운 상황 속에도 우리를 위험 속에 내버려두지 않기 때문에 참된 친구이다.

토마스는 또한 다른 유형의 사물-진리를 알고 있었는데, 이는 창조적 신의 실천적 사고(실천적 지성), 혹은 인공물 생산자의 실천적 사고의 관점에서 이해될 수 있는 것이다. 이러한 의미에서 x는 하나의 F이고, F가 F생산자의 사고 속에서 그의 구상(praeconceptio)에 적합하게 되어 있을 때, x는 바로 그때에 정확히 참인 F이다.

'사물 안에 있는' 진리에 대해 말하는 것이 의미있는 일이라는 것은 흄, 데카르트, 스피노자, 라이프니쯔에 의해 일관되게 반박된다. '참'에 대한 이러한 사용방식은 헤겔에서 다시 탁월한 역할을 한다. 『엔치클로페디』의 <논리학> 부분에 다음과 같은 구절이 있다.

> 진리는 객관성이 개념에 상응하는 것이다. 진리의 이러한 깊은 의미는 예를 들면 하나의 참된 국가 혹은 참된 예술 작품에 대하여 말할 때 문제가 되는 그것이다. 대상이 있어야할 그것으로 있을 때 대상은 참이다(Hegel 1970, § 213).

헤겔 역시 참된 친구에 대한 우리들의 논의를 이러한 진리관을 위한 증거로 내세운다(24절). 왜냐하면 그는 개념이라는 것을 생산자의 구상으로(만) 이해하지 않기 때문이다.

헤겔에 따르면 <이 장미는 붉다>와 같은 진술은 참이 아니라 오히려 그저 옳은 것이다. 우리는 이것을 용어상의 자의성이라고 치부할 수도 있다. 헤겔이 이와 관련해서 계속해서 "x가 나쁜 국가라는 것은 줄곧 옳을 수 있지만, 그 내용은 참이 아니다.", "그렇게 옳으면서 동시에 비진리인 것을 많은 사람들이 생각해볼 수 있는 것이다."(§§ 172, 24)라고 말할 때, 아무튼 혼란스럽다.

여기서는 하나의 동일한 것이 옳으면서 또한 비진리라고 가정되어 있다(헤겔식으로 이해된 표현으로). x는 나쁜 국가라는 진술이 옳다면, 그 진술이 비진리가 아니라 x가 비진리이다. 즉 하나의 국가가 자신의 개념에 따라 있어야 할 것으로 있지 않다. 따라서 헤겔이 그렇게 이해된 사물-진리를 '단순한 올바름'에 대해 '진리의 더 깊은 의미'의 카드로 내미는 것은 별 설득력이 없다. 어쨌든 다음 장들에서는 바로 전자가 우리의 주제가 되는 진리가 될 것이다(전통적으로든 현대철학에서든).

다시 한 번 사물-진리와 우리의 테마 사이의 차이를 생각해 보자. 참인 의견 내지 말은 참으로 있는 의견 내지 말이다. 그러나 참인 친구는 참으로 있는 친구가 아니라, 참되게(현실적이든 혹은 단어의 가장 엄밀한 의미에서든) 친구인 어떤 사람이다. 참이 아닌 하나의 의견 또는 말도 마찬가지로 단어의 가장 엄밀한 의미에서 의견 또는 말이다. 반대로 참인 친구가 아닌 어떤 이는 바로 단어의 가장 엄밀한 의미에서 친구가 아니다.

2장 분류하기

나는 현대적 논쟁의 관점에서(더미트와 퍼트남이 새로운 실재론 논쟁에 불을 붙인 방식대로) 진리관을 다음과 같은 관점에 따라 분류할 것을 제안한다.

(A) 인식적(epistemisch)
(B) 비-인식적
(B1) 관계적
(B2) 비-관계적

나는 다음과 같은 진리관을 '인식적' 이라고 부른다. 즉 '참임'이 우리의 '참으로 간주함'에 어떤 식으로든 의존하는 경우가 그것이다. 명증성 이론, 정합성 이론, 합의이론이 이 부류(A)에 속한다. 프레게는 특히 모든 인식적 진리관에 반대한 철학자들 중 한 사람이다.

> '참임'은 '참으로 간주됨'과는 다른 어떤 것이다. 한 사람에 대해서든, 많은 사람, 모든 사람에 대해서든 결코 그리로 환원될 수 없는 것이다. 모든 사람에 의해서 거짓으로 간주되는 어떤 것이 참이 이라는 것은 모순이 아니다. 참임은 그것이 어떤 사람에 의해 인정된다는 것과는 무관하다.(Frege 1893, XV-XVI)

나는 다음과 같은 (비-인식적인) 진리관을 '관계적'이라고 부른다. 즉 '참'에 대한 설명 속에, 참인 어떤 것과 그것 밖에 있는 다른 어떤 것 사이에 하나의 관계, 다시 거칠게 말해 언어와 세계의 관계를 표현하는 이항 술어(zweistelliges Prädikat)가 나타날 때, 정확히 그렇게 부른다. 모든 버전의 대응설과 타르스키의 의미론적 진리관(적당한 제한조건이 붙은)이 부류 (B1)에 속한다.
여기서도 다시 프레게는 그 반대 입장의 주요 증인이다.

> 진리는 일치에 … 있다고 생각할 수 있다. 일치는 하나의 관계이다. 그러나 '참'이라는 말의 사용방식은 그것과 모순된다. 이것은 관계어가 아니며, 어떤 것이 일치해야 하는 다른 어떤 것들에 대한 어떤 지시도 포함하지 않는다. (Frege 1918, 31이하)

여러 가지 버전의 잉여이론(Redundanztheorie)이 부류 (B2)에 속한다. 그리고 내가 옳게 보았다면 플라톤-아리스토텔레스의 진리관이 그러하다(내가 이 개괄에서 사용한 많은 이론의 이름들은 내가 이론들을 소개할 때에 설명하게 될 것이다).

1절 비-관계적 이론

> 한 대상이 희다고 말하는 것이 참이라면, 그것은 필연적으로 희다. 그리고 한 대상이 희다면, 그렇게 말하는 것은 참이다.(Aristoteles, 『명제론』, 18, 39이하)

1) 플라톤

"거짓, 그리고 그와 관련된 기만, 속임수, 오류는 플라톤에게 특수한 현상들이었다. 말하자면 그것들은 무가 아니면서도 존재하지 않는다는 특별한 논증 안에서 우선 그 자체로 극복해야 될 현상들이었다."(Heidegger 1925, 168) 플라톤은 『소피스테스』에서 진리가 무엇인지, 우선 잠정적으로 거짓과 같은 것이 도대체 존재할 수 있는가 하는 물음에 대한 더욱 상세한 연구를 진행하면서 규정한다. 거기에서 대화 상대인 엘레아(파르메니데스의 고향)에서 온 이방인과 수학자 테아이테토스는 다음과 같은 전제에서 출발한다. 즉 잘못된 생각(doxa)을 가진 자는 다음과 같이 생각하고, 그리고 잘못된 말(logos)을 발설하는 자는 다음과 같이 말한다.

> "존재자는 존재하지 않는다. 혹은
> 비존재자는 존재한다." (*Sophistes*, 240 E 10이하)

이와 상응하여 진리를 특징짓는 일은 다음과 같이 되어야 할 것이다. 즉 참된 생각을 가지거나 참된 말을 발설하는 자는 다음과 같이 생각하거나 말한다.

> 존재자는 존재한다. 혹은
> 비존재자는 존재하지 않는다.

이러한 공식은 모두 매우 이해하기 어렵다. 자체적으로 볼 때 이것은 더욱이 거짓인 것은 자체적으로 모순적이고(<흡연자는 흡연하지 않는다>처럼), 참인 것은 동어반복적이라(<흡연자는 흡연한다>처럼)는 것을 함축한다고 할 수 있다. 그러나 앞으로의 논의가 보여주겠지만 이것은 분명 잘못된 해석일 것이다. 우리는 우리의 원문을 그런 함축이 되지 않도록 다시 바꿀 수 있을 것이다. 즉 다음과 같은 생각 또는 말은 거짓이다.

(A) 존재자에 대해서 그것이 존재하지 않는다고 생각하거나 말하는 경우. 혹은

(B) 비존재자에 대해서 그것이 존재한다고 생각하거나 말하는 경우.

이것과 상응해서 위에서 진리에 대해 양극으로 나눈 규정을 다음과 같이 이해할 수 있겠다. 즉 다음과 같은 생각 또는 말은 참이다.

(A′) 존재자에 대해 그것은 존재한다고 생각하는 경우. 혹은

(B′) 비존재자에 대해 그것은 존재하지 않는다고 생각하거나 말하는 경우.

(흡연하는 사람에 **대해** 그가 담배피지 않는다고 믿는 사람은 어떤 모순적인 믿음을 가졌다고 할 필요가 없다. 그리고 흡연하는 사람에 **대해** 그가 담배핀다고 여기는 사람은 동어반복적인 믿음을 가졌다고 할 필요가 없다).

그 소피스트는 (B)유형의 거짓이 있을 수 있다는 것을 반박한다(241 AB). 그는 파르메니데스와 함께 비존재에 대한 말은 넌센스라고 간주하는 것으로 보인다. 가령 말상대가 없는 말걸기나, 피살해자가 없는 살인처럼 말이다. 대화의 참여자들은 (B)유형의 거짓에 우선 몰두하기 때문에, 나는 네 가지 형식 모두에 똑같이 관계하는 해석의 문제('존재'라는 편재하는 말 때문에 생기는)를 (B)의 관점에서 전개하려고 한다. 적어도 첫눈에 보기에도 세 가지 해석들이 문제가 된다. 즉 다음과 같은 생각 또는 말은 거짓이다.

(B1) 존재하지 않는 것에 대해서
그것이 존재한다고 생각 또는 말하는 경우,

(B2) 이러저러한 성질을 가지지 않은 어떤 것에 대해서
그것이 이러저러한 성질을 가지고 있다고 생각 또는 말하는 경우,

(B3) 그러한 경우(사실)가 없는 어떤 것에 대해서
그러한 경우(사실)가 있다고 생각 또는 말하는 경우.

‘존재’(sein)란 (B1)에 따르면 ‘실재하다’(existieren)를 뜻하고, (B2)에 따르면 ‘이러저러한 성질을 가지다’를 뜻하며, 그리고 (B3)에 따르면 ‘그러한 경우가 있다’를 뜻한다. 이러한 모형에 따라 (A)에 대해서도 (A′)과 (B′)에 대해서도 세 가지 상이한 해석들이 자연스럽게 생겨난다.

우리가 어떤 것에 대해 ‘그런 경우가 있다’(es sei der Fall)고 (정당하게 또는 부당하게) 말할 때, 그것은 하나의 **사태(**Sachverhalt)이다. (그리고 만약 우리가 어떤 것에 대해 그런 경우가 있다고 정당하게 말한다면, 그 사태는 하나의 **사실(**Tatsache)이다.) 사태와 관계하는 표준적 수단은 “소크라테스는 그리스인이라는 것”처럼 명제를 명사화하는 것이다. 우리는 플라톤(과 아리스토텔레스)에게서도 물론 이에 대응하는 명제의 명사화를 발견한다. 그러나 고전기 그리스 철학의 언어에서는 사태를 지시하기 위해 남겨놓은 용어가 없다. 플라톤이 그러한 용어가 필요하다고 믿었었다면, 그는 확실히 그것을 -‘**poiotes**’(성질)의 경우에서처럼—고안해냈을 것이다. 그러나 그는 그러한 용어를 만들지 않았다. 게다가 내가 알기로 플라톤은 어디에서도 사태를 ‘존재자’의 규정의 적용사례로서 언급하지 않았으며, 오히려 항상 단지 (어떠어떠한 상태에 있는) 사물들만을 언급한다. 아마도 플라톤에게서 (B3)의 경우는 거의 상상되지 않았을 것이다.

‘존재’란 낱말은 ‘실재하다’를 의미하는가? 그렇다면 우리는 (B)유형의 거짓말에서 <날개달린 말이 실재한다>나 <페가수스는 실재한다>와 같은 명제를 생각하고 있음에 틀림없다. 그러나 『소피스테스』편 어디에서도 그런 식의 거짓말이 실례로 등장한 적은 없다. 대화편의 후반부에 소개된 예, <테아이테토스는 난다>는 전적으로 다른 종류의 것이다. (그리고 그런 예의 관점에서 (A′) 유형의 참된 말(言)을 해명하는 예에서조차 참된 존재명제는 <말은 실재한다>나 <부케팔로스(알렉산더 대왕의 애마)는 실재한다>가 아니라 <테아이테토스는 앉아 있다>이다.) 우리가 ‘그런 경우가 있다’로서의 ‘존재한다’의 의미를 도외시한다면, 플라톤의 예는 (B2)의 양식으로 가장 잘 특징지어질 수 있을 것이다. 그에 따라 여기서 ‘존재’는 그때그때 **참된 술어들의 도식적 대표자(**schematischer Repräsentant)로 이해될 수 있다. 다시 말해 (B)는 “앉아 있지 않은(창백하지 않은) 어떤 사람에 대해서 그가 앉아 있다(창백하다)고 생각하거나 말하는 것과 같은 정식들을 위한 하나의 도식이다. 이러한 해석은 『소피스테스』편에서 거짓말의 설명이 절정에 달하는 구절에서도 역시 가장 적합하다.

우리가 어떤 것이 참 또는 거짓이라고 말할 때, 말해지는 그것은 무엇인가? 19·20세기 독일 철학에서 이 물음은 보통 (이를테면 트렌델렌부르크 Trendelenburg와 하이데거에게서처럼) "진리의 장소" 또는 거짓의 장소에 대한 물음으로 즐겨 표현되며, 분석 철학에서는 "**진리가-담지자**"에 대한 물음으로 표현된다. (우리는 프레게에 의존하여 참/거짓을 '진리가'라 부르곤 한다.) 『소피스테스』 편에서 플라톤은 진리가의 담지자인 말(logos)로부터 출발한다 (261 C-262 E). 기본적인 말에서는 하나의 이름(ónoma)이 하나의 정동사(rhêma)와 결합된다. 이름의 나열이나 동사의 나열은 참 또는 거짓이라 부를 수 있는 구성물이 되지 못한다. <테아이테토스는 앉아 있다>나 <테이아테토스는 난다>와 같은 결합에서 비로소 진리가의 담지자가 문제된다. (물론 모든 이름과 동사의 결합에 진리가가 부여될 수 있는 것은 아니다. <테아이테토스는 앉아 있는가?>나 <테이아테토스여, 날아라!>와 같은 명제들은 기초적인 말에 대한 플라톤의 설명에선 가려져 있었지만, 이것들은 참도 거짓도 아니다. 아리스토텔레스가 비로소 이와 같은 필연적 제한을 명시적으로 선취한다.)

플라톤은 말함의 모델에 따라서 생각(dianoeisthai)을 소리를 내지 않는 자기 자신과의 말함으로 규정했다(263D-264B). 이제 우리는 <테아이테토스가 앉아 있다>를 주장하는 힘이 없이 소리 내어 말할 수 있거나, 주장하는 힘을 가지고 소리 내어 말할 수도 있다. 이와 상응해서 우리는 테아이테토스가 앉아 있다는 생각을 생각된 내용의 진리가를 확정하지 않은 채로 생각만할 수 있으며, 이러한 생각을 참으로 인정함으로써 생각할 수도 있다. 후자일 경우에 생각하는 사람은 테아이테토스가 앉아 있다는 것을 생각하거나(meinen) 판단한다. 그의 생각 또는 판단(doxa)은 그가 생각하는 것이 참일 때, 정확히 참이다. 그리고 그것이 이러저러한 상태에 있다는 판단은 판단자가 그것이 그러한 상태에 있다는 것을 지각한다고 믿을 때, 그때 정확히 지각판단(phantasia)이다.

<테아이테토스가 앉아 있다>는 엘레아 이방인이 테아에테토스에게 다음과 같은 것을 말하는 그 시점에 참된 말이며, <테아에테토스가 난다>는 거짓된 말이다. (A') 유형의 참인 말의 진리성은 어디에 있는가? (B) 유형의 거짓된 말의 허위성은 어디에 있는가?

> 참된 〔말〕은 자네와 관련하여 존재자가 있다고 말한다. 이와 반대로 거짓된 말은 자네와 관련하여 존재자를 그것과는 다른 것으로 말한다. 그러므로 그것[거짓된 말]은 비존재자를 존재자로서 말한다. 즉 존재자들과는 상이한 것으로서 존재자를 말한 것이다. 우리는 정말이지 많은 존재자들이 각각의 대상들과 관련하여 있고, 또 많은 비존재자도 각각의 대상들과 관련해서 있다는 것을 말했다. (263B 4-13)
>
> 그러므로 자네와 관련하여 다른 것을 동일한 것으로서, 그리고 비존재자를 존재자로서 표현하게 된다면, 명사와 동사로부터 생긴 그러한 결합(synthesis)은 실제로 그리고 참으로 하나의 거짓된 말인 것처럼 보인다. (D 1-4)

<y는 x에 관련하여 하나의 존재자이다>와 같은 유형의 구절은 여기에서는 <x는 이데아 y에 참여하고 있다>를 뜻한다. 이 말은 무슨 뜻인가? 플라톤에 따르면 우리는 '아름다움'과 같은 표현을 가지고 하나의 가장 엄밀한 용어의 의미에서 존재자(감각적 지각으로는 접근 할 수 없는)인 대상과 관련을 맺는다. 왜냐하면 그것[아름다움 자체]은 — 예를 들면 아름다운 헬레나와는 달리 — 결코 변하는 것이 아니라, 있는 그대로 언제나 그러한 것이기 때문이다. 플라톤은 그러한 대상들을 알다시피 '이데아'라고 부른다. 그리고 그러한 관계는 헬레나가 아름다울 때, 정확히 그때에 헬레나와 아름다움 사이에 존재하는 관계이다.

<테아이테토스가 날고 있다>에서 진술의 거짓됨은 앞서 말한 분석에 따르면 테아이테토스가 참여하고 있는 모든 이데아들과는 **다른** 날음의 이데아에 대해 그것이 그가 참여하고 있는 이데아 중 하나와 동일하다고 말하는 데에 있다. 그러므로 다음이 타당하다.

(f) <테아이테토스가 날고 있다>는, 날음의 이데아가 (t시점에서) 테아이테토스가 참여하는 모든 이데아들과는 다를 때, 정확히 (t시점에서) 거짓이다.

(f)에 대한 주석은 <(t시점에서) 테아이테토스는 날지 않는다>는 명제의 해명을 위한 플라톤의 제안이다(254 B~259D). 따라서 우리는 (f)가 다음과 논리적으로 동치라고 주장할 때, 그것은 플라톤적인 의미에서 확실하다.

(F) <테아이테토스는 날고 있다>는 테아이테토스가 (t시점에서) 날고 있지 않을 때 정확히 거짓이다.

이제 어디에 <테아이테토스가 앉아 있다>는 말의 진리성이 존재하는가? 다음의 대답은 우리의 텍스트에서 전개되는 고찰의 선상에 놓여있다. 그 말의 진리성은 테아이테토스가 관여한 이데아들 중의 하나인 앉아 있음의 이데아에 대해서, 그것이 테아이테토스가 관여한 이데아들 중 하나인 앉아 있음의 이데아와 동일하다고 말하는 데에 존재한다. 따라서 다음이 타당하다.

(w) 앉아있음의 이데아가 테아이테토스가 (t시점에서) 관여한 이데아들 중 하나와 동일할 때, 바로 그때 정확히 <테아이테토스는 앉아 있다>는 (t시점에서) 참이다.

그리고 이것은 다시 다음과 논리적으로 동치이다.

(W) <테아이테토스는 앉아 있다>는, 테아이테토스가 (t시점에서) 앉아 있을 때, 정확히 (t시점에서) 참이다.

우리는 『소피스테스』 안에서 단지 B유형의 기초적인 말의 허위성과 A'유형의 기초적인 말의 진리성을 경험할 뿐이다. 플라톤의 대답은 이러하다. 특정한 대상에 관해서 그것이 특정한 성질을 가진다는 말은 문제의 대상이 문제가 되는 성질을 가질 때, 그때에 정확히 참이라는 것이다. 그러한 한 플라톤의 대화편은 <참/거짓>의 의미에 대한 물음에 대해 그 완전한 보편성에서는 대답하지 않고 있다.

2) 아리스토텔레스

『명제론』(*Perì hermeneías, De Interpretatione*)은 우리의 문제제기를 위해서 특히 유익한 아리스토텔레스의 초기저작의 제목이다. 어떤 고대의 주석에 따르면 이 제목은 <해명하는 말(logós apophantikós)에 대하여> 정도를 의미한다. 아리스토텔레스는 이 테마를 4장에서 부각시킨다.

> 모든 말은 하나의 관습적인 기호이다. … 그러나 모든 말이 서술하는 것이 아니라 참 혹은 거짓이 부가되는 말만이 그러하다. 이것은 모든 말에 부가되는 것이 아니다. 예를 들면 청함은 말이긴 하지만 참도 아니고 거짓도 아니다. 우리는 여기에서 말의 다른 종류들은 무시한다. 그것의 논의들은 차라리 수사학이나 혹은 시학에 속한다. 그러나 서술하는 말은 현재 고찰의 주제이다. (*De Interpretatione*, 16 b 33-17 a 7)

'아포판티코스'라는 형용사는 '밝히다' 및 '눈앞에 가져오다'로 표현될 수 있는 동사로부터 유래한다. 아리스토텔레스는 이 형용사를 거짓말에도 적용하기 때문에 단지 참말만을 떠올리게끔 하는 번역을 피하는 일이 중요하다. (내가 보기에 하이데거가 제안한 '보여주는'(aufzeigend)라는 번역은 이런 결함이 있다. 따라서 나는 '서술하는'(darstellend)이란 번역어를 선호한다.) 라틴어 번역에선 그리스 낱말의 생생한 의미가 더 이상 감지되진 않지만 모든 점에서 사실과 적합하다. 여기서 아리스토텔레스가 제한하는 것은 사실상 진술적인 말(oratio enuntiativa)이다.

주장하는 힘과 더불어 표현될 때에만 그 말은 서술적인(진술적인) 것인가? '참-또는-거짓-임'이 하나의 말의 서술적 성격의 필요조건일 뿐만 아니라 (아리스토텔레스는 명시적으로 말하진 않았으나) 충분조건이라면, 저 물음은 부정되어야 한다. 만일 내가 지금 주장하는 힘과 더불어 "오늘은 월요일이거나 화요일이다"라고 말한다고 할 때, 이 선언 명제가 참이 되려면 선언 명제의 한 항이 참이어야만 한다. 그러나 나는 부문장들 가운데 어떤 것도 주장하는 힘과 더불어 표현하지 않았다. 그렇지만 모든 참된 말이 서술하는 것이라면, 결론은 다음과 같을 것이다. 주장하는 힘과 더불어 제시되지 않고서도 말은 서술적일 수 있다.

'서술적인(진술적인) 말' 대신에 나는 앞으로 계속 진술문(Aussagesatz)이라고 말할 것이다. 독일어에서 <…, 그렇지 않아?>의 빈자리에 의미가 삽입될 수 있는 모든 명제는 진술문이다. 따라서 나는 아리스토텔레스의 서술적인 말과 비서술적인 말의 구별을 발화 행위들 간의 구별이 아니라 명제의 종류들 간의 구별로 이해한다. 말하자면 서술적인 말은 낱말들로 이루어져야 하며, 엄밀히 말해 이는 언어적 활동에 대해서가 아니라, 오직 그러한 활동이 실행되게 하는, 언어적 수단, 즉 명제에 대해서만 적용될 수 있다.

『명제론』의 6장에서 아리스토텔레스는 진술문의 부류를 둘로 나눈다.

> 긍정(affirmatio)은 어떤 것[=술어]을 어떤 것[=주어]을 향해 말하는 서술(apóphansis)이며, 부정(negatio)은 어떤 것을 어떤 것과 떼어서 말하는 서술이다. (*De Int.* 17 a 25-26)

이러한 개념은 <테아이테토스가 앉아 있다> 또는 <테아이테토스가 앉아 있지 않다>는 명제와 같은 기초적인 주어-술어 문장에 일관적으로 초점이 맞추어져 있다. 프레게와 러셀의 전통에서 오늘날 사람들은 <~하는 경우는 없다>는 연산자(Operator)를 앞에 놓음으로써 다른 진술문에서 생겨나는 모든 진술문을 후자의 부정으로서 표시하는 경향이 있다. 그러므로 <추울 때, 언제나 눈이 오는 경우는 없다>라는 문장은 삽입된 문장의 부정이다. 그러나 여기서 어떤 대상에 대해서 무엇인가 부정되어 있는지가 전혀 분명치 않다. <현재의 프랑스 왕이 대머리를 가지고 있는 경우는 없다>는 예에서 보자면, 우리는 스스로에게 다음과 같이 물어야 한다. 우리는 도대체 현재의 프랑스 왕이 없는 곳에서, 현재의 프랑스 왕에게서 대머리성을 어떻게 박탈할 수 있는가? 아리스토텔레스의 부정에 관한 개념은 오늘날 일반적인 <부정>에 대한 이해와 곧바로 동일시 될 수는 없다.

우리는 앞에 소개된 개념성이 진리문제에 대한 문헌에서는 거의 언제나 인용되는 아리스토텔레스의 주석의 직접적인 맥락 속에서 그것을 다시 발견한다. 『형이상학』 4권 7장 첫 부분에서 아리스토텔레스는 참과 거짓을 정의한다.

> 모순적 대립(contradictio)의 두 항 사이의 중간에 무엇인가 존재한다는 것은 불가능하다. 우리가 하나의 대상에 대해 긍정하거나 부정한다는 것은 필연적이다. 우리가 먼저 참과 거짓이 무엇인지 정의하려고 할 때 그것은 분명해진다. 존재자는 존재하지 않거나 비존재자는 존재한다고 말하는 것은 거짓이다. 그리고 존재자는 존재하거나 비존재자는 존재하지 않다고 말하는 것은 참이다. (1011 b 23-27)

하이데거는 이 정의를 다음과 같이 설명한다. "만일 우리가 진리에 대한 이 규정을 20세기 유럽인으로서 읽는다면, 우리는 틀림없이 그것이 여전히 매우 진부하다고 생각할 것이다. 그러나 우리는 이러한 정의가 플라톤과 아리스토텔레스가 기울인 위대한 철학적 노력의 성과라는 것을 고려해야한다. 그들은 그런 진부함으로까지 밀고 나간다는 것이 무엇을 의미하는지를 어렵게나마 하나의 개념으로 만들 수 있었다." (Heidegger 1925, 163) 아주 당연히 여기서 플라톤과 아리스토텔레스는 동시에 언급되고 있다. 플라톤은 상술한 정의를 우리가 보았던 『소피스테스』에서 선취했었다. 그런데 물론 이 정의는 자체적으로 보면 그만큼 애매하다.

이 문맥, 더 정확하게 말해 우리 텍스트의 두 번째 문장은 우리에게 하나의 힌트를 준다. 물론 아리스토텔레스는 여기서 약간 부주의하게 표현하고 있다. 주어진 대상에 대해 그 대상이 어떠어떠한 것이라고 말하거나, 그 대상이 어떠어떠하지 않다고 말하는 것이 확실히 필연적인 것은 아니다. 결국 우리는 긍정도 부정도 하지 않을 수도 있는 것이다! 아리스토텔레스가 생각한 것은 하나의 대상에 어떤 것이 귀속되거나 귀속되지 않는 것은 필연적으로 타당하다는 것일 것이다. 어쨌든 아리스토텔레스가 바로 자신의 스승처럼 매우 제한된 기초적인 구조를 가진 진술명제들에 주목했다는 것은 분명하다. 따라서 나는 아리스토텔레스의 정의를 다음과 같이 이해할 것을 제안한다.

(정의 A) 하나의 대상에 하나의 속성이 긍정되는(부정되는) 진술명제는, 해당되는 대상 이 해당되는 성질을 가질 때(가지지 않을 때)에, 그때 정확히 참이다.

아리스토텔레스가 『형이상학』 6권 4장에서 말한 것 역시 이러한 해석에 유리하다.

> 참으로서의 존재자와 거짓으로서의 비존재자는 결합(synthesis, *compositio*)과 분리(dihairesis, *divisio*)와 관계가 있다 … 참된 것은 자신의 편에서 결합과 연관하여 긍정을 갖고, 분리된 것과 연관하여 부정을 갖는다. 반면 거짓은 자신의 편에서 이 구분의 모순적인 반대를 갖는다. (1027 b 18-23)

그러므로 긍정은 긍정되는 것(즉 성질)과 그것이 귀속되는 것이 <결합>하는 그때, 정확히 참이다. 그리고 부정은 부정되는 것과 그것이 귀속되지 않는 것이 <분리>되는 그때, 정확히 참이다. 언제 하나의 대상에 긍정되는(부정되는) 성질(속성)은 대상과 결합되는가(혹은 분리되는가)? 대상이 성질을 가지는(갖지 않는) 정확히 그때다. 따라서 우리는 다시 (정의 A)로 돌아온다.

오늘날 우리는 이러한 정의를 『형이상학』 9권, 10장의 시작부분에서도 쉽게 다시 확인할 수 있다.

> 사물들(pragmata, res)과 관련이 있는 [참된 것과 거짓]은 사물들의 결합 되어 있음 혹은 분리되어 있음에 의존해 있다. 그 때문에 분리된 것을 분리된 것으로 간주하고 결합된 것은 결합된 것으로 간주하는 사람은 옳다. 그러나 사물들과 반대로 [자신의 생각 속에] 있는 사람은 옳지 않다.[1)]

사물들의 결합되어 있음(분리되어 있음)에 대한 말은 하나의 명칭과 일항술어로 이루어진 진술명제들에서 분명한 의미를 갖는다. <소크라테스는 창백하다>는 소크라테스와 창백하다는 성질(속성)이 결합하는 그때, 정확히 참이다. (여기서 결합되어 있음과 더불어 이해되어야 하는 것이 무엇인지를 해명하기 위해 우리는 다음과 같이 말할 수 있다. 즉 소크라테스가 창백할 때 정확히 소크라테스와 창백함 사이에 존재하는 관계이다.) 그러나 다음과 같은 진술명제들, <눈이 온다>, <새벽별은 저녁별이다>, <박쥐들이 있다>, <오늘이 월요일이라면, 안나는 뤼베크나 키일로 떠난다> 등이 참이라면, 어떤 사물들이 서로 결합되어 있을까? 아리스토텔레스 역시 <참>의 의미에 대한 물음에 대해 그 완전한 보편성에서는 대답하지 않고 있다(비교. Tarski 1969, 263).

아리스토텔레스는 『형이상학』 9권, 10장에서 다음과 같이 계속 말한다.

> 그렇지만 **언제** 우리가 참과 거짓이라고 명명했던 것이 성립하고 **언제** 그렇지

---

1) Aristoteles, Metaphysik ,1051 b 1-5.

않은가? …

당신이 창백하다는 것을 우리가 옳다고 믿었기 때문에 당신이 창백한 것이 아니라, 오히려 당신이 창백하기 때문에 우리가 당신이 창백하다고 말하는 것이 맞다. 어떤 것들은 언제나 결합되어 있어서 분리될 수 없는 것이라면, 반면 다른 어떤 것들은 반대되는 것들[결합도 분리도]을 허용한다면, … 그때 다음과 같은 사실은 타당하다. [결합도 분리도] 허용하는 것과 관련하여 볼 때는, 동일한 생각이나 동일한 말이 거짓이거나 참이 되는 일이 일어나며, **때로는** 옳거나 **때로는** 옳지 않은 것이 가능하다. 그러나 달리 있을 수 없는 것들과 관련해서는, [동일한 생각 또는 말]이 때로는 참이거나 때로는 거짓인 경우가 일어나지 않는다. - 동일한 생각은 언제나 참이거나 언제나 거짓이다. (1051 b 5-7)

소크라테스가 창백하다는 점은 누군가가 소크라테스가 창백하다는 참된 의견을 가지든지, 아니든지 간에 그것으로부터는 독립적이다. 그러나 누군가가 소크라테스가 창백하다는 참된 의견을 갖는 것은 소크라테스가 창백하다는 것으로부터 독립적이지 않다. 우리의 생각 (그리고 말)이 참인지 거짓인지는 사물들의 결합 혹은 분리에 달려있다. 그런데 어떤 사물들은 항상 결합되어 있거나(예를 들면 숫자 2와 짝수로 존재하는 특성), 항상 분리되어 있는 반면(예를 들면 숫자 2와 홀수의 특성), 어떤 사물들은 때로는 결합되어 있고 때로는 분리되어 있다(예를 들면 소크라테스와 창백함). 그런데 후자의 유형에서만—아리스토텔레스가 말하길— 동일한 생각과 말이 때로는 참이고 때로는 거짓이라는 것이 발생한다. 그러므로 진리가-담지자의 진리가는 변할 수 있다.

이러한 결론은 우리가 (플라톤이나 아리스토텔레스와 같이) 진술문 안에서 진리가-담지자를 발견할 때 불가피한 것이다. 우리는 <나는 앉아 있다>와 같은 문장을 두고 단순히 그것은 참이라고도 거짓이라고도 말하지 않는다. 우리는 숨을 깊이 들이마시고, t 시점에 A이라는 사람의 입에서 참(거짓)이라고 말해야 한다.

프레게와 스트로슨과 같은 철학자들에게 진술문이란 진리가-담지자가 아니라 **진술문 S로 말해진 것**이다. 프레게는 그것을 S로 표현된 '사고'(Gedanke)라 부르며, 스트로슨은 S로 만들어진 '진술'(statement)이라고 불렀고, 그것은 오늘날 우리 시대 수많은 영미 철학자들로부터는 ‘명제’(proposition)로 불린다. 명제는 진리가-상수(Ⅰ)와 사물관계 상수(Ⅱ)의 의미론적 요구조건을 충족시킨다.

(Ⅰ) 하나의 명제는 항상 동일한 진리가를 가진다.

사고는 “그것이 참이라면, 단지 오늘, 내일 뿐만 아니라 시간을 초월하여 참이다.”(Frege 1918, 52) 그러므로 누군가가 테아이테토스처럼 <나는 앉아 있다>를 가지고 언제나 동일한 명제로 표현하는 것은 아니다. 그리고 월요일에 <오늘은 월요일이다>를 가지고 표현되는 명제는 그 다음날에 이러한 문장으로 표현되는 명제와 동일하지 않다.

(Ⅱ) P가 X를 다루지만 Q를 다루지 않는다면, P는 Q와는 다른 명제이다.

“나라는 말을 포함하는 동일한 말이 다른 사람의 입에서는 다른 사고로 표현된다.” (Frege 1918, 38) 그러므로 모든 사람이 항상 참을 말하는 <나는 언젠가 태어났다>라는 문장 또한 그러하다. 그리고 <내일도 하나의 날이다>를 가지고 우리는 모든 날에 참된 명제를 표현하지만, 그러나 바뀐 사물관계로 인해 서로 다른 날에는 서로 다른 명제를 표현한다.

우리가 어떤 말의 방식을 적절한 것으로 보느냐에 따라 우리는 <t 시점에 A에 의해 S로 표현한 명제는 참이다>와 같은 형식을 <t 시점에서 S는 A의 입에서 참이다>라는 문장으로 바꿀 수 있고, 그 반대도 가능하다. 여기서 논쟁의 여지가 있는 점은 “참”의 이해의 물음보다는 차라리 존재론적 물음이다. (Davidson 1969, 754f)

이제 명제들은 이러한 개념의 수많은 지지자들의 눈에는 또한 심리학적 역할도 담당한다. 버트란트 러셀은 우리가 한 사람에 관해, 예를 들어 그는 P라는 것을 판단한다, P라는 것을 믿는다, P라는 것을 두려워한다, P라는 것을 바란다고 말할 때, 우리가 그 사람에게 부여하는 것을 ‘명제적 태도’라고 표현했다. 어떤 사람이 **무엇을** 믿는지 등등의 물음에 대한 답에서는 항상 하나의 명제가 관련되어 있다고 한다. 두 사람은 그들이 생각하는 것이 동일할 때, 두 사람은 동일한 생각을 가진다. 그리고 한 사람은 그가 지금 생각하는 것이 그 전에 생각한 것과 동일할 때, 그는 지금 그 전과 동일한 생각을 가지는 것이다. 가령 A가 실제로 최고인 시간 속에서 <나는 최고다>라고 말함으로써 그의 생각을 공표한다고 해보자. 그리고 사업이 악화되고 난 몇 시간 후 A는 재차 동일한 문장을 말함으로써 그의 생각을 공표를 한다고 해보자. A는 여전히 동일한 생각을 하는가? 아리스토텔레스에 따르면 동일한 생각은 처음에는 참이고 그 다음에는 거짓인 것이 가능하다. 그것에 따라 우리는 우리의 물음을 긍정해도 좋을 것이다. 그러나 믿음의 동일성이 믿어진 명제의 동일성과 일치한다면, A는 지나간 시점에서는 더 이상 동일한 믿음을 가지지 않는다. 왜냐하면 이제 그가 믿는 것은 거짓이고, (Ⅰ)에 따라서 동일한 명제가 아니기 때문이다. 우리는 여기서 아리스토텔레스를 따르거나 반대하는 것을 결정해야만 하는가? 또는 그것들이 생각의 서로 다른 측면들을 고려하기 때문에, 생각들을 동일화하는 두 가지 방식 모두 정당한가? (비교. Künne 1985) 어쨌든 여기서 논란거리가 되는 측면도 "참"에 대한 이해는 아니다.

형이상학 9권 10장에 따라 나오는 암호같은 주석에 관해 나는 3.3.6.1.절에서 짧게 언급할 것이다. 그러나 그 구절도 더 이상 다음과 같은 결론을 흔들 만한 것은 아니다. 즉 아리스토텔레스(그리고 플라톤)의 "참"에 대한 설명(특정유형의 진술문에 대해)은 진리가-담지자와 밖에 있는 어떤 것과의 관계를 표현하는 이항술어를 사용하지 않는다. 우리가 진리의 대응설을 이러한 관계적 진리관으로 이해한다면, 아리스토텔레스는 (이와는 반대되는 모든 문헌상의 확신들에도 불구하고) 대응설의 창시자는 아니다.

3) 프레게와 램지

오늘날 우리는 다음과 같은 진리관을 가리켜 잉여이론(Redundanz-Theorie)이라 부르곤 한다. 즉 <p라는 것은 참이다>(<p라는 것은 거짓이다>)라는 도식에 끼워 넣을 수 있는 모든 사례는 <p>(<~p>)의 도식에 끼워 넣을 수 있는 사례**와 동일한 의미**를 지니며, 그것이 그 의미가 '참'의 의미에 대해 말해질 수 있는 **모든 것**이다. ('잉여이론'이라는 명칭은 <~라는 것은 참이다>란 연산항Operator이 쓸데없음을 풍자한다.)

프레게는 '참'이라는 술어를 구분하는데,

> 어떤 것이 진술될 때, 그것은 항상 함께 진술된다는 점에서 다른 모든 술어

들로부터 … 다음의 두 명제를 보자.

(A) <프리드리히 대왕은 로스바흐 전투에서 승리했다>

(B) <프리드리히 대왕이 로스바흐 전투에서 승리했다는 것은 참이다>

여기서 우리는 서로 다른 언어적 형식에도 불구하고 동일한 사고를 가진다. 우리는 첫 명제의 견해를 긍정함으로써 둘째 명제의 사고도 똑같은 방식으로 긍정하며, 그 반대도 마찬가지이다. (Frege 1897, 140, 153)

여기서 프레게는 문장 A와 B의 '인지적 등가성'을 강조한다. 두 명제를 이해하면서 한 문장을 가지고 말해진 것을 참으로 인정하는(또는 거짓으로 비판하고 그에 맞서 판단을 중지한다면) 누구도 결코 다른 문장을 가지고 말해진 것을 다르게 판정할 수 없다. 이렇게 말해도 괜찮다면, B일 때 정확히 A라는 것은 필연적일 뿐 아니라 자명하다.

잉여이론의 옹호자로 가장 자주 언급되는 사람은 (비트겐슈타인의 천재적 비판자이자 친구인) 램지F. Ramsey이다.

현실적으로는 독립적인 진리 문제란 없으며 그저 언어적 혼란만이 있을 뿐이다. 참과 거짓은 일차적으로 명제들에 귀속된다. 참/거짓이 속하는 명제는 명시적으로 주어질 수 있거나 또는 기술될 수 있다. 먼저 그것이 명시적으로 주어질 수 있는 **첫째** 경우를 고찰해보자. 여기서 '카에사르가 살해당했다는 것은 참이다'가 카에사르가 살해당했음을 뜻한다는 것은 명백하다. 그리고 '카에사르가 살해당했다는 것은 거짓이다'는 카에사르가 살해당하지 않았음를 뜻한다. 우리가 강조하기 위해, 또는 문체상의 이유로, 또는 우리의 논증에서 진술문이 차지하는 위치를 보여주기 위해 사용되는 표현방식이 문제인 것이다. …

둘째 경우, 즉 명제가 명시적으로 주어지지 않고 기술되는 경우에 우리는 아마도 차라리 그 명제를 하나의 문제로서 마주할 것이다. 왜냐하면 우리가 일상언어에서 '참'과 '거짓'이라는 낱말을 거기로부터 배제할 수 없는 바로 그러한 진술문이 문제되기 때문이다. … (Ramsey 1927, 142f. D224)

프레게와 램지는 같은 동전의 서로 다른 면을 고찰했던 것처럼 보인다. 램지는 우리가 의미의 변경 없이 '~인 것은 참이다'를 걸러낼 수 있다고 강조하는 반면, 프레게는 우리가 의미의 변경 없이 모든 진술문에다 이러한 연산항을 덧붙일 수 있다고 강조한다. 전자에게는 더 많은 것이 여분으로 추가 될 수 있는 것으로 보이며, 후자에게는 더 많은 것이 편재하는 것(Omnipräsenz)으로 추가될 수 있는 것으로 보인다.

프레게는 명시적으로 참이라고 기술할 수 있는 명제의 사례만은 든다. 반면 램지는 더 불확정적인 사례가 있다고 본다.

(1) 안나가 말한 것의 상당수는 참이다.

(2) 요하네스가 말한 모든 것은 참이다.

우리는 물론 이런 식의 문장들에서 '참이다'를 단순히 제거할 수 없다. 왜냐하면 그렇게 되면 남는 것은 문장이 아닐 것이며, 따라서 (1) 또는 (2)와 동일한 의미를 갖는, 곧 온전한 문장이 아닐 것이기 때문이다. 그러나 우리가 요하네스는 그가 말한 모든 것을 <a가 b에 대해 R의 관계에 있다>로 표현한다고 해보자. 그러면 우리는 (2)를 (2a)로 대체할 수 있을 것이다.

(2a) 모든 x, R, y에 대해, 요하네스가 x는 y에 대해 R의 관계에 있다고 말한다면, x는 y와 R의 관계에 있다.

이제 램지는 당연히 이것이 어떤 실재론적 가정도 아님을 알고 있지만, 그는 우리가 모든 문장의 형식들을 고려한다면 "그 분석은 본질적으로 다르게 보이지 않는다"라고 믿고 있다. 어떻게 보이는가? 우리는 램지의 고찰을 다음과 같은 방식으로 일반화할 수 있다. 어떤 문장이 명사변항 n을 가진 문장도식의 하나의 대입사례라고 한다면, 그러한 모든 문장은 또한 명사변항 n-1을 가진 문장도식의 하나의 대입사례이기도 하다. 우리는 <로미오는 줄리엣을 사랑한다>는 문장을 두 명사변항(x와 y)을 가진 하나의 문장도식 'xRy'의 대입사례로 이해할 수 있다. 그러나 우리는 그것을 또한 **하나의** 명사변항을 가진 문장도식 'Fx'의 대입사례로도 이해할 수 있다. 첫째 경우에는 우리에게 주어진 문장을 '로미오, 줄리엣, (사랑한다)'로 나눌 수 있고, 둘째 경우는 '로미오, (줄리엣을 사랑한다)'나, '(줄리엣을) 로미오가 사랑한다'로 나눌 수 있다. 우리가 명사변항 1로 이루어진 문장도식의 대입사례라 이해할 수 있는 모든 것은 또한 명사변항 0으로 이루어진 문장도식의 대입사례로 이해할 수 있다. <(로미오는 줄리엣을 사랑한다)>의 경우에 우리는 저 문장을 결코 나눌 수 없으며, 이 문장도식은 **임의적인** 형식의 진술문을 위한 공란으로서 문장을 나타내는 철자 'p'이다. 만일 우리가 이 철자를 변수로서 사용한다면, 우리는 (1)과 (2)를 램지의 양식으로 옮길 수 있다.

(1r) (Ep) (안나는 p라고 말하고, p는 사실이다.)

(2r) (p) (요하네스가 p라고 말한다면, p는 사실이다.)

(이 문장들은 양화사로 시작되는데, 이것은 명사변항을 결합하는 게 아니라 명제변항을 결합한다. 위의 것은 '적어도 하나[=특칭]'이고, 아래의 것은 '전칭'이다.) 1970년대에 프라이어, 니일, 맥키, 윌리엄스, 그리고 그로버는 램지의 제안을 이러한 의미에서 확장시킨다.

이제 이로써 우리는 사람들이 **독일어에서** 1번, 2번과 같은 문장들을 가지고 말하고 싶어하는 것을 '참'이 없이도 말할 수 있다는 것을 본래 보여 준 것은 아니며, 오히려 오직 사람들이 문장변항들과 이것들을 묶는 양화사를 포함하는 독일어의 변형 안에서 그것을 할 수 있다는 것을 보여주었을 뿐이다. 램지는 스스로 일상어 안에서 이러한 제거가 가능하다는 것을 반박한다. 그러나 그 점에서 그는 정당한가?

우리의 일상어 안에 문장변항에 대응하는 것이 있다. <사태가 그러그러하다>와 <그것은 그러하다>이다. 이것의 도움으로 우리는 독일어의 부분 안에서('참'이 없이도) 1번 2번을 가지고 말하려고 하는 것을 말할 수 있다.

(1d) 안나는 자주 사태가 그러그러 하다고 말하고, 또한 사태는 그러그러 하다.

안나가 말한 대로 자주 사태는 그러그러하다.

(2d) 요한네스가 사태가 그러그러 하다고 말할 때 항상, 또한 사태는 그러그러하다.

요한네스가 말한 대로 항상 사태는 그러그러하다.

이러한 공식들은 우리에게 물론 (1r)과 (2r)의 언어로 인도하는 데에 이용될 수 있다.

램지 어법에서 '참'에 대한 설명은 다음과 같이 보인다.

(Df.R) 하나의 명제 x는 (Ep)(x는 p라는 명제이고, p는 사실이다)일 때, 그 때에 바로 정확히 참이다.

우리는 이러한 정의를 가지고 또한 과잉 이론에 대해서도 다음과 같은 다

루기 힘든 공식을 쉽게 파악 할 수 있다

(3) 4색공리명제((Vierfarbensatz)는 참이다.

(3r) (Ep) (4색공리명제는 p라는 명제이고, p는 사실이다)

램지의 정의의 정의항(definiens)에서는 진리가-담지자와 외부의 어떤 것 사이의 관계를 표현하는 이항 술어가 분명하게 나타나지 않는다. (비교. Künne 1983, 101-128)

그러나 실제적으로 진리개념에 대해서 말해 질 수 있는 모든 것이 말해졌는가? 많은 철학자들은 이 물음을 제기해 왔다. 진술문 S를 가지고 참된 명제가 표현 될 때에 그때 바로 정확히 진술문 S 그리고 실제성 사이에 어떤 관계가 존재하는가? 램지-양식 안에서 이러한 물음은 다시 재구성된다. (Ep) (S를 가지고 P가 표현되고, P는 사실이다)일 때, S와 실재 사이의 어떤 관계가 있는가? 물론 이 물음은 근거 없는 것이 아니다. 그런데 왜 사람들은 이 물음에 대답하려고 시도 안에서 진리개념의 해명을 위한 하나의 기여를 보지 않는가?

2절 대응설

진리를 만들려면 두 가지가 있어야 한다. (Austin 1950, 124)

토마스 아퀴나스는 『대이교도 대전』(*Summa contra gentiles*)의 제1권에서 다음과 같이 쓰고 있다.

지성의 진리는 지성과 사물의 일치(adaequatio intellectus et rei)이기 때문에, 지성이 <존재자에 대해 그것이 있다고 말하고, 비존재자에 대해 그것이 없다고 말하는> 한에서, 지성의 영역 안에 있는 진리는 지성이 말하는 **그것에** 속하는 것이지, 그를 통해 말하는 활동(operatio)에 속하는 것이 아니다. 즉 지성의 진리를 위해서는 사고(intelligere) 자체가 자신을 사물에 맞출 것(aequari)이 요구되지는 않는다. 왜냐하면 결국 사물은 자주 물질적이고 사고는 비물질적이기 때문이다. 그러나 지성이 사고 속에서 말하고 판단하는 것은 지성이 말한 대로 그 사물 속에 그러그러하게 있는 방식으로 사물에 일치되어야 한다. (Kap. 59)

토마스는 이 대응공식을 신플라톤주의자 이삭 이스라엘리(10세기 이집트에서 살았던)의 것으로 돌린다. 그는 물론 이것을 『형이상학』 4장 7절을 인용함으로써 아리스토텔레스적 방식으로 설명한다.! 토마스는 **일치** 대신에 동형화(conformitas), 합치(convenientia), 호응(concordia)과 같은 용어들도 사용한다. 그는 이 관계식이 사고와 진술에서의 진리에 대해서도 사물-진리에 대해서도 마찬가지로 적용할 수 있다고 믿기 때문에, 이 식은 그에게 무엇보다 중요한 것처럼 보인다. 즉 사물이 사고의 '척도와 규칙'으로 작용할 때 첫 번째 유형의 진리가 있다. 그런데 사고(기획하는 생산자의)가 사물에 대한 척도와 규칙으로 작용할 때 두 번째 유형의 진리가 문제가 된다. (『신학대전』 I, Frage 16, Artikel 1. Fr. 21, Art. 2)

칸트는 이 대응공식을 다음과 같이 받아들인다. 진리란 "인식과 그의 대상의 일치"(『순수이성비판』 B 82 이하)이다. 여기에서 칸트가 '인식'이라는 용어를 자주 '판단'의 의미에서 사용한다는 것, 그래서 '거짓 인식'이 **형용 모순**(contradictio in adjecto)이 아니라는 것은 고려되어야 할 것이다. (인식이라는 것이 정보기관이 수집하는 것이 되어버린 이래로 아마도 이러한 언어용법은 독일 독자를 더 이상 혼란케는 하지 않을 것이다.) 헤겔은 이 칸트적인 틀의 대응공식을 "매우 위대한, 최고의 가치가 있는 정의"(1963, Bd. 2, 231)라고 칭송한다. 또한 그는 자주 그것을 토마스처럼 어느 정도는 두 가지 방향에서 읽는다.

우리는 나중의 고찰을 위해 다음을 분명히 해두자. 대응관계의 두 번째 항은 이러한 전통에서 사물(Sache, Gegenstand, Objekt)로서 불리는 것이며, 존재하는 사태 또는 사실(종종 20세기 초반 철학에서처럼)이 아니다. 그러나 소크라테스는 그리스인이라는 참인 판단과 일치하는 사물이란 어떤 것인가(만약 소크라테스가 그리스인이라는 것이 사실이 아니라면)? 당연히 소크라테스라고 대답할 것이다. 그러나 페가수스는 존재하지 않는다는 판단은 어떤 사물과 일치하는가? 또는 눈이 온다면 결코 덥지 않다는 판단은 어떠한가?

프레게는 모든 버전의 대응설을 반박한다. <x는 참이다>는 일항 술어지만 <x는 y와 대응한다>는 이항 술어라는 점에서 대응설들은 모두 헛되이 실패한다. 그러나 이러한 반대가 의심의 여지없이 설득력 있는 것은 아니다.

<x는 기혼여성이다> 역시 일항 술어이지만 그것은 <x가 결혼한 한 남자가 있다>는 것을 뜻한다. 무엇 때문에 <x는 참이다>가 x와 대응하는 어떤 것이 있다는 것을 뜻하지 않아야 하는가? 그럼에도 불구하고 사실 프레게는 표층 문법조차 신뢰하지 않곤 했다 …

진리를 정의하려는 모든 시도 일반이 성공할 수 없는 운명에 처해 있다는 프레게의 대응설에 대한 다음과 같은 반박은 더욱 중요한 비중을 지니고 있다.

> 일정한 관점에서 대응이 일어날 때, 우리는 진리가 존재(존립)한다는 것을 확정할 수 없지 않은가? … 그리고 우리는 어떤 것이 참인지 아닌지 결정하기 위해 무엇을 해야만 하는가? 우리는 예를 들어 관념과 현실적인 것이 일정한 관점에서 대응한다는 것이 참인지 아닌지 분석해야 한다. 그리고 동시에 우리는 다시 똑같은 종류의 물음 앞에 설 것이며 놀이는 새롭게 시작될 수 있다. 따라서 진리를 대응으로 설명하려는 이러한 시도는 실패한다.
>
> 그러나 참(진리)을 정의하려는 다른 모든 시도 역시 실패한다. 왜냐하면 우리는 하나의 정의 속에서 어떤 징표들을 제시하기 때문이다. 하나의 특수한 경우에 적용할 때 언제나 이러한 징표들이 들어맞는다는 것이 참인지가 문제이다. 그래서 우리는 순환 속에 빠진다. 따라서 '참'이라는 말의 내용이 아주 독특하고 정의할 수 없다는 것이 믿을만한 것이다. (Frege 1918, 32)

가령 참을 Φ-임으로 정의한다고 해보자. 그때 우리는, 프레게가 주장하는 것처럼, x가 참인지 아닌지를 결정하기 위해 x가 Φ인지 아닌지를 결정해야만 한다. 그러나 후자를 결정해야 한다는 것은 x가 Φ라는 것이 참인지 아닌지를 결정해야 한다는 것을 뜻한다. 그것을 결정하기 위해서 우리는 정의에 따라 x는 Φ라는 생각 자체가 Φ인지 아닌지를 결정해야 하며 이것은 무한소급이다. 따라서 우리는 x가 참인지 아닌지를 알아내기 위해 한층 더 무한히 많은 다른 판단을 내려야만 한다(의학적인 이유에서만 불가능할 것은 아니다).

그러나 이러한 논증 역시 설득력이 부족하다. 우리의 정의가 실제로 <참>의 의미를 해명한다면, 그때 x가 참인지 아닌지 하는 판단과 x가 Φ인지 아닌지의 판단은 하나의 동일한 판단이다. 그것은 "진리는 지성과 사물의 동형성(conformitas)를 통해 정의된다. 동형성을 인식한다는 것은 따라서 진리를 인식함**이다**."(『신학대전』, I, Fr. 16, Art.2)라고 말하는 토마스처럼 대응설을 옹호하는 말이다. 따라서 우리는 하나의 판단 때문에 무한히 다양한 다른 판단들을 해야만 하는 것이 아니다. (프레게는 자신의 논증에서 다음과 같은 것에 의지하고 있다. 즉 <~라는 것은 참이다>라는 것을 하나의 진술문에 적용한 결과는 언제나 이 문장과 동일한 의미를 갖는다. 프레게의 반대가 설득력이 있다면, 그는 이 전제에 대해서도 반대해야 할 것이다. x가 참인지 아닌지를 결정하기 위해 우리는 먼저 x는 참이라는 것이 참인지 아닌지를 결정해야 하는 등등 무한소급이 일어난다. 그러나 물론 여기서는 단 하나의 결정이 중요하다. 왜냐하면 이러한 방식으로 무한히 생성 가능한 다양한 명제들의 모두가 동일한 생각을 표현하기 때문이다.

자신의 학생 예쉐(Jäsche)에 의해 출판된 칸트의 『논리학』에는 다음과 같은 대응공식에 대한 구절이 있다.

> 따라서 나의 인식을 참된 것으로 간주하기 위해서는 대상(객체)과 일치해야 한다. 그러나 이제 나는 **내가 대상을 인식한다는 사실을 통해** 대상을 오직 나의 인식과 비교할 수 있다. 따라서 나의 인식은 그 자체로 옳다고 판명되어야 한다. 그러나 이것은 아직 진리가 되기에는 충분하지 않다. 왜냐하면 이 때 대상은 내 밖에 있고 인식은 내 안에 있으므로 그래서 나는 언제나 대상에 대한 나의 인식이 대상에 대한 나의 인식과 일치하는지 아닌지 만을 판단할 수 있기 때문이다. 설명 속의 이러한 순환을 고대인들은 순환논법(Diarelle)이라고 불렀다. 그리고 실제로 이러한 오류는 늘 회의주의자들에 의해 논리학자들에게 제기되었다. 회의주의자들은 진리에 대한 저 설명은 바로 어떤 사람이 법정에서 진술을 할 때 누구도 알지 못하는 사람을 그 일의 증인으로 내세우고, 증인은 그를 증인으로 불러낸 사람이 진실한 사람이라고 주장함으로써 믿을만한 것으로 만들고 싶어 하는 것과 같은 상황이라고 생각했다. (Logik, 476)

동일한 논증이 칸트에 대한 가장 날카로운 비판자 중의 하나인 프란츠 브렌타노에게서도 다시 나타난다.

> 만일 우리가 … [대응공식이] 내 스스로 진리의 소유에 이르는 길을 제시한

다고 생각한다면 우리는 거대한 기만에 빠져 있다는 것이 … 분명하다. 많은 사람들은 내가 나의 사유와 사물을 비교함으로써 그것이 일어난다고 믿었다. 그런데 이 비교를 할 수 있기 위해서는 나는 이미 사물을 알고 있어야 한다는 것, 다시 말해 사물이 현실적으로 어떠한 상태에 있는지를 알고 있어야 한다는 사실을 보지 못했다. 이것을 안다는 것은 이미 진리에 대한 소유 안에 있음을 뜻한다. (Brentano 1930, 133, 비교. 28, 137)

칸트-브렌타노-논증은 진리에 대한 정의로서의 대응공식에는 적합하지 않으며, 오히려 그 오해는 "우리는 어떻게 우리 사고의 진리가를 확정할 수 있는가?"라는 물음에 대한 대답으로 적합하다. (브렌타노는 이어 계속 말한다. "우리는 여전히 다른 방식으로 그 문장(곧 대응식)을 잘못 해석해 왔다."!) 저 물음에 대하여 '사고를 세계와 **비교함**으로써'라고 답하는 것은 사실상 옆길로 빠지는 것이다. 결국 우리는 그러한 비교를 위해 필요한 세계에 대한 앎을, 그 사고(그의 검증에는 실행이 사용된다)의 진리가를 이미 알지 못하고서는, 가질 수 없다.

나는 우리의 세기에 제안되었던 대응설 가운데 3가지 유형을 구별한다. (a)와 (b)는 진리가-담지자 전체에 대해 (즉 예를 들어 완전한 진술명제들에 대해) 그것들이 상응하는 무엇인가를 제시한다. (a)에서 그것은 사실들이고, (b)에서는 그것은 사건들이다. 그에 비해 (c)에서는 문장부분들이 언어 외적 실재의 구성요소와 상관관계를 이룬다.

1) 사실-버전들

이 제목에서는 복수형이 나에게는 중요하다. 즉 "사실들의 전략"(데이비슨)과의 많은 논쟁들은 말하자면 가장 단순한 버전만을 염두에 둔다.

1910년/11년 겨울 무어(G. E. Moore)는 런던에서 강의를 했는데 이는 나중에 '철학의 몇 가지 주요한 문제들'이라는 제목으로 출판되었다. 14장에서 16장까지에서 무어는 자신의 영향력 있는 대응설 버전을 내세운다.

모든 참된 생각(믿음)은 정확히 하나의 사실(fact)에 대해 하나의 특별한 관계

속에 놓여있다, 모든 **다른** 참된 생각은 **다른** 사실에 대해 불확실한 관계 속에 놓여 있다. … 우리가 **어떤** 생각에 대해 말하는지를 분명히 제시하려한다면, 우리는 오직 "~이라는 것"으로 시작하는 표현들 중 하나의 도움으로서만 그것을 할 수 있다. … 그러나 우리가 이제 생각이 참일 때, 즉 **있는** 사실을 표현하려고 할 때나, 생각이 거짓일 때, 즉 있지 **않은** 사실을 표현하려고 할 때, 우리는 기이하게도 위와 정확히 동일한 표현들의 도움을 받아서만 그것을 할 수 있다. (256f)

내가 밖에 있다는 생각은, 그것이 참이라면, 내가 밖에 있다는 사실과 어떤 관계가 있다. 여기서 이러한 특별한 생각은 다른 어떤 사실과도 관계하지 않는다. 참과 거짓을 **정의하는데** 어려운 점은 일차적으로 이 관계가 오직 그것에만 해당되고 다른 관계에 대해서는 사용될 수 없는 어떤 이름도 가지지 않는다는 사실에서 나온다. 나는 바로 저 관계를 '대응(correspondence)'으로 표현할 것을 제안한다. 우리가 대응이라는 표현을 이러한 관계에 대한 이름으로서만 사용한다면, 우리는 다음과 같이 단순하게 규정할 수 있을 것이다.

<하나의 생각이 참이라고 말하는 것은 세계 속에 그것이 대응하는 **하나의** 사실이 있다는 것이며, 그 생각이 거짓이라는 것을 말하는 것은 세계 속에 그것이 대응하는 사실이 **아무** 사실도 **없다**고 말하는 것이다>. (276f)

우리는 세계의 모든 구성요소-존재하는 모든 것-를 두 가지 부류들로 구분할 수 있다. 하나는 (설명된 의미에서) 참된 생각에 **대응하는** 모든 것을 하나의 부류로, 그리고 다른 모든 존재들을 다른 부류로 설정하는 것이다. (Moore 1910, 296)

무어의 입장에서는 두 가지 성격이 특징적이다. 첫 번째, 다음의 도식은 무어의 관점에서는 보편타당하다. <p라는 참된 생각은 p라는 사실에 대응한다.> p에 대치되는 명제가 얼마나 복잡한가는 중요하지 않다. <요하네스가 밖에 나가고 안나가 집에 남아있든지, 안나가 밖에 나가고 요하네스가 집에 남아있다>라는 문장을 가지고 고지되는, 하나의 참된 믿음에 대해 하나의 고유한 사실이 대응한다. 두 번째로 무어는 이 말의 사용에서 "대응하다"에 대한 이해를 다른 맥락에서 설정하려는 모든 시도를 배척한다. (물론 '대응하다'가 하나의 생각과 하나의 사실 사이에, 그 생각이 참이라고 할 때 바로 그때 존재하는, 그러한 관계를 표현한다는 설명은 순환적이다.)

러셀은 1918년에 런던에서 <논리적 원자론의 철학>에 대한 강의를 했었는데, 거기서 그는 "상당히 많은 부분 자신의 친구이자 초기 제자인 루드비히 비트겐슈타인으로부터 넘겨받았던 어떤 생각들을 해명하는 것에 몰두하고 있다."고 말하고 있다. 비트겐슈타인이 이러한 생각들을 스스로 정식화한 『논리 철학 논고』는 1921년 처음 나왔다.

논리적 원자론의 존재론적 근본 구분은 한편으로는 개별 사물들(개체들), 여러 등급의 속성과 관계들과, 다른 한편으로는 사실들 사이의 구분이다(Russell 1918, 270, D 266). <이것은 붉다>를 가지고 우리는 하나의 개체에 하나의 속성(제일 등급)을 부여하며, <붉음은 하나의 색이다>를 가지고 더 높은 단계의 속성을 부여한다. 개체는 이름으로 불려지고, 속성과 관계들 술어들로 부여되며, 사실은 명제로 확립된다.

"내가 만일 하나의 사실에 대해 말한다면, 나는 하나의 문장을 참, 또는 거짓으로 만들어주는 어떤 것을 생각하는 것이다."(82, D 182)라고 러셀은 설명한다. 그는 여기서 명제가 무엇을 뜻하는지를 명확하게 말한다(185, D 184).

> 하나의 진술문장의 본질은 그것이 사실에 두 가지 방식으로 대응 할 수 있다는 것에 있다. 한 경우에 사실이 그것을 참으로 만들어준다는 식으로 사실에 대응하고, 다른 경우에 사실이 그것을 거짓으로 만들어준다는 식으로 대응한다. (208 f. D 207f)

명백히 러셀에게서 <x는 참이다>는 x가 대응하는 하나의 사실이 있다는 것을 뜻할 수는 없다. 왜냐하면 x가 거짓일지라도 분명히 그러한 사실은 있어야하기 때문이다. 그러나 대체로 무어와의 차이는 오직 언어상의 것일 뿐이다. 러셀은 '대응하다'라는 말을 대응의 두 가지 방식이 있는 것으로, 말하자면 조화적인 것과 부조화적인 것, 친-대응(일치)과 반-대응(모순)이 있다는 식으로 사용한다. 무어는 이와 반대로 이 말을 오직 일상용어상 자명한 첫 번째 방식에 대해서만 사용한다.

비트겐슈타인은 진리의 일치개념을 오직 경험적 명제들에만 적용하여 이해하고자 한다. 엄밀히 말하자면 그에게는 오직 그러한 문장들만이 일반적으로 문장들, 즉 실재의 그림들(Bilider)이다.[2] 이와 반대로 러셀은 "논리적 사실"과 같은 어떤 것이 있다는 것을 인정했다.[3]

무어에게 진리와 (친)대응된 사실 사이의 관계는 1:1 대응인데(상대방은 어떤 의미에서 일부일처제 하에 있다), 논리적 원자론에서는 그렇데 않다. **하나의** 사실은 **많은** (동의어가 아닌) 진술문을 참으로 만들 수 있고, **많은** 사실들이 합해서 하나의 진술문을 참인 것으로 만들 수 있다. 여기서 중요한 것은 '요소문장들(원자명제들)'과 다른 진술문들 사이의 차이인데, 그 차이는 무어의 대응설에서는 중요하지 않다.

하나의 요소문장은 n항의 ('단순한') 술어와 n개의 명사('엄밀하게 논리적인 의미에서')를 포함하며 그 외에는 아무것도 포함하지 않는다. 따라서 그것은 문장을 복합 문장으로 만들어 주는 어떤 작용소('또는', '~라는 경우는 없다', '안나는 ~라고 믿는다'와 같은)도 포함하지 않으며, 어떠한 양을 나타내는 표현('모든'이나 '적어도 하나'와 같은)도 포함하지 않는다. 러셀은 요소문장과 '진리-함수적인 문장 결합'(진리-함수적 분자 명제들truth-functional molecular propositions)을 구분한다. '그리고'-결합(연언) 혹은 '또는'-결합(선언)은 결합된 부분문장들의 진리가에 의해서 분명하게 확정된다. 이 때문에 러셀은 여기서 존재론적 절약성을 변호할 수 있다. 요소문장 S를 참으로 만드는 사실은 **그 자체로** S와 다른 어떤 명제의 모든 선언 또한 참으로 만든다. 그리고 두 요소문장의 참된 연언을 위해서는 부분문장들에 대응하는 두 사실들만 있으면 되지, 그 외에 연언에 그 자체로 대응하는 '연언적' 사실까지 있을 필요는 없다. 그러므로 명제들의 모든 각각의 논리적 유형을 위해 사실들의 고유한 유형이 요청될 필요는 없다.[4]

비트겐슈타인은 이러한 생각을 끝까지 사유했다. "나의 기본적인 생각은 '논리적 상수'는 대표하지 않는다는 것이다."[5] 이제 부정-연산항과 '전칭'-양

2) L. Wittgenstein, 1921: Tractatus Logico-philosophicus= Tract. Frankfurt/M 1966, 4. 01, 4 462, 4 06

3) B. Russell, 1918,, 184, D 184; 237-241, D 235-238.

4) 같은 책, 209-211, D 208-210.

화사도 또한 논리적 상수이다. 그러나 러셀은 1918년까지도 부정적이고 일반적인 사실들을 가정하는 것이 불가피하다고 믿는다. 무엇 때문인가?

다음과 같이 말할 수 있겠다. 요소명제 S의 부정은 S가 거짓일 때 정확히 그때에 참이며, S에 **반대** 대응하는 사실이 있을 때 정확히 그때에 S는 거짓이다. 예를 들어 S는 'a는 붉다'는 명제라고 해보자. 그러면 a가 초록이라는 의심스러운 사실이 있을 수 있을 것이다. 무엇 때문에 우리는 이 사실을 넘어서 a는 붉지 않다는 부정적 사실을—그리고 이러한 유형의 셀 수 없이 많은 부정적 사실들을—요청해야 하는가? 러셀의 논증은 여기서 (내게는) 불투명하게 남아 있다(211-216, D 210-214).

일반적 사실들의 가정을 위한 그의 논증은 분명하다(234ff., D232ff).

> 이것은 하얗다와 같은 개별적 사실들(particular facts)과 모든 인간은 죽는다와 같은 일반적 사실들(general facts)이 있다. … 우리는 세계를 완전히 기술할 수 있는데 거기서 다만 개별적 사실들만을 확인할 수 있다는 것은 큰 오류로 간주되어야 할 것이다. 여러분이 우주 속의 모든 각각의 개별적인 사실을 기록하는데 성공했다고 해보자. 그리고 여러분이 기록하지 않은, 이리하여 우주의 완전한 기술에 이르지 못하게 되는, 단 하나의 개별적인 사실도 없다고 해보자. 그럼에도 당신은 "내가 기록한 개별적 사실들은 존재하는 **모든** 개별적인 사실들이다"라고 덧붙여야 할 것이다. 그러므로 우리는 개별적인 사실 외에 일반적인 사실들을 가정하지 않고서는 세계를 완전히 기술하는 일을 희망할 수 없다. (183f., D183f)
>
> '모든 인간은 죽는다'에 대해서도 동일한 것이 타당하다. 당신이 존재하는 모든 개별적 인간들을 취해서 차례대로 죽는다고 판정했다면, 그러면 모든 인간은 죽는다는 것은 결정적으로 하나의 추가적 사실이다. 이것이 하나의 추가적 사실이라는 것은 이 사실이 [저 판정]으로부터 따라 나오지 않는다는 것에서 유래한다. (236, D 234)

여기에 비트겐슈타인의 『논리-철학 논고』에 나오는 반대명제가 있다.

---

5) L. Wittgenstein, Tract, 4.0312.

모든 참된 요소명제들의 진술은 세계를 완전히 기술한다. (4.26)

어떤 점에서 러셀은 확실히 옳다. <아담은 죽는 인간이고, 이브도 그렇고, …, NN도 그러하다>(모든 인간이 헤아려지는 한에서)는 전제로부터 모든 인간은 죽는다는 것이 **따라 나오지 않는다**. 우리가 이 연언에다가 <그리고 그것은 모든 인간이다>라는 일반적 명제를 덧붙일 때에 비로소 우리는 그 결론이 따라 나오는 전제를 가진다. 그러나 이러한 규정이 실제로 개별적인 사실들 외에 일반적인 사실들이 가정되어야 한다는 러셀의 주장을 정당화하는가? 하나의 기술은 그것이 그 자신의 완전성의 주장을 포함하지 않는다는 것으로 인해 완전성을 아쉬워해야 하는가? 만약 내가 나의 지금까지의 강좌의 완전한 목록을 제출하도록 요구받는다고 할 때, 그 목록이 자기가 완전하다고 **말하지** 않는다고 해서 나의 목록은 불완전한가?

논리적 원자론의 진리관에서 가장 많이 논의된 특성들 가운데 하나가 적어도 마지막으로 언급되어야 한다. 즉 참된 요소명제들과, 이것들과 함께 확립된 사실들은 "동일한 구조"[6], "동일한 논리적 여럿"[7]을 가진다는 주장이 그것이다. 또한 이 점에서 대응설의 이러한 사실-버전은 무어의 그것과 구별된다. 왜냐하면 동형성(Isomorphie)으로 이해된 대응관계는 다른 연관관계로부터 당연히 우리의 신뢰를 받기 때문이다. 이를테면 정확한 사본과 복제된 원본간의 관계와 같다. 참된 명제들과 사실들 간의 대응을 동형성으로 이해할 수 있다는 주장은 무엇보다 오스틴에 의해 비판되었다(비교. 1950, §3b).

그러나 이 비판에 맞서 동형성의 주장이 옹호된다 해도, 이것은 대응설의 다른 모든 사실-버전처럼 또한 항상 물어져야 할 것이다. 즉 고유한 사실이란 무엇인가? 모든 대응설을 거부한 프레게는 답하길, "하나의 사실은 하나의 참인 사상(Gedanke)이다"(1918, 50). 어떤 사람이 믿는 것은 프레게의 용어법으로는 사상이다. 이제 누군가 'p라는 것'을 옳게 믿는다면, 'p라는 것'은 믿어진 것을 표시하며, 그것은 (프레게에 따르면) 이러한 경우에 사실이다. 그러

6) B. Russell, 1918: The Philosophy of Logical Atomism, 197, D 196.

7) L. Wittgenstein, Tract, 4.01-05.

나 진리를 믿어진 것과 어떤 **다른** 것 간의 관계로 파악하는 사람은 'p임'이라는 표현을 **애매한 것**으로 설명할 수밖에 없다. 그럼에도 그는 또한 그가 옳게 믿는 것과, 그것이 대응하는 사실이 어떤 점에서 구별되는지 역시 말할 수밖에 없다.

논리적 원자론자들에게 있어서 이 문제는 오직 진술문만을 진리가-담지자로서 보는 형식에서는 제기되지 않는다. 그러나 이제 참된 요소명제들은 시공간적인 세계에 있는 어떤 것과 대응해야만 한다. 누군가 요소명제를 가지고 확립한 사실이 그가 믿는 것과 동일하지 않을 때조차 그 사실은 시간-공간화할 수도 없다. 여하튼 스트로슨(Peter F. Strawson)은 오스틴과 벌인 유명한 논쟁 안에서 이 테제를 대변한다. (다음에 이어지는 인용문에서 스트로슨은 '세계 내'라는 용어를, 개별적 사물들 뿐 만아니라 추상적인 대상들도 우주의 성분이라고 한 러셀과 무어와는 다르게 사용했다는 것을 고려해야만 한다.)

> 세계에서 진술을 참으로 만드는 것의 지위를 가진 유일한 신빙성 있는 후보는 진술을 확립하는 그 사실이다. 그러나 진술을 확립하는 사실들은 세계 안에 있는 어떤 것이 아니다. 그 진술들(그것이 참일 때)을 확립하는 그 사실들은 시간과 장소를 기록할 수 없다. (Strawson 1950, 195, 199, D 252f, 274)

오스틴은 스트로슨의 이 비판이 '사실에 대해 불공정하다'(unfair to fact)하다고 본다.

> 스트로슨은 사건들이 세계 내에 진정으로 존재한다는 것을 인정한다. 그러나 우리는 사건에 대해서 여전히 그것들은 **사실들이라고** 확실히 말할 수 있다. 독일인의 몰락은 하나의 사건이고 하나의 사실이다. … 그럼에도 불구하고 스트로슨은 우리가 '~은 하나의 사실이다'라고 말할 수 있는 어떤 것은 필연적으로 세계 안에 있는 어떤 것은 **아니라는** 것을 인정하는 것처럼 보인다. (Austin 1954, 156)

그러나 이러한 메타비판은 전혀 신뢰할 만하지 않다. 이미 램지는 독일인의 몰락('시저의 죽음'이 그의 사례였다)과 같은 표현들이 '상이한 두 개의 방식으로 사용될 수 있음'(Ramsey 1927, 141)을 지적했다. 우리가 이러한 표현들을 가지고 하나의 사실과 관계 한다면, 하나의 사건과 관계하지 **않는** 것이며, 그 역도 마찬가지이다. 왜 아닌가? 램지의 통찰을 하나의 예에서 밝혀보자. 어떤 환자가 수술대 위에서 죽는다면, 그때 우리는 '환자의 죽음'과 '수술대 위의 환자의 죽음'의 특징들을 가지고 **동일한 사건**과 관계할 수 있다. 이제 우리는 다음과 같은 문장 표현들에서도 이 사건에 관계할 수 있다.

(S1) 그 환자의 죽음은 이제 더 이상 숨길 수 없다

(S2) 수술대 위에서의 그 환자의 죽음은 이제 더 이상 숨길 수 없다

(S2)는 이 문맥에서 (S1)과 동일한 진리가를 가져야 할 것이다. 즉 이 두 문장들에서 동일한 사건에 대해 동일한 것이 말해진 것이다. 그러나 경험은 언급된 그 환자가 수술대 위에서 죽을 때에도 (S1)은 참이지만 (S2)는 거짓이라는 것이 가능하다는 것을 가르친다. (S1)과 (S2) 문장의 문법적인 주어는 하나의 사건과 관련하는 것이 아니라, 오히려 각각 다른 **사실들**과 관련한다. 환자가 죽었다는 사실은 수술대 위에서 환자가 죽은 사실과는 동일하지 않다. 전자가 더 이상 숨겨질 수 없는 속성을 가진다면, 후자는 그 같은 속성을 더 이상 가질 필요가 없다. '환자의 죽음'('독일인의 몰락')이라는 표현을 일정한 맥락에서 <환자는 죽었다는 사실>(<독일인이 몰락했다는 사실>)로 바꾸어 쓸 수 있다면, 그 표현은 결코 사건을 표현하는 것이 아니다. 따라서 오스틴의 논증은 설득력이 없다(참조. Vendler, 1967). 스트로슨은 정당하게 사건과 사실 사이의 범주적 구별을 주장한다. 사실이 사건과 동일한 표현을 가질 때에도 사실은 사건과 다르게 시간화 할 수도 없고 공간화 할 수도 없다. 따라서 요소명제가 시공간적인 세계 안에 있는 어떤 것과 일치하는 것이라면, 사실들은 이러한 역할에서 의문의 여지가 없다. 그러나 스트로슨이 말한 대로, 사실들이 실제로 이러한 역할을 맡은 **유일한** 신빙성 있는 후보인가?

2) 사건-버전들

1940년 하버드에서 러셀이 했던 강의들은 『의미와 진리의 탐구』라는 제목으로 출판된다. 러셀은 여기서 아직도 여전히 대응이론을 주장한다. 그리고 그는 대응의 두 번째 부분 또한 아직 '사실'이라고 칭한다. 그러나 그것은 오늘날도 여전히 단지 (불행한) 용어상의 잔재일 뿐이다.

먼저 사실이라는 것은 "풀은 녹색이다"...... 와 같이 생각되어서는 안되고 사건(occurrences)로서 생각되어야 한다. (284)

경험적 의견이 참이라면, 그것은 내가 그것의 증명자(verifier)라고 부르는 어떤 사건 덕택에 참이다. 나는 시저가 암살당했다고 믿는다. 그리고 이 의견의 증명자는 오래 전 원로 회관에서 일어났다는 실제적 사건이다. (227)

나는 진리를 사건들에 의지해서 정의한다. 거기에서는 비논리적 진리는 언급되지 않는다.

사실들의 전략에 대한 이러한 대안은 오늘날 거의 완전히 잊혀졌다. 하나의 예외는 멀리건, 시몬스, 그리고 스미스의 『진리창조자들』(1984)이다(그러나 그것들은 러셀의 『탐구』의 근본사상을 선취하는 것을 빼먹은 것처럼 보인다).

어떤 점에서 우리는 사건버전과 함께 다시 전통적인 대응공식 곁으로 돌아간다. 토마스가 주장하길, 동일한 사물(res) 때문에 <소크라테스는 곧 뛸 것이다>는 t시점 바로 전에서 참이고, <소크라테스는 지금 뛴다>는 t에서 참이고, <소크라테스는 조금 전에 뛰었다>는 t 바로 후에서 참이다. 정신은 이것을 하나의 사물, 즉 소크라테스의 뜀을 처음에는 미래적인 것으로, 그 다음에는 현재적인 것으로, 그리고 마지막으로는 과거적인 것으로 생각한다(비교. *De Veritate*, 1949, Fr. 1, Art. 5 u.6). 이 사물은 사건이 아닌가?

'참으로-만드는'(러셀이 과거에 이미 사용했던 단어다)이라는 의미에서의 <검증>(veri-fizieren)은 단지 <**친**-대응>의 다른 말일 뿐이다. 러셀은 이제 참으로-만듦이라는 관계를 적어도 특정한 종류의 진리의 영역에서는 **인과**관계로서 이해한다. 어떤 사람이 일인칭 현재에서 자기 자신에게 하나의 체험을 부과한다면(예를 들어 그가 <나는 아프다>라고 옳게 말할 때처럼), 검증하는 체험(말하는 자의 아픔)은 이러한 문장을 가지고 수행된 자기부과의 **원인**이다. 최소한 그러한 경우에서 러셀은 "그 발언을 참으로 만드는 대응관계를 구성하는 인과적 관계가 있다"(300, 비교. 244)고 말한다. 그러나 많은 사건들이 이러한 사건들에 관해 정확하게 보고하는 발언을 즉시 유발시킨다는 것이 대응이 이러한 인과관계 속에서 존재한다는 것을 증명하는 것은 아니다. 그리고 덧붙여 우리는 참으로-만듦이 하나의 유발함이라고 일반적으로 말할 수 없다. 즉 만약 누군가가 <나는 곧 아플 것이다>고 예언하고 그 후에 또한 실제로 아프다면, 나중의 사건이 그 이전의 예언에 대한 원인이 되기는 어려울 것이다. 또한 대응관계를 다른 연관으로부터 믿어지는 관계로 이해하려는 이러한 시도 또한 좌절한다. 그러나 이러한 비판도 이 관계의 두 번째 항을 사건으로 보는 견해는 건드리지 않고 있다.

참된 명제들로부터 언제나 문법적 변형을 통해 그 명제들을 참으로 만들어 주는 사건들의 표기를 얻어 낼 수는 없다. 우리는 <시저는 살해되었다>를 이렇게, 즉 <시저의 살해>로 변형할 수는 있지만, <시저는 양심의 가책이 없다>나 <시저는 정치가이다>를 그렇게 변형할 수는 없다. 물론 러셀은 참된 명제를 참으로 만들어 주는 사건의 동일성은 문법의 문제가 아니라고 말할 수 있다. 그러나 여전히 까다로운 문제가 남아 있다.

1) 비너스(행성)는 실제로 존재한다

이러한 단칭 존재명제나,

2) 새벽별은 저녁별이다

이러한 동일성명제는 무엇으로 검증되는가? 『진리창조자』의 저자들은 다음과 같은 답을 생각한다. 즉 동일한 존재, 즉 비너스 행성을 통해서이다. 그리고 그들은 거기서 종종 사건들이 아니라 사물들이 검증자라는 결론을 이끌어 낸다. 그래서 사물은 '실제로' 사건들의 복합이라고 믿는 자만이 이러한 결론을 피할 수 있을 것이다. 후기 러셀은 "사물들이란 나의 눈에는 형이상학적 기만이다"(Russel 1940, 320)는 견해를 가진다. 어쨌거나 논리적-의미론적 문제는 남는다. 동일한 존재가 비-동의적 명제를 참으로 만든다는 것은 순진하다. 왜냐하면,

3) 시저는 살해되었거나, 아우구스투스는 살해되었다

이것은,

4) 시저는 살해되었다

와 동의어는 아니지만 두 문장은 시저의 살해에 의해 참이기 때문이다. 그러나 4)로부터 곧바로 3)이 **따라 나오는** 것은 아니다. 우리가 1)과 2)에 대해서도 하나의 검증자를 채택한다면, 우리는 이 문장들을 논리적으로 동치(고전적 술어계산에서는 동일성을 지닌)로 분류해야 한다.

3) 의미론적 버전의 한 꼭지

오스틴이 말하길, "진리는 언어와 세계의 관계의 물음이다."(1950, 130, D245). 그는 '사실'이라는 범주를 혼란스럽게 사용한다는 것 때문에 스트로슨에 의해 비판을 받지만, 그는 본래 이 범주를 '참'을 설명하기 위해 사용한 것은 아니다(121f, D229f). 그는 언어-세계 관계를 두 가지 개념, 즉 '지시적(demonstrative) 협약'과 '기술적(deskriptive) 협약'의 개념의 도움으로 특징지우지만, 유감스럽게도 그 개념들을 설명하지는 못한다. 그는 **지시적** 협약을 지시어의 사용을 위한 규칙으로 이해하는 것처럼 보인다. 예를 들어 영어의 'I'를 가지고 해당 화자는 자기자신을 표기한다는 식의 규칙이다. 그리고 기술적 협약이란 (지시어가 없는) 아마 기술적 표현들을 위한 규칙인 듯하다. 예를 들어 'O형 혈액형을 가진'이라는 표현을 가지고 우리는 영어권의 어떤 사람에게 O형 혈액형 그룹을 부과하는 규칙이다. 이제 모든 문장이 지시어를 내포하지는 않으며(가령 <2는 소수이다>), '또는'이나 '모든'이라는 말은 기술적이지 않다. 오스틴은 아마도 '지시적으로' 확인되는 n개의 대상에 n항의 술어들을 부가하는데 적용되는 단순한 경험적 명제들을 생각했을 것이다. 우리는 이제 오스틴의 설명의 제안을 다음과 같이 재구성할 수 있을 것이다.

화자 A가 t시점에 S를 가지고 만드는 하나의 진술은, S가 A의 표현 속에서 t시점에 지시적 협약들과 상관적일 때, 그리고 S가 기술적 협약들과 상관적이게 하는 조건들을 충족시킬 때, 정확히 바로 그때에 참이다.

따라서 예를 들어 A가 t시점에 <나는 O형 혈액형을 가지고 있다>를 가지고 만드는 진술은, 'I'의 상관자가 A의 입에서 t시점에 'O형 혈액형을 가진'과 상관적인 속성을 가질 때, 그래서 A가 O형 혈액형을 가질 때(하나의 만족할 만한 결과), 정확히 그때 참이다.

> 여기가 충분한 장소가 된다면, 우리는 또한 다른 유형의 진술들을 다루어야 한다(존재-진술, 일반적 진술, 가설적 진술 등등). 이것들은 진리의 문제 보다는 의미의 문제를 제기한다. (Austin 1950, 123, D123)

타르스키는 이를 위한 충분한 장소를 발견했다. 그는 그의 논고에서 논리적 원자론의 이념과 연관지울 수 있게 되었다. 내가 그의 이론으로 넘어가기 전에 과거와 비교할 것이 하나 있다. 초기 비트겐슈타인, 후기 러셀, 오스틴은 전혀 진리를 설명하려고 시도하지 않으며, 무엇보다 **경험적** 진리에 국한하려 한다는 것이다. 이것이 프레게, 램지, 무어, 그리고 타르스키와 구분되는 점이다.

3절 타르스키의 의미론적 이론

> 그들은 하나의 언어를 말한다.
> 이것은 매우 풍부하고 매우 아름답다고.
> 그러나 어떤 문헌학자도
> 이 언어를 이해하지 못한다.

위 하인리히 하이네의 별의 '언어'에 대한 시를 블랙Max Black이 언젠가 인용한 적이 있었는데, 이는 많은 철학자들이 형식적 의미론의 개념장치에서 겪는 어려움을 기술하기 위해서였다. 이것은 폴란드의 수학자이자 논리학자인 타르스키의 저작에까지 거슬러 올라 간다(오늘날은 데이빗슨과 그의 제자들의 저작을 통해서 언어철학적 논의에 결정적 영향을 끼친다). 나는 (타르스키의 프로그램을 특징지운 후에) 타르스키처럼 집합연산의 언어에서가 아니라 일상언어의 부분들에서 의미론적 진리-정의에 적용되는 절차를 해명함으로써, 위와 같은 이해의 장벽을 허물고자 할 것이다. 분석적 언어철학에서의 오늘날의 토대-논쟁을 이해하려는 사람은 타르스키의 방식의 특성을 염두에 두어야 한다.

타르스키의 논고 "형식화된 언어에서의 진리 개념"(WB)는 1933년 폴란드어로, 1935년 독일어 번역으로 출판되었다. 이것은 비엔나에서 최초의 훌륭한 찬양자를 만났는데, 카르납과 포퍼는 곧바로 진리의 의미론적 개념을 자기 것으로 만들었다. (포퍼, "어느 누구에게도 그에게 만큼 배운 적이 없다.") 타르스키는 1944년과 1969년에 자신의 프로그램을 보다 덜 비의적인 두 논문에서 다시 한 번 요약한다("진리의 의미론적 개념과 의미론의 기초"(SCT),

"진리와 증명"(TP)). 물론 이 두 논문들에서 우리는 타르스키의 진리 정의의 구조에 대해 그 단초를 평가할 수 있는 충분한 경험을 하지는 못한다.

1) 실마리 : 의미론적 진리 정의를 위한 방법론적이고 내용적인 요구조건

타르스키가 의미론적인 진리관을 옹호할 때, 그 '의미론적'이란 용어는 어떻게 이해해야 하는가? 일차적인 의미에서 하나의 술어는, 그것이 이항적이고 언어적 기호와 (보통) 언어적 기호가 아닌 어떤 다른 것과의 관계가 표현될 때, 그때 정확히 의미론적인 것이다. 이러한 의미에서 '가리키다'는 이를테면 <소크라테스>와 소크라테스 사이의 관계와 같은 관계를 표현하는 의미론적인 술어이다. 파생적인 의미에서는 어떤 것은, 일차적인 의미의 의미론적인 술어의 도움으로 정의될 때, 하나의 의미론적 술어이다. 타르스키의 관점에서는 '참'은 이러한 파생적인 의미에서 하나의 의미론적 술어이다(참조. SCT §5). 일단 그의 문제의 개진으로 가보자.

> 이 연구는 거의 유일한 문제, 즉 진리의 정의의 문제에 바쳐져 있다. 진리의 본질은 우리가, 이런 저런 언의 관점에서, '참된 진술'이라는 용어의 사태적으로 적합하고 형식적으로 정확한 정의를 구성할 수 있다는 데에 있다. …
>
> 우리가 정의하려는 개념의 외연은 본질적으로 숙고의 대상인 언어에 달려 있다. 동일한 표현이 어떤 언어에서는 참일 수 있지만, 다른 언어에서는 거짓 진술이거나 무의미한 표현일 수 있다. 그 용어에 대한 유일한 보편적 정의에 대해서는 여기서는 아무 언급도 하지 않을 것이다. 우리의 관심 문제는 일련의 구분되는 문제들로 나뉘어지고, 그것들은 개별적 언어들에 관련되어 있다. (WB 450f)

타르스키의 구상에서 진리가-담지자는 표현이다. 그는 '진술'이란 내가 진술**문장**으로 가리키는(bezeichnen) 것으로 생각한다. (영어로 쓴 저작에서 그는 '선언적'(declarative)이라는 용어를 사용한다.) 여기서 문장이란 일면에서는 다중적으로 나타날 수 있는 것으로 이해되어야 한다. 따라서 (문장의) 등록들(Inskriptionen)은 정서법상(orthographisch) 구분될 수 없는 것들일 때, 정확히 문장의 출현이다(참조. WB, 주5). 가령 <십억은 천개의 백만이다>는 미국식 영어에서만 참이고, 영국식 영어에서는 거짓이며, 폴란드어에서는 무의미하다. 따라서 타르스키가 정의하고자 하는 것은 'L 언어에서 참'인 타입의 술어들이다.

언제 진리의 정의는 **형식적으로 옳은가**(혹은 타르스키가 자주 말하듯, **방법론적으로 옳은가**)? 특정 언어에서 '참'이라는 술어의 정의가 **다른 언어**에 주어질 때에만 그러하다. **그에 대해** '참'이 정의되는 언어 L을 타르스키는 '대상언어'라고 부르며, **그 안에서** L에 대해서 '참'이 정의되는 언어를 '메타언어'라고 부른다. 대상언어는 메타언어의 진정한 부분일 수 있다. 이러한 구분을 통해 타르스키는 의미론적 안티노미가 일어나는 것을 방지하고자 한다(참조. WB §1, SCT §§7f, TP 269-74). 나는 다음에서 그 안티노미를 제시하려고 한다. 그러한 의미론적 안티노미에 대한 다른 방지의 척도가 그만큼 설득력이 있는지 하는 물음에 대한 논의는 오늘날도 여전히 배제할 수 없다(참조. Haack 1978, 8장). 나는 진리의 정의에 대한 그 이상의 형식적 요구들로 곧바로 되돌아가려 한다.

진리의 정의는 언제 **사태적으로 들어맞는가**(혹은 **내용적으로 적합한가**)?

> 우리는 우리의 정의가 고전적인 아리스토텔레스적인 진리관의 통찰에 상응하는 것이기를 바란다. 그 통찰은 아리스토텔레스의 『형이상학』에서 저 유명한 말로 표현되어 있다.
>
> <존재자는 존재하지 않고, 비존재자는 존재한다고 말하는 것은 거짓이며, 존재자는 존재하고 비존재자는 존재하지 않는다고 말하는 것은 참이다.>
>
> 현대적인 철학적 용어로 표현하고자 한다면, 이러한 견해는 아마 다음과 같은 잘 알려진 공식으로 표현할 수 있을 것이다.
>
> <한 문장의 진리성은 실재와의 일치(혹은 대응)에 있다>
>
> (이 두 번째 형식의 진리론에 대해 사람들은 '대응설'이란 명칭을 제안했다.)
>
> 우리가 이와는 반대로 '가리키다'는 표현을 확장해서 사용하기를 원한다면, 즉 이름에 대해서만이 아니라 문장에 대해서도 사용하기를 원한다면, 그래서 문장이 가리키는 것을 '사태'라고 부르는 데에 합의한다면, 우리는 다음과 같은 어구를 사용할 수 있을 것이다.
>
> <하나의 문장은 하나의 존재하는 사태를 가리킬 때에 참이다.>

그러나 이러한 모든 형식들은 여러 가지 오해를 낳을 수도 있다. 왜냐하면 그 어떤 것도 충분히 정확하고 분명하지 않기 때문이다(다른 두 형식보다 원래의 아리스토텔레스의 공식에 대해서 보다 덜 적용되기는 하겠지만). … 따라서 우리는 우리의 통찰에 대한 보다 정확한 표현을 찾는 일에 착수해야 한다. …

하나의 구체적인 예를 가지고 시작해서 <눈은 희다>라는 예를 고찰해 보자. 우리는 어떤 조건 하에서 이 문장이 참 또는 거짓인지를 묻는다. 분명해 보이는 것은, 고전적인 진리관의 토대 위에서는 이 문장은 눈이 흴 때 참이고, 눈이 희지 않을 때 거짓이라는 것이다. 하나의 진리 정의가 이러한 진리관에 상응해야 한다면, 그 정의는 다음과 동치를 의미한다.

문장 <눈은 희다>는 눈이 흴 때, 그때 정확히 참이다. (SCT §§3,4)

타르스키는 하나의 진리 정의의 적합성의 기준을 위한 척도를 제시하는데, 이는 위와 같은 고찰을 일반화한 것이다. 그는 그것을 '**협약 W**'라고 부른다. 즉 메타언어에서 구성된 '참'에 대한 정의는, 그 정의로부터 도식 (W): <S는 p일 때, 그때 정확히 참이다>로부터 획득하는 모든 명제가 따라 나올 때, 사태적으로 적합하다(기호 S에 대해 대상언어로 된 어떤 문장의 명칭을 대입하고, 기호 p에 대해 이 문장을 메타언어로 번역한 것을 대입함으로써).

나는 그와 같은 도식 (W)의 대입사례들을 앞으로 **W-동치들**이라고 부를 것이다.

대상언어가 메타언어의 부분이라면, 타르스키가 출발하는 예에서와 같이, 번역은 동음적(同音的)일 것이다. 즉 번역은 번역된 문장과 정확히 같은 소리를 낼 것이다.

문장 <Snow is white>이 구성될 수 있는 영어의 부분이 우리의 대상언어이고, 독일어는 우리의 메타언어라면,

(W.1) <Snow is white>는 눈이 흴 때(Schnee weiß ist), 그때 정확히 참이다. 하나의 W-동치.

메타언어에 대해서 협약W로부터 다른 형식적 요구조건들이 나타난다.

(1) 메타언어 M에서 W-동치들이 증명될 수 있기 위해서는, 우리는 M에서 대상언어의 표현들, 특히 그 문장들에 대한 명칭을 구성할 수 있어야 한다. 타르스키는 두 가지 유형의 명칭들을 구분하는데, (a) "인용명사들"과 (b)

"구조적-기술적 명사들"이 그것이다.

(a) "(1+2)"

(b) 왼쪽 괄호, 즉 1, 플러스, 2로 구성된 표현과 오른쪽 괄호(이 계열에서)로 구성된 표현.

더 나은 독해를 위해서 나는 항상 가능한 곳에서 인용명사들을 사용할 것이다.

(2) M에서는 <~일 때, 그때 정확히>와 같은 논리적 상수가 있어야 하고,

(3) 대상언어의 모든 문장들은 M으로 번역될 수 있어야 한다.

타르스키의 관점에서 W-동치들은 "한 진술의 진리성의 부분정의로, 혹은 더 정확히 <S는 참이다>는 유형의 여러 구체적인 어법들의 설명으로 간주될" 수 있다(WB 452f). (W.1)과 같은 설명의 오른편에서는 어떤 의미론적 개념('가리키다', '충족하다', 일의적으로 규정하다', 혹은 '참이다'와 같은)도 사용되지 않는다. 일반적으로 그러한 종류의 설명에서 설명항의 의미는 피설명항에서 인용된 문장의 의미보다 더 문제가 될 것이 없다. 하나의 주어진 언어의 모든 문장들에 대해 '참'이라는 술어의 정의에 대해서도 같은 것이 적용되어야 한다.

> 진리의 정의를 구성할 때 우리가 어떤 용어를 사용할지 하는 물음이 일어난다. 나는 이러한 구성에서 어떤 의미론적 개념도, 그것을 다른 개념들로 환원하는 데 먼저 성공하지 못한다면, 사용하지 않을 것이다. (WB 450, 비교. SCT §9).

2) 프로그램의 수행 : 세 가지 예

> 고찰되는 언어가 단지 유한한, 미리 규정된 수의 진술들만 포함하고, 우리가 그 모든 진술들을 열거할 수 있다면, 진리에 대한 올바른 정의를 구성하는 문제는 어떤 어려움도 없을 것이다. (WB 482)

이를 위해서 다음과 같은 도식을 채우는 것으로 충분할 것이다.

(Σ) x는 다음일 때, 그때 정확히 참이다.

($x = S_1$ 이고 p_1)이거나

(x = S_2 이고 p_2)이거나

........................이거나

(x = S_n 이고 p_n),

우리가 S_1에서 S_n까지의 기호에 탐구된 언어의 모든 문장들의 이름을 대입하고, p_1에서 p_n까지의 기호에 이 문장들을 메타언어로 번역한 것을 대입할 때 그러하다. 예로서 두 영어 문장 <The sun is shining>과 <The food is very good>으로 구성된 그림엽서-코드 L1을 생각해 보자. 사실 L1에 대해 '참'이라는 술어를 독일어로(*여기서는 한국어) 정의해서, 그 정의가 타르스키의 요구를 충족시키게끔 하는 일은 쉽다.

(L1) x는 다음일 때, 그때 정확히 참이다.

(x = <The sun is shining>이고, 해가 비친다)이거나

(x = <The food is very good>이고, 음식이 매우 좋다).

그러나 더 높은 요구를 위한 다음과 같은 그림엽서 언어 L2에 대해서는 이러한 절차는 이미 실패한다. 우리는 L1을 <~한 경우는 없다>와 <그리고>의 두 표현으로 확대한다. 전자를 가지고는 한 문장에서 새로운 문장을 만들 수 있고, 후자를 가지고는 두 문장에서 새로운 문장을 만들 수 있다. 이 두 '연언'의 적용이 반복가능한 것이기 때문에 L2에서는 무한히 많은 문장들이 존재한다.

> 저 (Σ)도식에 따라 자동적으로 구성된 정의는 … 무한히 많은 말들로 이루어져 있을 것이고, 우리는 그러한 종류의 진술들을 메타언어(독일어)에서나 다른 언어에서는 구성할 수 없을 것이다. 이 때문에 우리의 과제는 대단히 복잡해진다.
>
> 소급적 방법을 적용하는 것이 어떨지 하는 생각이 떠오른다. 즉 우리는 L2와 같은 언어의 진술에서는 논리적 구조의 관점에서 완전히 다른 종류의 표현들(아주 단순한 것이나 복합된 것)을 발견한다. 따라서 보다 단순한 진술을 복합적인 진술로 통합하는 전체 조작과정을 제시하는 것이 문제이며, 복합된 진술의 진리성이 어떤 방식으로 거기 포함된 단순 진술의 진리성에 의존하는지를 규정하는 것이 문제이다. 또한 위 조작과정의 도움으로 모든 진술들을 거기서 구성해 낼 수 있는 어떤 요소적 진술들을 분리해낼 수 있을 것이며, 이 분리된 요소적 진술들을 명확히 참/거짓으로 구분할 수 있을 것이다. 예를 들어 위에 서술

된 유형의 부분정의들(즉 W-동치들)의 도움으로 가능하다. 이러한 생각을 실현 하려고 시도할 때 우리는 본질적인 장애에 부딪친다…. (WB 482f)

L2에 관해서는 우리는 **아직** 장애에 부딪친 건 **아니다**. 우선 일단은 '소급적' 정의, 즉 타르스키가 말하듯이, 복합적 사례를 요소적 사례로 소급하는 (recursus) 절차의 예에 주목하자.

I. L2의 **어휘**

두 요소문장: <The sun is shining>과 <The food is very good>

두 연언: <그리고>와 <~한 경우는 없다>

II. L2의 **구문론**, <L2에서의 문장>의 소급적 정의

(a) <The sun is shining>과 <The food is very good>은 문장들이다.

(b) S1과 S2가 문장들이라면, 왼쪽 괄호, S1, <그리고>, S1, 오른 쪽 괄호로 구성된 표현은 하나의 문장이다.

(c) S가 하나의 문장이라면, <~한 경우는 없다>와 S로 구성된 문장도 하나의 문장이다.

(d) (a)에서 (c)까지 조건들을 충족시키지 못하는 표현은 문장이 아니다.

<~과 ~으로 구성된 표현>과 같은 구조적 기술을 나는 이제 <~ 형식의 표현>으로 축약한다(타르스키는 유사한 메타언어로의 축약을 도입하는데 연결기호가 그것이다. WB 467).

III. L2의 **의미론**, <L2에서의 참>에 대한 소급적 정의

(A1) <The sun is shining>는 해가 비칠 때, 정확히 그때 참이다.

(A2) <The food is very good>는 음식이 매우 좋을 때, 정확히 그때 참이다.

(B) (S1, 그리고 S2)라는 형식의 복합문장은 S1이 참이고 S2가 참일 때, 정확히 그때 참이다.

(C) (S라는 경우는 없다)라는 형식의 복합문장은 S가 참인 경우가 없을 때. 정확히 그때 참이다.

영어와 한국어 같은 언어를 L2와 유익하게 구분하는 여러 측면들 중에서 다음의 측면은 타르스키가 말하는 "매우 본질적인 장애"에 부딪친다.

(P) 짝수이면서 비짝수인 수는 없다.

이러한 문장은,

(Q) 2는 짝수이면서 소수(素數)이다

과는 반대로 두 완전한 문장 사이에 연언으로서의 <그리고>가 들어가는 식으로 바꾸어 쓸 수 없다. 왜냐하면 (P)는 참인 반면,

(R) 어떤 수도 짝수가 아니고, 어떤 수도 비짝수가 아니다

는 명백히 거짓이기 때문이다. 따라서 모든 복합문장이 단순 **문장들**의 결합은 아니다. 우리는 (P)를 이렇게 바꾸어 쓸 수 있다.

(P′) 어떤 수도, 그것은 짝수이고 비짝수라는 성질을 갖지 않는다.

여기서 <그것>이라는 대명사는 다음 변형구에서의 x라는 변항(논리학자들이 선호하는)과 같이 기능한다.

(P″) 어떤 수 x에 대해서도, x는 짝수이고 & x는 비짝수이다 는 성립하지 않는다.

(P′) 내지 (P″)에서 연언은 완전한 문장들 사이에 있는 것이 아니라, 타르스키가 "진술함수"라고 부르는, 우리가 콰인과 관련해서 **열린 문장들**이라고 부르게 될 표현들 사이에 있다. 열린 문장들을 내포하는 복합문장의 진리성은 이 부분들의 진리성에 의존할 수 없다. 왜냐하면 열린 문장들은 전혀 진리가-담지적이 아니기 때문이다. 따라서 이러한 구조를 지닌 복합문장들로 된 언어에 대해서 '참'은 L2에서처럼 정의될 수는 없다. 타르스키는 이러한 장애를 어떻게 극복할까?

> 이러한 상황과 관련해서 '참'이라는 탐구되는 개념을 직접적으로(L2의 경우에서와 같이) 소급적인 방법으로 정의할 수 있도록 해주는 방법은 제시될 수 없다. 그러나 보다 일반적인 성격을 지닌 개념을 도입할 가능성은 생기는데, 이는 임의의 진리함수에서 이미 소급적으로 정의되어 진술들에 적용되고 우리를 간접적으로 진리의 개념으로 이끄는 적용사례를 찾을 수 있다. 말하자면 **주어진 진리함수가 주어진 대상들을 통해 충족됨**이라는 개념은 이러한 조건을 만족시킨다. (WB 483)

타르스키는 충족의 개념을 사용하는데, 이는 우리가 다음과 같은 도식,

(E) 하나의 대상 a는 aϕt일 때, 그때 정확히 (**하나의** 변항에서) 열린 문장 O를 충족시킨다

라는 도식으로부터 획득하는 모든 문장은 참이라는 식이다. 여기서 'O'에 대해서는 대상언어로 된 열린 문장의 명칭을 대입하고, 'ϕt'에 대해서는 이것을 메타언어로 번역한 것을 대입한다. 예를 들어 이 도식의 대입사례는,

(E1) a는 <x is even>을 충족시킨다(우리의 대상언어가 논리학교과서에서 발견하는 영어일 때).

마지막 인용에서 공식화된 타르스키의 기본 사상을 일상언어의 부분의 측면에서 재현해 보자. L3도 영어의 한 부분이다. L2와의 결정적 차이는 L3에서는 열린 문장들의 연결에 의지해서 복합되는 문장들이 구성될 수 있다는 것에 있다. L3는 연언만을(문장에서 문장을, 열린 문장에서 열린 문장을 생성하기 위해) 포함하는 것이 아니라, '양화사', 즉 그것을 앞에 위치시킴으로써 열린 문장을 하나의 완전한 문장으로 만들 수 있는 표현도 포함한다. 구문론에서 우리는 어떤 조건 하에서 하나의 표현이 하나의 **문장**(L3에서)인지 말할 수 있기 전에, 먼저 L3에 대해 '열린 문장'의 개념을 정의해야만 한다. 의미론에서 우리는 하나의 문장(L3)이 **참**이 되는 조건을 제시할 수 있기 전에, 우선 L3에 대한 **충족**의 개념을 정의해야만 한다.

I. L3의 **어휘**

두 가지 기본적 술어들: <is a town>과 <has a university>

하나의 변항: <it>

하나의 양화사: <적어도 하나의 대상이 ~하다>

두 연언(L2에서처럼)과 괄호

II. L3에서의 **구문론. 〈L3에서의 열린 문장〉의 소급적 정의**:

(a′) <it is a town>과 <it has a university>은 열린 문장들이다.

(b′) O1과 O2가 열린 문장들이라면, 왼쪽 괄호, O1, <그리고>, O2, 오른쪽 괄호로 구성된 표현은 열린 문장이다.

(c′) O가 열린 문장이라면, <~인 경우는 없다>와 O로 구성된 표현도 열린 문장이다.

(d′) (a′)에서 (c′)까지의 조건을 만족시키지 못하는 표현은 열린 문장이 아니다.

〈L3에서의 문장〉의 소급적 정의:

(a) <…인 적어도 하나의 대상>과 열린 문장 O로 구성된 모든 표현은 하나의 문장이다.

(b) <…와…>를 위한 약관: = L2, (b).

(c) <…인 경우는 없다>를 위한 약관: = L2, (c)

(d) 최종 약관: = L2, (d)

III. L3의 **의미론. 〈L3에서 충족된〉에 대한 정의**

(A1′) a는, a가 하나의 도시일 때, 그때 정확히 <it is a town>을 충족시킨다.

(A2′) a는, a가 하나의 대학을 가질 때, 그때 정확히 <it has a universiry>를 충족시킨다.

(B′) a는, a가 O1을 충족시키고 O2를 충족시킬 때, 그때 정확히 〔(O1과 O2)〕 라는 형식의 복합적 열린 문장을 충족시킨다.

(C′) a는, a가 O를 충족시키는 경우가 없을 때, 그때 정확히 〔O라는 경우는 없다〕 라는 형 식의 복합적 열린 문장을 충족시킨다.

〈L3에서의 참〉에 대한 소급적 정의:

(A) 〔O인 적어도 하나의 대상〕 이라는 형식의 문장은, 적어도 하나의 대상이 O를 충족시킨 다는 성질을 지닐 때, 그때 정확히 참이다.

(B) <…와…>를 위한 약관: = L2, (B).

(C) <…인 경우는 없다>를 위한 약관: = L2, (C)

L1, L2, L3에 대해 '참'을 정의하는 관점에서 볼 때, 우리는 타르스키의 프로젝트가 불러 일으키는 철학적 문제들을 이미 논의할 수 있다. 따라서 나는 타르스키의 논고에 있는 다음 단계를 간단히 지적하는 것으로 만족하겠다 (WB 484-489).

L3에서의 열린 문장들은 그때그때 단 하나의 변항만을 포함한다. 그러나 두 변항을 가진 열린 문장, 예를 들어 <x는 y의 아버지다>와 같은 문장은 개별 대상들로 충족될 수 없고, 타르스키가 말하는 대로 대상들의 질서지워

진 짝으로 충족될 수 있다. **질서지워진** 짝(라반-라엘)은 가령 라반이 라엘의 아버지일 때, 그때 정확히 <x는 y의 아버지다>를 충족시킨다. 질서는 명백히 중요하다. 질서지워진 짝(라반-라엘)은 질서지워진 짝(라엘-라반)과 같지 않다. 후자는 알다시피 우리의 열린 문장을 충족시키지 않는다. 물론 열린 문장에서의 변항의 수는 1일 필요도 2일 필요도 없고, 어떤 다른 (유한한) 수가 문제될 수 있다. 모든 가능한 경우는 한번에 파악할 수 있기 위해서 타르스키는 충족의 개념을 이렇게 정의하는데, 열린 문장들은 (셀 수 있는) **무한한** 계열의 대상들에 의해 충족된다는 것이다. 그러한 계열이 n개의 변항을 가진 열린 문장을 충족시킬 수 있는지 하는 물음을 검토하는 데에는 단지 계열의 처음 n항들만 고려하면 된다.

이 지점에서 타르스키 논고의 논리적-수학적 고공비행이 본래 처음으로 시작된다. 그러나 그와의 철학적 논쟁은 항상(정당하게) 이미 논증과정과 관계된 것이며, 그 과정을 그려내고 명확히 하는 것이 나의 의도였다.

3) 비판적 물음들

우리는 타르스키의 프로젝트가 제기하는 문제들을 두 그룹으로 나누어 볼 수 있다. 즉 (1) 그 **효력범위**의 문제, (2) **정의항적 요구**의 문제이다.

(I.1) 타르스키 스스로 우리가 그의 절차를 일상언어에 대해서(L1, L2, L3에서처럼 사소한 비율에 대해서만이 아니라) 적용할 수 있을 거라고 믿지 않는다. 그 이유를 그는 원초적으로 "일상언어의 보편주의적 경향"(WB 460)에 있다고 본다. 예를 들어 독일어의 경우에 우리는 독일어의 표현들에 대해서 이렇게 말할 수 있다. 우리는 독일어 문장들을 끌어들여 그들을 '참'이라고 부를 수 있다는 식으로. 이러한 가능성을 가진 하나의 언어에 대해 고전적 논리학의 법칙이 타당하다면, 모순-의미론적 이율배반이 일어난다. 가장 유명한 이율배반은 이미 메가라학파가 발견한 이른바 **거짓말쟁이의 이율배반**이다. '(Z)'로 표시된 열의 문장을 고찰해 보자.

(Z) (Z)열에서의 문장은 참이 아니다.

협약 W에 따르면,

(1) <(Z)열에서의 문장은 참이 아니다>는, (Z)열에서의 문장은 참이 아닐

때에, 그때 정확히 참이다.

(2) (Z)열에서의 문장 = <(Z)열에서의 문장은 참이 아니다>.

우리가 이제 (1)의 뒷문장에서 주어를 동일성문장 (2)의 오른 쪽 부분으로 대치한다면(고전 논리학에서 정당화된 단계), 우리는 다음과 같은 유쾌하지 않은 결론을 얻게 된다.

(3) <(Z)열에서의 문장은 참이 아니다>는, <(Z)열에서의 문장은 참이 아니다>가 참이 아닐 때에, 그때 정확히 참이 아니다.

어떤 것이 참이 아닐 때에, 그때 정확히 참이라는 것은 물론 모순이다.

모순의 도출가능성으로부터 우리는(Davidson 1969에 따라) 덜 과격한 결론을 이끌어 낼 수 있는데, 타르스키의 절차는 일상언어에 **전면적으로** 적용될 수는 없으며, 우리가 일상언어로부터 '참'과 '충족된'(혹은 그들의 동의어) 같은 의미론적 술어를 추방할 때 얻게 되는 (사소하지 않은)부분에 대해서만 적용된다는 것이 그것이다. (다른 의미론적 이율배반은 기타 의미론적 술어들을 추방할 것을 요한다.)

(I.2) 일상언어는 대상언어에 대한 타르스키의 요구, 즉 모든 표현의 사태연관성은 "내용을 통해 일의적으로 규정된다"는 것, 따라서 '나', '여기', '이것'과 같은 지시어들은 대상언어에서는 나타나지 않아야 한다는 요구를 충족시키지 못한다(WB 461, TP 275). 이러한 요구를 나는 타르스키의 프로그램을 일상언어적 사례로 설명할 때에는 무시했다(타르스키 스스로 그랬지만. 참조, WB 453, 3항). 엄밀하게 보면 <S는 p일 때 그때 정확히 참이다>에서 p-문장은 S-문장이 지시어를 포함하는 한, S-문장의 **번역**일 수 없다. 우리는 단순하게 S-문장이 L에서 참이라고 말할 수 없다. (<I am tired>의 번역은 <나는 피곤하다>이지만, 명백히 <I am tired>를 가지고 단순히 **내**가 피곤할 때 어떤 참된 것이 말해지는 것은 아니다.)

이 때문에 데이빗슨은 타르스키의 W-동치들의 수정을 제안했다(1969, 754). 우리는 해당 일상언어의 지시 규칙들을 명시하는 공식을 가지고 작업해야 한다는 것이다. 그 예는 다음과 같다.

<I am tired>는, 화자 A의 입과 시점 t에서, A가 t에서 피곤할 때, 그때 정확히 참이다.

(I.3) 일상언어는 대상언어에 대한 타르스키의 요구, 즉 소급적 정의를 위해 "어떤 방식에서 복합 진술의 참/거짓이 그에 포함된 단순 진술의 참/거짓에 의존하는지"를 제시할 수 있다는 요구를 충족시키지 못한다. 독일어에는 복합 문장을 만드는 수많은 연산어가 있는데, 그 진리가는 내포된 문장들의 진리가의 함수가 아니다. 'p'(그리고 'q')의 진리가로부터 <q이기 때문에 p이다>, <안나는 p를 믿는다>, <요하네스는 p라고 말한다> 등등의 진리가는 따라 나오지 않는다.

데이빗슨은 이러한 진단이 그러한 형식에 대한 마지막 말은 아직 아니기를 **바란다**. 예를 들어 아마도 <요하네스는 눈은 희다고 방금 말했다>와 같은 문장은 실제로는 <눈은 희다. 요하네스는 방금 그것을 말했다>와 같이 이해될 수 있다. 그렇다면 우리는 하나의 부분문장이 내포된 하나의 문장에 그저 외견상으로만 관계하는 것일 것이다(참조. 1969, 762, 주).

효력범위의 문제가 만족스럽게 해결된다고 하더라도 정의항적 요구에 대한 물음이 남아 있다.

(II.1) 타르스키는 진리의 **대응설**을 대변하는가? 타르스키 자신과 포퍼, 데이빗슨은 그렇다고 말하지만, 그 대답의 근거는 완전히 다르다. 타르스키는 '고전적 진리관'의 통찰에 따르고자 하며, 우선 이러한 통찰들이 표현되는 세 가지 공식(물론 아직 '충분히 명확하지' 않은)을 도입한다. 가장 오해가 적은 아리스토텔레스적 공식(『형이상학』 IV, 7에 나온)과, '아마도' '어쩌면' 쓸모 있는 두 가지 새로운 대응설적 공식이 그것이다. 그러나 아리스토텔레스적 공식은 **관계론적**이 아니다. 타르스키는 고전적 통찰들에 대한 '보다 정확한 표현'을 제시했지만, 일치나 대응과 같은 관계에 대해서는 언급이 없는 협약 W를 형식화할 뿐이다!

포퍼에 따르면, "타르스키의 진리론은 … 사실과의 일치의 이념에 대한 단순한 설명으로 볼 수 있다." 왜냐하면 W-동치의 오른쪽에서 우리는 "진술문장들"에 대하여 언급하며, 왼쪽에서는 "그것이 관계하는 사실들에 대하여" 언급하기 때문이다(Popper 1962, 224). 여기서 후자는 잘해야 왼쪽에서 언급된 문장이 참일 때 타당하다. 나아가 전체문장은 아무 것과도 관련이 없고 따라서 사실과도 관련이 없다.

데이빗슨은 타르스키의 단초가 특히 '사실'이라는 범주를 피상적인 것으로 만든다는 점을 높이 산다. 그는 여러 참된 문장들에 대해 그들이 전체로서 그때그때 관계한다고 여겨지는 여러 존재들을 요청하지 않는다. 그럼에도 불구하고,

> 타르스키가 전개한 것 같은 진리의 의미론적 이론은 충족의 개념이 떠맡는 역할 때문에 '대응설'이란 명칭을 사용한다. 왜냐하면 그 결과는 아무튼 명백히, 참이라는 속성은 언어와 어떤 다른 것 사이의 관계에 의거해서 설명된다는 것, 그것이기 때문이다. (Davidson 1969, 758)

그러나 우리가 L1과 L2에서 본 것은, 타르스키의 진리정의를 어떤 주어진 언어에서 구성하려고 할 때 자주 충족의 개념은 전혀 필요치 않다는 것이다. (그러한 한 '참'이라는 것은 모든 언어에 대해 의미론적 술어는 아니다!) 따라서 데이빗슨의 논증은 '참'이 **언제나**-변항 L에 대해- 언어적인 것과 어떤 다른 것 사이의 관계를 표현한다는 것을 보여주지 못한다.

(II.2) L3의 의미론에서 협약 (B′)와 (C′)는 언제 한 대상이 열린 문장들의 연언인지, 언제 그 대상이 열린 문장의 부정을 충족시키는지 하는 것을 아주 일반적으로 말한다. 그러나 시초 협약 (A1′)와 (A2′)는 언제 한 대상이 기초적 열린 문장을 충족시키는지를 일반적으로 말하지 않는다. 그 대신 하나의 리스트를 우리에게 제시한다. 해리 필드(1972)는 여기서 하나의 물음을 뚜렷하게 제시하는데, 즉 **그러한** 열거가, 진리정의를 구성하는 데 있어서 먼저 비의미론적 개념으로 "소급하지" 않고는 어떤 의미론적 개념도 적용하지 않는다는 타르스키의 요구를 실제로 이행하는가 하는 물음이다. 리스트가 F인 대상의 전부이고, 이미 문제적 개념 'F'를 보다 문제가 적은 개념들로 환원하는 F개념에 대한 설명인가?

(II.3) 타르스키는 어느 정도까지 '참'을 일반적으로 **정의하는가**? L1, L2, L3는 서로 다른 언어이기 때문에, <L1에서의 참>의 범위는 <L2에서의 참> 등등의 범위와 다르다. 따라서 이러한 술어들은 또한 같은 의미를 갖지 않는다. 우리는 변항 L에 대한 '참'의 의미에 대해 무엇을 경험하는가? 보다 겸손하게

가령 <L1에서의 참>의 의미에 대해 무엇을 경험하는가? 이 술어(다른 모든 그러한 종류의 술어들과 같이)에 대한 타르스키의 정의는 **해당 언어의 모든 문장에 대해 그것이 어떤 조건 하에서 참인지를 말하도록 허용하는 유한한 수의 규칙들**(L1에서는 단 하나의)로 구성되어 있다. 이러한 방식으로 <L1에서의 참>의 범위가 확정된다. 그러나 그럼으로써 이 술어의 의미가 해명된 것인가? 우리는 다음과 같은 식으로 '라반의 딸'의 범위를 규정한다.

(Df.1) x는, (x = 레아) 혹은 (x = 라엘)일 때, 그때 정확히 라반의 딸이다.

그러나 '라반의 딸'의 의미는 라반이 딸을 갖지 않았을 때하고는 다른 것이 아닌가? 이 술어의 의미는 차라리 다음과 같이 설명되어야 할 것이다.

(Df.2) x는, x가 여자이고 라반이 낳았을 때, 그때 정확히 라반의 딸이다.

수학자나 논리학자들에게 그들의 '정의'라는 용어의 사용방식을 제지시키려는 시도는 이제는 너무 늦은 것이다. 그러나 철학자는 이러한 사용방식과 관련하여 '정의'라는 말의 전통적인 연상들이 야기하는 잘못된 기대를 경계해야 한다. (그렇다고 나는 타르스키가 이러한 경고를 필요로 한다고 말하지는 않겠다.)

타르스키는 **진리**의 이론에 대한 기여보다는 문장과 언어의 진리**조건**에 대한 이론에 기여했을 것이다. 그러한 이론은 그 소급적 특성으로 인해 언어의 구조에 대해 많은 빛을 던져주며, 그 때문에 **의미**의 이론에 있어서 큰 관심사가 된다. (참조. 오스틴, 위 책, 146. 데이빗슨, "진리와 의미". 에반스의 동명의 전집)

4절 인식적 이론들

> "만일 '참'과 '거짓'이라는 당신의 용어들이 의심, 믿음 그리고 경험과정을 통해 정의내릴 수 있는 그런 의미로 사용된다면 …, 잘된, 좋은 것이다." (퍼스, 『실용주의란 무엇인가』, 5권, 417)

인식적 진리관도 내가 3.3.3절에서 3.3.5절까지 논구했던 비인식적 진리관과 똑같은 상세한 논의를 할 수 있을 것이다. 그러나 나는 여기서는 몇 가지

지적에 만족해야겠다.

1) 진리와 명증성

우리는 진리의 명증성 이론 가운데 가장 명백한 버전을 프란츠 브렌타노에게서 발견한다. 우리는 그러한 진리관을 이해하는 데에 관련된 그의 판단 이론의 구분들을 다음과 같이 나타낼 수 있다.

판단의 특징들		
1	모호한	판단은 (1)이나 (2)이다.
2	명증적인	(2)인 판단은,
2.1	간접적으로 명증적인	(2.1)이거나 (2.2)이다.
2.2	직접적으로 명증적인	(2.2)인 판단은,
2.21	내성적인	(2.21)이거나 (2.22)이다.
2.22	공리적인	

명증성이란 하나의 판단이,

> 직접적으로 소유하고 있거나, 아니면 직접적으로 명증적인 다른 판단들과 결합을 통해 증명함으로써 획득하는 그것이다. (Brentano 1930, 137)

직접적으로 명증적인 판단들이란,

> 증명할 수 없으며, 어떤 증명도 필요로 하지 않는다. 공리들과 내적 지각의 판단들이 여기에 속한다 (Brentano 1956, 111). 데카르트가 파악했던 경우는 … 생각하고, 믿고, 부정하고, 기뻐하고, 슬퍼하는 것 등과 같은 자기지각의 경우였다. 그럼에도 불구하고 그는 그런 경우들에 제한할 것이 아니라, 공리들 속에 나타나는 명증적이고 필증적인 인식의 경우에서부터 더 나아가 도해적 설명에 이르기까지 이러한 경우들도 추가했어야 했다. (Brentano 1930, 143)

우리는 맨 밑에서부터 시작할 때 이러한 구별을 가장 잘 이해할 수 있을 것이다. 여기서 그러한 판단들이 고지되는 **문장들**을 고찰에 끌어넣을 필요가 있다.

(2.22) 다음과 같은 것이 타당할 때, 정확히 그때 문장 S를 통해 공리적인 판단이 내려진다. 즉 어떤 사람이 S를 이해한다면, 그는 S가 말한 대로 사태가 필연적으로 그러하다고 믿는다. 여기서 이러한 조건들을 충족시키는 몇몇 명제들이 있다. <하나의 속성이 한 대상이 속하는 동시에 속하지 않을 수 없다>, <모든 암사자들은 암컷에 속한다>, <같은 곳에 빨강색인 동시에 초록색인 것은 없다>, <비가 온다면, 비가 오는 것이다>. 누군가 이러한 명제가 말하는 대로 사태가 필연적으로 그러하다는 것을 믿지 않는다면, 그것은 그 명제를 이해하지 못한 것이다. 토마스는 그러한 명제들을 다음과 같이 기술한다. "스스로 잘 알려지는 원칙들을 통해서 용어들이 이해되자마자 인정받게 되는 명제들이 있다." (『신학대전』, I, Fr. 17, Art. 3)

토마스는 이러한 개념의 도움으로 『형이상학』 Ⅸ 10(1051 b 17-26)의 수수께끼 같은 두 부분을 설명하려고 시도한다. 거기서 아리스토텔레스는 참이면서 어떤 오류 가능성도 없는 어떤 것에 대해 말한다. "그 무엇임(ti esti, quidditas)에 관해서 기만이란 없다."[8)]

(2.21) 다음과 같은 것이 타당할 때, 정확히 문장 S를 통해 하나의 내성적內省的인 판단이 내려진다. 즉 어떤 사람이 S를 이해하고 그것을 주장하는 힘을 가지고 표현한다면, 사태는 그가 주장하는 대로 그러하거나, 아니면 그는 거짓말을 한다. 이러한 조건을 충족시키는 문장들이란 가령 <내가 순전히 밝은 색 얼룩을 본다는 사태가 나에게 일어난다>, <나는 기분이 좋지 않음을 느낀다>, <나는 지금 토스카나에 있었으면 좋았을 거라고 생각한다>, 브렌타노의 제자인 에드문트 후설은 "이렇게 형식화된 주관적인 판단들은 참 또는 거짓이기는 하지만, 여기서 진리는 진실성과 일치한다."라고 말한다.[9)]

---

8) '공리적인 명증성'의 개념사에 관한 스케치와 '분석적'이라는 말의 도움으로 정의하려는 시도는 다음에 있다. W, Künne, 1983, *Abstrakte Gegenstände, Semantik und Ontologie*. Frankfurt/M. 212-229.

9) E. Husserl, 1913, *Logische Untersuchungen*. Tübingen 1968, bd. Ⅱ/2, 221.

비엔나 학파의 창시자인 모리츠 슐리크의 경우에서 그와 같은 진술들은 '확인(Konstatierungen)'을 의미한다. 즉 그것들은 '가설들'이 아닌 유일한 경험적인 표현들이다(Schlick 1934, §§6-8). "가설의 특성을 가진 모든 진술은 두 가지, 그리고 오직 두 가지 근거들로부터만 거짓일 수 있다. 즉 오류가 있거나, 아니면 거짓말이 있는 것이다. 이와 반대로 잘못된 확인은 늘 거짓말이다."10)

(2.1) S가 화자에 대해서 그가 오로지 공리적이거나 내성적인 판단들의 토대 위에서 증명했던 어떤 판단을 표현할 때, 그때 정확히 S는 화자의 입에서 간접적으로 명증적인 판단의 표현이다.

(1) S가 화자에 대해서 하나의 판단이긴 하지만, (직-간접적으로) 명증적인 판단을 표현한 것이 아닐 때, S는 정확히 화자의 입에서 모호한 판단의 표현이다. 우리는 이제 지금까지의 브렌타노의 진리관에 대한 해석을 할 준비가 되었다고 생각한다.

진리는 다음과 같은 사람의 판단에 속한다.

> "명증성을 가지고 판단을 내리는 자가 그것에 대해 판단하려는 대로 판단하는 자, 다시 말해 명증적으로 판단하는 자도 주장하려는 그것을 주장하는 자" (Brentano 1930, 139. 비교. 1970, 149f. Husserl, 1913, Bd. Ⅰ, 184).

따라서 어떤 사람 A가 (정해진 물음에 대해) 내리는 판단은 다음과 같은 것이 타당할 때, 바로 그 때에 참이다.

(ⅰ) A가 직-간접적인 명증성을 가지고 판단할 때, 또는

(ⅱ) A가 실로 모호하게 판단하지만, 다른 한편으로 (이 물음에 대해) 명증성을 가지고 판단내릴 수 있는 누군가와 똑같이 판단할 때,

나는 지금 통증을 갖고 있는지 아닌지 라는 물음이 있다고 해보자. 다른 사람은 내가 지금 통증을 갖고 있는지를 단지 모호하게 판단할 수 있을 뿐이다. 하지만 그럼에도 불구하고 그의 판단은 내가(이 물음에서 명증성을 가지

10) M. Schlick, 1935: On Affirmations, In: Philosophical Paper. Vol 2, Dordrecht, 1979. 410f.

고 판단할 수 있는 유일한 사람인 '나'가) 내성적으로 나는 통증을 갖고 있다고 판단할 때에 참이다. 혹은 '100 = 1^3 + 2^3 + 3^3 + 4^3'인지 하는 물음이 있다고 해보자. 그의 짝의 긍정적 답을 신뢰하고 베끼는 어느 초등학생은 모호하게 판단하는 것이다. 그럼에도 불구하고 그의 판단은 누군가가 오직 공리적인 판단에 기초해서 100이라고 판단할 수 있는 경우에 참이다.

브렌타노의 명증성 이론에 대해서 결정적인 물음이 있다. 즉 도대체 직접적으로 명증적인 판단이 있는가? 그리고 그 판단은 이론에 따라서 수행해야 할 것을 수행할 수 있는가? 나는 첫 번째 물음에 대해선 [앞에서 이 이론을] 재구성할 때 암시적으로 긍정적인 답을 내놓았으므로, 곧바로 두 번째 물음을 다루겠다. 우리가 내성적인 판단의 영역에 머무른다고 할 때, 그 내성적 판단들이 모든 경험적 진리의 토대로서 기여할 수 있는가? 어떤 독자가 지금 한 장의 종이를 (단순히 그렇게 믿는 것만이 아니라) 실제로 자기 앞에 두고 있는가 아닌가라는 물음에 대해서는 아무도 직접적 명증성을 가지고 판단할 수 없다. 그리고 이 물음에 대한 긍정적 답변마저도 한갓 내성적 판단만 일어나는 특정한 전제들의 집합에서 따라 나오는 것이 아니기 때문에, 아무도 간접적인 명증성을 가지고 그가 한 장의 종이와 대면하고 있다고 판단할 수 없다. 따라서 우리가 명증성 이론을 기초로 삼는 한, 이른바 외적 지각의 판단은 참일 수 없으며, 이는 이러한 유형의 다른 모든 판단들에 대해서도 당연히 타당하다.[11] 브렌타노는 <그러한 판단들은 단지 개연적일 수 있을 뿐이다> 라고 말할지도 모른다(237ff). 그러나 p라는 것이 개연적이라면, 그 때 p라는 것은 개연적으로 참이다. 그리고 이것은 p라는 것이 참일 수 있다는 것을 전제한다.

이 문제는 (이미 비엔나 학파에서 논쟁적이었던) 경험적 인식의 토대로서의 확인(Konstatierung)에 대한 슐리크의 견해에서 다시 등장한다.

> 과학은 예견한다. … 이를테면 이렇게 말한다. '만약 당신이 이러저러한 시간에 망원경을 이러저러하게 조절해서 관찰한다면, 그러면 당신은 작은 광원(별)

11) 비교. F. Brentano, 1970, Versuch uber die erkenntnis, 158-170.

> 이 검은 선(조준선)에 일치하는 것을 볼 것이다.' … 우리의 예언은 실제로도 적중하는가? 검증과 반증의 모든 각각의 경우에 있어 긍정이든 부정이든 간에 '확인'은 일관적으로 대답한다. (Schlick 1934, §6)

내가 주어진 상황 아래 해당된 시간에 다음과 같이 진술한다고 해보자. <나는 지금 작은 광원 등등을 본다>. 이 진술은 우리가 '보다'를 (<맥베스는 단도를 본다>의 경우처럼) 약한 의미로 쓸 때에만 확인이 된다. 그러고 나서 우리는 다음과 같이 생각한다. <이제 내가 보는 것처럼 그것이 그렇게 나타난다 등등> 만약 이렇게 기술된 체험이 하나의 착각이라면, 이는 예측의 확증에는 적합하지 않다. 체험이 착각이 아니라는 것은 하나의 가설이다. 게다가 오직 내가 주어진 상황 아래 해당된 시간에 사실적으로 확인하는 한에서만 나의 확인은 예측의 확증에 적합하다. 그러나 이러한 조건이 충족된다는 것은 하나의 가설이다. 따라서 예측이 적중하는가 아닌가는 나의 확인에만 달려있는 것이 아니라 이러한 가설의 진리성에도 달려 있다.[12]

2) 진리와 정합성

슐리크는 그가 (영국의 신헤겔주의를 암시하면서) 정합설이라 칭했던, 그리고 비엔나 학파에서 O. 노이라트(그리고 타르스키의 의미론으로 전환하기 전의 카르납)로 대변되었던 진리관에 에 매우 강력히 반대한다. 노이라트에 따르면,

> 과학은 진술들의 체계로서 그때그때마다 토론의 대상이 된다. 진술들은 진술들과 비교되는 것이지 '체험들', '세계', 그리고 그 밖의 어떤 것과 비교되는 것이 아니다. 이 모든 의미 없는 이중화는 … 거부되어야 한다. 모든 새로운 진술은 기존의 진술들, 이미 서로 일치하여 사용된 진술들 전체와 대조된다. **하나의 진술은 우리가 그것을 편입시킬 수 있을 때 옳다고 불린다.** 우리가 편입시킬 수 없는 것은 옳지 않은 것이라고 거부된다. 새로운 진술을 거부하는 대신에, 우리는 새

12) '내성적 명증성'의 한계와 '공리적 명증성'의 한계에 대해서는 Künne 1983, 229-233쪽을 보라.

로운 진술이 편입될 때까지 이제까지의 진술체계 전체를 변경할 수도 있다. 물론 이는 일반적으로 어려운 결심이기는 하지만 말이다. (Neurath 1981, 541)

하나의 진술이 하나의 진술체계에 편입되기 위한 최소한의 필요조건은 그 결과가 모순이 없다(일관되다)는 것이다. 노이라트의 관점에서 이는 동시에 충분조건이기도 한 것으로 보인다.

> 우리에게 새로운 명제가 제시된다면, 그러면 우리는 그것을 우리가 다루고 있는 체계와 비교하고, 이제 새로운 명제가 체계와 모순되는지 아닌지 검사한다. 새로운 명제가 체계와 모순되는 경우에 우리는 이 명제를 적용할 수 없는 ('거짓된') 것으로서 걸러낼 수 있다. … 그게 아니라면 우리는 그 명제를 '받아들일 수' 있고, 이 명제가 추가됨으로써 체계는 모순 없이 지속될 수 있도록 체계를 약간 변경할 수 있다. 이제 그 명제는 '참이라' 불린다.[13]

따라서 한 체계의 정합성은 그의 일관성에 존립한다. 영국의 신헤겔주의자들(이를테면 Bradley 1914)과 많은 동시대의 정합설 이론가들(이를테면 Rescher 1973)에겐 정합성에는 그 이상의 것이 있다. 이를테면 체계의 진술은 어떤 식으로든 서로 근거를 주어야 하고(서로 함께-정합되어야) 하고, 체계는 가능한 한 포괄적이어야 한다.

어떠한 경우든지 다음과 같은 반대는 당연하다. 즉 우리는 p인지 아닌지에 관한 물음에 대답을 하지 못한 채로 하나의 정합적인 명제체계에 <p>를 편입 시킬 수 있다(이로써 체계는 더 포괄적인 것이 된다). 그러나 우리는 그 대신에 '~p' 혹은 p와 정합하지 않는 다른 명제를 편입시킴으로써, 마찬가지로 정합적이고 포괄적인 명제체계를 만들어 낼 수 있을 것이다. 그러나 오직 이러한 명제들의 하나만이 참일 수 있다. 명백히 모든 정합적인 명제체계가 오직 참된 명제들만을 포함할 수 있는 것은 아니다. 아마도 한 쪽에서는 p가, 그리고 다른 쪽에서는 p와 정합하지 않는 명제가 나타날 수도 있는 것이다.

13) 같은 책, 581

(비교. Schlick 1934, §3)

물론 노이라트가 '기존의' 명제들에 관하여 말할 때, 그는 **참으로 간주되는** 명제들을 생각했을 것이다. 우리는 믿고 싶어 하는 것을 단순히 믿을 수는 없다. 우리가 눈을 뜨고 단색인 대상 a 앞에 서 있다면, 우리는 a가 녹색이라는 믿음과 a가 붉은 색이라는 믿음 사이에서 선택 할 수는 없다. 그리고 우리가 어떤 것을 의식적으로 창안했다면, 우리는 그것이 참으로 간주하는 결정은 할 수 없을 것이다. 동화(童話)도 명제들의 정합적인 체계이긴 하지만 그것은 아직 참으로 인정되는 명제의 정합적인 체계는 아니다.

이와 관련해서 <그녀가 방금 말한 것은 사실들과 일치한다/일치하지 않는다>와 같은 어법을 상기해 볼 수 있다. 기묘하게도 이것은 종종 대응이론에 대한 증거로서 인용된다(비교. 예를 들어 Austin 1950, 121, D 229. Davidson 1969, 748). 그러나 우리는 '사실들과'라는 말의 복수성에 주목해야 한다. 그 말은 그녀의 진술은 화자가 알고 있다고 믿는 모든 것에 들어맞는다는 것을 뜻한다. 그러한 어법은, 그것이 일반적으로 어떤 하나의 이론을 지지하는 것이라면, 차라리 진리의 정합설에 대한 하나의 증거이다.

이제 우리는 어떤 특정한 사람이 현재 가지고 있는 신념들의 총체가 일관된다는 것을 믿을 수 없다. 그리고 물론 지금 서로 다른 사람들이 가지는 견해들이 모두 서로 조화되는 것도 아니다. 하나의 진리 후보자는 참인 것이 되기 위해서 **어떤** 참으로 간주되는 명제들과 정합되어야 하는가? 노이라트는 진리후보자와, '이미 서로 조화된' 명제들의 총체와의 대립에 관하여 말한다. 이제 우리는 하나 이상의 방법으로 모순성을 제거 할 수 있다. 여기에 비판적인 법정과 같은 어떤 것이 있을까?

> 확실히 우리는 하나의 법정을 가지고 있는데, 그것은 우리가 인정하는 프로토콜 명제이다. 그러나 그 법정은 최종적으로 확정된 것이 아니다. 우리는 판사를 포기하지 않지만 그는 파면될 수 있다. … 그러므로 우리에게서 현실 인식에 대한 추구는 과학의 명제들을 가능한 한 많은 프로토콜 명제들과 일치시키려는 추구로 환원된다.[14)]

프로토콜 명제들과 함께 소위 외적인 지각에 대한 판단이 프로토콜(기록)에 주어진다. 그래서 우리는 그것들을 어떤 내성적인 판단들, 자기 확인(Konstatierung)이라 표현하지 않는다. 하나의 프로토콜 명제를 주장하는 힘을 가지고 표현하는 사람은 그가 그 프로토콜 명제를 옳게 이해한다해도, 그것을 잘못 생각할 수 있다. 그는 하나의 가설을 구성한다. 무엇 때문에 **이러한** 가설들과의 '일치'(그 자체로)가 하나의 특별한 요구사항인가? 왜 이 가설들이 '이론의 존립에 대해서 최종적으로 결정하는가?' 노이라트는 프로토콜 명제들의 재판관 기능을 납득할만하게 하는 데 성공하지 못한다. 카르납은 그 무렵, 우리가 그러한 명제들의 사용법을 배우는 상황에 의거하여, 그러한 경우에 이미 **참으로 간주된다고 하는 사실**이 (필연적 근거는 아닐지라도) 우리가 그것의 참됨을 받아들일만한 하나의 좋은 근거임을 보여주려고 시도했다.[15] 그러한 한 노이라트와 당시의 카르납이 대변한 진리관은 순수한 정합설이 아니고 오히려 '**제한된** 정합설'이다.[16]

진리의 개념을 설명하기 위한 제안으로서 이러한 개념은 다음과 같은 두 가지 반대에 직면한다.

1. 하나의 (지시어가 없이 구성된) 이론은 현재 인정받은 프로토콜 명제의 시험을 통과할지 모르지만, 나중에 그 후에 인정된 프로토콜명제의 시험을 더 이상 통과하지 못할 지도 모른다. 그러나 그렇게 구성된 이론에 대해서 그 이론은 처음에는 참이었지만 그 후에는 더 이상 아니라고 말하는 것은 아무런 의미가 없다.[17]

2. 노이라트는 하나 이상의 이론이 기존의 인정된 프로토콜 명제의 집합과 '일치한다'는 것을 강조했다.[18] '단순성'의 관점이 언제나 하나의 이론을 다른

14) O. Neurath, 1981: Gesammelte philosophie und methodologische Schriften. Bd. 2. Wien.

15) R. Carnap 1932, Erwiederung auf Ziesel, Erkenntnis 3, 182f.

16) C. G. Hempel, 1935: On the Logical Positivist's Theory of Truth, in: *Analysis* 2 (독일판: Skirbekk 1977), 49, 57, D 96, 104 f.

17) R. Carnap, 1936: Wahrheit und Bewährung. 89

18) O. Neurath, 1981: Gesammelte philosophie und methodologische Schriften. Bd. 2, 616f. 비교: W. James, 1907: Pragmatism. In: The Work of W. James Vol. 1. Cambridge/Mass. 104, D 46.

모든 경쟁자들보다 더 두드러지게 한다고 기대할 수 없다. 만약 이제 동일한 프로토콜 명제 집합에 들어맞는 (그리고 똑같이 단순한) 두 이론들이 서로 정합하지 않을 때, 그들은 참된 명제들로**만** 구성되어 있을 수 없다.

3) 진리와 합의

> 일대일. 한 사람은 항상 오류이다. 그러나 두 사람과 더불어 진리는 시작된다. (니체, 『즐거운 학문』, Ⅲ, 260)

우리는 C. S. 퍼스의 합의설과 W. 제임스의 사상을 실용주의적 진리관이라 부른다. 그것에 따르면 <p라는 것은 참이다>는 <p라는 것을 믿는 것은 장기간으로 보면 이득이 있다>(James 1907, 106, D 49)는 것을 의미한다. 이러한 연대의 세 번째 사람인 J. 듀이는 다음과 같이 쓴다. "논리학의 관점에서 내가 아는 최고의 진리의 정의는 퍼스의 정의다"(1938, 345). 현대 미국철학자들 사이에서 셀라스(1968)와 퍼트남(1978)은 퍼스의 진리관에 의거하는 반면에, 로티(1980)는 이 문제에 있어서 오히려 제임스와 공감한다.

실용주의의 역사의 시초에 있는 생각은 '합의'(consensus, **상호주관적** 일치)의 개념을 이용하여 진리를 정의하려 시도한다. (이러한 견해의 한 변형은, 수많은 부가적 문제들과 더불어, 오늘날 하버마스(1973)에 의해 대변된다.) 1878년에 퍼스는 그의 획기적인 논문 「우리의 관념을 명석하게 하는 방법」에서 이렇게 쓴다.

> 학문의 추종자들은 … 물론 처음에는 서로 다른 결과들을 갖게 될지도 모른다. 하지만 그들 각자가 자신의 방법과 실험기술을 완전하게 하는 만큼, 그 결과들이 앞서 규정된 중심점 안에서 지속적으로 함께 작동한다는 것이 드러난다. … 여러 사상가들은 대립하는 견해들로 시작할 수 있지만, 그럼에도 불구하고 탐구의 진보는 그들 자신의 바깥에 있는 힘을 통해 그러한 견해들을 하나의 동일한 결론으로 이끈다. … **모든 탐구자들이 궁극적으로 동의하도록 운명지워져 있는 견해**(1), 그것이 진리라는 낱말이 뜻하는 것이다. 그리고 이러한 견해에서 표현되는 대상이 실재이다. 나는 이렇게 실재를 설명하려 한다.

(1) 여기서 운명이란 오로지 확실하게 다가오고 어떤 식으로도 피할 수 없는 것만을 의미한다. … 우리 모두의 운명은 우리가 죽는다는 것이다. (Peirce 1878, Bd. 5, 407. D 87f)

퍼어스는 <x는 참이다>는 <궁극적으로 x를 받아들이는 인간들은 여전히 있을 것이다>를 의미한다고 생각하는 것일까? 그렇다면 다음과 같은 이의가 마땅히 제기될 수 있다. (a) x는 2000년까지 논쟁거리였는데, 마지막 자유사상가(Dissident)가 죽고 나서 그 후로 x는 더 이상 어떤 인간에 의해서도 반박되지 않는다고 가정해보자. 이로부터 x가 참이라는 것이 따라 나오는가? (b) 진리가는 지구에 살게 될 최후의 인간의 동의에 의존하는가? "그는 아마도 자기를 따뜻하게 하고 식량을 구하는 일에 완전히 몰두하게 될 것이므로, 그의 의견이 우리의 의견보다 더 이성적일 것일지는 대단히 의심스러운 것이다." (Russell 1939, 145)

계속해서 읽어보면 우리가 아직 퍼스를 옳게 이해했던 것이 아님을 알게 된다.

우리의 고집과 다른 사람들의 고집은 정해지지 않은 긴 시간 동안 의견의 확정을 미룰 수 있다. 심지어 어쩌면 그것은 인류가 현존하는 한에서 하나의 자의적인 명제가 일반적으로 받아들여지는 사태를 야기할 수도 있을 것이다. 그렇다 할지라도 그것은 오로지 충분히 멀리까지 추구된 탐구의 결과일 수 있는 확신의 본성을 변화시키지 않을 것이다. 그리고 우리의 류類가 사멸한 뒤에도 탐구의 소질과 성향을 가진 다른 하나의 류가 생겨난다면, 저 참된 의견은 그 류가 마지막에 도달하게 될 그러한 것이어야 한다. '바닥에 팽개쳐진 진리는 다시 소생할 것이다.' 그리고 탐구로부터 마침내 발생하게 되는 의견은 어떤 사람이 실제로 무엇을 생각할 수 있는가에 의존하지 않는다.[19]

만일 퍼어스가 다음과 같은 것을 말하고자 한다면,

(*Df.*P) 계속해서 탐구가 이루어진다면, 결국 모든 탐구자가 x를 받아들이

19) C. S. Peirce, 1878, 408

게 될 것이라는 것 이 타당할 때에, 바로 그 경우에 정확히 x는 참된 의견이다.

그렇다면 그의 입장은 위에서 제시된 반박을 비켜갈 수 없다.

무제한적인 탐구 가운데서 마침내 일반적인 동의를 발견하게 되는 모든 의견들의 총체는 퍼어스에게서 "무한한 탐구가 과학적 신념을 가져오도록 만드는 **이상적인 한계치**(ideal limit)이다."(Peirce Bd.5, 565) "무제약적 탐구가 과학적 확신에 근접하게 되는 이념적 한계치이다." 그는 일련의 이론들을 생각하는 듯 보이는데, 그것은 마치 1, 1/2, 1/3, … 0에 근사해지는 연쇄처럼, 이상적 이론 안에서 그 극한치를 갖는 연쇄이다. 거기서 연쇄의 연속적 항들 각각은 앞선 것과의 간격이 다른 것보다 작은 그러한 것이다.

이제 우리는 실로 **측정**의 증대하는 정확성의 관점에서 한계치에로의 근접에 대해 말할 수 있다. (퍼어스는 여러 해 동안 실험물리학자로서 일했다.) 그러나 이 개념을 전체 이론들에 대해 적용한다는 것은 의심스러운 것이다. 왜냐하면 "한계치 개념은 '보다 가까운'이란 개념에 의존하는데, 이는 수에 대해서는 정의되지만 이론들에 대해서는 정의되지 않기 때문이다." (Quine 1960, §6) 그 밖에도 수렴이라는 은유는 과학적 혁명들의 관점에서는 매 번 부적절하다. 과학적 혁명에서 하나의 새로운 이론은 낡은 이론을 통합시키는 것이 아니라 완전히 폐기한다. (그러한 혁명들이 때때로 일어난다는 것을 쿤과 파이어아벤트가 입증했다.)

우리가 한계치 개념을 포기한다해도 (Df.P)는 여전히 다음과 같은 비판적 물음을 제기할 수 있다.

(1) (Df.P)에서 주어진 합의-조건을 충족시키는 **모든 것**이 필연적으로 참인가?

(2) 이 합의-조건을 충족시키는 **것**만이 필연적으로 참인가?

(1)에 대하여: 어떤 전투를 기록하는데 있어서 하나의 작은 오류는 그것을 더 잘 알아야 하는 모든 사람들이 간과할 수 있으며, 몇 세기의 전통이 지난 후에도 결국 확고하게 정착되어 마지막 날까지 결코 수정되지 않을 수 있다. 물론 우리는 유한한 탐구 과정에서 결코 수정안에 도달할 수 없다는 것을 확신할 수는 없다. 그러나 우리는 마찬가지로 거기에 언젠가 도달한다는 것도 확신할 수 없다. 퍼스가 그러한 수정안 **이전에** 탐구는 아직 '충분히 멀리 수

행되지' 않았다고 응답한다면, 그는 그의 테제를, '충분히 멀리'에 대한 독립적인 기준이 결핍된 관계로, 진부한 것으로 만드는 것이다(Scheffler 1974, 102f).

(2)에 대하여: "아침을 먹는 동안 나는 아마도 내가 방금 달걀과 베이컨을 먹었다는 잘 근거지어진 신념을 가진다. 나는 2000년 후에 학자들이 그것이 실제로 그러했는지에 대해 연구를 할 것이라는 것을 의심한다. 그들이 그 일을 행한다면, 그들의 의견은 내 의견보다는 가치가 없을 것이다."(Russell 1939, 146) 퍼스 스스로 이와 비슷한 반론을 한 적이 있다.

> 내가 역사의 모든 사소한 사실들에 대해 무엇을 말할 수 있는지, 사람들은 나에게 물을 수 있을 것이다. 그것들은 잊혀져 결코 재발견되지 않는 것들이다. … 여기에 대해 나는 연구가 충분히 멀리 추진되었을 때, 주어진 문제(분명한 조건을 갖는)에 대해 어떤 해결책도 찾지 못하게 되는 상황을 인정한다는 것은 비철학적이라고 답할 것이다. 불과 몇 년 전에도 우리에게 도달하는 시간이 우리 인류가 존재하는 것보다 더 오랜 시간이 걸리는 빛을 가진 별이 어떤 물질로 이루어져 있는지, 우리는 언젠가 알 수 있다는 것을 생각했겠는가? 우리가 몇 백 년 후에도 알지 못한다는 것을 누가 확신할 수 있겠는가? 우리가 학문을 지난 백년의 활동들과 더불어 천년 동안 추진한다면, 그 결과가 무엇일지 누가 추정할 수 있겠는가? 학문을 백만 년, 십억 년, 혹은 임의의 수의 해에 걸쳐 추진한다면, 최종적으로 해결할 수 없는 어떤 문제가 있다고 어떻게 말할 수 있겠는가? (Peirce 1878, Bd. 5, 409)

그러나 퍼스는 그의 대답에서 연구에 관련된 문제들에 대해서만 말하지, 러셀의 아침식사에 대한 문제와 같은 문제에 대해서는 말하지 않고 있다. 게다가 어떤 특정한 연구 관련 문제들에 대해 그것들은 무한한 연구과정 속에서도 결코 해결되지 않을 것이라는 것을 인정하는 것은 비철학적이라는 사실로부터, 결론 즉 이러한 속성을 가진 연구 관련 문제가 **있다**는 것을 인정하는 것이 비철학적이라는 사실이 따라 나오지는 않는다. (내가 어떤 사람에 대해 그가 스파이라는 것을 정당하게 말할 수 없다는 사실로부터, 스파이가 **있다**는 것을 정당하게 말할 수 없다는 사실이 따라 나오지 않는다.) 물론 우리는 무한한 연구 과정 속에서 러셀의 진부한 아침식사 견해에 대하여 일치된 합의에 결코 도달하지 못한다고 확신할 수는 없다. 그러나 우리는 마찬가지로 언젠가 거기에 도달한다는 것을 확신할 수도 없다.

시간적으로 무제약적인 연구 속에서 결국 모든 학자가 수용하게 될 모든 것, 그리고 그것만이 참이라는 것이 **가능하다**면, (Df.P)는 진리 개념의 정확한 설명이 아니다. 정확한 설명에 있어서 설명항과 피설명항은 **모든 사고가능한 상황에서** 동일한 외연을 가져야 한다. '참'의 의미의 규정은 언급의 가치가 거의 없는(<테아이테토스는 앉아 있다>) 진리와 오류에 대해서도, 가장 비범한 물리학적 가설에 대해서와 마찬가지로 적용되어야 한다. 그렇지 않다면 진리의 개념을 다른 개념으로 대체해야 한다는 제안이 중요한 관건이 될 것이다.

이 절에서 제시된 인식적 진리관은 모두 동일한 시험에서 실패한다. 즉 진리와 동일시되는 속성 E는 그때그때 다음과 같은 것을 용인하는 방식이라는 것이다.

x가 참이 아니더라도 x는 E를 가질 수 있다. 혹은,

x가 E를 가지지 않더라도 x는 참일 수 있다.

그러나 이러한 이론들이 **진리**에 관한 진리를 내포하지 못하는 것일지라도, **인식**의 이론에 대해서는 큰 관심사일 것이다.

■ 참고문헌

Aristoteles, *De Inrerpretatione*(Ackrill의 영역), Oxford, 1963.

________, *Metatphysik*(Bonitz의 독역), Hamburg, 1966.

________, *Nikomachische Ethik*(Dirlmeier의 독역), Stuttgart, 1969.

Augustinus, *De Mendacio*, und, *Contra Mendacium*, In: *Migne*, *Patrolpgia Latina*, Bd, 40, Würzburg, 1953.

________, *Enchiridion*, In, *Migne*, Bd, 40.

Austin, J. L. 1950, Truth, In: *Philosophical Papers*, Oxford, 1970.

__________. 1954, Unfair to Facts, In: *Papers*

Bradley, F. H. 1914, *Essays on Truth and Reality*, Oxford.

Brentano, F. 1930, *Wahrheit und Evidenz*, Hamburg.

__________. 1956, *Die Lehre vom richtigen Urteil*, Bern.

__________. 1970, *Versuch über die Erkenntnis*, Hamburg.

Carnap, R. 1932, *Erwiderung auf Zilsel*, In, Erkenntinis, 3.

________. 1936, *Wahrheit und Bewährung*, In, Skirbekk 1977.

Davidson, D. 1967, *Truth and Meanning*, In, Synthese 17.

__________. 1969, *True to the Fact*, In, Journal od Phil, 66.

Dewey, J. 1983, *Logic*, The Theory of Inquiry, New York.

________. 1939, Reply(to Russell), In, Schilpp(편), *The Philosophy of J. Dewey*, New York.

Dummett, M, 1978, *Truth and other Enigmas*, London.

Evansm G./McDowell, J.(편)1976, *Truth and Meaning*, Oxford.

Field, H. 1972, *Tarski's Theory of Truth*, Journ. Phil, 69.

Frege, G.(1892), *Über Sinn und Bedeutung, In, Funktion, Begriff, Begriff, Bedeutung*, Göttigen 1966.

________.(1893), *Grundgesetze der Arithmetik*, Band 1. Darmstadt 1962.

________.(1897), *Logik*, In, Nachgelassene Schrifen, Hamburg 1969.

________.(1918), *Der Gedanke, In, Logische Untersuchungen*, Göttingen 1966.

Grover, D./Camp, J.L./Belnap, N. D.1975, *A Prosentential Theory of Truth*, In, Philisophical Studies 27.

Haack, S. 1978, *Philosophy of Logics*, Cambridge.

Habermas, J. 1973, *Wharheitstheorien*, In, Festschrift, für W. Schilz. Pfllingen.

Hegel, G. W. F. 1963, *Wissenschaft der Logik*, Hamburg.

______________. 1970, *Enzyklopädie der Philosophischen Wissenschaften*, ERster Teil. FrankFurt/M

______________, Heidegger, M. (1925), *Logik, die Frage nach der Wharheit*, In, Gesamtausgabe. Bd. 21. Frankfurt/M, 1971.

Hempel, C. G. 1935, *On the Logical Positivista' theory of Truth*, In, Analysis 2.

Hessel, E. 1913, *Logische Untersuchungen*, Tübingen 1968.

James, W.(1970), *Pragmatism*, In, The Works of W. James. Vol.1.Cambridge/ Mass, 1975,

________.(1909), *The Meaning of Truth*, In., The Works. Vo, 2. Cambridge/Mass, 1975.

Kant, I. (1787), *Kritik der reinen Vernunft* = KdrV. Akademie-Ausgabe. Berlin 1911.

______________, *Logik*, In; Werke. Bd. Ⅲ Darmstadt 1963.

Kaneale, W. 1972, *Propositions and Truth in Natural Languages*, In; Mind 81.

Künne, W. 1983, *Abstrakte Gegenstände, Semantik und Ontologie*, Frankfurt/M.

_________. 1985, *The Intentionality of Thought*, In: Mulligan, K. (Hrsg.): *Spreech Act and Sachverhalt, The Philosophy of Adolf Reinach*, The Hague.

Mackie, J. L. 1973, *Truth, Probability, and Paradox*, Oxford.

Moore, G. E. 1910, *Some Main Problems of Philosophy*, London 1953.

Mulligan, K./ Simons, P./Smith, B. 1984, *Truth-Makers*, In: Philosophy and Phemomenological Research 44.

Neurath, O. 1981, *Gesammelte philosophische und methodologische Schriften*. Bd. 2. Wien.

Peirce, C. S. 1878, *How to Make Our Ideas Clear*. In: Collected papers. Vol. 5. Cambridge/Mass. 1965 (deutsch: Über die Klarheit unserer Gedanken, Frankfurt/M. 1968).

Plato, Hippias Minor, *Sophistes* (deutsch von Schleiermacher. Reinbek bei Hamburg 1957-59).

Popper, K. R. 1962, *Conjectures and Refutations*, London.

Prior, A. N. 1971, *Objects of Thought*, Oxford.

Putnam, H. 1978, *Meaning and the Moral Sciences*, London.

Quine, W. V. O. 1960, *Word and Object*. Cambridge/Mass. (deutsch: Stuttgart 1980).

Ramsey, F. P. 1927, *Facts and Propositions*. In: Proceedings of the Aristotelian Society. Suppl. Vol. 7 (Auszug in Skirbekk 1977).

Rescher, N. 1973, *The Coherence Theory fo Truth*, Oxford (Auszug in Skirbekk 1977).

Rorty, R. 1980, *Philosophy and the Mirror of Nature*, Oxford(deutsch: Frankfurt/M. 1981).

Russell, B. 1910, In: *Philosophical Essays*, London.

_________. 1918, *The Philosophy of James's Conception of Truth Logical Atomism*, In: Logic and Knowledge, London 1956(deutsch in: *Die Philosophie des Logischen Atomismus*, München 1976).

________. 1939, *Dewey's New <Logic>*, In: Schilpp(ed.): The Philosophy of J. Dewey. New York 1939.

________. 1940, *An Inquiry into Meaning and Truth*, London.

Sartre, J. P. 1973, *Die Mauer.* Reinbek bei Hamburg.

Scheffler, I. 1974, *Four Pragmatists*, London.

Schlick, M. 1934, *Über das Fundament der Erkenntnis*, In, Erkenntinis 4.

Sellars, W. 1968, *Science and Metaphysics*, London 1971.

Skirbekk, G.(편) 1977, *Wahrheitstheorien, Eine Auswahl aus den Diskussionen über Wahrheit im 20*, Jahrhundert. Franfurt/M.

Strawson, P. F. 1950, *Truth*, In, Logico-Linguistic Papers. London 1971.

Sukale, M. (편), 1976, *Morderne Sprachphilosophie*, Hamburg.

Tarski, A, (1935), *Der Wahrheitsbegriff in den formalisiern Sorachen* = WB. In, Berkra. Kreiser(편), Logik-Texte, Berlin 1971.

________, (1944), *The Semantic Conception of Truth* = SCT, In, Feigel/sellars(편), Readings in Philosophical Analysis, New York 1949.

________, (1969), *Truth and proof* = TP. In, Hanfling(편), Fundamental Problems in Philosophy, Oxford.

Thomas von Aquin 1949, *De Veritate*, Turin, freiburg 1952.

________________ 1974ff, *Summa Contra Gentiles*, Deutsch-lateinische Ausgabe, Darmstadt.

________________ 1933ff, *Summa Theologica*, Deutsch-lateinische Ausgabe, Salzburg.

Vender, Z. 1967, *Facts and Events*, In, Linguistics in Philosophy, New York.

Williams, C. J. F. 1976, *Waht is Truth?* Cambrige.

Wittgenstein, L. 1921, *Trastatus logico-philosophicus*, Franfurt/M.

4부 _ 좋음(善)

- A. 피퍼

4부 : 좋음

도입

만약 우리가 '좋은(gut)', '좋음(das Gute)', '재산(Güter)' 등의 개념들을 통해 지칭된 문제 영역을 체계화하기 위해 정밀하게 탐색하고자 한다면, 철학이 좋음에 대한 핵심적 질문과 관련해서 발전시켜왔던 다양한 이론적 정초들과 추론들을 정리하는 것이 중요하다. 그럼으로써 '좋음'을 논할 수 있는 본질적인 관점들은 분명하게 드러나고 서로 대비될 것이다. 우리는 '좋음'이 주제화, 문제화될 수 있거나 실제로 문제화되었던 다음의 세 가지 기본적인 관점들을 구분한다.

- 첫 번째로 시도될 수 있는 것은, ‘좋은’이라는 낱말의 의미분석을 통해 ‘좋음’이 무엇인가를 탐문해 보는 것이다. 주로 아리스토텔레스와 영미쪽의 메타 윤리학이 이러한 의도를 가지고 일상언어 용법에 대해 몰두했었다.

- 두 번째로 시도될 수 있는 것은, 좋음의 개념에 함축되는 것들을 형이상학적인 총체적 구상의 범위 안에서 분석적으로 전개시켜 보는 것이다. 이것은 특히 플라톤과 사변적인 중세의 신학자들, 그리고 셸링에 의해 이루어졌다.

- 마지막 세 번째로 시도될 수 있는 것은, 그것이 의무론적이든 목적론적이든, 좋음을 도덕적 범주로서, 규범적 윤리학의 테두리 안에서 정초하는 것이다.

그러므로 언어이론, 형이상학 그리고 윤리학 등이 좋음에 대한 탐구와 비판적 가치평가에 있어서 그 우선권을 가지는 철학의 영역 내지는 분과들이다.

1장 ‘좋은’이라는 낱말과 그 의미들

만약 우리가 ‘좋은’이라는 낱말의 일상언어적인 사용에서부터 출발한다면, 우리는 의미의 다양성에 맞닥뜨리게 될 것이다. 때문에 모든 종류의 다양한 용례에서 나타나는 그 많은 의미의 차이들에도 불구하고 고수될 수 있는 하나의 근본적 의미가 입증될 수 있을지 의구심이 들게 될 것이다. ‘좋은’이라는 낱말은 단지 인간과 행위들에 대해서만 술어가 될 수 있는 것이 아니기 때문이다. 예를 들어 우리는 특정한 자동차나 풍족한 아침식사, 헤어스타일, 휴양이나 경비견, 심지어는 도둑이나 독약까지도 좋다는 말로 표현한다. 즉 거의 모든 대상들에 대해 <X는 좋다>라는 진술이 적합한 맥락을 표현하는 것이 가능하다는 것이다, 이러한 ‘좋은’의 무작위적 사용은 이 단어가 가진 일종의 다의성을 가리키는 것으로 보인다. 아니면 사람들은 임의의 X에 대해 그것이 좋다고 말할 때마다 동일한 것을 생각하는 것일까?

1절 아리스토텔레스 : 좋음의 범주들

무엇보다도 영미권의 메타윤리학이 언어분석적 연구와 관련해서 이러한 질문에 몰두했었다. 그러나 언어분석적으로 '좋은'의 다의성에 최초로 주목했던 이는 아리스토텔레스였다. 『니코마코스 윤리학』(NE)에서 그는 다음과 같이 설명한다.

> '좋음'은 '있음' 만큼이나 많은 의미에서 언표된다. 예를 들어 신이나 지성에 대해서는 실체의 범주에서, 도덕적 탁월성에 대해서는 질의 범주에서, 적당한 양에 대해서는 수량의 범주에서, 유용함에 대해서는 관계의 범주에서, 적절한 순간에 대해서는 시간의 범주에서, 적합한 거처에 대해서는 장소의 범주 등등에서 좋음이란 말이 언표되기 때문이다, 때문에 '좋음'은 어떤 포괄적인 보편자일 수 없지만 그렇다고 단일한 것일 수도 없다. 만약 그렇다면 좋음은 모든 범주에서 언표될 수는 없고 오직 하나의 범주에서만 언표될 수 있기 때문이다. (NE 1096 a).

아리스토텔레스는 언어사용과 관련해서 10가지 범주, 즉 무엇인가에 관한 진술의 10가지 가능성들을 구별했다. 때문에 위에 이미 거론된 6개의 범주들 외에 4개의 범주가 더 있다. 상태(예, 좋은 집터), 소유(예를 들어, 좋은 신경, 즉 강한 정신력을 가지고 있다와 같은), 능동(예로, 땅을 잘 경작하다와 같은), 수동(예로, 수술을 잘 견딘다)과 같은 것들이 그것들이다. 그러므로 '좋다-진술'도 '이다-진술'만큼이나 다양한 진술 가능성들이 있다고 할 수 있다. 범주들이란 가능한 의미영역들이거나, 여러 물질영역들을 서로 구분해 주는 술어들의 종류들이다, 아리스토텔레스에 따르면 좋음을 술어화하는 여러 다양한 방식들은 서로 소급 할 수도 없고 더 상위 개념에 포함될 수도 없다. 왜냐하면 <이성(理性)은 좋다>, <덕이 있는 인간은 좋게 행동한다>, 그리고 <제임스 본드는 좋은 신경을 갖고 있다> 등의 진술 간에는 '좋은'과 관련해서 어떤 가능한 비교점도 없다. 더불어 상위 심급의 '좋음의 개념'에 대해서는 "내용이 없는 형식"일 뿐이라고 거부했다(NE 1096b). 플라톤이 최상의 류로서의 좋음의 이데아를 수용하는 것과는 반대로 아리스토텔레스는 좋음에 대해 단지 하나의 학문만이 있는 것이 아니라 다양한 학문들이 있다는 사실을 끌어들이고 있는 것이다.

> 단 하나의 이데아 하에서 파악되는 사물들에 대해서는 학문 또한 오직 하나만이 있기 때문에, 모든 '좋은'의 현상형식들에 대해서도 단 하나의 학문만이 있을 수 있을 것이다. 그런데 실제로는 '좋은'의 진술이 단 하나의 범주에 속하는 경우에서조차 여러 가지 학문이 관계하고 있다. 예를 들어 적절한 순간(適時-시의 적절함)에 관련된 학문의 경우에도, 전쟁에서는 병법이며, 질병에 있어서는 의술이다. 올바른 양(절도)에 대해서 본다면, 음식에서는 의술이고, 운동에서는 체육학이 관장한다. (NE 1096a)

따라서 '좋음'은 다양한 맥락 속에서 그 때마다 각각 다양한 것을 의미하고, 이를 아리스토텔레스는 다음과 같이 요약한다 : "단 하나의 '이데아'라는 의미에서 어떤 공통적인 것으로서의 '좋음'이란 존재하지 않는다"(NE 1096b). 그럼에도 이러한 불만족스런 결론은 그로 하여금 계속해서 다음과 같이 질문하도록 만든다.

> 그렇다면 도대체 어떤 의미에서 우리는 <좋음>을 말하는 것일까? 적어도 이 표현이 결코 순전히 우연에 의해 같은 이름을 가지게 된 사물들과 관련된 것은 아니다. 혹시 이 일은 어쩌면 그 사물들이 단일한 좋음에서 유래되었거나 혹은 단일한 좋음에 기여하고 있거나, 아니면 우리가 그것을 유비적인 의미로 이해해야만 하는가? 눈의 기능인 시각이 신체 안에 좋은 것인 것처럼, 그렇게 정신의 기능인 지성이 영혼에 있어서 좋은 것이고, 그 외에 다른 경우에는 다른 것이 좋은 것처럼 말이다. (NE 1096b)

아리스토텔레스는 이 문제에 대한 논의를 『니코마코스 윤리학』에서 끝내지 않고, 그 해답을 열린 채로 두고 있다. '이다(is)'와 '좋다(good)'의 병행성 때문에 『형이상학』(Met.) 4권과 5권에 따르면, <X는 좋다(X is good)>라는 형식의 모든 진술에서 공통적으로 생각될 수 있는 두 가지의 가능성이 제시된다. 그 중 하나의 가능성이 다음의 명제에서 제시되고 있다.

> 존재하는 것은 그 의미가 반복적으로 서술되지만, 그것은 언제나 하나의, 단 하나의 본질과의 관계 속에서 그러한 것일 뿐, 단순히 같은 이름이라는 의미에서 그러한 것이 아니다. 건강하다고 불려지는 모든 것이 건강과 관계하듯이, 존재하는 것도 여러 가지 의미로 언표되지만, 그 모두가 하나의 근원(archē)과 관계를 맺고 있다. (Met. 1003a)

이렇게 우리는 언제나 오직 어떤 것(하나의 실체 ousia)에 대해서만 진술할 수 있기 때문에, <X는 좋다>라는 진술을 정초해주는 좋음(善性)의 원리는, 존재성 혹은 건강성의 원리와 마찬가지로 '좋은'이라는 술어에 선행해야 한다. 규정되지 않은 어떤 것이 사고 속에서 구성되고 또 10 범주 중 하나의 척도에 따라 그것이라고, 즉 무엇임(what it is)이라고 진술됨으로써, 비로소 하나의 규정된 존재자가 되는 것처럼, 마찬가지로 어떤 좋은 것도 범주적으로 규정되고 진술될 때 비로소 좋은 것으로 언표된다. 존재, 즉 있음이 존재자에 대한 모든 진술의 **근원**(archē)이며 시작이자 원리이고 결국 모든 '이다-진술'의 통일성을 보증하는 것처럼, 좋음도 **근원**, 시작, 원리이고 결국 '좋은'이라는 모든 가능한 술어들의 통일성을 보증한다.

여기에서 말하고자 하는 것은 존재론적인 원리가 아니라 주어에 술어를 덧붙여 말하는 것을 허락해주는, 사물에 대한 말의 조건에 대한 것이다. 그러나 어떻게 문장을 구성하는 원리를 알아내고, 어떻게 그 원리를 내용적으로 구성할 수 있는 지에 대해서 아리스토텔레스는 더 상세히 논의하지 않는다. 다만 확실한 것은 (좋은 이라는)술어 속에 내재되어 있는 보편성의 계기는 이 술어를 통해 서술되는 다양한 대상들로부터의 추상에 의해서 하나의 최고류개념으로서 확인되는 것이 아니라, 우리가 하나의 사물에 대해 그것이 좋다고 말할 때 언제나 이미 전제되어 있는 원리에서 도출된다는 것이다.

<X는 좋다>라는 형식의 모든 진술 속에서 유지되고 있는 이 술어의 동일한 의미내용을 좋음의 선험적인 원리에 의거해서 정초할 수 있다는 가능성과 더불어, 아리스토텔레스에게서는 두 번째 가능성으로서 유비에 의한 비교가 나타난다. 즉 <X는 좋다>라는 형식의 모든 진술의 동일성은 그 술어가 가지는 동일한 의미 내용에서가 아니라 관계들의 동일성으로 인해 등장하는 것

이다. 아리스토텔레스는 “어떤 것이 다른 어떤 것과 관계하는 것과 똑같은 방식으로 관계하는” 어떤 것은 유비의 측면에서 하나라고 말한다(Met. V, 6, 1016b 30). 관계방정식의 형식으로 표현한다면, 칼 : 자름 = 딸기 : 달콤함 = 인간 : 미덕 = 재치 : 요점 등등을 의미한다.

등식부호(=)를 통해서 표현되는 ‘좋은’이라는 술어의 동일성은, 그 모든 내용상 완전히 이질적인 사태들 속에서 오직 콜론(비례표시)에 의해 표시되는 관계들과 관련될 뿐 그 외에 사물들과 관련되는 것은 아니다. 좋음은 여기에서 원리적인 의미를 갖는 것이 아니라 단지 어떤 유비적인 의미만을 갖고 있을 뿐이다.

아리스토텔레스의 언어분석 방법에서 드러난 ‘좋은’의 의미를 발견하는 두 가지 가능성들은 특별히 형식적으로 남아있다. 좋음의 원리는 ‘좋은’이라는 술어의 다양한 종류(실체, 질, 양, 관계 등등)를 정초하는가, 혹은 ‘~이 좋다’가 범주적으로 구별되는 진술의 형식들 속에서 그 때마다 유비적으로 이해되어야 하는가? 이러한 이 단어의 의미내용은, ‘좋은’이라는 술어의 원리적인 규정과 유비적인 규정 양쪽 모두에 열려 있다. 혹시 이 단어를 진술문에서 사용할 때 우리는 어떤 의도를 가지고 사용하는가? 만약 그렇다면 이 술어가 그 사물을 정당하게 서술할 수 있도록 하기 위해서라면 좋은 것이라고 지칭된 그 사물 자체가 마치 어떤 성질을 가져야만 한다고 생각하는 것일까? 아니면 우리는 한 사물이 주체에게 특정한 느낌(쾌적한, 숭고한 등등)을 불러일으키고, 그 느낌을 통해 그 사물을 좋다고 칭하게 되는 것이라고 생각하는 것일까? 그리고 또한 우리는 사물의 어떤 속성이 이러한 효력을 가지고 있는지, 그리고 무엇이 ‘좋은’이라는 술어를 정당화하는지에 대해서도 물을 수 있을 것이다.

2절 메타윤리학 : ‘좋은’의 의미내용들

영미권의 메타 윤리학은 이러한 물음들에 몰두한다. 메타윤리학은 아리스토텔레스와 마찬가지로 언어사용을 ‘좋은’이라는 단어가 일상용어상 사용되고 있는 방식에 대해 탐구했다. 먼저 1903년에 무어G. E. Moore가 자신의 『윤리학의 원리』에서 ‘좋은’이라는 단어가 무엇을 **의미하는가** 라는 물음을 제기했다. 무어는 우리가 어떤 단어의 의미를 정의를 통해 명백하게 밝히려는 전통적인 방식으로 접근한다면, ‘좋은’이라는 말이 정의될 수 없다는 점을 확신했다.

> 만약 내가 <무엇이 좋은가>라는 질문을 받는다면, 나는 좋은 것이 좋은 것이라는 대답으로 끝이다. 또는 사람들이 나에게 <어떻게 좋음을 정의할 수 있는가>라고 묻는다면, 그것은 정의될 수 없다는 것이 나의 대답이고, 그 외에 더 이상 말할 수 없다. (Moore 1970, 36)

이렇게 실망스러운 대답은 첫눈에는 아리스토텔레스의 해결책과 마찬가지로 불만족스러운 것으로 보인다. 그렇지만 무어는 ‘좋은’과 ‘좋음’을 구별하고자 자신의 주제를 좀 더 정확하게 규정한다.

‘좋은’이라는 낱말이 절대적으로 단순하고, 비자연적이고, 환원할 수 없고, 따라서 분석을 통해 더 이상 분할할 수 없는 사물의 성질을 의미하는 반면, ‘좋음’이라는 표현은 뭔가 복잡한 사물관계, 다시 말해 “좋은 어떤 것”(38)과 관련되며, 이것은 무어에 따르면 정의가 가능하다. 왜냐하면 ‘좋음’은 ‘어떤 좋은 것’이라는 뜻에서, 이 어떤 것에는 일반적인 의미에서 단지 ‘좋은’이라는 속성만이 귀속되어 있는 것이 아니라, 어떤 만족을 주는 것 혹은 지적인 것과 같은 다른 술어들도 귀속되어 있다는 것을 의미하기 때문이다(39 참조). 따라서 우리는 예를 들어 철학이란 어떤 좋은 것이라고 말할 수 있는데, 나아가 하나의 정의 속에서 철학은 좋은 학문이며, 지적으로 만족을 주고, 일반적으로 유용한 학문이라고 구체화시킬 수 있다. 무어에 따르면 이러한 정의의 맥락에서 우리는 간접적으로 즐거움, 지적인 것, 그리고 유용성도 좋은 것으로 표현될 수 있다고 말하는 것이 가능하다. 그러나 다음과 같이 말하는 것은 허용되지 않는다. 즉 철학은 좋은 것인데, **왜냐하면** 철학은 지적으로 만족을 주고, 일반적으로 유용하기 때문이라고 말하는 것이다. 그 이유는 ‘좋은’이란 어떤 다른 종류의 속성에도 환원될 수 없는 속성이며, 그런 한에서 “어떤 정의도 불가능한”(같은 곳) 것이라는 것이다. 누군가 ‘좋은’을 쾌적하고, 유용하고, 만족스러우며 동시에 바람직한 것으로서 규정함으로써 그것을 정의하고자 시도한다면, 그는 무어가 "자연주의적 오류"(44이하)라고 불렀던 실수를 범하는 것이다. 즉 그 사람은 "노란 색인 모든 것들이 노란 색과 정확하게 동일한 것을 **의미한다**"고 말하는 것처럼, '좋은'과 '어떤 좋은 것'이라는 표현들을 혼동하고 있다는 것이다(45). 우리는 여기서 후기의 언어행위 이론에서 살펴 볼 차이를 무어가 말하려 하고 있음을 알 수 있다. 즉 '좋은'이라는 술어는 어떤 수행적인(performativ) 표현이지 확언적인(konstativ) 표현을 나타내는 것은 아니라는 것이며, 다시 말해 화자는 자신이 사물에 붙어 있는 어떤 특정한 속성이나 성질을 **기술하려** 하는 것이 아니라 단지 사물을 총체적으로 **평가하려** 함을 암시한다는 것이다.

결과적으로 무어는 '좋은'과 '어떤 좋은 것'의 의미내용을, 관념적이고 인간에게 있어 최상의 선이라는 의미에서의 좋음 자체와 구분한다(Moore 1970, 254이하). 무어에 따르면, 어떤 것이 다른 어떤 것에게 그저 목적을 위한 도구로서 좋은 것일 뿐만 아니라, 그 자체로 좋고 그 자체 때문에 추구하게 되는 그러한 좋은 것인지 아닌지를 밝혀내기 위해서 우리는 완전한 격리의 방법을 사용해야한다. 그리고 그 방법에 따라 좋은 것으로 간주되는 것은 구체적인 관계와는 상관없이 그 자체로 추상적으로 고찰된다. 동시에 어떤 사물이 "**오직** 절대적인 격리 안에서만 실재하고 있음에도 좋은 것으로 간주되는 그런 종류"에 속하는 것인지가 드러나게 된다(258). 이런 방식으로 무어는 좋은 것이라고 지칭되는 사물에 각각의 가치 등급을 정하는데, 우리가 좋다 혹은 좋지 않다고 칭하는 사물들을 격리시켜 재고하는 방법을 통해 세 가지 종류의 좋음들(가치들) 내지 악들(무가치)들이 나타난다. 1. 단적으로 좋은 것들의 종류(그 자체로 좋은 것들로 특히 "인간적 교류에서의 기쁨들" 내지 "개인적인 애호"나, "아름다운 대상들에 대한 향유" 혹은 "예술이나 자연 속의 아름다움들에 대한 존중" 등(260)). 2. 단적으로 악한 것들의 종류(그 자체로 악한 것들로 무엇보다도 "악에 대한 사랑"과, 잔인한 것, 음탕한 것과 같은 추한 것에 대한 기쁨, 그리고 좋음이나 아름다움에 대한 증오, 고통 등(285이하)). 3. 혼합된 좋은 것들의 종류(예를 들어 용기, 연민, 나쁨과 추함에 대한 증오 등(294이하. Moore 1975, 141-147참조)).

무어의 고찰은 그 후 수십 년 동안 진행된 메타윤리적 논쟁의 출발점이 되었고, 특히 '좋은'이라는 술어의 정의불가능성과 비자연성에 대한 무어의 주장에서 불붙었다. <X는 좋다>라는 형식의 판단들의 술어가 경험이라는 수단을 통해 검증할 수 있는 X의 객관적인 속성과 관계되지 않고 어떤 가치 평가를 표현하는 것이라면, 그러한 형식의 판단은 판단이라고 할 수 있는가? 혹시 '좋은'이라는 낱말이 들어 있는 문장들에서는 정신적 상태에 관한 보고나 혹은 단순한 감정의 표현들이 중요한 것이 아닐까? 아니면 그런 판단의 정당성이 다른 방법으로 입증될 수 있는가? 무어의 뒤를 이어서 로스(W. D. Ross)는 그 주제를 다음과 같이 구성했다. 즉 '좋은'은 비록 어떤 규정할 수 없는, 비경험적 성질을 표시하고 있기는 하지만, 그럼에도 불구하고 직관적인 작용 속에서 직접적으로 파악될 수 있고, 그것도 좋은 것으로 평가된 사물에 규범적인 위엄을 부여하는 "자명한(prima facie) 구속성"으로서 파악될 수 있다(Ross 1960, 84). 어떤 사물의 내적인 좋음들에 대한 직관적 통찰은 행위를 통한 그의 실현이라는 의무를 갖는다(271). 그럼에도 로스에게도 풀리지 않은 채 남아있는 문제는, 어떤 주관적 직관 혹은 명증성이 그때마다의 모든 판단의 정당성을 위한 충분한 척도가 되지 못한다는 점이다. 만일 동일한 사물에 대해 두 가지 반대되는 판단이 내려지는 경우에-<X는 좋다>, 혹은 <X는 좋지 않다>-, 두 직관 중 어느 하나는 거짓이어야 하는데, 그것은 직관을 판단할 수 있는 기준이 있을 때에만 결정될 수 있다. 그렇지 않다면 그러한 종류의 진술들에서는 인지적 문장이라는 의미에서의 판단이 문제되지 않는 것이다.

에이어A. J. Ayer와 스티븐슨C. L. Stevenson으로 대표되는 '정서주의'는 이러한 '직관주의'의 딜레마를 다음과 같이 해결했다. 즉 <X는 좋다>라는 종류의 판단들은, 경험적으로 확인할 수 있는 사태들을 알려주는 것이 아니라, 단지 (말하는 이의)감정을 표현하거나 혹은 (듣는 이에게) 감정을 야기시키는 기능만을 가지고 있기 때문에, 사이비(pseudo)-판단들이라는 것이다. <X는 좋다>라는 문장이 의미하는 바는 따라서 <나는 X를 너도 반드시 해야 하는 일이라고 생각해>라는 뜻일 뿐이다. 만약 어떤 사물의 좋음과 관련해서 어떤 동의도 얻어내지 못한다면, 우리는 자기 견해의 정당성에 대해 논쟁 상대방을 납득시키기 위해 여러 다른 전략을 사용할 수 있지만, 그러나 결과적으로 누가 참으로 옳은지는 결정할 수 없는 문제이다. 왜냐하면 누구나 옳기 때문이다. 따라서 <초콜렛이 좋다>(=나는 초콜렛을 좋아한다)라고 말하는 사람이나, 반대의 것을 주장하는 사람이나 똑같이 진실을 말하는 셈이다.

'좋은'이 전적으로 정서적인 의미만을 가지고 있기에, 이 낱말을 사용하는 모든 문장들은 비이성적인 표현들이며 거기에는 어떤 인지적인 연관성도 없다는 주장에 대해서 다음과 같은 이의를 제기할 수 있다. 즉 이것이 일상적으로 통용되는 '좋은'의 모든 사용방식들에 대해 정당하게 사용될 수는 없다는 것이다. 좋음의 도덕외적인 의미에서라면 당연히 개인의 취향이 개별적으로 좋아하는 것에 대해서 판단한다는 것이 폭넓게 적용된다. 그러나 좋음의 도덕적인 의미에서는 사정이 다르다. 예를 들어 어떤 행위나 사람의 성격이 좋다고 표현할 때에는, 그러한 판단과 동시에 판단의 보편타당성과 정합성도 함께 요구된다. 그러나 이러한 요구가 어떻게 정초될 수 있는가? 툴민S. E. Toulmin과 헤어R. M. Hare(참조. 1972, 특히 107-188)는 다음과 같이 규정하고 있다. 즉 정당성을 요구하는 <X는 좋다>의 형식 판단은 도덕규약의 범위 내에서 합리적으로 검증할 수 있는 것인데, 그러한 규준에 통합되는 규범들과 가치기준들이 보편적으로 인정된 바로 그 "좋은 근거들"이고, 이는 좋다고 주장되는 사물에 대한 판단에 의거해서 정당화될 수 있는 한에서 그러하다. 현존하는 규칙 체계는-물론 이때 이 규칙체계들이 일반적인 관습이나 금기처럼 그저 자연발생적으로 생겨났는지, 또는 예법들이나 교통규칙처럼 협약을 통해 확정되었는지는 중요하지 않다- 축약된 형태로 저 일반적으로 통용되는 좋음에 대한 표상들을 내포하고 있다. 이들은 <X는 좋다>라는 형식의 판단과 관련해서 자신의 합법성을 경험하는데, '좋은'이라는 낱말을 가치어로 생각하는 방식이, 그 X를 통해 지정되고 권유되는 것인지(Hare 1972, 176이하), X에 대해 어떤 찬동하는 입장을 나타내는 것인지(Nowell-Smith 1969, 120), 혹은 타당한 규범을 비판적으로 지시하는 것인지(Wellman 1961, 161이하), 단지 플러스 기호의 기능을 하는 것인지(Katz 1969, 266) 하는 것들은 상관이 없다. 따라서 '좋은'이라는 낱말의 역할은 지극히 다양하다. 그것은 맥락에 따라 규범적일 수도 있고, 평가적일 수도, 또는 정서적이거나 비판적일 수 있으며, 나아가 가치를 인정하거나 칭찬하거나, 분류하거나 혹은 자격을 인정하는 의미를 가질 수도 있다. 이것이 노웰-스미스가 '좋은'을 단적으로 일종의 야누스적 낱말로 칭하게 한 것이다(167).

폰 리히트G. H. von Wright 또한 동일한 결과에 이르게 된다. 그는 자신의 저서 『좋음의 다양함』(1964)에서 '좋은'의 6가지 의미들과 그에 상응하는 6개의 가치판단의 종류를 구별하기는 했지만, '좋은'의 근본의미를 탐구하지는 못했다. 처음에는 "도구적인 좋음"의 범주에서부터 시작하는데, 그에 따르면 하나의 판단-예를 들어 <이것은 좋은 칼이다>-에서 좋은 것으로 지칭된 대상은 하나의 "좋게 만드는 속성"(날카로움)으로 인해 특정한 목적에(자른다) 가장 유익하다. "기술적인 좋음"이라는 두 번째 범주는 하나의 생물에 어떤 특별한 활동을 탁월하게 수행할 수 있는 특정한 능력이 부여되는 것이다(예를 들어 <A는 좋은 달리기 선수이다>). 세 번째 "의학적인 좋음"이라는 범주는 어떤 것을 육체적 건강과 관련해서 좋은 것으로 부르는 가치 판단을 포함하고 있다(예를 들어 좋은 눈, 좋은 건강). 또 사회적인 개정이나 개선에 기여하는 일들에 맞는 모든 판단들은 "공리적인 좋음"이라는 네 번째 범주에 속한다(예로 좋은 풍속, 좋은 제도, 좋은 기관). "쾌락적인 좋음"이라는 다섯 번째 범주에는 주관적인 감각들이나 취향판단 등이 있다(좋은 와인이나 좋은 날씨 등이 그러한 예다). 끝으로 "인간적인 좋음"은 여섯 번째 범주로 도덕적인 판단들이 여기에 속하는데, 이러한 판단에 따라 특정한 인간의 태도들(좋은 의지, 좋은 의도와 같은)이 보편타당한 것으로 인정된다. <좋은>의 술어적 사용법이 너무도 다양하기 때문에 폰 리히트는 이 여섯 개의 모든 의미 영역들에서 하나의 공통적으로 근원적인 '좋은'의 의미를 제시해 보이는 것은 불가능하다고 생각했다.

그러나 여기에서 다음에 대해 숙고해볼 수 있을 것이다. 즉 매우 형식적인 것일지라도, 그렇게 다양한 의미들 속에서도 '좋은'이라는 동일한 단어의 사용을 납득할 수 있는 것으로 만들어줄 계기를 도저히 발견할 수 없는가 하는 것이다. 모든 종류의 <~은 좋다> 진술의 공통 계기는 <X는 좋다>라는 일련의 형식 판단들 속에 하나의 적절함의 관계가 표현되고 있다는 점에서 찾을 수 있는데, 이 적절함에 따라 X가 자신의 본질규정을 충분하고도 완전히 완수함으로써 자격을 얻게 되는 것이다. 그렇게 되면 '좋은'이라는 것은 하나의 대상과 그것의 내재적 본질 규정의 성공적인 일치를 가리키는 이름일 것이다. 따라서 만약 가위의 본질이 자르는 것이고, 눈의 본질이 보는 것이고, 제도의 본질이 인간들 간의 태도를 규정하는 것이고, 그리고 인간의 본질이 도덕적으로 행위하는 것이라면, 이 술어('좋다')는 그때마다 사물과 그것의 본질 사이에 반성적으로 열려 있는 관계를 자기연관관계의 성공적인-언제나 그런 방식일지 모르지만-형식으로 표현하는 것이다. 따라서 좋다고 불리는 대상들과 그들의 본질규정들안으로 수용된 특징들이 아무리 상이하다고 할지라도, 그것들을 서로 연결시켜주는 것은 다음과 같은 비례식 속에서 표현할 수 있을 것이다. 칼 : 자름 = 눈 : 봄 = 제도 : 규정함 = 인간 : 행위함. 이렇게 해서 우리는 다시 아리스토텔레스와 그가 제시한 '좋은'에 대한 유비적 의미로 돌아온다.

언어분석적인 탐구들의 결과에서 볼 수 있듯이, 모든 사용방식들을 관통하는 '좋은'의 내용적인 근본의미는 밝혀질 수 없다. '좋은'이라는 술어가 그때마다 의미하는 바는 결코 선험적으로 전개할 수 있는 것이 아니라 그것이 나타나는 맥락에서 추론할 수 있을 뿐이다. 이때 '좋은'이라는 술어는 우리가 <X는 좋다>라는 판단을 통해 X의 성질과 관련해서 누군가에게 일차적으로 어떤 것을 전하고자 하는지, 지시하려고 하는지, 권고하고자 하는지, 암시하고자 하는지, 아니면 사고하게 하고자 하는지에 따라 각각 서술적, 지시적, 평가적, 감정적, 혹은 비판적인 의미를 가질 수 있게 된다. 일상용어에서 '좋은'의 이와 같은 상이한 사용 방식들은 거의 분리되지 않고 대부분의 경우에 서로 혼합된 채로 나타난다. 이와 관련해서는 광고가 극단적인 본보기가 될 수 있다. 상품을 선전하는 광고는 단지 상품의 장점만을 강조하는 것이 아니라, 소비자가 그 상품을 사지 않는다면 그는 소비자로서 자신의 본질규정을 완수하지 못한다는 식으로 바로 소비자에게 책임이 전가되기 때문이다(오직 Y브랜드의 속옷을 입는 진정한 남자, 오로지 Z브랜드의 세제만 사용하는 진정한 주부 등).

2장 좋음의 형이상학적 개념

모든 형이상학의 관심은 존재하는 모든 것에 토대가 되는 최고의 원리이다. 좋음 또한 이와 마찬가지로 더할 나위 없는 제일 원리라고 불린다.

1절 소크라테스와 플라톤 : 좋음의 이데아

소크라테스는 대화편 『파이돈』에서 다음과 같이 말한다. 즉 그가 젊었을 때 아낙사고라스의 지성(nous)에 관한 학설에 몰두했었는데, 그 학설에 따르면 "지성은 모든 것에 질서를 부여하는 것이자 모든 것들의 원인이다"(『파이돈』 97c). 나이든 자연철학자와의 그러한 일화의 계기는 우주공간과 그 안에서 벌어지고 있는 변화들을 설명하는 원리에 대한 소크라테스의 관심 때문이었다고 한다. 물질적 원인으로부터 사물을 도출하고자 했던 그의 개인적인 노력이 완전히 실패로 돌아간 후에(경험적인 원인탐구를 통해서는 우리는 단지 끊임없이 다양한, 그런 종류의 우연한 원인들만을 규명할 수 있을 뿐, 모든 원인들의 필연적 원인은 찾아낼 수 없기 때문이다), 소크라테스는 마침내 지성이 모든 사물의 원리라는 아낙사고라스의 명제에 맞닥뜨리게 되었다. 소크라테스는 곧장 이 원리가 사물의 물질성에서부터 재구성될 수 없다는 것을 알아챘기 때문에, 그는 아낙사고라스가 지성 안에서 자연적으로 존재하는 것들에 질서를 부여하는 존재를 발견한 것이라고 믿었다. 그 학설을 세부적으로는 알지 못한 채 소크라테스는 다음과 같이 전제한다. 즉 어떤 것이 가장 탁월하고 최상의 상태로 존재한다는 것이 드러나게 된다면 그때 그것은 필연적으로 파악된다는 것이다(『파이돈』 97d). 다시 말해 소크라테스에게 **지성**은 **좋음**(agathon)과 연관되는 것이고, 때문에 각각의 지성의 산물은 좋음의 인장을 받은 것이다. "따라서 그(아낙사고라스)가 모든 개별적인 것과 전체에 대해 원인을 증명함으로써, 그는 각각의 것에 있어서 최상의 것을, 그리고 모든 것에 대하여 총체적으로 좋은 것을 드러낼 것이라고, 나는 믿었다"(98b).

따라서 소크라테스는 더 이상 개별적인 존재자의, 그리고 존재자 전체의 **질료적 원인**(causa materialis)에 대해 묻지 않고 **목적적 원인**(causa finalis)에 대해 묻게 된다. 이것은 개별 존재자에게 있어서는 그 각각의 **목적**(telos) 속에서 그에 내재한 의미 목적으로서 제시되어야 하고, 존재자 전체에게는 세계에 내재하는 궁극 목적 속에서 단적인 좋음으로서 제시되어야 하는 것이다. 그러나 소크라테스는 자신의 그러한 기대에서 깨어나게 된다. 그가 보기에 아낙사고라스는 결코 어떤 목적론적인 세계해석을 제공한 것이 아니라, 단지 공기나 에테르, 물과 같은 사물들의 상태-존재(So-sein)에 대한 질료적인 원인만을 반복해서 제시하고 있었기 때문이다. 물론 이것은 소크라테스의 질문에 결코 만족스러운 답을 제시하지 못한다. 소크라테스는 이제 그 스스로 모든 사물들의 원리를 규정하는 일에 착수한다. 그는 먼저 자연의 목적론적 설명에 대한 그 자신의 관념을 수정했다. 그러한 설명이란 오직 인간이, **작용인**(causa efficiens)으로서 세상을 산출하고 합목적적으로 배열하는 신의 눈을 가졌을 때만 이 세상을 통찰할 수 있다는 전제하에서만 가능하다는 것을 소크라테스가 간파했기 때문이다. 그러나 인간은 좋음의 질료적 원리를 모든 존재하는 것들이 그 선함에 참여하고 있는 최고 실체의 형태로 사유할 수 없다. 왜냐하면 그러한 **최고 선**(summum bonum)은 인간의 인식능력을 넘어서며, 때문에 설명의 원리로서 끌어들일 수는 없기 때문이다. 따라서 인간의 유한한 이성은 어떤 물질적 최종 원리가 아니라 단지 형식적인 최종 원리만을 개진할 수 있다. 이것이 곧 존재자를 그 자신의 변화하고 경험적인 내용성에서가 아니라 그의 불변하는 본질 속에서 좋은 것으로 인증하는 **형상인**(causa formalis)이다.

소크라테스는 훗날 플라톤이 대화편 『국가』에서 보다 엄밀하게 규정하게 될 자신만의 새로운 로고스-방법을 분명히 하기 위해 봄(see)의 유비를 사용한다. "즉 많은 이들이 물 속이나 그 밖에 다른 것 속에서 태양의 상을 바라보지 않는 경우에는 눈을 버리고 만다. … 그래서 나는 로고스들로 도피하여 그 속에서 사물의 참된 본질을 봐야 한다고 생각했다"(『파이돈』 99d-e). 태양을 직접적인 방식으로가 아니라 단지 어떤 매개를 통해서만 볼 수 있는 것처럼, 좋음 또한 직접적으로는 파악할 수 없고 단지 로고스를 통한 개념적인 매개 속에서만 파악할 수 있는 것이다. 이로써 좋음이란 비록 그 자체로 인식할 수는 없지만, 로고스 속에서 이미 본질적으로 존재자에 관련되어 있음이 드러난다. 분석적이며 환원적인 로고스-절차를 통해 존재자에서 좋음의 형상으로 드러난 이 존재자의 본질은 『파이돈』에서는 여전히 "존재 자체"로, 이후 『국가』에서는 "이데아"로 불리게 된다. 이데아는 경험적 사물들의 좋음을 위한 **형상인**이다. 그러나 존재자의 좋음을 정초하는 형상원리로서의 이데아는 오직 그 자신이 최상의 이데아인 좋음의 이데아의 대변자일 때만 효력을 발휘할 수 있다. 『국가』에 등장하는 태양의 비유, 선분의 비유, 그리고 동굴의 비유에서(506b-518b) 플라톤은 좋음의 이데아로 가는 길과 그것의 고유한 기능을 설명하고자 시도한다.

> 그러므로 인식되는 것들에 진리를 제공하고, 인식하는 자에게 그 힘을 제공하는 것이 바로 좋음의 이데아라고 말하도록 하게. … 뿐만 아니라 인식 가능한 것들이 인식되는 것도 좋음에 의해서이며, 비록 좋음이 그 자체로 존재인 것은 아니지만 그 좋음으로 인해 존재와 본질을 가지게 되고, 심지어 지위와 힘에 있어서 존재를 능가할 수 있다고 말하게나. (508d-509b).

좋음의 이데아는 가장 근원적인 이데아로, 그것을 통해서 일반적으로 인식이 일어나며 어떤 것이 그 자신의 본질에 따라 있는 것으로서 인식된다. 동시에 좋음의 이데아는 유의미하고 참된 앎을 가능하게 하는 조건이라는 것이 단적으로 드러난다. 즉 좋음의 이데아라는 궁극적 원리를 통해 인간적 인식이 실현되는 지평이 비로소 열리게 되는 것이다. 좋음의 이데아는 단적으로 무전제의 것으로서 모든 사유와 존재의 무조건적인 단초이다. 그렇지만 좋음의 이데아는 곧장 통찰할 수 있는 것이 아니다. 오히려 동굴의 비유에서 묘사된 것처럼 수고스러운 등정을 요구한다. 좋음의 이데아를 향한 이 오름길은 상이하고 점점 더 추상화되어가는 대상영역들을 거치면서, 경험적인 사물들에서 출발하여 수학적인 대상들을 넘어 존재자의 존재를 위한 궁극적 설명의 근거로서의 이데아에 까지 이르고 있다.

그러나 존재와 앎의 최종적 근거들로의 방법적 소급이 이데아들이라고 예외로 두지는 않는다. 왜냐하면 통일적이고 서로 관련된 세계에 대한 앎은 결코 이데아의 다수성을 허용하지 않을 것이기 때문이다. 다수의 통일된 원리들이 앎을 정초할 수는 있겠지만, 그것은 무매개적이고 고립되어 있어서 어떤 유의미한 전체로 조립되지 않는 부분들로 구성된 앎일 뿐이다. 때문에 우리는 각각의 의미체들을 그 자체와 연결된 전체 의미에 통합시키는 저 최상의 의미를 보증삼아 이 이데아들의 영역에 대해서도 다시 한 번 캐물어야 한다. 즉 좋음의 이데아에 대해서 말이다.

> 어쨌든 적어도 내가 보기에는 다음과 같다. 즉 인식할 수 있는 영역들 중 최종적으로, 그리고 가까스로 보게 되는 것이 '좋음'의 이데아라는 것이다. 그러나 우리가 이 좋음의 이데아를 한 번 보게 된 다음에는 이것이 다음에 있어서도 동일하다는 것이 인정된다. 즉 이 좋음의 이데아는 모든 것들에 대해서도 올바름과 아름다움의 원인이고, 가시적인 영역에 있어서는 빛과 빛의 주인인 태양을 낳고, 인식의 영역에서는 홀로 지배자로서 진리와 지성을 산출한다는 것이다. 또한 장차 지성적으로 행하고자 하는 자는 이 이데아를 보아야 한다, (『국가』 517b-c)

좋음의 이데아는 최고의 존재론적, 인식론적 원리라는 자신의 이중의 기능 안에서 모든 존재자의 의미뿐만 아니라 인간적 인식의 의미도 정초한다. 이는 좋음의 이데아가 다른 이데아들을 매개로 인간의 이성을 포함해서 존재하는 모든 것들을 그것들의 본질에 따라 있어야 하는 바대로 규정하기 때문이며, 그 말은 좋음의 이데아가 존재자를 그의 좋음 속에서 규정한다는 의미이다.

2절 아리스토텔레스 : 좋음의 이데아에 대한 비판

오랜 기간 플라톤의 제자였던 아리스토텔레스는 플라톤의 이데아론을 극단적으로 다른 논증들을 통해 끊임없이 비판한다. 그러한 반론 중 두 가지가 이 자리에서 반드시 논의되어야 할 것들이다. 첫 번째는 원리로서의 이데아의 기능과 관련된다. 원리들, 특히 자연사물의 원리들은 아리스토텔레스에게는 존재적 가치를 갖는 것이 아니라 반성개념들의 지위를 가질 뿐이다. 원리들은 언제나 어떤 것에 대한 원리들이고, 이 어떤 것 때문에 탐구된다는 점에서만 중요하다. 원리들이 그 자체로 무엇인지는 학문적인 관심사가 될 수 없다. 왜냐하면 변화하는 경험적인 사물들에 대한 원리론으로서의 『자연학』(특히 제1권)에서는 원리들의 인식이 문제가 아니라 원리들을 **통해** 자연대상을 인식하는 것이 문제이기 때문이다. 이때 존재자를 해석하고 정초하기 위해 동원된 이 원리들은 그 자체로 자연사물들인 것이 아니라, 그것이 설명하고 정초해야하는 것과 무관하게 어떤 자립적 실존도 없는 그저 반성개념들일 뿐이다. 아리스토텔레스는 이제 플라톤이 독립적인 실재로서의 이데아 탐구를 지나치게 강조했고, 그러는 동안 원리로서의 고유한 이데아의 기능을 잊어버렸다고 비난한다. 아리스토텔레스는 플라톤이 때때로, 자주 신화적 서술을 통해서 이데아의 자체존재를 강조했고 이데아의 세계를 감각적 경험의 세계에서 완전히 분리했다는 점은 인정하고 있다. 그러나 위에 인용된 문장에서 이해할 수 있듯이, 이데아들의 그 자체존재는 이데아 자체에서 해석되고 정초되고 있기에 인식을 위해 다른 어떤 것으로 소급될 필요가 없는 것으로 보이지만, 경험적인 것들은 그 본질구조안에서 분명해지기 위해 이데아를 필요로 한다. 또 다음과 같이 말할 수도 있을 것이다. 즉 이데아들에게는 무조건적인(규범적인) 타당성이 있지만, 경험적인 것에는 그것을 규정하는 이데아들의 척도에 따르는 제한적인(사실적인) 타당성이 있다. 좋음의 이데아를 선두로 이데아들은 모든 경험적인 것의 단적인 선험성으로 나타난다. 그러나 이 경험적인 것의 선험성으로서의 이데아의 기능은 유한한 이성을 위해 **어떤 것**에 대한 원리가 된다는 것에 있다. 그리고 플라톤이 중점을 두었던 것도 바로 이 부분이다. 그 때문에 동굴의 비유는 단지 좋음의 이데아를 봄으로써 끝나지 않고 감각적 경험세계로 되돌아가고, 거기에서 모든 것을 가능한 좋음의 이데아의 척도에 따라 구성하라는, 철학자들을 향한 요구로 끝이 난다(『국가』 519c-d). 이런 점에서 플라톤의 이데아는, 형식적으로 볼 때, 아리스토텔레스의 부동의 원동자의 원리와 같은 것으로 자연에 발생하는 모든 운동들의 궁극적 원인, 즉 존재자 총체의 정초이자 의미부여인 셈이다.

아리스토텔레스가 플라톤의 좋음의 이데아를 상대로 주장하고 있는 두 번째 반론은 다음과 관련된다. 즉 이 이데아를 경험과 무관하게 존재하는 **하나**

의 실체라고 부르는 것(왜냐하면 그에 대해 열 가지 범주들이 증명될 수 있기 때문에)이 가장 의심스럽다는 것은 차치하더라도, 우리 인간의 노력으로는 이데아를 결코 헤아릴 수 없다는 것이다.

> 만약 **하나**이면서 통합적인 방식으로 진술되거나 분리되어 자체적으로 존재하는 '좋음'이 있다고 하더라도, 그러한 '좋음'은 인간적 행위를 통해 실현될 수 있거나 성취될 수 있는 것이 아니라는 것도 분명하다. (NE Ⅰ, 1096b)

만약 플라톤이 좋음의 이데아를 자신의 **윤리학**의 정점에 놓았다면 아리스토텔레스의 이러한 비판은 정당할지도 모른다. 그러나 아리스토텔레스에게는 인간의 행위를 통해 실현되어야 하는 도덕적인 좋음이 중요한 문제이지만, 플라톤은 좋음의 이데아를 최고의 형이상학적 원리로 이해하여 알고자 했다. 왜냐하면 형이상학적 원리란 그저 인간적 행위들만이 아니라 모든 존재자 전체를 정초해야 하기 때문이다. 따라서 좋음의 이데아는 인간적 선의 이데아보다 더 포괄적이며, 이데아가 선한 행위를 포함해 모든 선함의 척도인 한, 실로 행위 하지 않고도 실현될 수 있는 것이다,

3절 토마스 아퀴나스 : 초월적인 범주들

이후 기독교에 기초한 형이상학의 모범들도 최상위의 원리로서의 좋음의 이데아에 의거하여 이 원리를 신과 동일시한다. 모든 좋음들의 총체이자 인격화된 선(bonitas)인 신은, 모든 존재자가 최상의 목표로 설정하고 그에 도달하기 위해 애쓰는, 세계의 창조자로서 인식된다. 좋음의 인력은 이 지상 세계에서의 모든 노력과 열망에 영향을 끼친다. 모든 것은 신적인 것의 절대적 의미충만(bonum per essentiam)에 대한 참여를 통해(bonum per participationem) 자신의 본질규정을 실현시키기를 열망한다(De Veritate, q.22, a.2c). 경험적인 것이 이데아에 분유한다는 플라톤의 생각과, 운동되지 않고 운동하는 신적인 원리에 대한 아리스토텔레스의 이론은 특히 토마스 아퀴나스에 의해 제기된 기독교적인 **목적인**과 **작용인**의 통합 안에서 새롭게 해석된다. 존재자는, 그

자체 안에서 반성되는 한, 저 존재론적인 근본술어-이른바 초월적인 범주들(transcedentalien)-를 가리키는데, 이들은 종과 류를 통합하여 모든 창조된 존재를 구성하고, 동시에 그 신적인 근원을 인식하게 만든다. 존재자는, 그것이 존재하는 한, 반드시 **존재**(ens)로서, **사물**(res)로서, **하나**(unum)로서, **참**(verum)으로서, 그리고 **선**(bounm)으로서 파악된다. 즉 우리가 어떤 것을-일상적으로든 학문적으로든- 규정하는 일을 착수하기 전에, 우리는 언제나 이미 이 어떤 것이 어떤 방식으로든 '있고', 하나의 본질내용을 가지고 있고, 자체적으로 통일적이며, 그것을 인식할 수 있게 만드는 인식적 구조를 가지고 있고, 그리고 희망할 수 있는 가치내용을 소유한다는 것을 반드시 전제해야 한다. 초월적인 범주들은 어떤 의미에서 근본적인 관점들을 가리키는 것이다. 우리는 그 관점에 따라 존재자를 **신의 상(相) 아래에서(sub specie dei)** 고찰해야 하며, 이때 신 안에서는 존재, 본질, 하나, 참, 그리고 선이 어떤 구분도 없이 일치하고 있다. 이러한 형이상학적 구조 안에서 존재와 좋음의 동일시가 자연주의적 오류로 해석될 수 없는 것은 다음과 같은 이유 때문이다. 즉 이때 당위(Sollen)는 윤리적인 지평에서 존재를 통해 정초되거나 존재에서 도출되는 것이 아니라, 오히려 반성의 지평에서 작동하는데, 이 반성의 지평은 존재와 당위 사이의 모든 차이의 너머에 자리하고 있다. 형이상학적 체계의 정점, 즉 신적 존재는 오직 단적인 좋음으로 생각될 수 있고, 이 때 인간의 유한한 지성이 사물로는 구별되지 않는 것을 분리하고 관점들로 분해한다. 인간의 지성이 분화되지 않은 전체를 파악하고자 동원하는 모든 관점들은 전체를 고려하고 있고, 또한 그런 점에서 관점들은 전체에서 서로서로 동일화된다. 그러나 신 안에서 긴밀하게 서로를 구성하고 있고, 오직 개념적으로만 구별되던 것도 존재자에게서는 사실상 붕괴될 수 있어서, 존재하고 있는 어떤 것은, 그저 그것이 존재하고 있기 때문이 아니라 그 자체로(eo ipso) 좋은 것이다. 그 역도 마찬가지인데, 좋은 것으로 표상되는 것은 그것이 표상된다는 것을 통해서가 아니라 그 자체로 현실적인 것이다. 존재와 당위의 문제는 그럼에도 형이상학에 속하는 문제가 아니라 윤리학에 속하는 문제인 것이다.

4절 라이프니츠 : 변신론의 문제

그리스적 사고에는 다소간 낯선 또 다른 문제는,[1] 좋음의 이데아와 신을 동일시함으로써 중세 형이상학에서 제기되고 근대에 이르기까지 계속해서 추적되어온 변신론(Theodizee)의 문제라고 할 수 있다. 만약 신이 세계의 창조자라면, 어떻게 전적으로 좋은 실체에서 어떤 덜 좋은 것이, 그리고 마침내는 좋은 것의 정반대가 생겨나게 되었는가? 혹시 신이 의도적으로 자신의 완전무결함 뒤에 남겨진 어떤 것을 창조했다는 것인가? 아니면 그가 좀 더 나은 세상을 창조할 수 없었던 것인가? 라이프니츠는 1719년에 이 물음을 신의 본질과 화합할 수 없는 것으로, 기각했다. 신은 "자기 존재의 근거를 자체 안에 가지고 있는" 단적으로 필연적인 존재로서 모든 사물의 궁극적 근거이며, 이러한 전능하고, 전지하고, 전선하며, 최고 올바른 "단순한 근원적인 실체"는 정의상 결코 불완전할 수 없으며 오직 최상의 것만을 창조할 수 있다.

> 이러한 신의 최상의 완전성에서 다음과 같은 결론이 도출된다. 즉 신은 우주의 생성에 있어서 최대한의 다양성이 최대한의 질서와 결합되는, 가능한 최상의 계획을 세웠다, 우주는, 시간과 장소가 최선의 방식으로 이용되는 곳이고, 가장 단순한 방식으로 최대한의 효과가 달성되는 곳이다. 또한 창조물들에게는 우주가 대체로 허용할 수 있는 최상의 권능과 최고의 지, 최고의 지복이 주어졌다. 신적인 지성 안에서 그 완전성의 척도에 따라 모든 가능성들이 현존하기 위해 노력하기 때문에, 이런 모든 노력의 결과는 가능한 한 가장 완전한 현실세계여야 하는 것이다. (Leibniz 1956, 17)

따라서 라이프니츠에게 "모든 좋음의 원천"(25)인 신은 결코 세상의 악과 불행의 원천일 수 없다. 그렇다면 이 모든 가능 세계에서의 불행한 상태에 대해 가장 큰 책임이 있는 자는 누구인가? 라이프니츠에 의하면 이러한 불완전성은 "피조물 자신의 본질적이고 근원적인 한계로부터" 초래된 것이다

1) 예컨대 플라톤은 『티마이오스』에서 이미 세계창조자에 대해 말한 바 있다. 플라톤에 따르면 세계 창조자는 "모든 창조자 중 최고"이며, 악의 문제와는 아무런 관련이 없이도 이데아에 대한 관조를 통해 가장 아름다운 세계를 생산해낸다(『티마이오스』 29a 참조),

(15). 이 한계는 기독교적 이해에 따르면 타락과 신을 배반한 결과이며, 동시에 좋음의 부정과 결합되어 있다.

5절 셸링 : 선과 악에 있어서의 자유

셸링은 1809년 그의 저서인 『인간 자유의 본질과 그와 관련된 대상들에 대한 철학적 탐구』에서 변신론 문제에 대해 다뤘다. 여기에서 한편으로는 중세와 초기 근대 철학에서의 형이상학적 단초가 다시 한 번 충만한 결실을 맺으면서도, 다른 한편으로는 훗날 윤리학과 형이상학의 단절에서부터 마침내는 "형이상학 없는 윤리학"(Patzig 1971)에까지 이르는 접합점이 이미 드러나고 있다. 이 접합점이란 바로 자유 의지의 개념인데, 이는 전통적인 형이상학적 구조에서는 자유 의지와 무관한 선(선의 이데아, 신적 실체)에 의해 그 자신의 선함이 규정되지만, 비판적 윤리학의 토대에서는 스스로 선의 창시자가 된다. 셸링은 계속해서 이 두 의지 개념을 그것들의 필연적인 상관성 안에서 사유하고자 한다. 그 출발점은 가장 근원적인 존재가 의욕(Wollen)이라는 명제이다. "의욕은 근원존재이다"(Schelling 1860, 350). 존재하는 모든 것은 결국 자신의 존재근원과 관련하여 근본적으로 오직 의지에 의해 산출되는 것이라고 생각될 수 있다. 이러한 의지의 속성이 바로 자유이다. 이때 자유란 셸링에 따르면 그저 보편적이고 형식적인 방식이 아니라, "실재적이고 생동적인" 의미에서 "선과 악의 능력"으로 이해된다(352). 그는 이러한 실재적-관념론적인 출발지점을 그 이전 사상가들과는 달리 논증적으로 제한했다. 셸링은 플로티노스로 대표되는 유출(Emanation)이론에 이의를 제기한다. 즉 유출이론은 선과 악의 대립을 없애버린다는 것이다. "플로티노스는 최초의 것이 무한히 많은 중간단계들을 거치면서 점진적으로 약해짐으로써 선의 가상조차도 더 이상 존재하지 않은 것으로 소멸한다고, 대략 이런 식으로 꼼꼼하게 설명하지만 근원적인 선이 질료들로 이행해가는 과정과 악에 대해서는 충분히 서술하지 않았다."(Schelling 1860, 355) 만약 우리가 악을 최초의 존재에서 가장 멀리 떨어져져 있는 마지막 존재로서 파악한다면, 그것은 근본적으로 설명되지 않은 것으로 남는다. 왜냐하면 유출의 과정 안에는 선이 악으로 전복되는 어떤 자리도 명시되지 않기 때문이다. 어떻게 완전한 선에서 그 질적인 반대자가 생성될 수 있는지는 완전히 이해할 수 없는 것으로 남거나, 아니면 악의 근원이 이미 선 안에서 스스로 드러난다. 그렇다고 한다면 선과 악은 더 이상 대립으로서 파악될 수 없다. 유출의 모델은 결코 자유를 위한 공간을 허용하지 않는다.

스피노자의 "일면적-실재론적 체계"(350)는 더욱이 "사물들이 신 안에서 이해"(349)될 수 있도록 한다. 그러나 이 체계는 범신론적인 내재성 모델과 전적으로 조화를 이루고 있는 형식적 자유의 개념마저도 제거해 버리는데, 이 개념은 자유로운 존재가 오직 "그 스스로 자유롭게 행위 하는 본질들 가운데서"(347) 계시될 수 있게 하는 선택의 자유로 이해되는 것이었다. 뿐만 아니라 이 때문에 현실적 실체뿐만 아니라 그 실체에서 파생된 이 세계를 의욕의 계기로서 역동적으로 파악하지 못하고, 그저 경직되고 모든 것을 한정짓는 메카니즘 안에서 사물화 시키고 말았다. 여기에도 자유를 위한, 따라서 선과 악을 위한 자리는 없다.

셸링은 관념론적 체계와 관련해서도 동일한 결론에 이르게 된다. "새로운 유럽의 철학은 (데카르트에서)시작된 이후로 공통의 결핍을 갖고 있다. 즉 자연은 그들에게는 존재하지 않는 것이며 생생한 근거를 결여하고 있다. … 관념론은 철학의 영혼이며, 실재론은 그 몸이다. 오직 이 둘이 함께함으로써만 살아 있는 전체가 완성된다."(356) 더욱이 관념론은 형식적인 자유개념을 그 근거로 삼고 있지만, 악을 설명할 수 없다. 왜냐하면 자유는 형식적으로 오직 선을 행할 수 있는 자유로만 이해될 수 있기 때문이다.

셸링은 이것을 그가 풀어야만 하는 딜레마라고 표현하고, 다시 한 번 추궁한다.

> 현실적인 악이 인정되면, 악이 무한한 실체나 근원의지 자체로 함께 정립되는 것이 불가피하게 되고, 그로써 모든 점에서 가장 완전한 존재의 개념이 전부 말살된다. 아니면 어떤 방식으로든 악의 실재성이 부정되어야하고, 그러나 이렇게 되면 자유의 실재적 개념 또한 동시에 사라져버리게 된다. (Schelling 1860, 353).

셸링은 이 두 명제-즉 현실적으로 악이 있다는 것과, (선과 악을 행할 수 있음으로서의)자유 개념이 있다는 것-를 "순수 선으로서 고찰되는"(354) 신의 의지의 발생적 구조 안에 함께 포괄하고자 했다. 신의 자기됨을 전개하는 구조의 처음 시작에서 신은 그 자체로 닫혀진 존재이며, 아직은 모든 것이 구분 없이 하나인, 무차별적인 존재이다.

> 모든 근거에 **앞서고**, 모든 실존하는 것에 앞서는, 그러므로 당연히 모든 이원성에 앞서는 하나의 존재가 있어야 한다. 이것을 근원근거(Urgrund) 내지는 **무근거(Ungrund)** 이외에 다른 어떤 것으로 부를 수 있을까? 이 존재는 모든 대립자들에 앞서 선행하기 때문에, 대립자들은 이 존재 안에서 아직 구별되지 않은 채 존재한다. 따라서 이 존재는 동일성으로서 기술될 수 없으며 오직 이 둘의 절대적 **무차별**로서만 기술될 수 있다. (Schelling 1860, 406)

이러한 비근거의 존재방식은 아직은 존재의 최고의 형식은 아니다. 신은 여전히 신으로서 왜냐하면 신이 아직은 신으로서 은폐되어 있고 스스로를 자각하지 못하기 때문이다. 셸링은 신성과 관련한 이 첫 번째 단계에서 은폐된 것이 계시되기를 갈망하는 동경에 대해 이야기한다. "창조의 첫 시작은 자기 자신을 산출하고자 하는 일자의 동경이다"(395). 이러한 열망을 셸링은 근거의 의지(같은 곳)라고 부르고, 동시에 가려진 근거를 밝히고 자신을 인식하고자하는 신의 노력이라고 생각한다. 비근거의 내재성 안에서 근거의 의지는 하나의 "반성적인 표상"을 산출해내는데, 표상이 신 외에 어떤 다른 상을 가질 수 없기 때문에, 이 반성적 표상을 통해 신은 자기 자신을 모상 안에서 관조한다(360이하). "신 **안에서** 생성된 신"(361)을 실현시킨 이중성으로 근원적인 무차별성은 제거되지만, 아직 내재성 단계를 벗어난 것은 아니다. 이것은 셸링이 소위 사랑의 의지라고 말하는 것에 의해 비로소 발생하고(395), 그것을 통해 신은 신으로서 외화되고, 동시에 인격으로 계시된다.

다음으로 두 가지의 원리들이 자기됨의 과정을 신의 자기산출로 규정하게 된다. 하나는 근거의 실재적 원리로, 셸링은 여기서 근거를 신 안에 있는 지성도 규칙도 없는 자연으로, 밖으로 몰아치는 맹목적적이고 무지몽매하며 비이성적이고 무질서한 근원의지라고 이해하고 있다. 다른 하나는 실존 혹은 사랑의 이상적(ideale) 원리인데, 이는 근거의 자연발생적인 충동에 쉽게 그 질주를 허용하지 않고, 의식적인 명료함으로까지 고양된 신의 본질로서 지고한 자유의 행위 속에서 방출되는 원리이다. 셸링이 생각하기에 신은 사실과 관련해서만 자유이지 창조물의 내용과 관련해서 자유는 아니다. 다시 말해 그는 다만 계시할 것인지 않을 것인지 만을 결정할 수 있을 뿐이다. 그러나 만약 신이 스스로를 계시한다면, 그는 그 자신, 그의 본성, 그의 본질 이외에 다른 것은 산출할 수 없다. 마찬가지로 셸링에게는 "보다 많은 가능 세계들 가운데서 근거 없고 불안정한 표상의 선택"(Schelling 1860, 397)이라는 라이프니츠의 명제도 의미를 갖는다. 왜냐하면 신은 자신의 본질을 결여하지 않고 동시에 자신의 자유를 잃지 않고서는 자신의 본성 외에 다른 것을 선택할 수 없기 때문이다. 이는 "자유롭다는 것은 오직 자신의 고유한 본질의 법칙들에 따라 행위 하는 것이며, 자기 안이나 밖에서나 어떤 것에 다른 것에 의해서도 규정되지 않는 것이기 때문이다"(384).

근거의 의지와 사랑의 의지는- 원래 신 안에서는 유일한, 단적으로 선한 의지인데, 다만 두 가지의 상이한 관점을 통해서만 고찰된다(362)- 인간적 자유 안에서 둘로 분리된 원리들이다. "신 안에서 분리될 수 없는 이러한 통일은 따라서 인간 안에서는 분리되어야 있어야 한다. 이것이 바로 선과 악의 가능성이다"(364). 절대적 존재로서 신은 오직 자신의 본성을 더할 나위 없이 선한 것으로만 사랑할 수 있기 때문에, 신에게서 악의 가능성은 결코 실재성을 획득할 수 없다. 그러나 인간의 유한성은 인간을 실재적 원리와 이상적 원리간의 상호관계를 지양하게 하고, 그럼으로써 인간은 실재적 원리만을 유일하게 가치 있는 원리로 평가하게 된다. 따라서 유한성은 악의 필수조건이기는 하지만, 이것이 인간이 자신의 본성에 의해 부득이하게 악을 산출할 수밖에 없다는 의미는 아니다. 셸링이 분명하게 말하기를 "악은 유한성 자체에서 나오는 것이 아니라 자기존재로 고양된 유한성에서 나온다"(370). 그러므로 악이란 인간의 적극적인 정립이며, 선으로서 인식된 것에 대해 반대한다는 자유로운 결정이며, 그로써 신에 대립한다는 결정인 것이다.

인간은 선으로의 자기운동과 악으로의 자기운동의 원천을 똑같이 자기 안에 가지고, 저 정상에 자리한다. 인간 안에서 원리들의 결합은 결코 필연적이지 않고 자유롭다. 인간은 분기점에 서 있어서 인간이 선택하는 것은 인간의 행위가 될 것이다. 그러나 인간은 결코 미결정성 속에 머물 수는 없다. (374)

신이 자신과 닮은 존재로서 원하고 사랑하는 그러한 인간은, 두 원리들이 균형을 잡게 하고 그를 통해 신적인 창조행위를 그 자신 안에서 반복함으로써, 자신의 자유를 선을 위해 사용할 수 있다. 그러나 또한 인간은 근거의 의지에 우선권을 인정함으로써 자신의 자유를 악을 위해 사용할 수도 있다. 그렇게 해서 "신이 있어야할 그 자리에 전도된 신"(390), 왜곡된 선이 등장하게 된다.

진정한 자유란 신성한 필연성과 일치한다. 우리는 그와 같은 일치를 본질적인 인식 속에서 감지하고 있는데, 자신의 고유한 법칙에만 묶여 있는 정신과 마음이 필연적인 것을 기꺼이 긍정하기 때문이다. 만약 악이 두 원리 간의 불화 속에 존재한다면, 선은 오직 두 원리들의 완전한 일치 속에서만 존재할 수 있을 것이다. (391이하)

셸링은 이와 같이 어떻게 세상에 악의 사실성이 저 신성한 창조자의 단적인 선과 결합할 수 있는가 하는 문제를 자유 체계의 웅대한 사변적 구상 속에서 풀어냈다. 그 자체로는 근원적으로 분화되지 않은, 아직은 자유로운 행위에 의해 좋거나 혹은 나쁜 것이라고 할 수 없는 본성은 실재원리-혹은 존재원리인 것으로, 이상적 원리-혹은 정신의 원리에 의한 규정을 필요로 한다. 그리고 이것을 통해서 본성 안에 불합리하고 무질서하게 포함된 것은 사랑의 법칙들에 따라 구성되고, 그런 식으로 질서 지워진 의미전체로서 실존에 이르게 된다. 자기 상실을 대가로 치르고서만 자기 근거의 내재성 안에 스스로를 폐쇄할 수 있는 신과는 달리(선과 사랑에 대한 악의 승리를 의미하려는 것은 생각될 수 없다. 왜냐하면 그렇다면 신은 가장 완전한 존재방식보다 덜 완전한 존재방식을 선택하고 그럼으로써 절대자의 지위를 포기했다는 것이 되기 때문이다), 인간은 사랑의 원리를 포기한 대가로 신의 본성 안에 동일하게 설계된 근거 실현 가능성을 획득함으로써 악을 세상에 끌어들이게 되고, 이로써 신에게서 떨어져 나오게 된다.

셸링에게 있어서 악이란 그저 단순한 선의 장애물도, 결핍도 아닌, 철저하게 비(非)신성의 명백한 정립이며 유한성의 무조건적인 인정이어서, 그 결과는 인간 실존의 분열 속에 있는 것이며, 이는 오직 모든 대립들을 조정하고 즉각적으로 화해시키며 일치시키는 선으로서의 사랑을 통해서만 지양될 수 있다. 셸링에 따르면 신의 본성은 "가능한 악의 원리"를 내포하고 있지만 "그러나 악 그 자체는 아니다"(401). 악이란 전적으로 신과는 무관한 인간의 자유로운 결정을 통해서만 생겨나는 것으로, "인간의 자기성(Selbstheit)을 토대나 기관으로 삼는 대신에, 오히려 지배자나 전체-의지로 고양시키려는" 그 자신의 고유한 의지를 통해서 생겨난다(389).

신의 자유로운 자기 산출 과정으로서의 셸링이 말하는 형이상학적 선의 구조는 신의 역사를 절대적 실체의 자기됨이라는 이성적 사건으로서 개진하고 있는 헤겔의 유비적 시도와 더불어(Hegel 1928 참조), 선과 악을 신 혹은 인간의 의지행위에 의한 정립으로서 자유라는 체계의 틀에서 반성하고 있는 궁극적인 전체기획 중의 하나이다.[2] 한편으로는 칸트에 의해, 다른 편에서는 영국의 경험주의자들에 의해 시작되었고, 후에는 키에르케고르와 맑스, 그리고 니체에 의해 계속된 형이상학 비판은, 좋음의 이데아가 결과적으로 윤리학에 자리를 잡은 인간적 선의 개념이 될 때까지, 점점 더 최고의 신적인 실체에 대한 사변적 표상으로부터 떨어져 나가는 결과를 가져왔다. 칸트의 최고선에 대한 이론은(KdpV 198-241), 최고선이 순수한 실천 이성의 대상으로서 신적인 실체에 의거하지 않고도 이성에 의해 완전히 규정되는 한, 형이상학에서 윤리학으로 이행하는 단계에 속한다. 그럼에도 불구하고 신의 이념은 신을 최고선의 보증자로서 수용할 것을 도덕적으로 요구하는 명제의 지위를 유지하고 있다.

---

2) A. N. 화이트헤드는 과정 중에 있는 우주론적 모델의 범위 내에서 형이상학적 전체그림만을 제시하지 않고, 도덕적 선과 악을 "지극히 주관적인" 본성을 가진 신의 제한된 작용으로 소급시키고 있다는 점에서 오늘날 철학 안에서의 하나의 예외를 서술하고 있다(Maaßen 1988 참조). 그럼에도 불구하고 화이트헤드가 『과정과 실재』(1929)에서 개진하고 있는 기관학적 원리들이 똑같이 자유에 대한 구조계기로서 논의되는 것은 아니다.

6절 칸트 : 최고선의 이론

칸트의 전통 형이상학에 대한 비판은 독단론 비판에서 정점에 이른다. 존재의 원리들 전체를 반성할 것을 요구하는 이론인 형이상학은 그 정의(定義)에 있어서 모든 경험들을 능가한다. 인간의 인식능력에 대한 분석을 통해 인간의 인식 능력의 한계와 가능성에 대한 확신을 미리 가지지 않고서, 경험의 '저편'에 관한 명제를 구성하고자 하는 사람은, 칸트에 따르면 독단적인 태도를 갖는 자이다(KdrV B XXX-XXXV 참조). 다시 말해 그는 아직은 전혀 확실하지 않거나 아니면 이미 대개가 다 인정하고 있는 주장만을 내세우고 있는 것이다. 그러한 주장들에서 나타나는 개념들-신, 영혼, 세계와 같은-은 "초감각적인"(전혀 경험적이지 않은) 대상들에 관한 것이다. 그리고 칸트가 『순수이성비판』에서 근거 짓고자 했듯이, 만약 인간의 인식이 개념들이 **직관**과 관련됨으로써(KdrV B 74이하) 확립된다면, 신이나 영혼, 세계라고 불리는 이 대상들은 이들이 경험적인 것을 전혀 함유하지 않거나 경험 세계의 어떤 것과도 일치하지 않는 한, **인식될** 수 없다. 본래적인 의미에서 인식이란 술어 안에 문장의 주어가 언표 되고 있는 **종합적으로** 참된 명제들 안에서 그 언어적 표현을 발견한다. 그리고 이는 **분석적으로** 참된 문장들에서처럼 주어 개념 안에 함축적으로 함께 고려된 것을 단순히 해석함으로써 얻어지는 것이 아니라 오직 경험을 통해서만 매개된다. 초감각적인 대상들에 있어서는 경험에서는 검증할 수 있는 어떤 술어도 정의를 통해서는 발견할 수 없고, 단순한 개념 분석을 통해서는 어떤 종합적인 인식이 가능하지 않다.

그러나 이런 이유로 오랜 형이상학적 개념들은 완전히 진부한 것이 되고 마는 것인가, 아니면 비판적인 것으로 한정된 이성의 토대 위에서 여전히 이 개념들에게 특정한 기능을 부여할 수 있을까? 칸트는 『실천이성비판』에서 신의 개념이 최고선 개념과의 연관 속에서 일종의 정초적 기능을 가진다는 것을 입증하려 했다. 물론 그것은 인식론적 관점에서가 아니라 오직 도덕적 관점을 의미한다. 최고선은 인간 의지의 **목표(telos)**가 아니고, 따라서 의지를 통해서는 추구될 수 없다. 오히려 이는 순수 실천 이성의 **대상**이 갖는 절대적 총체성(KdpV 194)과 관련된 것으로, 이 대상 안에서 (도덕성의 총체로서의)

도덕(Tugend)과 (자연 발생적 갈망의 총체로서의)지복(Glückseligkeit)이 서로 하나가 된다. 그러나 이러한 합일은 문제가 있다. 그것이 "가장 이질적인 개념들 사이"의 결합에 관한 것이기 때문이다(KdpV 201). 다시 말해 비경험적인(실천적인, 즉 규범적인 타당성을 요구하는) 보편개념과 경험적인(이론적인, 즉 사실적인 타당성을 요구하는) 보편개념 사이의 결합이기 때문이다. 이 때문에 칸트는 어떻게 최고선이 실천적으로 가능한지에 대해(KdpV 203) 묻는다. 즉 어떤 조건 하에서 도덕적으로 행동해야 한다는 인간의 의무와 행복해야 한다는 인간의 권리가 서로 합일을 이룰 수 있는지, 최고선이 현실이 될 수 있는지를 묻고 있다.

칸트에 따르면 최고선이 실현되기 위해서는 반드시 전제되어야 할 두 가지 조건이 있다. 첫 번째 조건은 불멸이고 다른 하나는 신의 현존이다. 만약 도덕과 지복 사이에 어떤 적절한 관계가 있어서, 지복이 도덕의 척도에 따라 분배되지만 유한한 존재로서의 인간은 이 생에서 그런 완전한 적중에 도달할 수 없다는 것을 최고선이 포함하고 있다면, 이 목표는 단지 무한히 가까워지려는 과정에서만 가능하다. "이성적이지만 유한한 존재에게는 단지 도덕적 완성의 보다 낮은 단계에서 보다 높은 단계에로의 무한한 전진만이 가능할 뿐이다"(KdpV 221). 따라서 이성적 존재가 이러한 영원한 과정을 실제로 수행하고 최고선에 가까이 다가갈 수 있기 위해서는, 인간의 실존이 무한히 지속되어 불멸한다는 것이 전제되어야 한다. 그러나 최고선은 지복 또한 포함하고 있기 때문에 불멸성만으로는 불가능하다. 행복과 행운은 인간이 마음대로 할 수 없는 조건 아래에 놓여 있기 때문이다. 따라서 여기에는 모든 인간이 그 자신의 도덕에 따라 행복해지도록 살피는 신의 표상이 추가되어야 하는 것이다.

> 따라서 자연의 최상의 원인은, 최고선을 위해 전제되어야 하는 한, **지성**과 **의지**로 인해 자연의 원인인(즉 창조자) 존재, 즉 신이다. 그러므로 **최고의 파생적 선**(최상의 세계)의 가능성에 대한 요청은 동시에 **최고의 근원적 선**의 현실성, 곧 신의 실존에 대한 요구이다. (KdpV 225f.).

칸트는 계속해서 다음과 같이 말한다. “신의 현존을 상정하는 것은 도덕적으로 필연적인 것이다”(같은 곳). 이 명제에서는 “도덕적”이라는 것이 강조되고, 이로써 형이상학적 전체 체계와는 달리 비판적인 윤리학에서 신의 관념이 차지하는 변화된 지위가 다시 한 번 분명해진다. <그 자신에 의해 창조된 세계 안에서 응당 선으로서, 선의 총체라 일컬어질 수 있는 모든 것의 원인이자 조건이 되는 단적으로 선한 신이 존재한다>는 명제는 칸트에게는 형이상학적 문장일 수 없을 것이다. 그렇게 되면 이 명제는 이론적 인식의 지위, 즉 비경험적 존재에 대해 단순히 분석적으로만이 아닌 종합적으도로 참된 진술의 지위를 요구하는 것이기 때문이다. 그러나 우리가 경험적 지각에 상응하는 지적 직관을 가지고 있고, 이 지적 직관을 통해 우리에게 비경험적 대상들이 비감각적 혹은 초감각적 소재로서 주어질 때에만 비로소 그런 진술의 자격을 부여받게 된다. 그러나 칸트는 셸링과 달리 감각적 직관이외에 다른 모든 것을 부정하고, 그로써 형이상학적 인식의 가능성도 거부한다(KdrV B 307 참조). 칸트는 위에서 진술된 문장을 단지 요청으로서만 타당하다고 여기는데, 이로써 그 문장은 “선험적으로 무조건적으로 타당한 실천적 법칙과 불가분의 관계에 있는 한, 이론적이지만 그 자체로는 증명할 수 없는 문장으로” 이해된다(KdpV 220). 신의 존재방식과 속성에 관한 모든 진술들은 그것이 직접적으로든 간접적으로든 경험을 통해서는 입증될 수 없기 때문에 어쩔 수 없이 가정적인 성격을 갖는다. 최고의 인간적 선을 가능하게 하기 위해 최고의 근원적 선으로서의 신을 인정해야만 하는 **도덕적** 필연성은, 어떤 객관적 인식이나 신에 대한 내용적 앎을 정초하지는 못하지만, 이것이 순수한 이성적 **신앙**으로 이끌고(kdpV 207), 그 안에서 신은-자의적으로가 아니라 이성적인 방식으로- 인간의 최고선의 보증으로서 요청된다.

따라서 비판적으로 정초된 윤리학의 범위 내에서는 더 이상 신이 그 자체로, 그로부터, 그 자신에 의해 스스로 존재한다고 주장할 수 없다. 단지 이질적 개념인 도덕과 지복을 하나로 묶는 실천적 이성의 주관적 필요와 관련해서만 신에 대해 언급할 수 있을 뿐이다. 바로 여기에서 신은 죽었다(니체, 『짜라투스트라』, 279)는 명제까지는 단지 작은 한 걸음이 남아있었을 뿐이다. 형이상학이 인식론적으로 더 이상 가능하지 않고, 윤리학이 철저히 인간적 선의 개념에 국한되어버리는 한, 신의 관념은 이론적으로도 실천적으로도 불필요한 것이다.

3장 도덕적인 좋음(善)

철학의 규범적 분과의 하나로서의 윤리학은 '좋은'의 모든 의미와 그에 상응하는 모든 종류의 좋음들에 대해, 언어분석을 통해 제시되는 것과 같은 방식으로 다루지는 않는다(이 책 1장). 윤리학에서 문제가 되는 것은 우선적으로 도덕적인 좋음이며, 그런 점에서 도덕적인 좋음 이외의 것에 대해서는 그것이 도덕적인 좋음의 관철과 촉진에 좋은 것인 한에서만 관심을 가진다. 그런 점에서 도덕외적인 좋음이 조건적으로만 좋은 것, 즉 자기자신을 위해서가 아니라 어떤 다른 것을 위해 좋거나 도구적으로 좋은 것인데 반해, 이 도덕적인 좋음은 무조건적으로 좋은 것이라고 순수하게 형식적으로 규정될 수 있다. 따라서 '도덕적으로 좋다'라는 의미에서의 '좋은'이라는 술어는 사물들이나 객관적인 사태들이 아니라 오직 인간과 인간의 행위만을 서술한다. 이러한 주장은 도덕적인 좋음이 자연적인 속성이나 경험적으로 증명할 수 있는 대상의 성질이 아니라는 점에 그 근거를 둔다. 즉 그것은 있는 것이 아니라 있어야 할 것을 가리킨다. 따라서 도덕적인 좋음의 개념은 경험적인 개념이 아니라 규범적인 개념으로서, 규제적 기능을 가지고 있으며 누군가에게 특정한 태도를 요구하는 개념인 것이다. 그렇지만 이러한 요구는 오직 자신이 선천적으로 가지고 있는 것(본능과 욕구 등)에 의해 자신의 태도가 아직은 완전히 규정되지 않은, 따라서 스스로 자유롭게 결정할 수 있는 존재만이 이해하고 따를 수 있다. 타고난 본성에 의해 모든 활동이 규정되어버린 존재는 사실적으로 행동하는 방식 이외에 다른 태도를 취할 수 없고, 이는 그 존재가 어떤 당위적 요구를 전혀 이해할 수 없다는 것, 그럼으로써 또한 도덕적으로 좋은 행동을 전혀 할 수 없다는 것을 의미한다.

도덕적인 좋음은 따라서 자유를 전제로 한다. 이때 자유란 좋은 것으로 요구되는 어떤 것을 긍정하고 행동으로 실현하거나, 혹은 행동하지 않음으로써 제기된 타당성 요구에 대해 거부의사를 표현하는 자유이다. 자유란 타당성 요구가 선과 관계하는지 아닌지를 결정하는 능력이라는 바로 그 이유 때문에, 도덕적 행위가 자유 없이는 불가능하다는 이 전제는 모든 종류의 도덕철학들에서 공유된다. 이 전제가 없이는 윤리학은 규범적인 분과로서 곧바로 스스로 지양되고 말 것이다. 그러나 자유를 통해 산출된 이 선을 어떻게, 그리고 무엇이라고 규정할 수 있는가 하는 물음에 대해서는 많은 철학자들의 생각이 갈리고 있다.

1절 선에 대한 의무론적 이론

'의무론적'(희랍어로 to deon-해야 하는 것, 의무) 윤리학과 '목적론적'(희랍어로 telos-목표, 목적, 의도) 윤리학의 대변자들 사이의 논쟁은 결국 다음과 같은 문제를 둘러싼 것이라고 할 수 있다. 즉 도덕적 선이란 인간에게 주어진 의무에 따라 정해지는 것인가(이 때의 의무는 의지 규정에 대한 이름이고, 수행된 행위가 실제로 어떤 목표에 도달했고 어떤 결과를 가져왔는지 와는 무관하다), 아니면 행위의 목표와 결과들이 동기에 대해 판단을 내리는가.

칸트 : 선의지

칸트는 의무론자로서 『윤리 형이상학의 정초』에서 다음과 같이 쓰고 있다.

> 이 세상에는, 그리고 세상 밖에서도 아무런 제한 없이 선하다고 여길 수 있는 것은 도대체가 오직 선의지 이외에는 아무 것도 없다. … 이 선의지는 그것이 성취한 것이나 행한 것 때문도 아니고, 설정된 목표를 달성하는데 유용하기 때문도 아닌, 오직 그 의욕함에 의해서만, 그 자체로 선한 것이다. (393)

칸트에 따르면 어떤 행위는 결코 그 자체로 선한 것일 수 없다. 왜냐하면 인간의 행위들이란 의도나 목적을 지향하고 있어서, 행위들의 도덕성 또한 의도와 목적의 도덕성에 종속되어 있기 때문이다. 그러나 의도나 목적들은 그 자체로 선한 것이 아니다. 그런 것들은 그것들을 추구할 만한 가치가 있는 자산(Güter)으로 규정하는 의지와 불가분의 관계에 있다. 따라서 의지란 선하다고 불리기 위해 어떤 다른 것도 요구하지 않는 것이다. 의지는 그 자체로 "오직 의욕함으로써" 선한 것이고, 바로 이 선한의지에 의해 추구되기 때문에 그것은 선이다. 칸트가 말하는 의지의 선함이란 의무론적 규정의 의미에서가 아니라, 저 "오직 의욕함을 통해서"라는 표현이 이미 예고하듯이, 자유로운 행위의 산물인 것이다. 선의지란 칸트에게 있어 단지 자율성(Autonomie)과, 모든 것들을 단적으로 구속하는 자유에 따르는 감각존재들의 이성적인 자기 규정의 다른 이름에 불과하다. 따라서 선한 의지는 본래적으로 이미 선한 것이 아니라 오직 그가 해야 하는 것을 의욕함으로써만 선한 것이다. 그가 무엇을 해야 하는지는 다시 이성적 방식으로 그가 무엇을 의지하는가에 따라 스스로 결정한다. 의욕함과 해야함의 실천적 변증법은, 선의지가 스스로 하나의 규범을 정하고 있으며, 이 규범이란 오직 선의지가 옳다고 여기는 것만을 항상 의지하고 있다는 내용만을 포함하고 있음을 알려준다. 그리고 이것이 바로 실천적 자유의 핵심이다. 선의지의 선함은 자유에 대한 긍정 안에 존립하고 있으며, 이 때의 자유는 자신이 본질적으로 다른 자유와 관련되어 있음을 알고 있고, 선의지가 추구하고 있는 것의 총체성으로서 모든 이의 자유를 위해 다른 이의 자유를 고려해서 제한한다. 선의지가 모든 이의 자유를 위해 선제하고 있고 의무로서 요구하고 있는 이러한 자유의 제한은 명령, 규범 혹은 칸트 식으로 법칙의 형태를 띠고 있다. 그리고 정언명령의 다양한 형식들 중에서 이와 같이 무조건적 타당성 요구를 제기하는 법칙 가운데 다음과 같은 말이 있는 것이다. <그대 의지의 준칙이 언제나 동시에 보편적 법칙으로서 타당할 수 있도록, 그렇게 행하라>(KdpV 54). 모든 이는 자신의 의욕이 따르고 있는 규범이 보편적으로 구속력을 가지는 선의지의 척도와 자유의 원칙에 부합하는지 자신의 의욕을 시험해 보아야 한다. 따라서 정언명령은 도덕적 자유를 요구한다. 물론 이는 순수한 이성적 존재나 "신성한" 의지에게는(KdpV 57) 불필요한 명령일 것이다. 왜냐하면 이들에게는 의욕함과 해야함 사이의 차이가 지양되었기 때문이다. 신성한 의지란 오직 선을 의욕할 수 있을 뿐이나, 인간의 의지는 반대로 부자유를 원칙으로 제기하고 이성을 부정함으로써, 선과, 동시에 자기 자신을 그르칠 수 있게 된다.

이와 같은 칸트의 의무론적 견해에 대해 당연히 제기되는 주요한 비판 중 하나는, 그가 행동 그 자체에 대해서는 거의 혹은 전혀 중요하게 생각하지 않았다는 것을 겨냥하고 있다. 물론 도덕적으로 선한 인간이기 위해서는 그저 선을 의욕하는 것만으로 충분하다고 말하는 단순한 신념윤리학(Gesinnungsethik)의 비판은 칸트와 관련해서는 구별되어야 한다. 칸트에게 선을 의욕한다는 것은 의욕된 것을 실현시키는 행위를 포함하고 있다. 그러나 도덕적 의지규정을 위해 행위의 성공이나 성과는 중요한 것이 아니다. 행동의 성공은 대부분 행위자의 능력밖에 있으며, 행위자에게 책임을 지울 수 없는 요소에 의해 좌우된다. 누군가가 그가 가진 모든 능력과 수단을 모두 동원했음에도 불구하고 실패했더라도, 바로 그 이유 때문에 그를 비도덕적이라고 비난할 수는 없다. 그는 단지 그가 의욕했던 선함을 실현시키는데 있어서 운이 없었을 뿐이다. 그런 점에서 칸트의 선은 실천적으로는 아무런 성과가 없는 선의 의지에 국한된 것이 아니다. 선을 알맞게, 가능한 한 최선을 다해 해내는 것은 인간 실존에 있어서 포기할 수 없는 일이다.

그러나 모든 노력에도 불구하고 결코 목표에 도달하지 못한 행위가 행위자에 대한 도덕적 유죄선고의 근거가 될 수는 없다. 칸트의 유명하고 자주 오해를 받는 경구 "해야 하기 때문에, 그대는 할 수 있다"(KdpV 54)는 결코 행위에 대한 것이 아니라 의욕과 관련된 것이다. 어떤 힘든 상황이 행해야 하는 것을 가로막을 때, 행위자로서 인간은 최선을 행함에 있어 자유롭지 않다. 그러나 이것은 의지규정에는 통용되지 않는다. 선의지는 그 정의상 해야 하는 것을 할 수 있어야 한다. 즉 인간에 내재하는 이성성에 의해 자발적으로 규정해야만 한다. 이와 같이 '해야함'을 통해 정초된 '할 수 있음'이란 의지 그 자체에 의해 정립된 보편타당한 규범을 따르는 의지의 능력에 다름 아니며, 이러한 능력을 통해 행위 하는 이는 즉각 자신의 선의지로서의 도덕적 자격을 획득한다.

의지윤리학이라는 의무론적 모델에 대한 또 하나 중요한 반대는, <**세상이 멸망할지라도 정의를 행하라**>라는 준칙에 따라 어떤 희생을 무릅쓰고라도 선을 실현시키고자 하는 광신도의 문제이다. 만약 가능한 결과들이 행위의 도덕성을 규정하는데 전혀 중요하지 않다면, 자신의 준칙을 보편화할 준비가 철저히 되어 있어서 무슨 대가를 치르더라도 언제든 선을 행해야 한다는데 동의하고 있는 광신도를 우리가 어떻게 반박할 수 있겠는가? 여기서 우리는 칸트의 정언명령이 자유에 대한 정식이라는 것, 그리고 이 자유를 자율성의 의미에서 무조건적으로 요구하고 있음을 상기해야 한다. 따라서 문제 되고 있는 준칙은 보편타당한 법칙으로서 단지 **생각될** 수 있을 뿐 아니라 **의욕될** 수 있어야 한다. 이것이 바로 광신도의 정당화 시도가 좌초되는 지점이다. 왜냐하면 모두가 어떤 댓가를 치르더라도 선을 욕구해야 한다는 이 부당한 요구가 모든 종류의 자유를 파멸시키는 결과를 낳지 않는다는 것은 모순일 것이기 때문이다. 어떤 규범이, 자유를 무조건적으로 요구하면서도 그 결과에서는 완전히 부정한다면, 그것은 모순적이며 도덕적으로도 허용되지 않는다.

키에르케고르 : 선과 악의 윤리적 선택

앞에서 제기되었던 의무론적 선 이론에 대한 원칙적 의심들은 다음에 다뤄질 목적론적 견해에서 제거된다. 그러나 의무론 진영에서도 이러한 입장이 발견되는데, 이는 칸트 윤리학에 대한 근본적 비판에서 출발했던 것이다. 특히 실존철학은 모든 종류의 본질주의적 이론의 단초들에 대해, 이 단초들이 언제나 선의 본질만을 추상적으로 보편적인 주체의 대상으로 고려해 왔음을 비난했다. 그럼으로써 다시 올 수 없는 한 번뿐인 역사의 과정 속에서 언제나 선을 그 자신의 선과는 다르게 산출해내는 개인을 잃어버렸다는 것이다. 키에르케고르는 개인을 최우선으로 고려했으며, 선과 악이라는 윤리적 개념을 실존하는 개인으로서의 개별적 주체의 존재방식에서 새롭게 해석했다. 여기서 키에르케고르 역시 선이란 단지 자유로운 의지규정의 산물로서만 파악될 수 있다는 것을 출발점으로 삼고 있다. "선이란 내가 그것을 원함으로써 있는 것이며, 그렇지 않다면 그것은 결코 있지 않다. 이것이 자유에 대한 표현이다"(Kierkegaard 1957, 238). 그러나 이것은 그의 책 『이것이냐/저것이냐』에서 설명되는 입장에 따라 오직 그가 미적인 것이라고 부르는 것과의 연관성 속에서만 재구성될 수 있다. 인간은 그에게 주어진 감각적 본성을 통해 미적으로(희랍어 aisthesis-지각, 감각적 지각) 고찰되고, 직접적으로 향락이라는 타율적 원리에 복종한다. 이 원리는 개개인이 선택한 것이 아니라 그 자신의 본성적인 속성과 함께 언제나 이미 인수받은 것이다. 그가 때마다 자신의 본능적 욕구를 어떤 방식으로 충족시키고 싶은지 선택하는 것은 오직 그에게 달려 있다. 그러나 이런 식의 제한된 "미적 선택은 선택이 아니다. 존재하는 유일하고 무조건적인 이것이냐/저것이냐는 선과 악 사이의 선택이다"(177). 좀 더 정확히 보자면,

> 내가 말하는 이것이냐/저것이냐는 우선적으로 선과 악 사이의 선택을 말하는 것이 아니다. 이것이냐/저것이냐는 인간이 이 선택권을 가지고 선과 악을 선택하거나 아니면 아예 선과 악을 무시하는가를 의미한다. … 따라서 그것은 우리가 선을 의욕함과 악을 의욕함 사이에서 선택한다는 말이라기보다, 오히려 우리가 의욕을 선택하고, 이에 따라 비로소 다시 선과 악이 정립된다는 말이다. (Kierkegaard 1957, 180)

우리가 '의욕을 선택한다'에서의 선택은 윤리적인 것의 영역을 근원적으로 열어젖히는 근본결정인 것이다. 그러므로 의욕을 선택한다는 것은 도덕적이고자 함을 선택하는 것이며, 동시에 선과 악을 도덕적인 근본범주로서 인정한다는 것이다. "생의 문제와 마주한"(174) 이 무조건적 선택의 대상은, 지금 모든 것을 선과 악이라는 관점으로 판단하기 위해 도덕성의 지평에 서 있는 "그 자신"이다. 키에르케고르가 구별하고 있는 두 "이것이냐/저것이냐"는 마치 규범과 같은 상태에 있고 상호간에 규범적으로 정초된 것이다. 그 토대가 되고 있는 양자택일이 단적으로 도덕원리의 무조건적 타당성에 대한 시인과 부인에 관련되어 있는 반면, 무조건적인 근본결정에서 파생된 선과 악 사이의 양자택일은 개별적 행위를 위한 판단의 척도가 된다.

> 정말이지 나는 이와 같은 (무조건적) 선택을 통해서 선이나 악을 선택하는 것이 아니라, 선을 택한다. 그러나 내가 이렇게 선을 택함으로써, 나는 동시에 선과 악 사이에서의 선택을 택한 것이다. 근원적인 선택은 그 때마다 뒤따르는 모든 선택의 현장에 영원히 있다. (같은 책, 232이하)

윤리적 관점에 따라 살아야 하는 사람이기를, 즉 도덕적 인격을 선택하는 것을 원칙적으로 거부하는 사람은 선의 반대를 결정한 것이고, 이때 부자유의 원칙이 자유의 원칙을 대신하게 된다. 이런 식의 '원칙결정'에 의해 선택하는 자는 선을 부정함과 동시에 도덕적인 것의 지평을 폐쇄하는데, 이는 그가 악을 선택했다는 뜻이다.

그와는 반대로 자유를 결정한 사람은, 이로써 도덕의 지평을 근원적으로 개시했던 것이고, 동시에 자신의 모든 행동들-이미 행한 행동들 뿐만 아니라 미래의 행동까지 포함해서-과 함께 자기 자신을 선과 악의 범주들로 영역 표시가 된 도덕의 지평에 제시했던 것이다. 그렇지만 이때 중요한 것은 가능한 오해를 제거하는 것이다.

> 어쩌면 내가 사용한 표현, 즉 스스로를 절대적으로 선택한다는 표현에 대해 의심쩍어 할지도 모르겠다. 왜냐하면 마치 이 표현 안에 내가 선과 악 양자를 똑같이 절대적으로 선택하는 것처럼, 또한 선과 악 양자가 똑같이 본질적으로 나에게 귀속되어 있는 것처럼 보일 수도 있기 때문이다. (같은 책, 239)

키에르케고르에게 윤리적인 자기 선택은 긍정과 부정을 모두 포함하고 있다. 선과 악은 도덕원칙의 양면으로서 함께 받아들여진다. 이 말은 자유는 단적으로 선하고 존재해야 하는 것으로서 무조건적으로 긍정하는 것이고, 반대로 부자유는 단적으로 악하고 존재해서는 안 되는 것으로 배제된다는 것을 의미한다. 악의 모든 규범성을 반박함으로써 이와 같이 악을 배제한다는 것은 키에르케고르에게 있어서는 참회의 행위 속에서 구체화된다.

> 인간은 오직 자기 스스로 참회함으로써만 윤리적으로 … 선택할 수 있고, 또한 그렇게 스스로 참회함으로써만 구체화되며, 그리고 오직 구체적 개별자로서만 인간은 자유로운 개인이다(264). 윤리적인 선택을 한 사람은 구체적으로 특정한 개별자이기를 선택한 것이고, 이 선택이 동시에 선택을 인정하는 후회와 같은 것이라는 사실을 통해 구체성에 이르게 된다. 따라서 개별 인간은 자기 자신을 이러한 능력들, 이러한 경향성, 이러한 욕구, 이러한 열정 등을 가진 특정한 개별자로서 인식하게 되고, 어떤 특정한 환경에 영향 받음으로써 특정한 생

활 세계의 특별한 산물로서 자신을 의식하게 된다. 이런 식으로 자기 자신을 의식함으로써 인간은 모든 것에 대해 함께 책임을 떠맡게 된다. (같은 책, 267)

이렇게 되면 스스로 윤리적 선택을 하는 사람은, 무조건적인 요구에 따라 스스로 선택을 한 것이고, 그가 무조건적으로, 그리고 스스로 선택했다는 것에 대한 증거는 바로 후회이다. 왜냐하면 누군가가 선과 악의 척도를 단지 보편타당하게 인정했을 뿐만 아니라, 동시에 그 스스로에게도 척도를 적용했음을 나타내는 증거가 바로 후회이기 때문이다. 그는 자신의 과거를 후회함으로써, 그가 선을 잘못 선택했으나 지금부터는 선을 지향하고 악을 배제하고자 한다는 인식에 이르게 된 것이다.

니체 : 힘에의 의지

니체는 키에르케고르보다 훨씬 강하게 윤리학의 의무론적 이론을 대표하는 철학자다. 그에게 있어서 윤리학의 토대는 개별자의 의지 안에 놓여 있다. 키에르케고르가 선과 악이라는 도덕적 술어를 그래도 여전히 개별적 주체를 넘어서는 보편타당한 지위로 인정하고 있는데 반해, 니체는 개별자의 의지에 놓는데, 여기서는 개별자의 자기초월적 창조력과 자기극복능력을 강화시켜 주는 것이 선한 것으로, 이것을 방해하는 것은 악으로 간주된다. 그래서 짜라투스투라는 "낡은 서판과 새로운 서판에 대해" 이렇게 가르친다.

… 무엇이 선이고 악인지, **여전히 아무도 알지 못한다**(창조하는 자가 아니라면!). 그러나 인간의 목표를 창조하고 대지에 그 의미와 미래를 부여하는 자가 바로 그러한 이다. 이 자가 비로소 어느 것이 선이고 어느 것이 악인지를 **창조한다.** (Nietsche 1966, Bd II, 444)

이 창조하는 개인-그 전형이 짜라투스트라인데-은 세 번의 변신을 겪게 되는 자기형성 과정의 최고 단계에 도달했고, 니체는 이 세 번의 변신을 낙타와 사자, 그리고 어린아이의 상징을 통해 시사하고 있다(Ⅱ, 293이하). 첫 번째 낙타의 단계로 가는 변화는 의지 규정의 타율성의 원리들을 인정함에서 시작한다. 마치 낙타가 다른 이가 원하고, 또 복종할 준비가 되어 있어서 자신과는 상관 없는 짐을 지고 그것을 운반하듯이, 인간 또한 처음에는 자신이 속한 공동체에서 전승되어 통용되고 있는 도덕규범을 그 자신이 따라야 할 규범의 체계로서 받아들이고, 동시에 무엇을 선으로 혹은 악으로 간주해야 하는지를 규정했던 선조들의 권위와 의지에 복종한다. 만약 낙타가 자신의 짐을 벗어 던지는 데 성공한다면, 낙타는 사막을 빠르게 달리면서 거기에서 사자로의 변화를 경험하게 된다. 그러나 이 사자의 단계에서도 여전히 그는 어떤 새로운 도덕의 원리도 발견하지 못한다. 왜냐하면 이 단계에서 인간은 이제 <너는 해야 한다>에 대해 자신의 <나는 원한다>로 맞섬으로써, 전승된 가치의 파괴에 완전히 몰두하고 있기 때문이다. 이제 그는 공허와 불모의 총체인 사막의 상과 연관된, 일종의 빈 서판(tabula rasa)을 만들어, 종래에 통용되고 있던 가치에 대한 인정을 거부하고 동시에 이제 주인이 없는 이 영역의 지배자가 된다. 그러나 "새로운 가치를 창조하는 일, 이것은 사자도 아직은 할 수 없는 상태이다. 그러나 새로운 창조를 위해 자유를 창조하는 것, 이것은 사자의 힘이 할 수 있는 것이다"(같은 책, 294). 사자의 단계에서 인간의 <나는 원한다>는 여전히 <나는 원하지 않는다>, 즉 지금껏 통용되던 도덕의 거부에서만 일어난다. 여기서의 자유는 여전히 본질적으로 '~로부터의' 자유로, 아직 '~로의' 자유로 파악되지 않는다. 그렇기에 이제 세 번째의 변화가 요구되는데, 이것은 <나는 원한다>라는 새로운 가치를 통해 생겨난다. 이것이 아이의 단계에서 일어난다. "어린 아이는 순진무구하며 망각이며 새로운 출발, 유희, 저절로 굴러가는 바퀴, 최초의 활동이며, 성스러운 긍정이다"(같은 곳). 아이의 단계에서 인간은 저 최초의 근원적 공간을 손에 넣게 되고, 그 공간 안에는 그가 떠맡아야 하는 것도, 혹은 거절해야만 할 그 어떤 것도 없다. 오히려 그는 이제 자유이며, 그 스스로 자신의 규범과 가치를 규정할 수 있다. 창조자로서의 그는, 유희하는 아이가 놀이 속에서 자신이 지키고 싶은 놀이의 규칙을 스스로 정하듯, 그가 살고자 하는 삶의 규칙들을 만들고 자신의 현존의 의미를 그 어느 것보다도 독창적으로 만들어낸다.

이런 관점에서 짜라투스투라는 명백히 세 번째 변화로 가는 도중에 있는 한 학생에게 묻는다. "그대가 그대 자신에게 선과 악을 부여할 수 있는가, 그리고 그대의 의지를 마치 법률처럼 그대 위에 매달아 놓을 수 있는가? 그대는 그대 스스로에게 재판관이면서 동시에 그대 법률의 보복자일 수 있는가?"(326). 이런 식으로 자신의 의지를 지배해서 그만의 고유한 선과 악을 자율적으로 규정할 수 있는 자만이, 힘에의 의지를 소유하고 매 순간 자기 자신을 극복할 수 있다. "불멸하는 선과 악, 그런 것은 없다! 그것은 자기 자신으로부터 항상 새로이 극복되어야 한다"(372), 다시 말해 영원히 타당한 가치란 없다. 타당한 것은 창조적인 근원의 힘으로부터 언제나 새롭게 다시 산출되어야 하는 것이고, 이러한 지속적인 상승 안에서 삶의 의미로서 초인(Übermensch)의 이데아가 실현된다. "**나는 그대들에게 초인을 가르친다**. 인간은 극복되어야 하는 어떤 것이다"(279). 그리고 그것은 단 한 번만이 아니라 동일한 것의 영원한 반복으로서 항상 새롭게 계속되는 것이어야 한다.

모든 의무론적 이론의 바탕이 되고 있는 이러한 순환모델에 따르면, 선이란 자기 스스로를 규정하는 의지의 산물이 되고, 의지는 다시 자신의 고유한 생산성을 단적으로 선한 것으로 인정하는 것이다. 이러한 순환모델은 니체에게 있어서 목적론적으로 구상된 전통적인 도덕론들의 선형적 모델에 대한 비판에서 나온 것으로, 전통적 도덕이론들은 선을 인간의지에 내재적인 것으로서가 아니라 인간이 가진 목표와는 별개의 것으로 정의하였고, 따라서 의지는 자체로부터 선한 것이 아니라, 한 사람이 선으로 정의된 목표를 추구 내지 도달했는지에 따라서만 선한 것으로 지칭될 수 있는 것이 된다. 그러므로 만약 니체가 『선악의 저편』에서 "플라톤의 순수한 정신과 선 그 자체라는 허구"를 반박하고, 기독교를 "'민중'을 위한 플라톤주의"라고 지칭할 때, 그는 "군서동물" 혹은 "노예의 도덕"(Ⅱ, 659, 730)의 원리에 반대하고 있는 셈이다. 이것은 똘똘뭉친 군중으로서만 힘을 과시하고, 개인으로서는 그런 힘을 갖지 못하는 약자들을 보호하기 위해 약자들이 날조한 것으로, 모든 위대하고 평범을 능가하는 개인들을 모든 사람들에게 구속력 있는 선악의 표상들의 평균 수준으로 축소시키고자 하는 도덕이다.

> 숭고하고 독립적인 정신성, 독자성에의 의지, 위대한 이성은 이미 위험한 것으로 느껴진다. 모든 사람, 즉 무리를 능가하는 개인과 이웃에게 공포를 주는

사람은 이제부터 악이라고 불린다. 천박하고 소박하며 잘 순응하는 동일한 성향, 그리고 **평균적인** 욕망이 도덕적 명성과 명예를 얻는다. (같은 책, 658)

니체가 『도덕의 계보학』에서 본래 증명하려 했던 바, "평범한 사람의 도덕"(Ⅱ, 781)으로서의 전통적인 도덕은 약자들이 가진 무의식적 원한(Ressentiment)에서 생겨난 것이고, 약자들은 강자들이 가진 창조적 힘에 대해 시기하고, 그 때문에 "귀족주의적인 가치 방정식(선한=신분이 높은=권력을 가진=아름다운=행복한=신의 사랑을 받은)"을 거꾸로 전도시켰다. 그 결과 이제부터는 "탁월하고 강력한 자들은 … 영원히 사악한 자, 잔인한 자, 음란한 자, 탐욕스러운 자, 무신론자라고"(Ⅱ, 779) 불리게 된다. "**모든 도덕의 기원**을 다음과 같은 혐오스럽고 하찮은 추론들에서 찾을 수 있지 않을까? 즉 <**나에게** 해로운 것은 **악한 것**(그 자체로 해로운 것)이고, **나에게** 이로운 것은 **선한 것**(그 자체로 즐거움을 주고 유익한 것)이다>"(『아침놀』, Ⅰ, 1076). 따라서 원한의 도덕이라는 의미에서 대체 누가 악한 사람인가라는 질문에 대한 답은 니체에게는 다음과 같다. "바로 다른 도덕을 가진 선한 자, 고귀한 자, 강한 자, 지배하는 자가 다만 원한에 찬 독기어린 눈에 의해 윤색되고 각색되고 역전되었을 뿐이다"(Ⅱ, 785). 인간을 "계산할 수 있고 규칙적인 것"으로 만들기 위해서(Ⅱ 800), 자율적 개인 자신이 가진 힘에의 의지에서 생겨난 - "**자유의 본능**(내 말로 하면, 힘에의 의지)"에서 나온(Ⅱ,828) - 저 원래의 선함은 평가절하되어야 하고, 약함은 공적(功績)으로 왜곡되어야 한다(Ⅱ,791). 이렇게 해서 약자들의 지배 도구로서의 도덕의 기능은 자칭 더 강력한 존재, 즉 신이 인간들에게 자신의 의지의 표현으로 제시했던 저 규범들을 통해 강한 자들과 힘있는 자들을 견제하려는 데에 있다. 그러나 신들이란 그 자체로 타당한 관념적 가치와 마찬가지로 저 허구적인 내세, "뒤안의 세계"를 구성하는 요소일 뿐이다. 그리고 이 "뒤안의 세계"가 도대체 무엇인지 하는 것은 니체의 도덕 비판을 통해 "무에 이르는 샛길"(Ⅱ, 817)임이 폭로되어야 한다.

니체가 "선악의 저편에서" 개인의 자기실현을 옹호한다고 할 때(Ⅱ, 678), 이것이 무규칙적 자의의 무도덕적 상태를 지지한다는 의미는 아니다. 전통적인 도덕에 대한 니체의 비판이 가지는 성과는 오히려 역으로 다음과 같은 최종결론에 도달하게 된다. “지금까지 인류를 도덕적으로 만들어왔다고 하는 **모든** 수단들은 근본적으로 **부도덕한** 것이었다”(Ⅱ, 982). 이런 식의 이해는 결국 전승되어온 규범과 가치의 표상들에 대한 타당성을 인정하지 않는다는 결론으로 이어지며, 이로써 “망치로 철학하는”(II, 1144) 자, 그리고 “낡은 서판”을 깨부수는 자는 저 서판에 도덕의 원리라고 기록된 금지와 명령의 토대를 이루는 선과 악의 저편에 서게 된다. 그렇더라도 결국 종래의 타당성에 대한 부정은 “모든 가치들의 전도”라는 의도에서 일어난 것이다. 다시 말해 낡은 서판들은 새로운 서판으로 대체되어야 하며, 이 때 새로운 서판은 더 이상 신의 원리에 의해서가 아니라 부단한 자기-극복 안에서 스스로를 넘어서는 창조자의 원리를 통해, 초인의 이념에 의해 정초된다. 따라서 이 새로운 도덕법전은 인간이 개별자라는 점(그 자신 스스로가 오직 자기 자신에게만 타당한 법칙을 세우는 의지의 자유라는 의미서)에서 낡은 도덕법과 구별된다. 이렇게 해서 니체는 선과 악의 척도를 자신이 가진 능력에 따라 스스로 자율적으로 결정하는 개인의 의지로 바꾸어 놓았다. 물론 이 새로운 도덕의 보편적인 구속력을 희생했기에 새 도덕의 규범들은 오직 <너는 너 자신이 되어라>(‘너’에게 강조가 있다)라는 점에서만 공통분모를 가지게 된다(Ⅱ, 479).

2절 선에 대한 목적론적 이론

의무론적 이론과는 달리 목적론적 이론은, 선이 의지 안에 내재하고 있는 목표가 아니라 목표를 초월하고 있다는 데에서 출발한다. 다시 말해 어떤 것이 선하다(좋다)는 말은 그것이 선한 의지에 의해 추구됨으로써 선하다(좋다)는 것을 뜻하는 것이 아니라, 인간의 의지와는 무관한 독립적인 선이 실재하고, 의지는 오직 그러한 선을 추구하기 때문에 선한 의지라는 자격을 얻는다는 의미이다. 이러한 선의 목적론적 이론은 특히 아리스토텔레스, 공리주의자, 그리고 가치철학자들을 통해 발전되었다.

아리스토텔레스 : 좋음과 행복

아리스토텔레스는 그의 『니코마코스 윤리학』의 시작부분에서 바로 "모두가 추구하고 있는 목표"로서의 '좋음'(NE 1094a)에 대한 통상적인 정의를 전개하고 있다. 모든 종류의 추구는 좋음을 실천적으로 실현하고자 함으로써 드러나는데, 여기서 아리스토텔레스는 목표와 그에 상응하는 좋음을 두 종류로 구별하고 있다. 목표란 한편으로는 철학이나 음악을 하는 경우처럼, 어떤 행위가 행위 자체를 위해 수행될 때에는 실천 그 자체일 수 있다. 반면 목표는 행위가 지향하는 좋은 것일 수도 있다. "의술의 목적은 건강, 조선술의 목적은 배, 병법의 목적은 승리, 가정경제학의 목적은 복지이다"(같은 곳). 아리스토텔레스는 폴리스 내에서 좋은 것으로 통용되는 이 궁극적인 목표들을 분류 절차를 거쳐서 위계질서상 상위-하위등급으로 배열한다. 이 때 다른 목표들이 어떤 하나의 목표를 이루기 위해 추구된다면, 그 목표가 바로 상위의 목표가 된다. 일례로 마구(馬具)장인의 목표가 좋은 승마용구를 만들어 내는 것이기 때문에, 이 목표는 어떤 지형에서나 말 위에서 잘 달리는 것을 목적으로 하는 승마술이라는 목표를 위해 사용된다. 그리고 이 승마술은 다시 국가를 수호하기 위한 전술을 목표로 사용되며, 특히나 적을 이기기 위한 야전술이라는 목표를 위해 민첩한 기마군대에 의해 이용된다. 아리스토텔레스에 따르면 이러한 목표들의 최상위에는, 어떤 다른 목표를 위해서가 아니라 오직 자기 자신을 위해 추구되는 목표, 즉 모든 여타의 목표들이 그것을 뒤따르고 있는 궁극목표가 존재하고 있다. 이 최종적인 목표를 아리스토텔레스는 최고선으로 부르는데(같은 곳), 이것은 모든 종류의 표상가능한 좋음들을 자기 안에 통일시키기는 것이지만, 오직 인간의 행위에 의해서만 실현되는 것이기도 하다. 그러나 아리스토텔레스는 인간적인 최고선을 '행복'으로 보던 통상적인 해석에 동의하면서도, 다른 한편 행복의 본질에 대한 '대중'의 다양한 표상들, 말하자면 가장 흔하게는 쾌락, 안녕, 명예, 건강, 그리고 부로 여기고 있는 것에 대해서는 문제를 제기한다(NE 1095a). 인간에게 있어서 최고선이란, 그것이 모든 인간 행위가 암묵적으로 추구하는 궁극목표라는 점에서 일반적으로 성공적인 삶의 형태이어야 한다. 만약 행복이 인간에게 있어서 최고의 선이고, 그래서 이 행복을 위해 좋은 것이라고 열망하는 나머지 모든 것들이 추구되고 있으며, 도덕적 완전함과 삶의 충만함 또한 이 행복을 전제로 하고 있는 것이라면, 이 행복은 결코 직접적으로 목표 자체로서 추구될 수는 없으며, 오히려 추구할만한 가치가 있다고 여겨지는 모든 것의 궁극적 목적으로 드러난다. 모든 인간 활동의 이 최종 목표는 오직 간접적으로만 실현될 수 있는데, 이는 인간이 어떤 일을 하든 도덕적인 완성과 좋은 품성을 얻기 위해 애쓰면서, 동시에 그에게 좋은 삶을 가능하게 할 유리한 외적인 조건들을 만나기를 희망함으로써만 가능하다.

> 누군가가 완전한 덕성에 따라 행하고 거기에 외적인 좋은 것들까지도 충분히 갖추고 있다면, 심지어는 이것이 삶의 우연한 기간 동안이 아니라 전 생애에 있어서 그렇다면, 우리가 그를 완전한 의미에서 삶을 성취했다고 말하지 말란 법이 어디 있다는 말인가? (NE 1101a)

인간에게 있어서의 최고의 좋음을 목표들 중의 목표라고 규정하고, 도덕적인 관점에서뿐만 아니라 자연적 관점에서도 완전하고 지극히 복된 삶의 형식을 인간이 도달할 수 있는 것으로 표상하고 있다는 점에서 아리스토텔레스는 분명 플라톤이 『필레보스』에서 제시하고 있는 명제에 가깝다. 그것은 인간에게 바랄만한 가치가 있는 좋음이란 순수한 이성의 원리들에 따르는 삶에서도, 그렇다고 전적으로 쾌락을 만족시키기 위해 전념하는 삶에서도 만들어지지 않으며, 오직 이성과 즐거움의 "혼화"에서만(이성의 즐거움에 대한 우위가 인정되고 있다) 만들어진다고 주장하고 있다(Phlebos 18e-23b, 66a-d 참조).

공리주의 : 좋음과 쓸모있음

아리스토텔레스에게 있어서 행복을 지향하는 선의 목적론적 이론의 핵심은 폴리스 시민의 도덕적 품성이나 덕에 있었다. 때문에 시민들은 무엇보다도 폴리스가 인정하는 목표들을 자신의 고유한 목표로 삼아 사려 깊게 추구함으로써, 단지 자신만의 행복이 아니라 공동체 전체의 행복에 기여하게 된다. 그러나 공리주의자들에게는 그 핵심이 공공의 복지로 옮겨간다. 공리주의가 중요시 여기는 것은 최대 다수의 최대 행복이고, 그런 점에서 모든 사람들에게 좋음을 극대화시키는 것이 중요한 문제이다. 이러한 선은 -즉 가능한 많은 이들의 최대한의 욕구충족으로 이해되는 최선의 공익- 행위하는 자의 '선한 의지'나 도덕적 신념에 달려 있는 것이 아니라, 전적으로 그의 행위와 그 결과에 달려 있다. 행위의 결과들, 다시 말해 그 행위와 관련된 모든 이들에게 유용성의 유무가 그것이 좋은(도덕적으로 옳은) 행위인지 혹은 나쁜 행위인지를 결정한다. 이와 관련해서 밀J. S. Mill은 공리주의를 다음과 같이 정의하고 있다.

> 유용성 또는 최대행복의 원리가 도덕적 행위의 토대라고 여기는 견해에 따르면, 행위는 행복을 증대하는 성향을 가지는 한 그에 비례해서 도덕적으로 옳으며, 행복에 반대되는 것을 파생시키는 정도에 비례하여 그르다. 행복이란 쾌락과 고통에서의 해방을 의미하는 것이고, 불행이란 불쾌, 쾌락의 결여를 의미한다. (Mill 1976, 13)

인간 행위를 통해 달성되는 좋음=행복=쾌락(혹은 기쁨)=유용성이라는 공리주의의 비례식은 모든 공리주의 이론-그것이 아무리 상이하다 하더라도-의 기초이다. 그렇지만 효용성의 극대화라는 이 기준은 공리주의자들이 끊임없이 반복해서 몰두해왔던 저 좋음의 수량화라는 문제를 제기한다, 벤담J. Bentham은 다음과 같은 의견을 가지고 있었다. 즉 우리는 하나의 행위에서 예상되는 행복의 강도, 지속성, 확실성, 효과의 인접성과 풍부함, 순도 그리고 범위 등을 산출하고, 이와 같은 행복 값의 총계에서 반대로 예상되는 불행의 총계를 빼는 방식으로, 어떤 행위의 유용성을 그 셈법에 따라 계산적으로 정할 수 있다는 것이다.

> 어떤 행위가 가진 **좋은** 경향의 정도를 나타내는 수를 **더하라.** 다시 말해 그 경향성을 총제적으로 좋은 것이라고 여기는 모든 개인들의 관점에서. 마찬가지로 그 경향이 총체적으로 **나쁜** 것으로 나타나는 모든 개인들의 관점에서도 똑같이 하라. 그리고 **총계**를 내라. (Bentham 1975, 51)

밀은 이러한 계산에 대해서는 이의를 제기한다. 즉 벤담은 행복의 양만 고려했을 뿐, 행복의 질에 대해서는 고려하지 않았다는 것이다(Mill 1976, 15). 욕구충족의 종류에 있어서 그 등급이 높은 것(예를 들어 정신적인 것)과 낮은 것이 있는 한, "불만족스러운 인간이 만족한 상태에 있는 돼지"(18)보다 더 나은 한, 분명 (더 혹은 덜)좋음의 규정을 위한 질적인 척도가 필요하다는 것이다. 이 지점에서 밀은 원칙적으로 좋음 그 자체는 어떤 증명도 할 수 없다는 것을 받아들인다.

> 만약 어떤 것이 좋다는 것을 증명하기 위해서라면, 우리는 그것이 좋다는 것에 대한 증명을 제시할 필요가 없이, 그것이 어떤 다른 것에 대한 수단이라는 것을 보여주는 것만이 가능하다. 가령 의술은 그것이 건강을 증진시키기 때문에 좋다고 증명할 수 있지만, 건강이 좋은 것임은 어떻게 증명할 수 있다는 것인가? 또 음악은 다른 이에게 즐거움을 주기 때문에 좋은 것이지만, 즐거움이 좋은 것임은 어떻게 증명해야 하는가? (Mill 1976, 9)

밀은 "경험된 것들"(20)의 합의로 합리적인 증명을 대신한다. 어떤 즐거움이 다른 즐거움들보다 선호되어야 하는지, 그리고 어떤 종류의 행복이 다른 것들에 비해 더 높은 등급인지는 경험된 것들의 다수결을 통해 결정된다. 직관적으로 양자택일의 두 가자 측면 모두를 알고, 좋음의 가치의 위계질서를 설정할 능력이 있는 것들이 '경험된 것'으로 인정된다. 그렇지만 밀은 "어떤 것이 원할만한 가치가 있는지에 대한 유일한 증명"이 "인간이 그것을 실제로 욕망한다"는 것이라고 주장하고, 또 모든 인간이 행복을 추구한다는 사실에서 "행복이 좋은 것이다"(Mill 1976, 61)라는 것이 드러난다고 주장함으로써, 무어가 이른바 자연주의적 오류라고 불렀던 오류를 드러내고 있다. 즉 하나의 사실에서 하나의 당위를, 하나의 명백한 정황에서 하나의 규범을 도출해내는, 논리적으로 허용되지 않은 오류를 저지르는 셈이다. 어떤 것이 사실적으로(de facto) 타당하다는 것은, 그것이 타당해야 한다는 요구에 대한 충분한 근거가 되지 않는다. 모든 사람들이 그것을 좋다고 여긴다는 이유만으로 어떤 것이 이미 좋은 것은 아니기 때문이다. 나아가 칸트 식으로, 행복을 추구하는 것과 같이 인간이 원래부터 이미 행하고 있는 것을 요구하는 것은 모순이라고 반박할 수도 있다(MdS, A 13). 현실적으로 있는 어떤 것은 있어야 하는(gesollt) 것이 될 수 없다. 왜냐하면 '있어야 함'은 그것이 아직 현실적이지 않다는 것을 함축하기 때문이다.

고전적 공리주의자들(벤담과 밀 등)이 "행위공리주의자"들이었다면, 동시대의 또 다른 공리주의자들은 좀 더 "규칙공리주의"의 경향을 띠고 있다. 이들에 따르면 목표가 되는 좋음의 최대치는 개별적 행위들의 결과에 따라서가 아니라 행위들을 포섭하고 있는 규칙들에 따라서 규정되어야 한다. 이렇게 해서 개별 행위들은 그 좋음과 관련해서 더 이상 직접적인 효용성의 원리가 아닌, 행위들이 따르고 있는 규칙을 기준으로 검토되고, 또한 규칙에 의해 각각 얼마나 좋음을 촉진시키는가가 확증된다. 스마트John J. C. Smart는 이것을 항해술의 예를 통해서 설명하고자 했다(Smart 1975, 127). 뱃사람이 자신의 배를 최대한 잘 조종하기 위해 항해 연감의 자료들을 이용하고, 그로써 자신의 오랜 시간의 수고스러운 계산을 절약하는 것처럼, 규칙공리주의적 사고에 따라 행동하는 자는 좋은 행위를 하기위해, 유용성의 원리 측면에서 그 유용성이 검증되어온 공공의 규범과 규칙들을 참고함으로써 지루하고 번거로운 유용성 계산 절차를 단축시킨다. 모든 사람들에 의해 보편적으로 준수됨으로써 좋음의 최대치를 산출해내는 그러한 규칙에 따라 행위하는 자는 좋게 행동하는 것이다.

> 물론 규칙의 파괴에서 생기는 좋음이 규칙의 준수를 통해 생겨난 좋음보다 모든 점에서 더 크다면, 우리는, **모든 사람이** 규칙을 준수함으로써 생기는 좋음이 **모든 사람이** 규칙을 파괴함으로써 생기는 좋음보다 크건 크지 않건 규칙을 깨야만 한다. (Smart 1975, 121)

스마트는 자신이 "극단적 공리주의"라고 부르는 이러한 이론에 대해 스스로 다음과 같이 주장하고 있다. 즉 이 이론은 규칙을 그저 경우에 따라서만, 다시 말해 행위의 결과들이 그 규칙의 준수로 인해서 최선의 결과가 될 때에만 좋은 행위의 척도로 고려되는 느슨한 규칙들로 이해한다면 비논리적이라는 것이다. 그리고 이 점에 대해 '제한된 공리주의'를 이용해 변론을 펼친다. 이 논리에 따르면, 행위의 유용성은 그 행위의 결과에 의해 드러나는 것이 아니라, 최대한의 유용성이 보편적으로 인정되는 그러한 규칙의 사례로써 결과들을 이해함으로써만 가능하다. "따라서 일반적으로 행위들은 규칙들에 의해서 그리고 규칙들은 귀결되는 결과들에 의해 검증되어야 한다고 말해진다"(122). 이러한 제한된 공리주의의 모델에 따르면, 극단적 공리주의에서와 같이 규칙을 깨는 행위가 규칙을 따르는 행위보다 더 좋은 결과를 가져오게 되는 특수한 경우에는 규칙을 깰 수 있다는 말은 더 이상 가능하지 않다. 즉 우리는 반드시 규칙을 따라야 한다. 설령 개별적인 경우에 있어서 그 유용성이 더 작거나 전혀 생겨나지 않는다고 하더라도 그러하다.

이러한 규칙 공리주의와 비슷한 표현을 브랜트Richard B. Brandt는 『이상적 도덕법전 이론』에서 주장하고 있다.

> 만약 특정한 사회에서 어떤 도덕법전이 가진 타당성이 한 사람당(전체 좋음은 사람의 수로 나누어진다) 적어도 여타의 다른 도덕법전이 가진 타당성만큼의 좋음을 산출하게 된다면, 우리는 그 도덕법전을 **이상적**이라고 말하고자 한다. (Brandt 1975, 142)

그러한 이상적인 도덕법전은 하나의 집단 내에서 "적어도 전체 성인의 90퍼센트"(143)가 인정하고 따르는 규칙 체계일 것이며, 여기서 바로 이 집단의 최대 행복이 귀결된다. 이렇게 되면 모든 종류의 도덕적인 행위들이 이상적인 도덕법전에 의해서 결정된다. 즉 "하나의 행위는 도덕법전에 의해 금지되지 않을 경우에만, 오직 그 경우에만 옳은 것이며, 그 도덕법전은 그것이 통용되는 사회에서는 이상적이다"(Brandt 1975, 147).

공리주의 비판가들 중 가장 유명한 롤즈(J. Rawls)도, 초기에는 공리주의자였다. 롤즈는 효용성(유용성)의 원리가 평균효용의 극대화를 단적으로 선한 것으로 강요한다는 점에서 옳지 않다는 결론에 도달했다. 이는 평균효용을 규정함에 있어서 종종 더 나은 상황에 처해 있는 이와 더 열악한 상황에 처한 이들 사이의 현저한 차이를 평준화시킴으로써 발생하는 문제를 간과하고 있고, 그로 인해 효용의 극대화가 종종 좋은 상황에 있는 이들에게만 이로운 것이 되어 버린다는 것이다. 이러한 부정의를 제거하고 모두에게 자신의 몫이 돌아가게 하기 위해서 롤즈는 올바름을 좋음(또한 유용성)보다 더 상위에 둠으로써, 행위연관적이고 목적론적인 효용성의 원리를 의지연관적이고 의무론적인 정의의 원리와 결합시키려 했다. 이를 위해 그는 일종의 계약론적 단초를 전개하는데, 이에 따르면 하나의 사회 내에서 절대적 타당성을 요구할 수 있는 정당한 원리란 마치 (허구적으로 설정된) 원초적 상황에서 인간이 자신의 행위의 근본규칙을 논증적인 담론을 통해 공통으로 협약하는 것과 같은 방식으로 확정된다. 이러한 원초적 상황에서 인간들 사이에 불평등을 초래하고 있는-혈통, 천부적 재능, 사회적 지위, 경제적 상황 등등-들이 배제된다면, 그리고 그 구성원 중 누구도 지금 자신들이 가정하고 있는 이 정의롭게 "잘 질서지워진" 사회 내에서 어떠한 지위를 받게 될지를 모른다고 한다면, 각자는 그가 사회 내에서 가장 열등한 지위의 그룹에 속하더라도, 여전히 그 사회에서 살고자 할 것이라는 확신을 주는 그러한 규칙들만을 정의의 원리로서 인정하게 될 것이다. 롤즈에 따르면 모든 사람들은 이러한 소위 원초적 상황이라는 조건 하에서 아래의 두 가지의 원칙들에 대해 합의하게 될 것이다. 여기서 두 번째 원칙은 첫 번째 원칙이 충족될 때에만 타당하다.

첫번째 원칙

각자는 모든 이에게 허용된 동등한 기본적 자유의 가장 광범위한 전체 체계에 대한 동일한 권리를 갖는다.

두 번째 원칙

사회적, 경제적 불평등은 다음과 같은 방식으로 조정되어야 한다.

a) 최소의 수혜자에게 최대한의 이익이 주어져야 하고,

b) 공정한 기회 균등에 따라 모든 이에게 개방된 직위와 직책과 결부되어야 한다. (Rawls 1975, 336)

롤즈는 그의 좋음의 이론을 정의의 토대 위에서 정립한다. 그는 좋음, 내지 좋은 것으로 추구되는 사물들에 대한 표상들의 다양성과 차이들이 그저 우연과 자의성의 결과를 표현하는 것이 아니라, 오직 모든 사람들에게 근원

적으로 동등한 자유를 모든 사람들이 인정한다는 전제에서 나올 때에만, 정당화 될 수 있다는 것을 보여준다. 만약 모두가 이 두 정의의 원칙에 따라서 각자에게 좋은 것의 총체를 그 자신의 삶의 형식으로 선택한다면, 동시에 이런 방식으로 발생하는 불평등이 우선적으로 가장 열등한 처지에 있는 이들에게 유익한 것이 되는 행위만을 허용함으로써 조정된다면(아무리 그 행위로 인해 달성된 유용성이 여전히 크다 하더라도, 그 행위가 조금 혹은 월등하게 더 나은 처지에 있는 자들과 그렇지 않아도 유리한 자에게 이익을 가져다주는 어떤 행위도 허용되지 않고), 정의는 좋음으로, 좋음은 정의로 드러나게 될 것이다. "우리는 우선 잘 질서지워진 사회에서는 하나의 좋은 인간이(그리고 특히 유효한 정의감을 가진 사람)이 인간에게 좋은 것이라고 말할 수 있으며, 두 번째로 이런 종류의 사회가 바로 좋은 사회라고 말할 수 있다" (Rawls 1975, 626)

가치의 철학 : 선과 가치

롤스가 의무론적 입장에서 공리주의에 대한 비판을 했다면, 목적론자들의 진영에서도 공리주의에 대한 비판자들이 생겨났다. 셸러M. Scheler, 하르트만N. Hartmann, 그리고 라이너H. Reiner 등과 같은 가치철학자들이 바로 그들이다. 이들은 모두 도덕적인 술어인 선과 악의 기원이 스스로를 규정하는 의지 안에 있는 것이 아니라, 단적으로 인간의 의욕과는 무관하게 타당한 가치, 인간 행위의 목표를 표현하는 가치들 안에 있다는 점을 견지하면서, 유용성의 가치가 최고의 가치라는 점에 대해 반대한다. 이와 관련해서 셸러는 자신의 저서 『윤리학에서의 형식주의와 실질적 가치 윤리학』에서 공리주의의 오류는 "그저 선과 악에 대한 **사회적 칭찬과 비난**에 관한 (참된)이론만을 제시하고 있으면서, 마치 선과 악 그 **자체**에 대한 이론을 제시하고 있다고 생각한다는" 데에 있다고 본다(Scheler 1966, 188). 그래서 그의 비난은 공리주의가 사실적으로 타당한 것을 규범적으로 타당한 것으로 전복시켰다는 것으로 이어진다. 셸러는 "**대상들의** 고유한 영역을 나타내는 **진정하고 참된** 가치질이 있다(37)"는 점에서 출발한다. 물론 이는 좋은 것들 속에서 경험적 실재성을 유지할 수 있는 것이다. 선과 악의 가치는 모든 가치들처럼 "**분명하게 감지할 수 있는**

현상들"(39)인 것으로, 그들의 서열상 위계는 선취 내지 후치(Nachsetzen)의 작용에 의해 규정된다.

> 가치를 실현하는 작용은, 그것이 지향하는 가치 질료 면에서 '선취된' 가치와는 일치하면서도 '후치된' 가치와는 모순된다면, 그것은 윤리적으로 선하다. 반면 그것이 지향하고 있는 가치 질료 면에서 선취된 가치와는 모순되면서 후치된 가치와 일치하는 것은 윤리적으로 악하다. (Scheler 1966, 47)

셸러의 선에 관한 이러한 목적론적인 이해는 윤리학과 그 대상, 그리고 윤리적 개인들을 넘어서 모든 존재하는 것들에까지 미치고 있다. 동시에 "이 **전체** 우주의 궁극적 의미와 궁극적 가치는 최종적으로는 오로지 순수한 존재(성과에서가 아니라)와 가능한 완전한 선함에서 가늠된다"는 명제를 자신의 책의 가장 중요한 명제라고 제시한다는 점에서(16) 또한 형이상학적 이론의 단초에도 맞닿아 있다고 할 수 있다.

하르트만은『윤리학』에서 셸러의 뒤를 이어 형이상학적인 요소를 더욱 강조했으며, 가치 수용의 지향적 작용을 이념적인 가치 왕국에의 참여라고 기술했다. 그리고 마지막으로 라이너는 "선과 악"에 관한 자신의 짤막한 글에서 다음과 같이 정의하고 있다:

> 우리의 소망과 행위의 목표는 언제나 가치의 실현에 도달하는 것이거나 확신하는 것이며, 혹은 무가치한 것들의 실현을 금지, 제거하는 것이다. (Reiner 1965, 12)

이에 따라 라이너에게 있어 윤리적인 선이란, "우리에게 생겨난 객관적으로 의미 있는 가치들의 요구에 응함으로써 발생하는 것이고, 반대로 악이란 우리가 이러한 요구들과는 반대로 행동함으로써 생겨나는 것이다"(25).

선에 관한 이와 같은 모든 목적론적 이론들-행복주의적이건 공리주의적이건, 아니면 가치철학적인 관점에서건-이 가지는 근본적인 문제는, 결국 이 이론들이 규범적 도덕의 척도를 정초하는 데에 실패했다는 것이다. 아리스토텔레스의 경우에는 폴리스 내에서 좋은 것으로 인정되는 목표들을 그 타당성에서 단적으로 전제하고 있다. 그리고 상식에 기대고 있는 공리주의자는 사실적으로 인정된 유용성 원리의 **무조건적인** 타당성을 증명하지도 않은 채, 대부분의 사람들이 유용한 것으로 여기는 것을 선이라고 생각하고 있다. 또한 그 자체로 타당한 가치질서를 선의 총체로 삼고 있는 가치 철학자들은 가치를 규범으로 이해하고 있기는 하지만, 가치들의 기원과 그 규범성이 여전히 모호하기 때문에, 도대체 어떻게 가치 그 자체가 우리에게 가치가 될 수 있는지에 대해서는 대답할 수 없다. 결국 선의 규범적 규정이 오직 자율적이고 상호주관적으로 매개된 의지(이것이 도덕적 관점에서 선으로 타당한 것을 우선적으로 구속적으로 확정한다)의 자기규정과의 연관성 안에서만 가능하다는 점에서, 선의 목적론적 이론은 의무론적 이론 없이는 생겨날 수 없다. 그러므로 행위의 목표는 결국 우리가 좋다고 주장하는 많은 것들이 이 행위의 목표를 추구하기 때문도, 그리고 그 자체로 혹은 그 결과로 인해 좋기 때문도 아니며, 그보다는 오히려 당위의 차원을 근원적으로 열어 놓는 선한 의지의 차원에서 우선적으로 정당하게 선한 것으로 간주될 수 있는 자격을 부여받아야 하는 것이다.

3절 도덕적인 좋음에 대한 존재론적 정초

요나스H. Jonas는 "'선' 혹은 '가치'를 존재 안에 근거 짓도록" 함으로써, 의무론적 단초를 목적이론과 결합시키고자 시도했다(1979, 153). 만약 인간에 의해 "그 자체로 선한 것의 실현이라는 요구"로서 경험되는 그러한 목표들이 자연에 설정된다면, 이러한 존재의 목적론적 구조화는 인간으로 하여금 모든 살아있는 것들에 대한 무조건적 긍정이라는 의무를 지우게 된다. "독립적인 선은 목적이 될 것을 요구한다. … 우리는 선에게 그의 것을 빚지고 있다"(161). 바로 여기에서 생겨나오는 단적으로 있어야 할 것에 대한 책임이 미래 윤리의 원리이며, 이는 이상주의적적 인간상도 유토피아적인 종말론구상도 지향하지 않고, "선한 존재 **혹은** 악한 존재가 될 수 있는 **능력**"을 가진 인간(385), 그리고 "공포의 발견술"(63이하)을 가지고 기술이 불러올 위험을 성찰해야하는 인간의 현사실성을 지향하고 있다. 요나스는 인류와 인류의 존속이 위험에 직면한 그의 시대 상황에서 모두를 위한 최선의 것을 찾지 않고, 최악의 것을 막기 위한 전략을 변호한다. 왜냐하면 "인간이란 최고의 선 없이도 살 수 있지만, 최고의 악과는 살 수 없기 때문이다"(79). 따라서 이제 요나스는 칸트의 정언명령을 자기 식으로 수정한다. "이 지상에서 불확실한 인간의 존속의 조건을 위태롭게 하지 말라"(36).

어떤 면에서 요나스에 있어서 선이란 그 존재론적 뿌리를 존재의 목적론적 구조 속에 가지고 있다고 볼 수 있지만, 다른 한편으로는 자신의 위험을 인지하고 있는 현대인들의 책임에 도덕적으로 뿌리내리고 있다. 물론 합목적성을 좋음 그 자체로서 자연 안에 가정하는 것이 가능한가 하는 문제는 열려있다. 칸트가 『판단력 비판』의 두 번째 부분에서 말한 바와 같이(77절 참조), 자연은 자기 스스로 목표를 정하는 주체로서 간주 될 수 없기 때문에, 자연-목적론의 구조는 신적인 지성의 수용을 전제하고 있다. 이로써 윤리학은 모두가 다 받아들일 수는 없는 종교적인 가정위에 정초된다.

4절 도덕적인 좋음에 대한 비판

규범윤리적 이론의 두 가지 동시대적 유형에서는 이들이 선의 개념을 필요로 하지 않는다는 점이 눈에 띄는데, 이는 우연이 아니다. 마르크스주의 윤리학이 그 첫 번째이고, 다른 하나는 담론윤리학이다.

마르크스 윤리학 : 부르주아 도덕의 총체로서의 선

『마르크스-레닌 철학 소사전』에는 '선'이 표제어로 올라와 있지 않다. 왜냐하면 선은 토대(Basis) 문제에 관련된 것이 아니라, 계급이 없는 사회의 논리에서는 아무 소용이 없는 상부구조의 문제에 관련된 문제이기 때문이다. 이에 대해 엥겔스F. Engels는 자신의 『반뒤링론』에서 진리와 도덕의 영원한 타당성에 대해 반박한다.

> 우리가 여전히 참과 거짓의 문제에서 알아낸 것이 없다면, 선과 악에 대해서

> 는 말할 것도 없다. … 민족과 민족 간에, 시대와 시대 간에 선과 악에 대한 표상은 항상 변해왔으며, 서로 간에 자주 완전히 모순되곤 한다. (Engels 1976, 35)

엥겔스에 따르면 프롤레타리아의 "현실적인 인간 도덕"(36)은 선과 악의 개념을 더 이상 필요로 하지 않는다. 왜냐하면 모든 사람들이 동일한 방식으로 생산수단에 관여하고 있는 사회에서라면 어느 누구도 '선'을 행하거나 '악'을 버려야 한다고 요구받을 필요가 없기 때문이다. 새로운 공산주의 도덕의 규범들은, 쉬시킨A. F. Schischskin이 낡아빠진 계급 착취사회의 위선적인 도덕에 그 바탕을 두고 있다고 비판한 바 있는(Schischkin 1964, 46), 선과 악의 표상들 너머에 있고, 모든 종류의 계급간의 차이가 지양된, 모든 종류의 부르주아적이고 종교적, 철학적인 억압에서 해방된 사회의 자기이해를 내포하고 있다. 물론 마르크스 윤리학에서는 다음과 같은 점이 간과되어 있는데, 즉 선과 악의 개념은 결코 특정한 도덕과 관련되어 있는 것이 아니라, 그보다는 일종의 윤리적 범주로서 도덕과는 무관하게 각각의 역사적 자기 이해에 따라 변화하는 인간적인 실천을 요구한다는 점이며, 그래서 계급이 없는 사회의 도덕에도 선의 표상이 그 근저에 있는 것이며, 다만 프롤레타리아, 공산주의, 사회주의 등의 개념 뒤에 자신을 감추고 있을 뿐이라는 것이다.

담론 윤리학 : 비이성적인 의지-성질로서의 선

아펠K. O. Apel과 하버마스J. Habermas를 중심으로 전개된 윤리적 담론이론에서 선의 개념은 더 이상 역할이 없는데, 그것은 규범의 합리적 정초 이론의 틀 안에는 더 이상 활동공간이 없기 때문이다. 아펠은 여전히 "논증하기가 쉽지 않고, 그런 점에서 우리가 '비합리적'이라고 부를 수 있는 앙가쥬망"(Apel 1973, 412)의 의미에서 "선의지" 개념에 의지하지만, 여기에서도 선과 악에 대한 자유로운 결정이라는 문제는 "형이상학적"인 것으로 "초월-화용론적" 규범 정초의 영역에서는 배제된다.[3] 이 영역은 "논증적 담론 안에서

3) Apel 1973a, 13-43, 390이하, 42 참조. 이에 대해 크링스는(Krings 1979, 370) 논평에서 다음과 같이 말하고 있다. "내가 보기에는 언어화용론의 가장 중대한 약점이란 그것이 악에 직면해서, 다시 말해 윤리적

행해지는 자명한 의사소통의 규범적 조건들에 대한 반성을 통해 윤리적 규범들의 궁극적 정초"를 수행하기 위해(Apel 1979, 34), "담론적 논증의 가능성을 위한 소급불가능한 조건들"(Apel 1976, 16)을 개진한다. 하버마스(1971, 1973)에게서와 마찬가지로 아펠에게는 "**선한**(다시 말해 윤리적으로 정당화될 수 있는) 행위 일반의 규범에 대한 질문은 오직 논증적인 담론 안에 언제나 이미 승인된 것이 분명한 근본규범들과 연관해서만 답변될 수 있다"(Apel 1979, 35). 그 규범들이란 모든 종류의 정당한 타당성 요구를 근거지우며, 이렇게 해서 선의 개념을 대치하는, 이상적인 대화 상황(Habermas 1971, 136이하 참조) 혹은 이상적인 의사소통공동체(Apel 1973, 431)의 규범들이다.

■ 인용문헌

Apel, K.-O. 1973: Das Apriori der Kommunikationsgemeinschaft = Transformation der Philosophie. Bd. II. Frankfurt/M.

__________. 1976: Sprechakttheorie und transzendentale Sprachpragmatik zur Frage ethi-scher Normen. In: Ders.: Sprachpragmatik und Philosophie. Frankfurt/M., 10-173.

__________. 1979: Warum transzendentale Sprachpragmatik? In: Baumgartner 1979, 13-43.

Aristoteles: Metaphysik (Met.). Zitiert nach der Übersetzung von H. Bonitz. Reinbek bei Hamburg 1966.

__________. Nikomachische Ethik (NE). Zitiert nach der Übersetzung von F. Dirlmeier.

Darmstadt 1969.

__________. Physik. Zitiert nach der Übersetzung von F. Wagner. Darmstadt 1967.

Ayer, A. J. 1970: Kritik der Ethik und Theologie. In: Sprache, Wahrheit und

근본규범들의 부정에 직면했을 때 체념해야 한다는 데 있는 것으로 보인다. 담론공동체가 악의에 대해 제시할 수 있는 어떤 **논증**도 **있을 수** 없다. 왜냐하면 화용론적 근거에 입각한 모든 논증은 담론공동체를 전제하기 때문이다. 선택은 악한 행위를 하는 자를 탈락시키거나, 즉 그를 사회에서 배제시키거나, 아니면 (그의 최고의) 힘을 사용하는 것, 둘 중 하나이다."

Logik. Stuttgart, 135－159.

Baumgartner, H. M. (Hrsg.) 1979: Prinzip Freiheit. Eine Auseinandersetzung um Chancen und Grenzen transzendentalphilosophischen Denkens. Freiburg/ München.

Bentham, J. 1975: Eine Einführung in die Prinzipien der Gesetzgebung und der Moral. In: Höffe 1975, 35-58.

Birnbacher, D./Hoerster, N. (Hrsg.) 1976: Texte zur Ethik. München.

Brandt, R. B. 1975: Einige Vorzüge einer bestimmten Form des Regelutilitarismus. ln: Höffe 1975, 133-162.

Buhr, M./Kosing, A. 1979: Kleines Wörterbuch der Marxistisch-Leninistischen Philosophie. 4. Aufl. Opladen.

Engels, F. 1976: Anti-Dühring. In: Birnbacher/Hoerster 1976, 31-36.

Habermas, J. 1973: Wahrheitstheorien. In: Fahrenbach, H. (Hrsg.) (1973): Wirklichkeit und Reflexion. Festschrift für Walter Schulz. Pfullingen, 211-265.

__________. 1971: Vorbereitende Bemerkungen zu einer Theorie der kommunikativen Kompetenz. In: Ders./Luhmann, N. 1971: Theorie der Gesellschaft oder Sozialtechnologie. Frankfurt/M., 101－141.

Hare, R. M. 1972: Die Sprache der Moral. Frankfurt/M.

Hartmann, N. 1926: Ethik. Berlin/Lcipzig.

Hegel, G. W. F. 1928: Vorlesungen über die Philosophie der Geschichte/ Vorlesungen über die Philosophie der Religion. In: Sämtliche Werke. Hrsg. von H. Glockner. Bd. 11. Stuttgart.

Höffe, O. (Hrsg.) 1975: Einführung in die utilitaristische Ethik. München.

Jonas, H. 1979: Das Prinzip Verantwortung. Versuch einer Ethik für die technologische Zivilisation. Frankfurt/M.

Kant, I.: Grundlegung zur Metaphysik der Sitten. Bd. Ⅳ der Akademieausgabc. Berlin 1911.

_______ Metaphysik der Sitten (MdS). Zitiert nach der Weischedel-Ausgabe. Darmstadt.

_______ Kritik der praktischen Vernunft (KdpV). Zitiert nach der Felix-Meiner-Ausgabe. Hamburg 1967.

_______ Kritik der reinen Vernunft (KdrV). Hamburg 1913.

Katz, J. J. 1969: Die Philosophie der Sprache. Frankfurt/M.

Kierkegaard, S. 1957: Entweder - Oder. In: Gesammelte Werke. Hrsg, von E. Hirsch. Düsseldorf.

Krings, H. 1979: Die Grenzen der Transzendentalpragmatik. In: Baumgartner 1979, 248-378.

Leibniz, G. W. 1956: Vernunftprinzipien der Natur und der Gnade. Hamburg.

Maaßen, H. 1988: Gott, das Gute und das Böse in der Philosophie A. N. Whiteheads. Frankfurt/M.

Mill, J. St. 1976: Der Utilitarismus. Stuttgart.

Moore, G. E. 1970: Principia Ethica. Stuttgart.

___________. 1975: Grundprobleme der Ethik. München.

Nietzsche, F. 1966: Also sprach Zarathustra. Genealogie der Moral. Jenseits von Gut und Böse. München (Schlechta-Ausgabe. 3 Bde.).

Nowell-Smith, P. H. 1969: Ethics. London.

Platon: Phaidon (Phaid.) - Philebos - Politeia (Pol.) -Timaios (zitiert nach der Stephanus- Paginierung in der Übersetzung von Schleiermacher. 6 Bde. Reinbek bei Hamburg 1957-59).

Patzig, G. 1971: Ethik ohne Metaphysik. Göttingen.

Rawls, J. 1975: Eine Theorie der Gerechtigkeit. Frankfurt/M.

Reiner, H. 1965: Gut und Böse - Ursprung und Wesen der sittlichen Grundunterscheidungen. Freiburg i. Br.

Ross, W. D. 1960: Foundations of Ethics. Oxford.

Scheler, M. 1966: Der Formalismus in der Ethik und die materiale Wertethik — Neuer Versuch der Grundlegung eines ethischen Personalismus. Bern/München.

Schelling, F. W. J. 1860: Philosophische Untersuchung über das Wesen der menschlichen Freiheit und die damit zusammenhängenden Gegenstände. In: Sämtliche Werke. Hrsg. v. K. F. A. Schelling. Bd. Ⅰ, 7. Stuttgart/Augsburg, 331-416.

Schischkin, A. F. 1964: Grundlagen der marxistischen Ethik. Berlin.

Smart, J. J. C. 1975: Extremer und eingeschränkter Utilitarismus. In: Höffe 1975, 121-132.

Stevenson, Ch. L. 1968: Ethics and Language. New Haven/London.

Thomas von Aquin: De veritate. In: Opera omnia. Editio Leonia. Bd. 22. Rom 1966.

Toulmin, St. E. 1960: An Examination of the Place of Reason in Ethics. Cambridge.

Wellman, C. 1961: The Language of Ethics. Cambridge (Mass.).

Whitehead, A. N. 1979: Prozeß und Realität. Entwurf einer Kosmologie. Frankfurt/M.

v. Wright, G. H. 1964: The Varieties of Goodness. Aberdeen.

보충문헌

Düsing, K. 1971: Das Problem des höchsten Gutes in Kants praktischer Philosophie. In: Kant-Studien 62/1971, 5 ff.

Ferber, R. 1984: Platons Idee des Guten. St. Augustin.

Heinekamp, A. 1969: Das Problem des Guten bei Leibniz. Bonn.

Kastil, A. 1900: Die Frage nach der Erkenntnis des Guten bei Aristoteles und Thomas. Wien.

Kuhn, H. 1962: Das Sein und das Gute. München.

Lotz, J. B. 1938: Sein und Wert. Eine metaphysische Auslegung des Axioms <Ens et bonum convertuntur>. Paderborn.

Nink, C. 1955: Metaphysik des sittlich Guten.

Pieper, J. 1983: Die Wirklichkeit und das Gute. 8. Aufl. München.

Plack, A. 1967: Die Gesellschaft und das Böse. Eine Kritik der herrschenden Moral. München.

Riedinger, M. 1984: Das Wort <gut> in der angelsächsischen Metaethik. Freiburg/ München.

Schwemmer, O. 1975: Ethik. In: Lorenzen, P./Schwemmer, O. 1975: Konstruktive Logik, Ethik und Wissenschaftstheorie. Mannheim/Wien/ Zürich.

Siewert, G. 1959: Die Freiheit und das Gute.

Szczesny, G. 1972: Das sogenannte Gute. Vom Unvermögen der Ideologen. 4. Aufl. Hamburg.

5부 _ 정의

- U. 슈타인포르트

1장 정의와 도덕, 또는 정의론의 대상

1절 정의의 특별한 지위

인간 행위의 규칙들을 설명하고자 했던 철학자들은 점점 더 예리하게 여타의 덕들에 비교해서 정의에 특별한 지위를 부여해 왔다. 물론 플라톤은 네 가지 덕들에다 정의를 넣고 있는데 그 덕들이란 전통적인 도덕이론이 규정했던 네 가지 주요한 덕들로 지혜, 용기, 절제(또는 차라리 겸손), 정의이다.

그러나 정의는 폴리스 전체가 이 덕에 관여한다는 점에서 두드러진다. 앞의 세 가지 덕들이 폴리스의 서로 다른 계층들에 있어서 오직 개인들의 덕인 반면, 정의는 나머지 세 가지 덕들의 올바른 조화를 위해 힘쓰고 그것들을 통합하는 국가의 덕이며 또한 시민들의 덕이기도 하다(『국가』 4권, 431c-432b).

비록 조금 더 추상적인 형태이긴 하지만, 근본적으로 이러한 견해는 아리스토텔레스에게서 **일반적인 의미에서의** 정의와 **특수한 의미에서의** 정의를 구분하는 것으로 나타난다. 이때 일반적인 의미에서의 정의는 완전한 덕이거나, 또는 아리스토텔레스가 제한하고 있는 것처럼 그것이 비록 다른 사람들에 대한 태도의 덕일지라도 모든 덕들의 통합이다. 반면에 특수한 의미에서의 정의는 다른 덕들(다른 사람들에 대한 태도의)과는 구별되는, 즉 법과 평등 또는 공정함에 관계하는 덕이다(『니코마코스 윤리학』 5권, 1129b 2, 1130b 1-15). 일반적인 의미에서의 정의는 플라톤에게 있어서 세 가지 주요 덕들의 통합으로서 정의의 역할에 상응하는 것이고, 특수한 의미에서의 정의는 플라톤에게 있어서 앞의 세 가지 주요 덕들과 구분되는 것으로서의 정의에 상응하는 것이다.

덕들 사이에서 특별히 강조된 위치를 보여주는 정의의 이러한 이중적 의미는 근대까지 지속되긴 하지만, 유대적-기독교적 전통의 추가에 의해서 복잡해진다. 그들의 정의는 정신적인 것으로서(또는 루터에게서는 복음주의적인(evangelica), 시민의 덕들인 네 가지 주요 덕들에서의 정의와는 구분된다. 마침내 홉스와 로크에 이르러 정의는 사실적인 것으로 되고, 흄과 칸트에게서는 분명히 더 좁은 비정신적인 의미로 이해되며, 이미 플라톤과 아리스토텔레스에게서 감지할 수 있는 법정적 또는 사법적인 의미와 상응해서 자연권과 동일시된다. 흄은 "인위적인 덕"으로서의 정의를 "자연적인 덕들"인 대부분의 나머지 덕들과 대비시킨다(Treatise, 3권, 2-3. Enquiry, §139 이하). 칸트는 자신의 『도덕 형이상학』에서 덕 이론과 법 이론 사이를 더 날카롭게 구분하고, 그것과 유사하게 도덕적인 것 또는 윤리적인 것과 법률적인 것 또는 사법적인 것 사이를 구분한다(Mds, 서문 Ⅲ). 이런 경우에 정의는 더 이상 나머지 모든 덕들의 총합으로 간주되지 않는다. 그러나 정의는 덕을 갖추게 되는 하나의 특수한 방식으로서 나머지 모든 덕들에 대비되기 때문에 그것의 특수한 지위가 더 분명해졌을 뿐이다.

2절 정의와 도덕의 구분

따라서 유럽의 이념사는 정의를 여타의 덕들과 더 엄밀하게 구분하는 경향을 보여주며 이는 하나의 설명을 요한다. 이러한 경향의 잠정적인 종점이자 최고점인 칸트는 그 자신의 법을 특징짓는 데 있어서 위 구분을 가져오는 것으로 보인다. 칸트가 특징짓고 있는 법은 특정 국가의 실정법이 아니라 자연법 또는 정의의 이념이다. 이때 국가의 실정법은 전통적인 견해에 따라 이 정의의 이념에 기준을 두어야 하는데 이를 부정하는 것이 법실증주의의 특징이다. 이 법은 "강제할 수 있는 권한과 결합된"(Mds, 법론, § D) 것이다. 이러한 특징이 정의를 (정의에 속하지 않는) 더 엄밀한 의미에서의 도덕으로부터 형식적으로 구분할 수 있게 한다. **올바른** 행동(개인의 것이든, 집단 혹은 제도의 것이든)을 규정하는 하나의 규칙을 위반하는 것 또는 위반하려 하는 것은 모든 사람들 또는 특정한 개인들에게 규칙을 준수할 것을 강요할 수 있는 법을 제공한다. 그러나 더 좁은 의미에서의 **도덕**의 규칙을 위반하는 것은 그러한 법을 제공하지 않는다.

이러한 구분으로 인해 우리는 정의를 여타의 도덕으로부터 차별화할 수 있으며, 이것을 사회적 실천 속에서나 인간의 행위나 태도에 대한 일상적인 견해 속에서의 차별화의 표현으로 이해할 수 있는데, 말하자면 더 이상 단순히 금지된 것과, 금지되지 않은 것 또는 허용된 것을 대립시키는 차별화가 아니라 두 가지 종류의 금지된 것을 차별화하는 것이다. 즉 한편으로 금지된 것이란 그것의 실행이 저지되고 처벌될 수 있는 것이고, 보통 다른 사람이 규칙 위반자에게 부과하거나 또는 그 당사자가 (금기를 깨뜨린 경우에) 스스로에게 부과하는 물리적 강제나 심리적 강요, 기타 제재를 통해서 그렇게 되어야만 하는 어떤 것이다. 물론 이때 그는 자신의 판단에 따라 그러는 것이 아니라, 오늘날 우리에게 있어서 하나의 관습 또는 법률인 어떤 것(결코 자신이 선택한 행위 원칙이 아니라) 아래에 복종하여 그렇게 하는 것이다. 다른 편으로 금지된 것이란 단지 '도덕적으로' 금지된 것이며, 그것의 실행은 강제에 의해 저지, 처벌되거나 처벌할 수 있는 것이 아니라, 행위자 스스로가 자신의 판단과 신념에 따라서 저지되어야 하는 것이다.

이러한 구분은 한 사회의 발전과 연관되어 있다. 이때의 사회란 몇몇 (또는 이상화된 가능성에 따른다면 모든) 구성원들이 많은 분쟁들을 관습들에 따라 해결하는 것이 아니라 분쟁을 해결하도록 하는 목표들이나 원칙들에 대해 자신의 결정에 따라서 해결한다는 의미에서 상대적인 자율성을 가지는 그런 사회이다. 강요된 규칙을 따르는 결정의 관습성과, 스스로 선택한 도덕의 규칙을 따르는 결정의 자율성 사이에 있는 대립은 오늘날에도 여전히 많이 살아있는 정의라는 개념의 사용 방식, 즉 정의와 도덕을 대비하는 방식에서 감지할 수 있다. 이는 흄이 "자연적인 덕들"로부터 하나의 "조심스럽고 질투심 많은 덕"을 분리할 때의 바로 그 경우이다(Enquiry §145). 이는 우리가 바리새인의 정의를, 구약성서적인 정의와 대비해서 기독교적인 정의의 신앙, 인륜에서 유래하는 도덕과 대비해서 말할 때 더 분명하게 드러난다.(『갈라디아서』 3, 10)

3절 플라톤과 바울에 있어서의 정의와 도덕

보다 엄밀한 의미에서 본다면 정의와 도덕의 구분은 마치 한 사람에게 있어서 인간의 영혼과 사회가 동시에 완전히 근본적으로 변화되기 어려운 것처럼 서로 뒤엉킨 방식으로 이루어졌다. 그리스의 전통에서는 소크라테스와 플라톤이, 유럽적 전통의 유대교적인 뿌리에서는 예수와 바울이 전승된 관습들이나 기대들로부터 독립하여 자기 스스로 개체적으로 행위의 규칙을 세울 수 있는 인간의 능력을 발견하고(자기의 발견이거나 자기의 발생이었던 그러한 발견) 그것에 호소하였다. 그러나 그들은 새로운 도덕적 행동 방식을 기존의 관습적인 행동방식의 하나의 보충이나 구별로 간주했던 것이 아니라 기존의 행동방식이 배제했던 하나의 삶의 형식으로 간주했다. 플라톤과 바울은 새롭게 발견된 행동방식을 본래적 정의로 이해하고, 마침내 칸트가 합법성과 도덕성으로 구분했던 것을 확인한다. 여기서 플라톤은 합법성 또는 강요된 규칙의 체계를 도덕성과 동일시하고, 반대로 바울은 도덕성 또는 스스로 선택한 규칙의 체계를 합법성과 동일시한다.

플라톤은 폴리스를 인간의 혼의 전형에 따라 고찰한다. 이 때문에 플라톤은 그에게도 하나의 덕이며 동시에 우선적으로 인간의 한 특성인 정의를 수립되어야 할 한 국가의 모델에서 탐구할 수 있었다. 그는 국가의 기능을 자신의 혼의 삼분에 따라 지성, 감성, 욕구로 나누고 국가의 법률을 개인이 자기 자신에게, 말하자면 자신의 욕구와 감정들에게 강요하는 이성적인 행위 원칙들로서 이해한다. 플라톤은 한 개인이 그 자신의 삶을, 자신의 행위를, 사유와 느낌을 완전히 철저하게 자신이 선택한 원칙들에 얼마만큼 복종 시키는가에 따라서 자율성과 도덕적 성격을 얻는다고 알고 있다. 그러나 플라톤은 정의와 도덕성을 동일시한 것 때문에 정의의 규칙들과 국가의 법률들에 대해서조차 이것들이 사회 구성원들의 삶을 완전히 전적으로 그들의 모든 사유, 행위와 느낌에서 규정하기를 요구한다. 플라톤은 규칙들이 개인들에 의해서 자유롭게 또는 내적 동의와 더불어 선택된 후에만 이것들이 개성과 자유를 마련해 줄 수 있다는 점을 인식하지 못한다. 반대로 규칙들이 마치 정의의 규칙들에 있어서 당연히 성취될 수 있어야하는 것과 같은 방식으로 강요되고 삶을 총체적으로 규정해야 한다면, 규칙들은 그들이 통용되는 사회를 전체주의적으로 만들어야 한다.

그에 반해서 플라톤처럼 국가가 중요한 것이 아니라 도덕성이나 또는 자신의 동의에 의해 받아들여진 법률에 복종하는 것이 중요하다고 여긴 바울은 역으로 도덕성을 한 영혼의 질서라고 말한다. 이때 한 영혼은, 마치 로마의 한 시민이 정부에 자발적으로 복종함으로써 자신의 특권들을 얻는 것처럼, 그와 같이 한 법률의 인정을 통해서 그의 자유를 얻는다. 바울은 플라톤이 더 좋은 사회적 조직에 대한 탐구에서 처음 발견한 내면성이라는 것이 단지 어떤 사적인 것만이 아니며 그 효과와 실제성에 있어서 제한된 것만은 아니라는 점을 증명하고자 한다. 또한 바울은 내면의 도덕성을 본래적이고 유일한 정의로 강조하기 위하여 공공성에서 인정받은 정의 또는 합법성과 대조해서 파악한다. 플라톤이 정의를 도덕과 동일한 것으로 간주한 결과는 비로소 겨우 발견된 개인의 몰락이거나 또는 사회적 전체주의에서의 자기이다. 바울이 도덕을 정의와 동일한 것으로 간주한 결과는 개인적인 도덕 또는 내면의 종교에 의한 사회적인 법체계의 소멸이거나 가치절하이다.

4절 개념 규정

우리가 이제 실천적으로 플라톤과 바울에 반대하여 (강제된) 정의의 규칙과 (자발적으로 선택된) 도덕의 규칙을 동시에 인정해야 하는지 아닌지가 여기서 논의될 필요는 없다. 우리가 실천에 대해 전반적으로 이야기할 수 있으려면, 어쨌거나 이론에 있어서 섬세하게 구별된 개념들을 가져야만 할 것이다. 따라서 플라톤으로부터 칸트에 이르는 발전과정 속에서 이미 수행된 것처럼, 정의와 도덕의 개념적인 구분을 넘겨받는 것이 필요하다. 그때에 물론 설령 옳다고 불려지는 것의 강제성 또는 처벌 가능성을 받아들이지 않는다고 해도, 우리가 일상적 언어 사용에서 정의라는 개념을 자주 사용한다는 점을 명심해야 한다.

따라서 우리는 이론의 범위 내에서, **정의**를 그 준수가 강제력 또는 비교할 수 있는 사회적 처벌들과 함께 강요될 수 있고 통상적으로 되어야 하는 그러한 행위 규칙의 총체로서 이해하며, 그리고 **도덕**을(더 좁은 의미에서) 그 준수가 강요될 수 없는 그러한 행위 규칙의 총체로서 이해해야 할 것이다.

아직도 여전히 정의로운 것과 도덕적인 것을 구별하기 위한 두 가지 의견이 남아 있다.

1. 우리는 정의의 규칙들이 도덕의 규칙들보다 덜 요구한다고 기대할 수 있는데, 그 까닭은 정의의 규칙들을 위반하는 것은 강제력에 의해서 저지되어도 되기 때문이다. 그러나 도덕의 규칙들이 요구하는 더 많은 것이 칸트가 바울의 전통을 염두에 두면서 받아들였던 그러한 성찰 속에서만 오직 있어야 할 필요는 없다. 칸트는 합법성(Legalität)을 "그것의 동기를 고려하지 않고 단순히 행위의 법과의 일치나 불일치"라고, 도덕성을 "의무의 이념이 법칙으로부터 나오고 동시에 행위의 동기인" 행위 방식이라고 불렀다.(서론, Ⅲ) 그러나 우리는 다음과 같은 점들을 미리부터 배제하지 않아야 한다.

(a) '단일한' 도덕이 아니라 서로 다른 도덕이 있다.

(b) 정의로부터 벗어나는 도덕은 단지 하나의 성찰인 것만이 아니라 내용적으로 다른 것이며 심지어 정의에 맞지 않는 것 어떤 것을 요구한다.

(a) 견해는 오늘날 도덕의 '최소 개념'이나 '최소 해석' 또는 단순히 모든

사람들에게 구속력이 있고 강제력이 있는 '최소한의 도덕'과, 개인의 도덕 또는 개인적 이상을 구별하는 그러한 저자들이 대변한다(Strawson 1974). (b) 견해는 막스 베버의 가치다원주의에서 확실히 가장 영향력 있는 대변자를 찾았다(예를 들어 Weber 1919, 328이하).

2. 어떤 의미에서, 그리고 어떤 조건들 아래에서 개인들이 서로 정의의 규칙에 대한 준수를 강제해도 되고 또한 강제해야만 하는지는 아직 열려진 채로 남아있어야 한다. 물론 그것의 준수가 강요되어도 좋고 또한 강요되어야 하는 행위 규칙의 총체인 정의에 대한 규정은, 단지 형식적일 뿐이고 내용이나 강요될 수 있는 것에 대해서는 아무 것도 말하지 않고 있다. 그러나 정의에 대한 규정은 다음과 같이 정의론의 과제를 더 정확히 형식화하고 분류하는 것을 허용할 것이다.

1. **무엇**이 정의의 규칙들을 행하거나 허용하기를 요구하는가, 또는 우리는 무엇을 서로 강요해도 되고 강요해야 하는가에 대한 규정하기.

2. (a) **왜** 우리가 정의의 규칙들을 따라야 하는가, (b) 규칙의 준수를 강요해도 되는가에 대해서 정초하거나 정당화하기.

3. **어떻게** 또는 어떤 조건들 속에서 개인들이 서로에게 정의의 규칙들의 준수를 강요해도 되고 또한 강요해야만 하는가, 또는 어떻게 정의가 성취되는지 해명하기.

2장 우리가 서로에게 강요해도 되는 것

1절 정의론을 구분하기 위한 관점들

정의론은 그 본래적인 주장자들과 기타 주장자들에 의해서 우선 정당화나 정초의 관점에 따라서 다음과 같이 분류, 명명된다. 정의의 규칙들은 자연에 근거해 있다고 보는 **자연법 이론**[1], 정의의 규칙들은 유용성(그를 따르는 것이

한 사회에 가져다 주는)에 의해서 정당화된다고 본 공리주의적 정의론. 실증적 법률이나 합법성은 자연에 의해서도, 유용성이나 정당성과 같은 다른 기준에 의해서도 정초될 수 없기 때문에 합법성(Legalität)과 정당성(Legitimität)은 일치한다는 **법실증주의의** 이론[2]. 정의의 규칙들은 계약에 의해 약속된다면 정당화되는 것으로 보는 **계약설**.

그러나 정초의 관점들은 똑같이 중요한 두 가지 다른 중심문제들에 의해서 조정되었는데, 그 두 가지 중심문제들이란 1) 도대체 무엇이 정의의 규칙들을 행하기를, 또는 허용하기를 요구 하는가, 2) 상호인간적인 관계들의 어떤 영역에서 이 규칙들의 적용을 발견할 수 있는가, 혹은 어떻게 우리가 정의론을 수행할 수 있는가이다. 추측컨대 계약설은, 그 이론이 소피스테스들에 의해 처음 공식화된 이후 잘못된 해석에 시달렸다. 그 잘못된 해석이란 계약이 정의와 그것의 규칙들을 정당화할 수 있는 것이라고 주장하고자 했던 것이다. 그러나 실제로 최소한 근대의 가장 중요한 계약론자들인 홉스와 로크는 동시에 자연권을 지지한다. 그것은 이미 다음과 같은 사실을, 즉 그들이 계약들에 정의의 규칙들을 정당화하는 역할이 아니라 수행하는 역할을 부여하기를 원했다는 사실을 보여준다.[3] 계약설은 정의에서 '왜'라는 것과 관계가 있는 것도 또는 '무엇'이라는 것과 관계가 있는 것도 아니고 오히려 '어떻게'라는 것과 관계가 있다.

---

1) 이는 어떠한 자연주의적 오류추론도 내포하지 않는데, 그것은 자연이란 입법자로 이해되었기 때문이다. 참조. Kerferd 1981, 114.

2) 여기서 사용되는 정당성의 개념은 오늘날 막스 베버의 영향을 받고 있는데, 칸트의 합법성의 개념에 상응하는 것이다. 그리고 여기서 사용되는 합법성의 개념은 실증법의 개념에 상응하는 것이다.

3) 물론 그들은 정당화와 수행을 거의 구분하지 못했는데, 이는 그들에게는 정의의 수행의 수단과 방법이 중요했지, 규칙의 정당화는 중요하지 않았기 때문이다. 이는 다음과 같은 홉스의 진술에서 명백하다. "그 외에 정의와 부정의, 공정과 불공정의 학문인 윤리학과 정치학은 선험적으로 표현될 수 있다. 왜냐하면 정의와 공정, 부정의와 불공정의 인식원리는 당연히 우리 스스로가 만든 법과 계약이 되는 정의의 원인이기 때문이다." (Hobbes 1839, De Homine, 94). 홉스에게는 수행될 수 있고 보편적으로 인식될 수 있는 정의의 필연적 인식이 중요하다. 그래서 그는 "올바른 것을 인식하는 원리", 즉 법과 계약에 도달한다. 그리고 이는 정의의 필연적 인식의 수단으로서 "정의의 원인"과 동일시된다. 우리가 이것들을 정의의 규칙이 아니라 정의(사회적 상태로서)가 만들어지고 정당화되는 행위로서 이해한다면, 우리는 홉스가 혼동했다고 비난할 수 없다. 왜냐하면 그는 정의규칙의 수행에 대해서만 말한 것이지 정의규칙의 정당화에 대해서 말한 것은 아니기 때문이다.

2절 정의 규칙들의 적용 범위에 대한 두 가지 견해

우리가 정의론을 상호인간적인 관계의 어떤 영역에 정의 규칙들을 적용하려는가 하는 관점에 따라서 탐구한다면, 우리는 기본적으로 오직 두 가지 견해를 주장할 수 있을 것이다.

(A) 정의의 규칙들은 함께 사는 사람들 속에서 재산과 부담, 이익과 불이익을 분배하는 것에 관계한다. 이 규칙들은 한 사회에서 주고받을 수 있고 행하고 향유할 수 있는, 또는 감수할 수 있는 모든 것을 분배하는 특정한 방식을 강제할 권리를 준다.

(B) 정의의 규칙들은 폭력이나 사기에 의한 공격이나 상해 앞에 직면한 개인들의 보호에 관계한다. 이 규칙들은 그러한 상해에 맞서 필요한 경우에는 동일한 수단을 통해서 자신을 지키기 위한 권리를 준다.

(A)와 (B), 두 가지 견해는 최소한 얼핏 보기에는 조화시키기 어렵다. 정의의 규칙들이 도대체 무엇에 관련되는지를 스스로 물었던 몇 안 되는 이론가들에 속하는 아리스토텔레스는 두 가지 견해를 주장했다. 아리스토텔레스는 그 규칙들이 특정한 분배의 방식을 강제할 수 있도록 하는 분배적, 분할의 정의와, 그 규칙들이 폭력과 사기에 의한 상해 앞에 직면한 개인들의 보호를 강제할 수 있도록 하는 보복적, 처벌적-보상적 정의를 구별했다(『니코마코스 윤리학』 5권, 1130b 30).

그러나 (A)와 (B)는 오직 특정한 조건들 아래에서만 조화될 수 있다. 적어도 처음 고찰할 때에는 이 두 영역들이 서로 아무런 관계가 없을 것 같지는 않다. 개인들의 분배 방식과 상해의 가능성은 분명히 관련되어 있고, 그렇기 때문에 최소한 오늘날 사람들은 (A)규칙들과 (B)규칙들은 상호간에 어떤 관계에 있어야 하는지를 자문해야 한다. 즉 (A)규칙들이 (B)규칙들의 한 경우이며 개인들의 상해 가능성 또는 상해 불가능성의 경계를 확정하는 것이 분배 방법에 있어서 조건들을 정해 주는지 아닌지, 혹은 역으로 (B)규칙들이 (A)규칙들의 한 경우이며 분배 방법이 개인들에게 그 경계를 정해 주는지, 아니면 (A)규칙들과 (B)규칙들이 보다 일반적인 정의의 하위 단계에 속하는지 물어야 한다.

아리스토텔레스적 견해

아리스토텔레스는 보다 더 일반적인 정의를 가정함으로써 분배적(distributiv) 정의와 보복적(retributiv) 정의 사이의 관계에 대한 물음에 대답하는 것으로 보인다. 왜냐하면 그는 두 가지 정의들을 다른 것으로 소급시키지 않기 때문이다. 이와 같은 더 일반적인 정의는 다른 사람들에 대한 태도에 관련된 완전한 덕과는 달리 특수한 경우의 정의이지만, '자기 것', 또는 '귀속된 것'이라는 개념에 근거해 있어 '분배된 것'도 '보복된 것'도 포함시킬 수 있다. 플라톤은 정의를 각각의 사람이 자기의 것을 행위하고 소유할 때 주어지는 특정한 것으로 말함으로써 그는 이 개념을 유명하게 만들었던 것이다.(『국가』 4권, 433a, e) 여기서 자기의 것이란 아리스토텔레스가 생각한 것처럼 어떤 사람이 자신의 '본성'에 따라 버는 것이거나 그에게 마땅히 돌아가는 것이다. 그것은 만일 그가 정당하게 처벌되거나 또한 정당하게 분배받을 때에도, 그가 받는 것이다. 그러나 분배와 보복을 한 류(이를 배분 Zuteilung이라고 불러보자)의 종들로서 이해하는 이러한 자기 것이라는 개념은 국가 또는 공동체에 대한 자명하지 않은 생각에 묶여 있다.

플라톤과 아리스토텔레스에 따른다면, 국가의 최상의 과제는 시민들에게 행복을 마련해주는 것이다(『국가』 2권 369c, 4권 420b-421c/아리스토텔레스 『정치학』 7권 1328a 35-38). 이러한 규정에 따르면 우리는 두 사람을 마치 벤담처럼 최대 다수의 최대 행복을 국가의 목표이자 정의의 기준으로 만드는 공리주의자들이라고 간주할 수 있다. 그러나 이들은 공리주의로부터 다음과 같은 점들에서 구분된다. 첫째로 이들은 행복을 최대한의 쾌락 또는 최소한의 불쾌라고 간주하지 않으며 아리스토텔레스가 그리스 도덕에 수여한 술어, 즉 명예와 유능함(arete, 덕)이라고 간주한다(『정치학』 7권 1328a 35-38, 3권 1281a 1). 두 번째이자 더 중요한 점은 이들은 무엇이 행복이고 어떻게 행복에 이르게 되는지에 대한 책임 있는 인식이 가능하며 그들 자신이 그것을 성취했다고 간주한다는 것이다.[4] 개인들과 계층들이 국가가 좋음과 나쁨으로

4) 참조. Aristoteles, 『니코마코스 윤리학』, 10권, 『정치학』 15, 1254b 14-35. 여기서 그는 자연은 많은 사람들을 노예로 규정한다(자유는 그저 그들을 불행하게 만들 뿐이다)는 점을 가지고 노예제도를 정당화한다.

배분한 것에 대해 가지게 되는 지식이 이러한 인식에 속한다. 말하자면 노예들은 노동을, 귀족들은 여가를, 범법자들은 형벌을, 뛰어난 자는 명예를.

플라톤과 아리스토텔레스는 국가를 통일적인 하나의 유기체로 본다는 바로 그 점 때문에 이들은 바로 분배와 보복을 배분으로 볼 수 있다. 하나의 신체적인 유기체가 그의 몸의 부분들의 특별한 요구이자 특별한 돌봄인 운동과 노동의 근원인 것처럼, 사회적인 유기체도 규칙들에 따른 노동과 여가, 처벌과 존경의 근원이다. 여기서 규칙들의 불통은 분명 유기체를 병들게 할 것이고 부정의가 되는 것이다(『국가』 4권, 433b 7, 434b 9).

그러나 사회 구성원들에게 그들의 서로 다른, 그들의 계급 소속에 고정된 본성에 대한 자칭 책임 있는 인식에 따라서 노동과 여가, 멸시와 명예, 처벌과 상이 분배되는 사회를 우리는 오직 어떤 전제조건 하에서만 옳다고 말할 수 있는데, 그 전제조건은 정당화하기 어렵고 계급에 제한된 선입견이라고 설명하기가 더 쉽다는 것이다.[5]

그런데 배분의 정의라는 개념과 그것이 전제하는 자기 것이라는 개념은 영향력을 지닌 채 남았고 루소와 헤겔을 거쳐서 오늘날까지 지속적인 부활을 겪었는데[6] 이는 단순한 선입견들이라고 설명하기 어렵다. 무엇이 아리스토텔레스의 정의 개념의 지속적인 영향력에 대한 원인일 수 있을까?

추측컨대 우리가 '올바른'과 '정의'와 같은 단어들의 사용을 배우게 되는 전형적인 상황으로 인도해 준다는 점이 한 원인일 것이다. 그러한 경우는 가령 아이들에게 케이크를 나누어 줄 때, 그들 사이에 중요하게 간주되는 어떤 차이가 존재하지 않는다고 전제한다면 각자 동일한 크기의 조각을 받는 것이 올바르다(gerecht)고 말하는 그런 경우이다. 그러나 그러한 차이들에는 한 아이가 케이크 굽기를 위해 수행했던 공헌들이 계산되거나 반대로 불복종과 나쁜 행동들이 계산될 것이며, 그에 따라 한 아이는 자신의 케이크 조각의 커짐에 의해서 보상받을 수 있거나 작아짐에 의해서 처벌받을 수 있다. 이러한

---

5) 참조. Popper 1957, Bd 1, 특히 6-9장. E. M./N. Wood 1978

6) R. Hanser가 *Historisches Wörterwuch der Philosophie*에 쓴 항목(주 1) 참조. 그가 인용한 울피안의 고전적 공식은 "정의는 모든 이에게 그 권리를 배분해 주는 항상적이고 지속적인 의지이다."이고, 그리고 아우구스티누스의 공식은 정의는 "모든 이에게 그의 것을 배분해 줄 것을" 요구한다는 것이다.

상황들은 '올바름'의 사용을 배우는 사람에게 '올바름'의 의미에 대한 처음의 가장 단순한 생각을 수정하고 설명하도록 만든다. 즉 올바르다는 것은 단순히 (케이크의) 동일한 분배가 아니라 각자가 자기의 것을 받는 것, 말하자면 자신이 벌거나 자신에게 권리가 있거나 또는 마땅히 돌아갈 만한 것을 받는 분배이다. 이렇게 해서 각자는 플라톤과 아리스토텔레스가 주장한 개념, 실제로는 분배와 보복이 융화되고 또한 별 차이가 없는 배분의 정의라는 개념을 정확히 얻게 된다. 그러나 플라톤, 아리스토텔레스와 이들의 계승자들은 자신들의 정의 개념을 물론 아이들의 영역뿐만이 아니라 사회 전체에 함께 적용하기를 원했다. 그런데 이것은 한 사회를 부모-자식 관계로 구조화할 수 있을 때, 또한 마치 한 어머니가 분배와 처벌 사이를 구별할 때처럼 그 사회의 제도들의 행위가 거의 분화되지 않을 때에만 허용될 수 있다. 만일 우리가 아이들의 영역을 자신의 사회의 전형으로 인정하지 않는다면, 우리는 아리스토텔레스의 정의 개념도 또한 인정할 수 없을 것이다.

그런데 정의 개념을 학습하는 전형적인 상황들로 인도하는 것이 또한 루소 이후로 아리스토텔레스의 정의 개념의 부활을 설명할 수 있을까? 적어도 그것으로는 충분하지 않다. 루소와 헤겔, 또한 다른 대륙의 이론가들은 홉스나 로크, 그리고 이들의 전통에 대항하여 정의에 대한 자신들의 견해를 수립하였다. 이들은 홉스와 로크가 아주 당연하게도 화폐 경제와 자본 경제를 옹호하고 도덕적인 관점을 쾌와 불쾌의 관점으로 평준화했다고 보았다. 이러한 경향에 대해 비판하면서 이들은 고전기의 그리스, 특히 아테네에서 초기 상품 생산에 비교할 수 있는 현상들에 대한 플라톤과 아리스토텔레스의 비판을 통해 확신을 얻었고, 그리고 동시에 영국의 전통에서 도덕적인 관점들을 평준화하는 경향과 자본주의의 옹호에서 발생하는 보다 현실적인 문제들을 방지한다는 기대 속에서 아리스토텔레스의 정의 개념을 받아들였다. 그들은 자신들이 아리스토텔레스의 정의 개념을 가지고 자신들의 사회에 가정교육의 모델을 세워 주었다는 점을 알지 못했다. 이러한 결함에는 최소한 세 가지 원인이 있다.

첫 번째 원인은 국가를 부모 같은 권위로서, 즉 '아버지 국가'로서 보는 널리 퍼진 고찰을 자주 무의식적으로 인정하거나 수용하는 것이다. 그러나 사실 국가의 행위들에서는, 무엇보다도 조세 입법에서는, 분배와 보복이 마치 자신이 파악하고 있는 만큼 각각의 아이들에게 업적에 따라 알맞게 '자기의 것'을 주는 아버지의 행위들에서처럼 충분히 세분화되지 않는다. 이러한 고찰방식들에 대해서는 정치가들에게서 압도적으로 많은 예들이 있다.[7]

두 번째 원인은 철학자들에게 있어서 전형적인 고찰, 말하자면 국가를 실천적 이성과 도덕의 구현으로 보는 고찰이다. 아마도 이러한 원인은 단지 아버지-국가 사상을 철학적으로 지나치게 높인 것일뿐이다. 이 원인은 이론가에게 국가를 아버지의 권위로서 인정하지는 않지만 (A)라는 의미에서 국가에 정의의 실현을 할당하려는 것을 허용한다. 시민 불복종의 개인주의적이고 반-권위적인 근본 원칙들과 개인들의 자유로운 자율성을 자신의 "차등의 원칙"과 연결시킨 존 롤스의 정의론은 한 예를 제공한다(J. Rawls 1972, Kap. 6, 2). 이 차등의 원칙은 근본적으로 모든 시민들의 물질적이거나 경제적인 평등을 요구한다. 그러나 이 원리는 "차이 없는 평등"을 내세우는 것보다는 이 차이들이 가장 적게 버는 사람들을 물질적으로 더 나아지게 조절하는 한, 차이들을 인정한다. 롤스는 그것을 알아차리지 않은 것으로 보이는데, 이 원리는 이른바 슈타차노프 시스템(Stachanow-System)이라는 물질적인 자극(인센티브) 시스템의 실행을 공식화한 것이다. 사회주의 혁명과 물질적인 평등을 선언했던 국가들은 이 시스템을 통해서 관리자들을 위한 보상과 특권에 있어서 차이를 도입했다. 이 원리는 국가에 각자가 자기 것을 받는 정의의 실현을 할당하는데, 여기서는 각자가 자기 것을 얻지만 자기 것이란 동등한 것 + 더 많이 생산한 자들을 위한 물질적인 자극으로 규정한다.

롤스가 실현을 보고자 원한 평등은 기존의 국가들에서의 불평등과 여러 이상사회에서의 절대적인 평등보다 도덕적으로 훨씬 더 좋을지도 모른다. 그러나 그것으로부터 그의 이론의 결정적인 점, 즉 이러한 평등이 강요될 수 있는지, 다시 말하자면 일상적일 수 있는지, 국가에 의해 성취될 수 있는지 하는 점은 도출되지 않는다.

---

7) 가령 J. 케네디는 대통령 취임 연설 "너의 국가가 너에게 해줄 수 있는 것을 묻지 말고, 네가 너의 국가를 위해 할 수 있는 것을 물어라" 같은 것. 그리고 M. Friedman의 관련된 주석(Friedman 1962, 1)

아리스토텔레스의 정의 개념의 지속적인 매력의 세 번째 원인은 아리스토텔레스의 정의 개념이 근대 사회의 경제 현상들의 학문적인 이해에 제공하는 장점들에 대한 매력이다. 루드비히 15세의 주치의인 케네는 혈액순환의 모델에 따라 한 사회에서 수많은 교환 행위들에 대한 고찰과 이에 따른 가설을 소개했다(Quesnay 1758). 마르크스는 이 가설을 진지하게 받아들이고 그것을 정치적 이상으로 이해했다. 그는 자본주의와 자본주의가 전제하는 사적소유에 대한 비판을 사회의 학문적인 고찰에 있어서 필요조건으로 설명했다. 그리고 실제로는 아무것도 분배되지 않고 오직 교환만 이루어지는 시장기능주의에 대한 옹호를 '사회 구성'에 대한 결핍된 통찰이라고 간주했다. "여기서는 생산과정이 인간들을 지배하지 인간은 아직 생산과정을 지배하지 못 한다", "사회적인 삶의 과정"은 여전히 그것의 "불분명한 안개의 베일"을 벗기지 못했는데, 왜냐하면 아직도 "자유롭게 사회의 일원으로 편입된 인간들의 생산물로서 그들의 의식적인 계획에 따른 통제 속에 서 있지" 않기 때문이다(『자본론』, MEW 23, 95, 94). 그렇지만 아리스토텔레스의 정의 개념을 많은 사람들에게, 특히 마르크스주의자들에게도 매력적으로 만들었던 평등의 이상은 마르크스에게는 거의 아무 역할을 하지 못했다. "이른바 존재의 **분배**를 한다는 것은 전적으로 잘못된 것"(「고타 강령 비판」, MEW Bd. 19, 22)일 것이다.

자유주의적 견해

아리스토텔레스의 정의 개념은 그 본질적인 전제에서, 즉 자기 것이라는 개념과 이와 비슷한 기여라는 개념 면에서 홉스에 의해 공격되었다. 홉스는 정의의 규칙을 (B) 관점에 의해 이해한다. 그는 다음과 같이 설명하고 있다.

> 한 인간의 **가치**는 모든 다른 것들의 가치처럼 그의 가격이다. 말하자면 그의 능력의 사용을 위해 주어진 만큼의 크기이다. 따라서 그 가격은 절대적이지 않고 다른 사람의 필요와 평가에 의존한다.(『리바이어던』, 10장)

아리스토텔레스에 따르면 어떤 사람의 이미 정해진 가치가 그가 무엇을 얻고 그가 어떻게 자신의 능력을 사용할 수 있는지를 결정한다. 이와는 반대로, 홉스에 따르면 어떤 사람이 무엇을 얻고 무엇을 위해 자신의 능력이 요구되는지가 그의 가치를 결정한다. 그러나 단순히 하나의 반전만이 중요한 것은 아니다. 아리스토텔레스에게 있어서 철학에 의해 제시된 인식을 근거로 개인들에게 분배하는 것은 바로 공동체와 이성을 현실화하는 하나의 재판정이다. 홉스에게 있어서 그것은 개별적인 개인들이다. 이 개인들은 공급과 수요의 과정에 있어서 스스로 서로 자신들의 가치를 결정하며 그들이 서로 할당하거나 분배하는 것이 아니라 서로 교환하는 것을 결정한다.

아리스토텔레스와 그의 전통에 있어서 분배의 정의라는 것은 홉스에 따른다면 단지 상품교환과 시장을 규정하는 규칙들의 방해받지 않은, 즉 강제와 사기로부터 자유로운 활동의 결과일 뿐이다. 그 규칙은 각자가 모든 것을 그가 원하는 한에 있어서 각자에게 임의의 가격을, 즉 보상에 대한 임의의 요구를 갖고 교환을 제안하는 것이다. 그리고 보충적인 규칙은 각자가 모든 것을 그가 원하는 한에 있어서 각자에게 교환을 문의해도 좋다는 것이다. 그것은 그가 상대의 가격요구를 인정할 때에만 가능하다. 오직 이와 같은 수요와 공급의 원칙들만이 한 사회에서 소유자를 바꾸는 일에 대한 어떤 사람의 관여를 결정한다. 이 원칙들은 오직 폭력과 사기에 의해서만 침해될 수 있기 때문에 사람들은 이 원칙들을 폭력과 사기를 금지하는 규칙들로서 간주해야 한다. 이것이 (B)규칙이라 불린다. 아리스토텔레스의 전통에 있어서 분배의 정의 또는 (A)규칙들은 홉스에게 있어서 (B)규칙들로서 시장에 응용되는 규칙들이다. 엄밀히 말하자면 우리는 홉스에 따른다면 분배의 정의에 대해서 전혀 말할 수 없고, 단지 교환이나 시장이 정의에 대해서만 말할 수 있을 뿐이다. 마르크스와 같은 근대의 시장 비판자에게 있어서는 하나의 무의식적인 과정이 "상품 생산자의 배후에 숨어있는데", "여기서 규칙은 맹목적으로 파괴시키는 자연법칙의 효력과 압도적인 자연필연성을 가지고" "단순히 맹목적으로 영향력을 발휘하는 무규칙의 평균적 법칙으로서 관철될 수 있다"(『자본론』, MEW 23, 121, 117, 511, 377). 그러나 그 무의식적인 과정은 홉스에게 있어서는 눈을 가린 정의의 여신처럼 개인의 출신과 계급을 고려하지 않는 그 자신의 맹목성 때문에 개인들이 서로 그들과 그들의 상품들의 결정할 수 있는 개별적인 판단들이 이루어지도록 하는 메카니즘의 순수성과 시장의 정의에 대한 보증이 되고 사회 영역에 대한 순수한 표현이 된다.

홉스의 정의 개념은 로크(1)와 칸트(2)에 의해서 두 가지 중요한 해석을 얻었다. 로크는 어떤 것을 한 개인의 소유로 인정할 수 있는 규칙들을 공식화하는데, 이 규칙들은 분배의 정의를 교환의 정의로 보충하는 것이 필수적이다. 칸트는 왜 (A)가 뜻하는 규칙들이 (B)규칙들에 포섭되는가를 해명하는 하나의 공식을 만들었다. 그 원칙적인 의미 때문에 처음으로 칸트의 공헌이 되었다.

(2)에 대해서: 칸트는 권리(법)에 대한 정의定義에서 새로운 정의正義 개념을 위한 중요한 공식을 발견하는데, 그것은 "한 사람의 자의가 보편적인 자유의 법칙에 따라서 다른 사람들의 자의와 함께 통합될 수 있는 조건들의 총체"라는 것이다(『윤리 형이상학』, 법론, 서론, §B).[8] 물론 칸트가 말하는 개인들의 자유가 조화될 수 있어야만 하는 이 "보편적인 자유의 법칙"과의 관련이 필연적인지 아닌지는 의문이다. 칸트는 보편적인 법칙(그가 정언명령이라고 이해하는)과 관련하여 무엇을 배제시키고자 하는가? 우리가 개인의 '자의'를 그들 중의 한 사람의 권리의 침해 밑으로 통합한다는 것은 확실하다. 그러나 권리(법)는 각자의 **자유**가 다른 모든 사람들의 자유와 통합될 수 있는 그러한 조건들의 총체라는 공식화로 충분하지 않은가? 그러나 칸트는 그가 "자의" 대신에 "자의의 자유로운 사용" 또는 단순히 "자유"를 말할 때, 그는 자유의 보편적인 법칙에 대해서도 이야기한다(35, 56). 명백히 칸트는 제3자의 희생으로 이루어지는 개인들의 자유로운 통합을 권리(법)로서 배제시키고자 했다.

나아가 이제 문제는 어떤 보편적인 법칙 밑에서 자유로운 통합이 권리(법)로 간주될 수 있는지 하는 것이다. 정언 명령은 추구하는 법칙이 될 수 있는가? 칸트의 가장 정확한 설명들에 따르면 이 정언 명령은 오직 논리적으로 모순 없는 행위준칙의 일반화 가능성을 요구할 뿐이다.[9] 단지 몇몇이 아니라 모든 사람이 그 준칙에 따라 행동할 때에 비로소 하나의 준칙은 어떠한 논리적 모순도 내포하지 않을 수 있다. 빌린 돈을 상환하지 않는다는 준칙은 이러

8) 자유주의적 정의 개념이 지향하는 패러다임적인 학습상황은 **부정의한** 행동(고의적인 신체적 상해처럼)의 상황이고 집중적인 거부 반응의 상황이다. 그것은 아리스토텔레스적인 정의 개념과 비교하여 정의롭지 않은 것을 처음으로 보여준다는 의미에서 부정적이다.

9) 참조. GMDS 430이하. 『실천이성비판』, 7절, 8절 주1

한 의미에서 볼 때 일반화 될 수 없다. 왜냐하면 만일 모든 사람이 그렇게 행동한다면 빌려준다는 개념이 그 의미를 잃을 것이고, 그 준칙이 더 이상 공식화 될 수 없기 때문이다. 그에 비해서 홀수 날짜에 태어난 모든 사람을 죽일 수 있다는 준칙은 그것이 모순 없는 일반화가 가능함에도 불구하고 옳지 않다. 물론 칸트는 그러한 준칙을 더 이상 준칙으로 인정하지 않을 것이다(따라서 그것은 더 이상 일반화가 가능하지도 않다). 왜냐하면 그 준칙은 홀수 날짜에 태어난 사람들과의 관계에 따른 그의 결정에 반대하는 어떤 "의지의 일반적인 규정"도 포함하지 않고(『실천이성비판』, V §1) 의지의 특수한 규정만을 포함하기 때문이다. 일반적인 규정이란 사람들이 모든 사람을 죽이고자 할 때 주어지지만, 또한 그 일반화("모든 사람이 모든 사람을 죽여야만 한다")는 살해를 개념적으로 불가능하게 만들 것이다(마치 먼저 언급된 준칙의 일반화의 경우와 같이 빌려준다는 것이 개념적으로 불가능하게 되는 것처럼).[10)]

그럼에도 불구하고 우리가 칸트의 정언 명령을 개인들의 자유의 통합에서 올바름의 척도로 만들고자 할 때, 그 정언 명령의 적용 가능성은 매우 회의적이다. 우리가 인위적인 기준으로 모든 개인의 이해관계를 원칙적으로 인정하는 가운데 개인들의 자유를 조화시킬 수 있는 규범을 추구하는 기준으로 간주한다면, 아마도 우리는 칸트의 정언 명령도, 그리고 홉스와 로크의 정의 개념도 만나게 될 것이다. 이 규범은 인간을 목적 그 자체로서 정립하고 있는 『윤리 형이상학의 정초』(50-52; AA 428 이하)에서 칸트가 정언 명령을 두 번째로 공식화하고 있는 것에 일치한다. 이 규범은 다음과 같이, 즉 한 개인의 이익은 오직 다른 사람의 이익을 방해하는 것을 배제하기 위해서만 제한될 수 있다는 규범으로 공식화 될 수 있다. 그런데 그것은 우리가 하나의 정의 개념에 소급하지 않고서 다음과 같이 말할 수 있을 때에만 그러하다. 즉 어떤 사람의 이익은 어떤 다른 사람이 그 자신의 이익을 더 잘 추구할 수 있도록 하기 위해서 제한되는 것이 아니라, 다른 사람이 그 자신의 이익 추구에서

10) 여기서 개념적 불가능성에 대해 말할 수 있으려면, 우리는 비트겐슈타인에 따라 한 낱말의 의미와 사용을 대비시켜야 한다.

부당하게 제한되지 않도록 하기 위해서만 제한된다는 것이다. 이 조건을 다음과 같이 표현할 수 있을 것이다.

(N) 어떤 사람의 이익 추구는 그것이 다른 사람을 침해하는 한, 제한될 수 있고 제한되어야 한다. 여기서 침해란 일차적인, 즉 방어로부터 유발되지 않은 폭력과, 사기에 기여하는 폭력, 그리고 사기로 이해될 수 있는 것이다.

(N)은 부정의라는 개념을 조금 덜 애매한 침해라는 개념으로 대치하고 있다. 그러나 비록 침해라는 개념이 부정의라는 개념보다 덜 애매한 것일지라도, 이 침해라는 개념은 충분히 불명확성을 포함하고 있어서 해명을 통해서 가능한 한 배제될 수 있어야 한다. 침해의 전형들은 폭력과 사기이다. 그러나 특히 폭력이라는 개념은 난점들을 포함하고 있다. **사기**는 다음과 같은 것으로 정의될 수 있다.

A가 B를 속인다: A는 잘못된 정보로 B에게 영향을 끼친다.

폭력은 한 개인의 의지에 반하여 그의 행동이나 신체에 끼치는 영향으로 정의된다.

그러나 이러한 정의는 어떤 영향들을 고려하지 않는다는 결점을 지닌다. 그것은 바로 한 개인의 신체나 행동에 관계되는 것이 아니라 사람들이 개인에게 귀속시키기를 원하는 것이나 침해될 수 있는 어떤 것, 말하자면 명예훼손 같은 개인의 명성이나, 절도 같은 개인의 재산에 관계된 영향이다. 만일 재산을 그의 의지에 반해서 침해 받을 수 있는 한 개인의 영역에 포함시킨다면, 우리는 반드시 부르주아적적 선입견에 따르는 것은 아니다. 반대로 부르주아적 편견에 대한 가장 예리한 비판가인 마르크스와 같은 사람은 '사유 재산'에 대한 침해와 관련하여 시민 사회를 고발하고, 사유 재산의 복구를 자신이 추구하는 혁명의 계획으로 만들었다(『자본론』, MEW, 23, 791). 따라서 재산권 침해와 명예의 훼손을 침해로 파악할 수 있기 위해서는 폭력이 다음과 같이 정의될 수 있어야 할 것이다.

A가 B에게 폭력을 행사한다: A는 B의 의지에 반해서 B의 신체나 행동에, 또는 물질적이거나 비물질적인 재산에 영향을 끼친다.

폭력에 대한 이러한 정의는 물론 한 사물이 한 개인의 소유가 되는 조건들의 규정을 요구한다. 어째서 또는 언제 한 사물이 누군가에게 속하는가?

(1)에 대하여: 우리는 로크의 자연법을 재산과 재산권 침해도 폭력과 사기처럼(약속의 위반도 포함하여) 다음과 같이 정의하려는 시도로 이해할 수 있고 이해해야만 한다. 즉 그것은 正義 개념을 통해서 그와 같은 침해가 定義되는 것이 아니라, 침해를 사용하여 正義 개념이 定義 가능해진다는 점이다. 만일 어떤 사람이 한 사물을 제 것으로 만들기 위해 최초의 사람으로서 노력을 했다면, 그 사람에게 그 사물이 속한다는 것은 로크의 결정적인 증명이다. 그런 방식으로 그는 한 사물을 어떤 것으로, 즉 그가 획득하기 위해 노력했던 능력들과 재능들처럼 그와 닮아서 떨어질 수 없는 방식으로 그에게 속하는 그런 것으로 만들었다.(『통치론 II』= ST, §§ 27f, 32, 34) 로크는 자신의 논증과 그 해명을 그가 전통적인 자연법에서 끌어온 일련의 중요한 가정들 위에 세우고 있다.

(a) 토지는 그것에 속하는 것들과 함께 모든 사람에 의해 획득될 수 있다. 어떤 사람도 소유권 획득에 있어서 특권을 가지지 않는다. "신은 대지를 주었다 ... 인류에게 공통으로"(ST § 25, 26)

(b) 한 사물은 향유되기 위해서 획득된다. "인간이 손상하거나 파괴하도록 신의 의해 만들어진 것은 아무 것도 없다"(ST § 31)

(c) 모든 사람에게 충분하고 동일하게 점유될 재산이 있다(ST § 33f. 36).

이러한 가정들은 보다 더 분명하게 어떤 것을 사유 재산으로 인정하는 규범적인 조건들로서 공식화할 수 있다.

(a') 어떤 사람이 획득하는 것이 아무에게도, 또한 모든 사람에게도 속하지 않는 것이라면, 그것은 그의 소유가 될 수 있다.

(a')는 소유의 합법화에 있어서의 로크의 기본 규칙이다. 이 규칙은 오직 다음과 같은 의미에서만, 즉 그 합법화가 획득과 함께 획득의 노동과 수고를 소유에 대한 법적 권리의 주장으로서 강조한다는 의미에서만 가능하다. 왜냐하면 (b)와 (c)가 기본 규칙 (a')의 자격조건들을 주며, 이것들은 동시에 (a')를 통해 공식화된 점유 원칙의 제한이기 때문이다. 로크가 자신의 논증을 인도해 가는 노동이라는 관념과의 관계를 해명하기 위해서 (a')에 표현된 사상을 또한 다음과 같이 공식화 할 수 있다:

(A) 노동은 하나의 재화에 대한 사적인 처분의 우선권을 줄 수 있다.

(b)는 기본 규칙의 첫 번째 자격 조건을 제시한다.

(b') 사람들은 그들이 필요로 하고 향유할 수 있는 것만을 점유해야 한다.

노동과 관련해서는 다음과 같은 점을 뜻한다.

(B) 노동은 처분이 한 개인의 이익을 증가시킬 때에만 사적인 처분의 우선권을 준다.

(c)는 두 번째 자격 조건을 제시한다.

(c') 사람들은, 다른 사람들이 점유하기에 충분히 동일한 질로 남아있을 때에만, 점유할 수 있다.

노동과 관련해서는 다음을 뜻한다.

(C) 노동은 다른 사람들이 그들의 점유가능성에 있어서 불리하게 되지 않을 때에만 사적인 처분의 우선권을 준다.

로크는 그 이전 저작에서 노동 (B)와 (C)를 여전히 자본주의적 소유의 합법화의 방해물이라고 간주했다.[11] 그에 반해 『통치론』에서 로크는 (b')와 (c')를 더 이상 자본주의적 소유의 합법화의 방해물로 보지 않는다. 왜냐하면 한편으로는 돈의 등장이 소멸의 위험 없이 모을 수 있는 하나의 대상을 소유에 제공하기 때문이다. 다른 한편으로는 인간의 노동력 속에는 모든 사람이 충분히 가지는 대상이 주어져 있는데, 이는 어느 누구에게도 폭력과 사기 없이는 빼앗길 수 없으며 또한 기타 다른 모든 대상들의 거의 독점적인 가치원천이 되는 그것이다.[12]

이러한 논증들은 물론 다음과 같은 가능성들을 고려하지 않고 있다. 첫째로 돈은 비록 소멸되지 않는다고 해도 비생산적으로 지출될 수 있다는 점이다. 둘째로 어떤 물건을 만들어 내기 위해서는 노동력만으로는 충분하지 않고, 그 밖에도 도구나 재료 같은 생산 수단과 무엇보다도 노동력을 사용하는 대부분의 상황에서 토지와 대지가 필수적이라는 점이다. 소수에 의한 생산 수단의 획득은 전적으로 다음과 같은 상태로, 즉 그가 생산 능력을 가지고 있음에도 불구하고 나머지 것들에 있어서 결코 생존을 위해 충분하지 않은

---

11) 참조. *Essays on the Law of Nature*, Oxford 1954, 21이하. 기타: Steinvorth 1981.

12) 『통치론』(ST) §37이하, §36. Nozick(1981, 179이하)도 조건 (c')를 인정한다.

상태로 이끈다.

따라서 (B)와 (C)(또는 (b')와 (c'))는 재산의 합법화에서 기본 규칙의 제한된 조건들로서 진지하게 생각될 수 있어야만 한다. 우리는 (B)와 (C)를 결코 로크가 단순히 전략적으로 중세적 자연법으로 회귀한 것으로 간주할 수는 없다. 사람들이 (B)와 (C)를 더 엄밀하게 고찰한다면, 이 (B)와 (C)는 도대체 왜 로크가 노동에서 소유에 대한 권리 주장을 생각하고 있는지를 비로소 이해할 수 있도록 해 줄 것이다. 사용 조건인 (B)는 다음과 같은 로크의 생각을 드러낸다. 즉 사람들은 자연의 사물들을 가지고 어떤 것을 시작하는데, 이것들을 낭비해서는 안 되고 개선시키고 향상시키거나 더 완전하게 해야 한다. 이러한 생각은 가공되지 않은 자연이 아니라 노동이야말로 대부분 생산품 가치의 원천이라는 그의 지속적인 확신에 열정에 불어넣는다.(ST §§ 40, 43, 50) 이러한 생각은 아홉 살 더 많은 고루하고 부르주아적인 페티(William Petty)에게서 발견된다. 그는 ". "그들은 우아한 의복, …집짓기, 즐거운 정원들, 과수원들로써 나라를 아름답게 하는 근면하고 독창적인 사람들"을 칭찬하면서, "전혀 아무 일도 하지 않고 먹고 마시고 노래하며 춤추는" 사람들과 심지어 "형이상학을 연구하거나 또는 다른 쓸모없는 사변"(Petty 1963, Bd. 1. 270)을 하는 모든 사람들에게 엄격하게 과세하기를 원한다. 예비 조건 (C)는 모든 인간과 모든 세대는 자연과 자기자신을 동시에 완성하는 수단으로서의 노동에서 자신을 드러낼 수 있는 기회와 가능성을 동일하게 가져야만 한다는 로크의 생각을 표현한다.

우리는 여기서 로크의 한계와 근본주의를 이루고 있는 그의 개인주의의 테두리 같은 것을 발견한다. 모든 사람은 자연을 더 완전하게 해야 한다. 여기서 인간은 자연의 하인이다. 그러나 인간은 또한 자연의 주인이다. 왜냐하면 인간은 자연을 대상으로 만들어 스스로를 완전하게 만들기 때문이다. 그러나 이러한 일은 그가 다른 모든 사람들에게 동일한 기회를 허용할 때에만 가능하다. 우리는 여기서 로크가 국가가 개인들의 이익들 아래에 종속된다는 것을 묘사하기 위해 사용한 개념, 즉 신탁관리(trust)라는 개념을 사용할 수 있다. 개인은 자연과 인류의 수탁자이다. 왜냐하면 그는 자연과 인류의 완성에 대한 관심에, 그리고 그 안에서 자기 자신에게 헌신해야하기 때문이다. 그러나 결정적인 점은 마르크스에서처럼 로크에게 있어서도 그 일을 위한 수단은 자연과, 그리고 그와 함께 인간을 변화시키고 개선하는 생산적인 노동이라는 사실이다. 노동이 이러한 특성을 가질 때에만, 그 노동은 소유를 합법화한다.

노동의 이러한 의미 때문에 (B)와 (C)로부터 소유관계의 합법성의 조건들이 도출될 수 있다.

(B') 만일 한 사회에서 소유나 재산 관계가 자연을 악화시키거나 착취해서 동시대인이나 미래의 세대를 위해 충분히 남아있지 않게 된다면, 그러한 그것은 불법적인 것이다.

(C') 만일 그 소유관계가 모든 사람에게 그들 스스로 발전할 수 있는 가능성을 제공하지 않는다면, 그것은 불법적인 것이다.

따라서 특히 로크의 소유 규칙을 통해 특징지어진 자유주의적 정의 개념은 지속적인 실업을 가진 어떤 사회가 합법적일 수 있다는 가정과 조화될 수 없다. 거기다가 이 정의 개념은 이러한 실업을, 일하고 발전할 수 있는 개인들이 가능성을 방해하는 다른 관계들과 같이, **구조적인 폭력**(이런 것들은 한 개인의 의지를 침해한다)이라고 부르는 것을 정당화한다. 이 개념을 사용했던 사람들은, 비록 자주 자유주의를 비판한다고 생각했을지라도, 자유주의적 정의관에 경의를 표했다.

(B)가 설명하는 비아리스토텔레스적인, 말하자면 자유주의적(사람들이 가장 잘 표현한대로) 정의관은 이제 다음과 같이 요약될 수 있다.

침해 외에, 다시 말해서 소유권 침해와 구조적인 폭력까지도 포함하는 원초적인 폭력과 사기 외에 모든 행위들이 허용되는 사회는 정의롭다. 한 인간은 그가 어느 누구도 침해하지 않을 때 정의롭게 행동하는 것이다.

자유주의적 정의관의 논쟁들

홉스, 로크와 칸트에 의해 전개된 것과 같은 자유주의적 정의관에 대항하는 다음의 반론들에서 나는 아리스토텔레스의 정의 개념에 상응할 뿐 아니라 다른 정의론들에도 상응하는 사상들을 언급하고자 한다. 다만 이들이 정의 규칙이 적용되어야 할 영역에 대하여 특정한 견해를 가지는지 아닌지에 대해서는 고려하지 않고서 말이다.

아리스토텔레스적 반론

자유주의적 정의관은 개인을 마치 사회 없이도 살 수 있을 것처럼 고찰한다. 그러나 개인은 그렇게 살 수 없다. 정의는 모든 상황에서 어느 정도 개인들 서로 간의 관계와 관계한다. 자유주의적 정의의 관점도 그러한 사실을 인정한다. 왜냐하면 이러한 관점에 있어서 정의는 개인들이 자유롭게 행동하고 관리할 수 있는 영역들의 한계를 올바르게 규정하는 데에 있기 때문이다. 그런데 개인들이 서로에 대해 의존하고 이에 따른 사회에 대해 의존하는 것은 그러한 자유 영역의 가능성을 배척한다. 따라서 정의는 원자화된 개인들의 자유 영역들을 규정하는 것이 아니라 개인들 사이의 주기와 받기를 규정하는 데에 관계해야 한다. 그것은 한편으로는 사회적인 생산물의 분배를 규정하는 것이고, 다른 한편으로는 사회의 생산 계획이나 사회적 삶의 방식 전반을 결정하기 위한 통로의 분배를 규정하는 것이다. 따라서 자유주의적 정의관은 어떤 정의의 관점도 전혀 공식화하지 않는다. 자유주의적 정의의 개념은 단지 환상적인 **자유의 이념**만을 표명한다. 왜냐하면 그러한 것은 현실화될 수 없기 때문이다.

답변: 개인들이 서로에 대해 의존하는 것은 단지 개인들이 사회에 종속되는 것만 허용하는 것이 아니라 사회가 개인들에 종속되는 것까지도 허용한다. 만일 우리가 아리스토텔레스적 관점이 요구하는 것 같은 분배의 규칙을 포기한다면 우리는 사회가 개인들의 이익들에 종속되는 상황에 도달할 수 있을 것이다. 왜냐하면 그럴 때 우리는 개인들에게 개인들의 서로에 대한 종속을 그들의 고유한 취향과 의지에 따라 형성하도록 허용하기 때문이다. 그때에 개인들이 침해금지를 준수한다면 개인들의 사회적인 삶의 조건들은 손상되지 않을 것이다. 개인들은 서로 불가분하게 뒤얽혀 있기 때문에 분배 규칙의 포기와, 개인들의 자유 영역의 한계를 규정함에 있어서의 제한이 결코 한 사회의 단결을 위험하게 만들지는 않는다.

그러므로 정치적 실천과 이론에서 근본적인 결정은 개인들이 사회를 위해 존재해야 하는지 아니면 반대로 사회가 개인들을 위해 존재해야 하는지에 있다. 전자의 상황이 더 먼저 일어날수록 개인들은 매번 더 좁은 영역들에서 홀로 결정할 수밖에 없다. 한 개인이 생산, 교육, 문화, 국민 보건, 주택 건설 또는 유행, 책 출판, 성생활, 종교의 종류와 방법에 대한 사회적 결정에 참여하는 것은 결코 문제들에 관한 그 자신의 결정에 대한 충분한 보상이 될 수 없다. 예를 들어 무엇을 소비할 것인가, 어떻게 자신의 자녀들을 교육시킬 것인가, 어떤 책들을 읽을 것인가, 어떤 의사에게 조언을 구할 것인가, 어떻게 살고 입을 것인가, 누구와 함께 살 것인가 또는 어떻게 매장되기를 바라는가 등의 문제들이 그것이다. 이미 루소가 사회적 결정에 대한 열광적 지지에도 불구하고 따져 보았던 것처럼(『사회계약론』, Buch 3, 1), 사회적 결정에서 한 개별자는 그 결정에 아주 적은 정도로만(즉 전체가 백만인 시민들의 경우에 백만분의 일 정도로) 영향력을 갖는다. 그렇기 때문에 사회적 결정은 단지 강요로만 느껴진다. 따라서 사회적 결정들은 정의 규칙의 실행에 필요한 곳에서만 오직 허락된다. 말하자면 폭력과 사기의 금지와 같은 모든 사람에 의해 인정될 수 있는 가장 보편적인 추상적 정의 규범들을 구체화하거나 실제화하는 경우에 있어서만 허용된다.

다른 아리스토텔레스적 반론

정의에 있어서 부정적인 규정은 단지 침해 금지를 통해서만은 불충분하다. 침해 금지는 폭력과 사기를 통해 이해 갈등을 해결하는 것을 배제해야 한다. 그러나 만일 갈등들이 폭력과 사기를 통해 결말지어지지 않아야 한다면 대안적인 갈등 해결의 방법이 있어야만 한다. 그러한 대안적인 것을 진술하는 것이 정의 이론의 과제이다. 이 진술은 올바른 갈등 해결이 무엇에 있는지에 대한 구체적인 규정들로 존재해야 한다. 이와 같은 구체적인 규정들은 평등의 이념, 박애의 이념, 공평함의 이념 또는 연대의 이념과 같은 이념들에 근거해야 한다. 이해 갈등들이 이러한 이념들을 기준으로 하여 해결될 수 없다면, 폭력과 사기에 의한 분쟁 해결에 대한 어떤 대안도 없을 것이기 때문에 침해 금지는 의미가 없을 것이다.

답변: 폭력과 사기라는 개념은 한 사람이 다른 사람의 영역을 침해한다는 생각을 포함한다. 이때 다른 사람의 영역이란 그 사람이 오로지 자기 의지에 따라 결정해야만 하는 영역을 의미한다. 이 개념들의 사용에 이러한 생각이 함

축되어 있다는 것은 단지 용어적인 상황이라 다른 용어에 의해서 다른 결론들이 없이 제거될 수 있다는 것이 아니라, 우리의 상호작용을 조정하는 규범의 표현이다. 이때 그 상호작용은 우리가 제거할 수 있지만 개인적 자유의 이해관계에서는 제거해서는 안 되는 것이다. 이러한 생각에 따르면 이해 갈등은 동일한 가치를 갖는 요구들의 충돌일 뿐만 아니라 한 개인의 권한에 속하는 결정의 영역을 침해하거나 또는 그의 자유의 영역을 침해하는 것이기도 하다. 이 침해라는 것은 물론 절대적으로 나쁜 의지에서 기인하는 것이 아니라 개인의 영역의 한계에 대한 오류들 또는 의견의 차이들에서 기인하는 것이기도 하다.

따라서 침해 금지는 또한 긍정적인 금지로서 공식화될 수 있다. 그것은 개인들의 고유한 영역들을 존중하고 그 영역들의 한계에 대한 의견의 차이에 있어서 생기는 갈등을 독립적인 재판관의 심급에 의해 결정하도록 하기 위한 것이다. 이러한 심급은 평등의 이념이나 박애의 이념에 기준을 두는 것을 필요로 하지 않는다. 그래서 그러한 이념들은 오히려 침해 없는 갈등 해결을 위한 가치를 갖는데, 그것은 단지 이 이념들이 이미 개인적 자유 영역이라는 생각을 전제할 수 있기 때문이다. 그 자유 영역 내에서는 모든 개인들이 동일한 방식으로 자기 스스로 결정할 권리가 있고, 그 때문에 개인들은 모두가 서로를 동일한 방식으로 자유 영역의 속성을 물려받은 형제들로 간주할 수 있다. 자유 영역의 한계에 대한 의견의 차이들을 제거하기 위한 중재 법정은 원칙적으로 평등의 이념이나 형제의 이념에 대한 모든 지향에서 완전히 벗어난 출발의 형식도 또한 받아들일 수 있을 것이다. 전제 조건은 그러한 결정 방식의 결론에 복종할 수 있는 모든 분쟁 당사자들의 공통적인 동의일 뿐이다. 정의 규칙들을 창조하는 것이 문제가 아니라 다시금 그것을 수행시키는 것이 문제가 되고 있는 여기에서, 수행의 형식은 동의나 계약에 의존하며, 이때 동의와 계약은 상호작용을 규칙들에 종속시키고자 하는 사람들의 것이다.

침해 금지가 긍정적으로 개인의 영역들을 존중하고 그 영역들의 한계에 대한 의견의 차이가 있을 경우 독립적인 중재 법정이 결정하도록 허용하는 금지로서 공식화될 수 있음에도 불구하고, 침해 금지는 정의를 모든 사람이 자신의 자유 영역에서 뜻대로 마음대로 행동할 수 있는 상태라고 부정적으로 규정한다. 그리고 침해 금지는 평등, 박애, 연대와는 달리 (이것들이 침해로부터의 자유라는 이념으로 되돌아 갈 수 없는 한) 사람들이 정의롭기 위해서 이행해야만 하는 어떤 긍정적인 행동 조건들을 말하는 것이 아니라 오히려 어느 누구도 위반하지 말아야 하는 부정적인 행동 조건들만을 말하고 있다.[13)]

계약설적 반론

개인들에게는 좋은 것으로 보이지만 침해 금지를 넘어서는 원칙들에 따라서 함께 사는 것이 개인들에게 허용되어야 한다. 예를 들어 공동의 생산을 위한 계획을 결정하고 공동으로 생산된 것을 정확히 똑같이 분배해서 소비하는 것이다. 이러한 상호작용의 원칙들을 약속했던 개인들은 그들의 자녀들 또한 이러한 계약에 의한 규칙들에 따라 교육할 수 있어야 한다. 그 구성원들이 이러한 상호작용의 원칙들에 따라서 살도록 약속했던 국가나 또는 강제적 기구로서 설립된 사회의 다른 제도들은 원칙들이 침해 금지에 제한되지 않음에도 불구하고 필요한 경우에는 강제력에 의해서 그 원칙들의 준수를 관철할 수 있다.

답변: 규칙이 침해 금지를 위반하지 않는다면, 개인들은 서로 약속했던 규칙에 따라 제휴할 수도 있고 그들의 아이들을 교육할 수도 있다. 그러나 개인들은 필요한 경우에 강제적 기구에 의해 약속된 규칙들의 준수를 강제로 관철시키기 위한 어떤 법도 가지지 못하며, 마치 일상적인 단체처럼 만일 구성원들이 그들의 규칙들을 준수하지 않는다면 그들의 연합에서 제외시킬 수 있

13) 하이예크(1981, Bd.2)는 다음과 같이 강조한다. 정의규칙의 부정성에 대해 언제나 재차 "하나의 발견의 문제였지 거의 체계적으로 탐구되지 않았다는 것이 지적되었고"(59), 이런 견해의 대표자들로는 흄, 칸트, 아담 스미스, 퍼거슨, 쇼펜하우어, 밀, L. 넬슨, H.L.A. 하트만이 아니라 헤라클레이토스, 아리스토텔레스, 루소, 쉘러 등도 들 수 있다고 한다(213이하). 또한 하이예크는 "정의규칙을 금지로서 취급하는 것과 부정적 검증, 특히 칼 포퍼가 그랬듯 과학론에서의 현대적 발전에 종속시키는 것은 밀접한 상관관계가 있다. ... 포퍼는 자연법칙을 금지로 취급하며 그 반증을 위한 시행착오를 그 검증으로 본다. ... 이 점에서 우리는 오류와 부정의를 제거하지만 결코 궁극적으로 진리와 정의에 도달했다는 확신을 가질 수 없기 때문에, 언제나 그저 진리와 정의에 접근하는 노력만 할 수 있다는 입장과 유사하다."(67)

이러한 비교는 내게는 불운한 것으로 보인다. 정의규칙은 단순히 금지가 아니라 개인의 자유 영역의 침해에 대한 금지이기 때문에(아리스토텔레스와 루소는 거의 인정하지 않은), 우리는 정의나 정의로운 사회가 수립되었는지 말할 수 없다고 해도 그것이 무엇인지 정확히 말할 수 있다. 포퍼에 따르면 모든 이론은 반증가능하다. 그러나 여기서의 견해에 따르면 원초적 폭력과 사기는 부정의하다는 가정은 반증가능하지 않다. 그래서 W. 베커는 하이예크의 자유주의를 '독단적 자유주의'라고 부른다(『우리가 생각하는 자유』, München 1982, 163). 그러나 우리는 어떻게 개인의 자유를 옹호하는 데에서 어떻게 실천이 아니라 이론 속에서 독단적이 아닐 수 있는가?

는 법을 가질 뿐이다.

준수하도록 강요될 수 있는 정의의 규칙들은 계약에 의해 약속된 규칙들의 전형에 따라서 판단될 수는 없다. 정의의 규칙들이 통용되어야 하는 사회에서는 단체들과는 달리 어떤 계약 상대자도 될 수 없지만 정의의 규칙들을 준수해야 하는 미성년자들도 또한 상호작용을 한다. 만일 우리가 미성년자들이 성인 계약 상대자들에 비해서 권리를 갖지 않으며 또한 성인 계약 상대자들이 이들에 대해서 모든 것을 결정할 수도 있다는 점을 받아들이지 않는다면, 사람들은 정의의 규칙들을 계약이나 일반적인 합의 또는 동의에 근거 지을 수 없을 것이다.

마르크스주의적 반론

인간의 상호작용과 이 상호작용을 포함하는 정의의 규칙들은 생산 관계들에 의해 규정된다. 정의의 규칙들은 경제적 구조에 상응해야 한다. 봉건 관계들이 지배하는 봉건 사회들은 가부장적인 돌봄과 충성에 대한 생각을 모범으로 하는 정의의 이상을 갖는다. 시장 관계들이 지배하는 부르주아 사회들은 개인의 자유라는 생각을 모범으로 하는 정의의 이상을 갖는다. 오늘날처럼 그들의 생산품을 항상 더 많이 사회화하는 사회들은 연대, 박애, 평등에 대한 생각을 모범으로 하는 정의의 이상을 발전시킨다. 자유주의적 정의의 이상은 부르주아 사회들의 이상이다.

답변: 물론 경제적 구조들은 정의 관념에 영향을 끼친다. 그렇지만 그 영향력이 인식될 때 적어도 강요하는 속성은 중단될 것이다. 그런 후에야 서로 다른 상호작용의 형식과 생산방식들의 장점과 단점을 검토할 수 있고 또한 발전 방향에 반대하여 결정할 수 있는 자유가 우리에게 주어진다. 이때의 발전 경향은 그러한 결정들 없이는 아마도 저지할 수 없을 것이다. 자유주의적 정의의 이상이 상품생산의 확산에 의해서 촉진되었고, 오늘날 무엇보다도 경제와 정치의 착종으로 간파되는 생산의 사회화에 의해서 위태롭게 된다는 것은 옳다. 또한 개인적 자유에 대한 관심이 상품생산으로 각인된 것도 옳을 것이다. 그런데 상품 생산의 확산은 우리의 선호를 각인했을 뿐만 아니라, 막스 베버가 말한 것처럼 전통적 관계의 "탈마법화"에 기여했다. 마르크스에

따르면 "모든 성스러운 것은 모독되고 인간들은 ... 결국 그들의 삶의 위치, 그들 상호간의 관계를 객관적인 눈으로 보라고 강요될 것이다"14).

냉정한 눈으로 본다면 평등, 박애, 연대의 이상들은 강제할 수 있는 상호작용의 규칙들을 위한 기준으로는 유용하지 못하다. 왜냐하면 이 이상들의 적용이 이해관계의 조화를 강요하기 때문이다. 그런데 이 이해관계의 조화는 일치된 이해관계를 가진 집단과 계층들을 위한 이상으로서는 적합하지만, 이해관계의 조화가 형성되지 않는 개인들과 집단들을 위한 이상으로서는 적합하지 않고, 오히려 오직 폭력과 사기 없는 갈등 해결로 가는 하나의 길일뿐이다.

기술통치적 반론

흄은 자신의 논제를 통해서(『인성론』, Bk. 3, pt. 2, sec. 2) 덜 인색한 본성과 덜 이기적인 인류가 정의를 불필요한 것으로 만들 것이라고 표명한 것처럼, 정의는 갈등들 없이는 불필요한 덕일 것이다. 이해들의 갈등은 인간의 사회적 조직화의 결과물이다. 사람들이 사회를 잘 조정한다면 이해 갈등은 생기지 않을 것이고, 정의나 정의의 기준들은 불필요할 것이다. 이제까지 갈등을 생산하는, 갈등을 배제하지 못하는 사회조직이 불가피한 일이었지만, 오늘날에는 생산 능력의 발전이 그러한 갈등을 불필요하게 만들었다. 자유주의적 정의의 이상은, 비록 사회의 조직이 갈등을 완화하고자 할지라도, 어쨌든 갈등을 전제로 한다. 자유주의적 정의의 이상을 고수한다는 것은 갈등들과 함께 정의의 토대도 사라지는 사회를 저지하고 있다는 것을 의미한다.

답변: 이 반론에서는 더 이상 갈등들이 생겨나지 않는 사회를 수립하라는 권고를 포함하여, 아마도 모든 것이 옳을지도 모르겠다. 오늘날(1984년) 심리적인 조작기술과 유전적인 조작기술의 발전을 고려한다면 사람들은 갈등 없는 사회의 실현 가능성을 의심할 수 없다. 그럼에도 사람들이 여전히 갈등 없는 사회의 수립 중에 있는 한, 분쟁들의 해결이나 방지를 위한 규칙들을 필요로 할 것이다. 그러나 우리가 그 규칙들을 사회 구성원들의 행동에 한

14) 참조. M. 베버, 『종교사회학 논문집』, 1권, Tübingen 1920, 94이하, 513, 158. 마르크스/엥겔스, 『공산당 선언』, MEW 4, 465.

번 입력시켰다면, 그 규칙들은 불필요할 것이 된다. 왜냐하면 규칙들은 자연법칙적으로 진행하는 행동의 합법칙성으로 변화되기 때문이다.

문제는 갈등 없는 사회가 바람직한가라는 것이다. 개인들 사이에 갈등이 없는 삶의 결과들을 해명해 보자.

(a) 만일 행위의 가능성들 중에서 무엇인가 결정되어야 한다면, 의견의 다양성은 없을 것이다. 개인들이 일치될 수 없는 제안들을 개진한다면, 불일치는 논쟁이나 기타 다른 방법을 통해 제거될 것이다.

(b) 개인들이 서로 구분되는 것은 삶에 대한 다른 기본적 태도나 주변 세계에 반응하는 다른 방식들(갈등으로 이끌 수 있는) 때문에 그런 것은 아니라, 연령, 신체, 그들이 살아가고 있는 지역, 그리고 아마도 수입과 사회적인 기능에 의해서 그런 것이다.

(c) 인간은 어떤 주관성도 갖지 못한다. 인간은 고통과 쾌락, 감정(분노와 같은 감정, 그러나 이는 서로에 대해서 그러는 것이 아니라 잃어버린 돈처럼 대상에 대한 것이다), 생각을 갖는다. 그러나 이 모든 심리적인 과정들이 인간을 서로 대립으로 이끌지는 않기 때문에, 인간은 이 심리적인 과정들에 의해서 구분될 수 없고, 또한 심리적인 과정들을 그들의 행동, 감정, 생각의 특징으로서 경험할 수도 없다. 인간에게는 오직 객관적인 세계만이 있을 수 있어서, 이 세계의 부분들은 특정한 상황에서 (불과 손가락, 또는 빛과 눈의 접촉에서처럼) 특정한 결과를 (고통 또는 보는 것) 발생시킨다. 그러나 이러한 결과들은 사람들에게 있어서는 특정한 상황에 놓여있는 부싯돌의 불꽃처럼 객관적인 것이다.

(d) 인간은, 우리에게 의식이 무엇인지, 주관성이 무엇인지에 대한 의식을 갖지 못한다. 우리는 어떤 주관성도 갖지 못하기 때문에 의식을 가질 수가 없다. 인간은 자신들의 의식에 대한 의식을 갖지 못하기 때문에 자기의식을 갖지 못한다. 인간은 지능적인 동물과 같이 감각, 감정, 생각을 가지는 한에서만 의식을 갖는다.

갈등 없는 사회에 대한 처음 두 개의 결과는 여전히 매력적으로 보일 수 있다. 나머지 두 결과는 자신에 대한 의식을 유지하기를 원하는 사람들에게는 매력적이지 않을 것이다. 자기의식을 포기할 준비가 되어있는 사람을 물론 자유주의적 정의의 이상에 대한 이러한 변호가 설득할 수는 없을 것이다.

확실한 점은 반론들의 논증이 불충분하다는 것이고, 자유주의적 관점을 위해서 또는 자유주의적 관점에 반대하여 말할 것이 아직도 많이 있을 거라는(그를 위한 공간이 부족할 정도로) 점이다. 결국 결정은 두 가지 모순되는 기본 구상들 중에서 하나의 선택에 이르게 된다. 그 중 하나는 인간의 능력들에 발전 가능성의 최대치를 부여한다. 즉 개인들 사이에서 발생하는 경쟁과 갈등의 유익함을 확신하고 또한 갈등의 파괴적인 힘을 침해 금지를 통해서 완화시키려고 시도한다. 다른 하나는 개인과 사회의 행복에 대한 이미 고정된 하나의 이상을 목표로 하면서 개인들의 자질을 훈련한다. 전자는 미래를 열어두기 때문에 매우 위협적이다. 후자는 미래를 고정시키려고 시도하고, 동시에 열린 미래가 삶에 부여하는 긴장과 개인들의 자유를 파괴시킬 것임이 분명하다. 이러한 구상들 사이에 중도는 없다. 왜냐하면 사람들은 미래를 열어두면서 동시에 고정시킬 수가 없기 때문이다. 물론 비록 정치적인 실천에서는 대립적인 구상들을 지지하는 사람들 사이에 타협이 있을 수 있지만, 이때 이 타협들은 결정을 단지 연기시킬 수만 있을 뿐이다(미래를 내내 열린 채로 있게 하는 것이다). 자유주의적 구상의 정당화를 위해 즐겨 선택된 길은 미래는 고정될 수 없다는 주장이다. 이러한 길은 깨지기 쉬운 것이 되었는데, 왜냐하면 인간의 행동과 의지(더 나은 표현으로는 태도와 욕구)의 기술적인 조작 가능성을 묘사하는 데에서 과장된 부분을 삭제한 후에도, 염세적 자유주의자(M. 베버), 보수주의자(H. 아렌트), 마르크스주의자들(M. 호르크하이머)이 두려워했던 "예속의 틀"의 발생이 더 이상 배제될 수 없기 때문이다.

아리스토텔레스적 구상과 자유주의적 구상 사이에서 하나의 결정을 정당화하는 것이 결정의 결과들(특히 원치 않는)을 강조하는 것보다 더 많은 것일 수 있는가? 사람들은 모든 논쟁에서 폐쇄될 수 있고, 그 선택이 불합리할지라도 자신들의 선택을 고집할 수 있다. 그러나 여기에서는 두 가능한 결정들의 어떤 쪽도 불합리하지 않을 것이다.

물론 자유주의적 구상은 정당화에 대한 관심을 만족시킬 수 있는 기술적 장점을 지니고 있다. 자유주의적 구상은 사람들에게 더 적은 정의의 규칙(오직 침해 금지)을 부과하기 때문에, 이 구상의 동의를 더 수용할 수 있는 것으로 보일 수 있다. 자유주의적 구상이 개인들의 자유를 가능한 적게 제한한다는 것, 이 이상은 개인의 자유를 가능한 적게 제한한다는 이념에 의해 살아간다는 것은, 그의 규칙들을 이제 우선 공동생활에 의지하게 된 모든 인간들의 동의를 얻는데 가장 유용한 것으로 만든다. 우리가 정의의 문제를 홉스나 로크와 함께 정의란 무엇인가라는 철학적 물음으로 이해하지 않고, 정의를 어떻게 실현할 수 있는가라는 실천적인(또는 정치적인) 문제로 이해한다면, 자유주의적 정의를 공동생활의 어떤 규칙들의 체계로, 즉 근원적으로 다른 이상들을 가진 개인들을 가장 먼저 일치시킬 수 있는 그러한 규칙들의 체계로 제안할 수도 있다. 왜냐하면 이 규칙들은 개인들에게 최소한의 제한을 부과하기 때문이다.

이와 같은 제안은 물론 다음과 같은 점을 전제하고 있다. 즉 사람들이 이미 의견이 일치되어 있다는 것, 그들의 공동생활에서 정해진 강요 또는 정의의 규칙들이 있어야만 한다는 것을 전제한다. 만일 누군가가 처음부터 정의의 규칙들을 포기한다면 이 제안은 실패한 것임에 틀림없다. 따라서 우리는 다음과 같은 점을 연구해 보아야 한다. 우리는 도대체 왜 정의의 규칙들과 이 규칙들에 의해 요구되는 구속을 인정해야만 하는가?

3장 우리가 정의를 강요해도 되는 이유

1절 문제의 세분화

우리는 여기서 다음과 같은 물음들을 구별해야 한다.

(a) 왜 특정한 정의의 규칙들이 이 규칙들과 경쟁하는 다른 규칙들보다 더 선호되어야 하는가?

(b) 왜 규칙들의 준수가 강요될 수 있는가?

(c) 왜 도대체 규칙들이 일반적으로 구속력이 있을 수 있는가?

물음 (a)는 그 내용면에서 서로 경쟁하는 유일한 것으로서 두 관점, 즉 아리스토텔레스적 관점과 자유주의적 관점 중 한 가지를 결정하는 것에 대한 정당화를 요구한다. 이 물음은 바로 앞장에서 이미 다루어진 것이다. 우리가 이 물음에 대해 어떻게 결정하든지 간에, 우리는 여전히 물음 (b) 앞에 서 있는 것이며, 왜 정의의 규칙들이 옳은지, 왜 그 규칙들의 준수를 강제할 수 있는지 이유를 설명해야 한다. (b)를 가지고 세 번째 물음, 즉 도대체 어떻게 규칙들이 일반적으로 구속력이 있을 수 있는지가 제기된다. 왜냐하면 오직 구속력이 있는 규칙들만이 정당하게 강요될 수 있기 때문이다. 물론 우리는 처음부터 구속력 있는 모든 규칙들이 또한 그 규칙들의 준수를 강제할 수 있는 권리를 준다고 가정할 수는 없다. 오히려 반대로 나는 앞에서 도덕의 규칙들은 좁은 의미에서 규칙들로, 즉 그의 구속력에도 불구하고 강요할 수 없는 규칙들로 이해할 수 있다고 주장했다.

정의이론을 위해서 (b)는 결정적인 정초 물음, 또는 정당화의 물음이 되어야 한다. 물음 (a)는 불가피하게 다음과 같은 물음, 즉 정의의 규칙들이 어디에 적용되는가, 또는 우리는 무엇을 강요할 수 있는가라는 물음과 얽혀 있다. 물론 그렇기 때문에 역으로, 정의의 규칙들(예를 들어 자유주의적)의 체계에 대한 결정도 또한 물음 (b)와 관계된다. 만일 (b)에 대한 대답이 아리스토텔레스적 규칙들에 관계하고 단지 침해 금지에만 관계하는 것이 아니라면, 이 (b)에 대한 대답은 다르게 주어질 것임에 틀림없다. 그러므로 (b)에 대한 대답은 아리스토텔레스적 규칙들과 자유주의적 규칙들 사이에서 결정을 위해 중요할 수 있다. 다른 한편으로 물음 (c)는 다시 본래 도덕이론과 정의이론의 기초를 포괄하는 실천철학에 속하는데, 그렇지만 또한 (b)와 독립적으로 다루어질 수는 없다. 규칙들의 강제성은 규칙들의 구속력의 특정한 형태이다. 무엇이 이러한 종류의 구속력을 정초하는지를 알기 위해서는 도대체 무엇이 규칙들의 구속력을 정초할 수 있는지를 살펴보는 것이 유용하다. 따라서 우선 하나의 규칙이 구속력 있다는 것이 무엇을 의미하는지 연구되어야 할 것이다.

2절 규칙들의 구속력 : 놀이 규칙과 예절

하나의 규칙은, 그 규칙의 위반이 위반자에 대해 특정한 자격박탈의 조치를 정당화할 때에만 언제나 구속력이 있다. 놀이 규칙들은 그 규칙들을 위반한 자가 놀이 참여자로서 자격을 박탈될 수 있는 한에서 구속력이 있다. 예절의 규칙들도 그 규칙들을 위반한 사람이 예절들을 부여한 집단의 구성원으로 자격박탈될 수 있는 한에서 구속력이 있다. 도덕의 규칙들은 그 위반자를 도덕적으로 자격박탈할 수 있는 정당성을 주고, 정의의 규칙들은 그 위반자를 권리에서 자격박탈할 수 있는 정당성을 준다. 말하자면 필요한 경우에 그 위반자를 강제력을 통해 위반을 반복하지 못하게 막을 수 있고, 이미 일어난 위반에 대해서 처벌하고, 이제 막 일어날 것 같은 위반을 방지한다는 것이다.

도덕의 규칙들은 그 구속력에 있어서 정의의 규칙보다 더 가볍게 이해할 수 있는 것이 아니다. 거기에 비해서 예절의 규칙들과 놀이 규칙들은 이해에 있어서 어떤 어려움도 야기하지 않는다. 어떤 사람을 놀이 참여자로서 자격박탈하는 것은 단순히 다음과 같이 이해될 수 있다. 즉 그는 함께 놀아서는 안 되고, 이길 수도 없으며, 같이 셈해지지 않는다는 것이다. 그의 부적격의 정당성에 대한 이유도 또한 쉽게 이해될 수 있다. 즉 그는 놀이에 자신이 참여함으로써 명시적, 또는 암묵적으로 놀이 규칙들을 인정했다는 것이다. 만일 그가 놀이 규칙들을 위반한다면, 설사 그가 인정하려 하지 않는다고 해도, 그것은 함께 놀이하자고 한 그 자신의 동의를 철회하는 것으로 이해되어야 한다.

놀이 규칙들의 모형

놀이 규칙들은 그 규칙들의 구속력이 잘 이해될 수 있기 때문에, 놀이 규칙들의 전형에 따라 정의 규칙들에 의한 구속력과 규칙들의 정당함에 따른 구속력을 강제할 수 있음을 이해할 수 있다는 것은 자명하다. 그 밖에도 우리는 정의 규칙들을 위해 어떤 것, 말하자면 놀이에 참여함과 동시에 최소한 함축되는 놀이 규칙들에 대한 동의에 상응하는 그 어떤 것을 받아들여야만 한다. 사회계약설에서 사회계약을 수용하는 것이 이러한 필요에 상응한다. 만일 우리가 한 사회의 시민들이, 그들이 다른 사회로 갈 수 있음에도 불구하고, 그 사회의 법을 스스로 확정적으로, 혹은 체류함으로써 암묵적으로 인정했다고 가정해 본다면, 우리는 정의 규칙들에 의한 구속력의 근거를 계약이나 합의에서 발견한 것이다. 이러한 구성의 큰 장점은 그에 대한 이해가능성

외에, 정의 규칙들의 특수성을 이루고 있는 권리에 대한 물음에 적용할 가능성을 강제할 수 있다는 사실이다. 우리는 단지 다음과 같은 점을 받아들이면 된다. 즉 분명한 사회계약에서든 또는 불분명한 사회계약에서든, 규칙들의 내용과 함께 결정된 척도에 따라 규칙들의 준수를 강제할 수 있는 권리도 또한 인정된다는 점이다.

정의 규칙들에 의한 구속력을 설명하는 계약적 구성의 장점은, 왜 그것이 그리스인들이 정의에 대해 철학하기 시작했던 이래로 계약적 구성이 지지자들(아마도 이 지지자들 중 가장 중요한 사람은 소크라테스일 것이다[15])들을 가졌는지를 이해할 수 있게 만든다. 그럼에도 불구하고 계약적 구성에 대한 결코 적지 않은 비판이 여전히 설득력 있어 보인다. 즉 만일 규칙들이나 법률이 단지 계약에만 기초한다면 도둑떼들의 규칙과 구별되지 않는데, 도둑떼들의 구성원들도 마찬가지로 명시적 또는 암묵적으로 그들의 공통적인 생존의 규칙들에 합의할 수 있고 동시에 규칙들을 준수하기 위한 강제 조치들에 합의할 수 있을 것이다.[16] 규칙들이 오로지 규칙들이 적용되는 집단의 구성원들에 의해 결정되는 것을 통해서만 정의의 규칙들이 될 수 있다면, 규칙들은 또한 제3자들에게는 불리하게 작용하는 올바른 행동도 규정하는 것임에 틀림없다. 우리가 이러한 반대에 대해서, 정의롭기 위한 규칙들은 그것들이 관계하고 있는 모든 사람들에 의해 인정될 수 있어야만 한다는 공식을 통해서 맞서려고 한다면, 기존의 규칙들을 정당화한다고 하는 계약이란 현실에 결코 일치할 수 없는 하나의 이상이 될 것이다. 왜냐하면 정의의 규칙들로 간주될 수 있는 한 사회의 규칙들에 대해서는 언제나, 자기 스스로 그 규칙들에 결코 동의할 수 없었던 미성년자들이나 미래 세대의 태어나지 않은 사람들도 또한 관계되기 때문이다.

그런데 정말 모든 관계된 사람들이 동의할 수 있을만한 계약이나 합의라는 이상이, 비록 모든 관계자들이 그것에 현실적으로 동의할 수 없다고 하더

---

15) 참조. 플라톤, 『크리톤』, 그리고 K. Adomeit, 『고대의 국가 사상가』 (UTB 1136), 1982

16) 이러한 논의는 이미 아우구스티누스의 『신국』 IV 4에 나타나고, 현대에는 K. O. 아펠의 방송강좌 <실천철학/윤리학>, Weinheim 1980, 125이하 참조.

라도, 정의 규칙들의 구속력을 정초할 수 없을까?

규칙들의 구속력을 이해하기 위한 이러한 시도를 이미 흄이 했다. 흄은 취향 판단과는 달리 구속력이 있는 도덕적 판단의 특수성을 다음과 같은 점에서, 즉 도덕적 판단들은 중립적 관찰자의 관점에 의해 이루어진다는 점에서 보았다(『인성론』, Bk, 3, pt. 1, sec. 2/Enquiry §221 이하). 칸트가 행위준칙이나 행위근거의 보편화 가능성을 한 행위의 도덕성의 기준으로 만드는 한, 그의 정언명령 또한 이러한 단초에 일치하는 것으로 보인다. 오늘날 의사소통 윤리학자와 담론 윤리학자들이 이와 유사한 단초를 따른다. 그들은 규칙의 구속력을 증명하기 위한 모든 타협, 따라서 모든 정당화와 모든 시도도 이미 규칙의 구속력과 똑같이 한 진술의 진리성을 알 수 있는 조건들을 충분히 포함한다는 점을 수용한다.[17)]

보편적으로 동의할 수 있음이라는 이념은, 중립적인 관찰자라는 이념과 행위근거의 보편화 가능성이라는 이념처럼, 제3자들에게 불이익을 가져오는 계약의 불법적 결정으로서의 그러한 규칙을 배제하는 데에 기여할 수 있다. 그러나 그 이념은 계약으로부터 정초의 역할을 빼앗는다. 그것은 더 이상 규칙들을 구속력 있거나 합법적인 것으로 만드는 계약이 아니라, 일반적으로 동의할 수 있음의 조건들과 그 규칙들의 일치이다. 이 조건들이란 실은, 정의의 규칙들을 결정하는 하나의 **계약**이 그 아래에서 체결되어야 하는 그러한 조건들이다. 그렇지만 조건들의 충족이 비로소 계약과 계약에 의해 결정된 규칙들을 **올바르게** 만들기 때문에, 정초의 역할은 계약에서 조건들로 떨어진다. 그러나 이제 조건들에 대해서 그것들의 근거와 구속력에 대한 물음이 제기된다. 왜 하나의 계약은 오직 보편적으로 동의할 수 있음의 조건들 아래에서만 올바른가? 보편적으로 동의할 수 있음에 대한 요구 속에서 다시금 자유주의적 정의 원칙을 확인할 수 있다. 그것은 바로 아무도 폭력과 사기를 행할 수 없다는 것이거나, 혹은 긍정적으로 표현해서 모든 사람들을 그의 인격과

---

17) 이것이 내게는 아펠과 하버마스의 초월론적, 보편화용론적 시도에 대한 많이 왜곡되지 않은 짤막한 서술이라 보이는데, 거기서는 한 진술의 진리성과 한 규범의 정당성의 근거가 어디에 있는지를 설명한다. 참조, 아펠, 『언어화용론과 철학』, Frankfurt, 1976

소유물에서 존중해야 한다는 것이다. 따라서 이상적인 계약을 통한 정의 규칙들의 정초는 기껏해야 더 특수하거나 더 구체적인 규칙들을 더 일반적이거나 더 보편적인 규칙들을 통해서 정초하는 것일 뿐, 여기서 추구되는 정초, 즉 도대체 왜 우리는 정의의 규칙들을 따라야 하는지, 또는 왜 정의의 규칙들을 구속력 있다고 간주해야 하는지에 대한 정초는 아니다.

규칙들의 합법성을 현실적이거나 이상적인 합의에 근거지우려는 이론들은 계약과 합의의 역할에 대한 오해에 시달린다. 그 이론들은 정의의 규칙들에 있어서 특별히 중요한, 규칙들의 정초와 수행을 구분하지 않는데, 그 이유는 정의 규칙들의 수행이 강요될 수 있기 때문이다. 이 구분은 쉽게 간과될 수 있는데, 그 이유는 계약과 합의는 더욱이 어떤 정의의 **규칙들**도 정초하거나 만들어내지 않기 때문이지만, 어떤 의미에서는 정의를 만들어낼 수 있다. 말하자면 계약과 합의는 그들과는 독립적으로 타당하고 인정되고 구속력 있는 규칙들에게 인정을 만들어 주며, 혹은 그 규칙들의 준수를 성취시키고, 규칙들의 준수에 있어서 일어날 수 있는 방해물들(규칙들의 내용, 의미, 적용에 대한 의견의 다양함 같은) 제거해 준다. 정의 규칙들의 **구속력**과 관련하여 볼 때, 계약과 합의는 그 구속력을 만들어 내거나 정초할 수 없다. 왜냐하면 계약과 합의의 구속력 자체는 이미, 속이지 않아야 하고 또한 가능한 폭력을 피해야 한다는 정의의 규칙들에 근거하기 때문이다.

그러나 계약과 합의는 올바름을 강요할 수 있는 도덕 규칙들에 비하여 적어도 정의 규칙들의 특수성을 정초할 수 없는가? 계약과 합의가 없이 도덕적 구속력을 갖는 하나의 규칙의 계약과 합의는 그 규칙의 준수가 강요될 수 있는 특수한 구속력을 가질 수 없는가? 이와는 반대로 바로 정의의 전형적인 규칙들은 분명히 계약 또는 합의와는 무관하게 그 강요가능성의 성격을 갖는다. 정의에 걸맞은 규칙들을 행하는 것을 금지하는 부정의의 그러한 논란이 된 본보기들은, 분명히 어떤 계약이나 합의 없이도 그들을 피해야 한다는 것을 강요할 수 있고 강요되어야 하는 그런 종류의 것이다. 살인, 강도, 억압, 폭력은 계약이나 합의와는 무관하게 이러한 것들의 저지를 강제할 수 있도록 권한을 준다. 더군다나 이 권한은 그러한 저지가 큰 희생이나 위험으로 연결되지 않는다면, 하나의 의무이기도 하다.

계약이론과 합의이론들의 매력은 다음과 같은 유비에 근거하는데, 이 유비는 놀이규칙들의 쉽게 이해될 수 있는 구속력과 정의 규칙들의 어렵게 이해되는 구속력 사이에서 볼 수 있는 것이다. 만일 여기에서 실제로 어떤 비교 가능성도 존재하지 않는다면, 놀이와 사회 사이의 다음과 같은 공통점도, 왜 정의 규칙들의 준수가 강요될 수 있는지를 이해할 수 있도록 만들어 주는 하나의 유비를 보여주지 못할 것이다. 놀이를 하는 사람들은 특정한 목표를 성취하기 위해서 놀이하는 것이 아니다(그렇지 않고 그들이 그렇게 행한다면, 그것은 놀이에 있어서 비본질적이다). 그들을 놀이를 위해서 놀이한다. 놀이는 목적 그 자체이다. 그러나 놀이가 될 수 있기 위해서는 놀이의 규칙들이 준수될 수 있고 준수되어야 한다.

마찬가지로 인간은 특정한 목표를 성취하기 위해서 사회에서 살아가는 것은 아니라고 말할 수 있다(그렇지 않고 그들이 그렇게 행한다면, 그 행위는 사회에서 살아가는 것에 대해 비본질적이다). 인간은 공동생활을 위하여 사회에서 살아간다. 공동생활이 자기목적이다. 그러나 공동생활은 특정한 규칙들-정의의 규칙들-이 준수될 때에만 가능하다. 그럼에도 불구하고 규칙들을 위반하고도 그 사회의 혜택을 받고자 하는 사람은, 그것들 없이는 공동생활이 가능하지 않을 의무나 구속들을 그저 기피하고자 하는 사람일 뿐이다.

정의 규칙들의 준수는 이와 같은 유비에 따라 강요될 수 있다. 왜냐하면 사회에서 살아가는 모든 사람은 같이 산다는 것으로써 정의 규칙들을 존중한다는 그의 의사를 알리는 것이기 때문이다. 만일 정의 규칙들이 모든 가능한 종류의 인간 공동생활의 필연적인 조건들이라면, 이러한 설명은 수용할 수 있을 것이다. 특히 정의 규칙들이, 흄이 실제로 생각했던 것처럼(Enquiry §165), **모든** 인간적 통합과 인간 생존의 필수불가결한 전제 조건들인 한에서 그러하다. 그러나 완전히 부정의한 사회와 시대들의 역사는 인간이 정의 없이도 또한 생존할 수 있다는 사실을 증명한다. 인간은 매우 다양한 놀이들을 할 수 있는 것처럼, 매우 다양한 규칙들에 따라 함께 살아갈 수 있다. 그런데 우리가 그것에 따라 놀이하는 모든 규칙들은 놀이규칙들인 반면에, 우리가 그것에 따라 살아가거나 살아갈 수 있을 모든 규칙들이 올바르거나 정의 규칙들인 것은 아니다.

그럼에도 불구하고 이 결과는 정의 규칙들의 정초 가능성에 대한 물음 (b)에 대답할 수 있는 하나의 길을 가리켜 주는 것으로 보인다. 즉 만일 우리가 인간들이 올바른 태도를 규정할 수 없는 다른 규칙들에 따라 살지 않고 정의의 규칙들에 따라 사는 것에 응해 왔던 어떤 동기와 원인을 찾으려고 한다면, (b)가 대답하고 있는 것으로 보인다. 그 동기는 모든 사람이 자기의 이득을 기대할 수 있는 정의 규칙들에 일반적으로 동의하는 것에 대한 자기관심일 것이다. 왜냐하면 그가 규칙들에 일반적으로 동의하고 따르는 경우에 평화롭고 안전하게 살 수 있기 때문이다.

우리는 이러한 논증을 홉스에게서 발견하는데, 그는 하나의 명백한 반론을 거부한다. 그 반론이란 자기관심이 스스로를 충분히 우월하다고 간주하는 모든 이에게 폭력과 사기를(또는 경우에 따라서는 다른 부정의를) 사용할 수 있도록 할 수 있다는 것이다. 그 자기관심이 그에게 이득과 즐거움을 준다고 할 경우에 말이다. 그는 그 자신이 다른 사람들에게는 인정하지 않는 특권들을 향유하게 될 것이다. 이와 같은 특권의 부여를 저지하기 위해, 이제 홉스는 다음과 같이 말하고 있다. "가장 약한 자는 자신처럼 동일한 위험에 처한 다른 사람들과의 연합을 통해서든, 아니면 은밀한 음모를 통해서든 가장 강한 자를 죽일 수 있는 힘을 충분히 가지고 있다."(『리바이어던』, Kap. 13) 그러므로 협박 능력에 있어서 그들의 동등함이, 인간이 정의 규칙들과 그 규칙들의 권한을 일반적으로 승인하는 것에 대한 자기관심을 강제하지 못하도록 하는 것을 저지한다.

그러나 반론에 대한 홉스의 변론은 근거가 미약하다. 사실상 인간은 그들의 협박능력에 있어서도 다른 자연적인 특성에 있어서도 동일하지 않다. 일반적으로 부모가 그들의 (어린) 자녀들보다, 더 좋은 교육을 받은 자들이 더 나쁜 교육을 받은 자들보다 뛰어나다(그리고 그들이 언젠가 동등해질 것이라는 기대는 정의로운 관계를 전제하지 않고서는 실현될 수 없다). 흄은 이러한 점을 분명히 알고서, 남성과 여성, 백인들과 인디언들 사이의 관계를 예로 들어 정의는 오직 동등함 아래에서만, 더 정확히 말해 동일한 강함 아래에서만 가능하다는 결론을 이끌어낸다(Enquiry §152이하.) 아리스토텔레스도 노예들에게는 동등함도 정의도 없다는 관점을 통해 분명히 이러한 견해를 대변한다. 어떤 경우든 이러한 관점은 거의 정의 일반에 대한 포기를 의미한다. 왜냐하면 부정의는 동등하지 않음 아래에서보다는 동등한 강함 아래에서 덜 예상될 수 있는 것이기 때문이다. 중요한 것은 정의인데, 그 말은 여기에서는 정의 규칙들을 준수하는 것이 정의이고, 저기에서는 부정의를 두려워하는 것이 정의라는 뜻이다.

따라서 정의의 규칙들을 채택하고 승인했던 동기와 원인을 제시하는 자연주의적 길에서는, 우리는 마찬가지로 물음 (b)에 대한 대답을 하지 못한다. 이는 별로 놀랍지 않은 사실인데, 그것은 원인도 구속성에 대한 근거는 아니기 때문이다. 구속성을 정초하기 위해서 우리가 필요한 것은 규칙들이다. 구속성을 이해하기 위해서 우리는 규칙들의 기능을 이해해야 한다. 만일 놀이 규칙들과의 비교가 계속 도움을 주지 않는다면, 이제는 그 구속성에서 마찬가지로 쉽게 이해될 수 있는 예절의 규칙들이 남아있다.

예절의 모형

예절 규칙들의 구속력은 놀이 규칙들에 의한 구속력보다 이해하기에 더 어려운 것은 아니지만 덜 주목받았다. 예절을 위반하는 자는, 그가 헌신했던 집단의 구성원으로서 자격이 박탈될 수 있다. 자주 원시적 사회에서나, 또한 가르기와 차별을 적지 않게 은폐하고 있는 봉건 사회의 집단에서, 규칙은 의미도 지성도 없는 것처럼 보일 수 있다. 다만 집단과 다른 집단의 가르기나 자기정체성을 위해 귀속성의 기호로서 기여한다는 의미를 제외하고 말이다. 이와 같은 예절의 규칙들을 부여한다는 것은 인간의 기본적인 욕구인 것처럼 보인다.[18] 인간이 모여 사는 곳이라면 어디에서든지 집단들이 형성되는데, 그 집단들은 인간의 식별 표시들과 그 식별 표시들에 상응하는 규칙들을 만들어내고, 의복, 머리 모양, 어휘 선택, 자동차 구입에서 규칙들을 따른다. 집단에 소속되기를 원하는 사람은 그 규칙들에 따라야 한다. 규칙들을 위반하는 사람은 그 집단에 속하지 않는다.

---

18) E. 뒤르껭은 그 의미를 인식하고, 토테미즘에 대한 설명에서 전개했던 정신적 능력의 일반이론의 토대로 삼았다. 『종교적 삶의 근본 형식』, 1916, 1960, 특히 서문, 2권 7장, 결론 참조.

이와 같은 모형에 따르면 정의 규칙들은 본래 인간의, 인간다운 사회의 규칙들로서, 다음과 같은 사람들의 공동체의 규칙들로서 이해될 수 있다. 즉 그들은 보호받을 수 있는 경계 밖에 있는 야만인들이나 무법자들에 속하기를 원치 않는 사람들이며, 적어도 문명화된 인간의 생각에 비추어 볼 때 야만인들이나 무법자들은 마치 동물들이 서로 폭력을 행사하는 것처럼 존경과 예의범절이라는 개념을 갖지 않고 오직 이른바 강한 자의 권리에 따라서만 살아간다. 그러므로 로크가 말하는 것처럼 정의의 규칙을 위반하는 사람은,

> 전 인류에 대항해 전쟁을 선포하고, 그 때문에 인간이 더불어서 사회에서 안전하게 살아갈 수 없는 그런 야생의 맹수들의 한 종류인 사자나 호랑이 같은 것들로서 사라져도 좋은 것이다. (ST §11)

그러므로 예절의 규칙과 정의의 규칙은 다음과 같은 점을 공유한다. 말하자면 이러한 규칙들을 위반하는 것은 그때그때의 규칙들에 따라 살고자 하는 집단에서 배제시킬 수 있는 권리를 준다는 것이다. 정의 규칙의 특수성과 그 강제 가능성은, 부정의한 자들을 어느 정도 다음과 같은 조건들로부터 배제시킬 수 있는 권리로서 이해될 수 있을 것이다. 그 조건들이란 인간을 더 강한 자의 권리에 따라 사는 존재들로부터 구분하려는 조건들이다. 그러한 권리란, 인간을 동물들로부터 구분하기 위해 스스로 부여하는 그런 정의 규칙과 예절들을 깨는 사람에게는, 인간의 종적 가치를 규정하는 교제와 관계를 거부할 수 있는 그러한 권리일 것이다.

그렇지만 정의가 그 구속성에 있어서 예절과 비교될 수 있는가? 예절은 항상 관습적인 어떤 것, 즉 그의 목적인 구별과 가르기를 각각의 행동방식(그것이 비범한 것일 때에만)을 통해 도달하는 어떤 것이다. 그러나 정의의 규칙은 그 의미와 목적을 구별에 두는 행동방식들에 대해서가 아니라, 바로 정의에 대해서 규정하는 것으로 보인다. 물론 로크의 인용문이 받아들이는 것을 허용했던 바, 그 의미가 실제로 동물이나 동물적인 삶의 형태로부터 인간을 구별짓는 것이라면, 동물들에게서는 발견될 수 없는 모든 규칙들이 정의 규칙들로 간주되어야 할 것이다. 예를 들어 달릴 때, 두 걸음 앞으로 가고 한 걸음 뒤로 가는

것이 그렇다. 그것은 분명히 정의와는 아무 관계도 없다. 또는 그와 같은 사람들을 동물들이 하지 않는 더 특별한 야만성을 가지고 다루는 것도 그러하며, 이러한 규칙은 심지어 우리가 정의 규칙으로 인정한 어떤 것을 위반한다.

따라서 예절로 방향잡는 것은 바로 정의 규칙의 성격을 설명할 수 없는 것으로 보인다. 그에 대한 정초는 우리에게 또한 적절한 것이어야 한다. 말하자면 그것은 우리에게 올바른 행동 방식에 대해(예를 들어 폭력과 사기에 대한 거부) 규정해 주고, 우리를 동물들과 구별 지어 줄 수 있는 비범한 행동에 대해서는 규정하지 않는 것이어야 한다.

그러나 이러한 고찰은 좀 더 정확하게 고찰한다면 그 중요성을 잃는다. 우선 과거에는 로크뿐만이 아니라 다른 획기적인 정의 이론가들도 정의를 인간과 동물을 구분짓게 하는 어떤 것으로 특징지었다. 그래서 플라톤은 정의로운 인간과 참주적이고 "통찰력과 덕이 없는 모든 인간들"을 구분한다. 이러한 인간들은 "짐승의 본성과 방식에 따라 항상 바닥을 바라보면서 땅과 식탁에로 몸을 구부리고 접근하고 목초지에서 서로 교배한다. 그리고 그들이 이러한 사물들에 대한 탐욕스러운 욕구에서 차고 때린다면, 그들은 끝이 없는 욕망에서 나오는 단단한 뿔과 발굽을 가지고 서로를 파멸시킬 것이다"(『국가』 9. 586a-b). 또 루소는 사회계약을 통해서 정의의 상태로 가는 진보를 "어리석고 제한된 동물"로부터 하나의 "지성적인 존재와 하나의 인간"을 만드는 어떤 것으로 서술한다(『사회계약설』 1권, 8장). 또 칸트는 『실천이성비판』의 유명한 결말에서 "내 안에 있는 도덕 법칙"(또한 정당성의 토대인데)의 "직관"에 대해서 말한다. 도덕 법칙은 "지성인으로서의 나의 가치를 나의 인격성을 통해서 무한히 높인다. 그러한 인격성에서 도덕 법칙은 동물성으로부터, 그리고 전체 감각 세계로부터 독립된 삶을 나에게 열어준다"(Akad. Ausg. 162). 마찬가지로 롤스에 따르면 정의 규칙에서 본질적인 것은, 정의 규칙들을 위반할 때, "마치 우리는 더 낮은 등급에 속하며, 그들의 원칙들이 자연우연성을 통해서 결정되는 피조물인 것처럼 행동하는 것이다." 반면에 우리는 정의 규칙들을 따름으로써 우리의 자유를, 그리고 "자연과 사회의 우연성으로부터 독립"을 증명한다(Rawls 1972, 256).

이 모든 철학자들에 있어서는 정의 규칙들을 준수하는 것은 사실상 예절이며, 또한 인간과 동물을 구분하는 증거이다. 이것은 또한 이 철학자들이 정의 규칙들의 구속성을 이러한 특성에 근거하는 것으로 보았다는 사실을 의미하는가? 롤스를 제외하면, 확실히 아니다. 왜냐하면 그들은 형이상학적 정초를 시도했기 때문이다. 그러나 우리는 그들의 진술에서, 형이상학적 증명에 관여하려고 하지 않고 또한 관여할 수 없는 비철학적인 사람들에게조차, 정의 규칙들을 준수하고 따르는 것의 장점, 가치, 구속성에 대해서 납득시키기 위한 시도를 인지할 수 있다. 우리 현대인이 이러한 비철학적인 사람들에 속하고 비-형이상학적 증명을 요구하는 한, 플라톤과 칸트 역시 다음과 같은 것을 통해 정의 규칙의 구속성에 대해 우리를 납득시키고자 할 것이다. 즉 그것이, 우리를 다른 것들과 구분하게 하고, 또한 단순히 일회적인 상상된 의식이 아니라 변화불가능한 자기의 의식을 획득하게 하는, 어떤 특수한 것이라는 사실을 우리의 관심에 호소함으로써 그렇게 할 것이다.

그러나 정의 규칙의 준수가 이러한 관심을 어느 정도까지 만족시킬 수 있을 것인가? 그것은 정의 규칙의 준수가 일회적인 **개별적** 자기의 획득을 위한 필연적인 조건이거나 전제인 경우에만 그럴 수 있을 것이다. 그렇지만 사실상 정의 규칙의 준수는 한 인간을 동물과 구별할 수 있을 뿐이고, 그를 다른 사람들과 구별 지을 수는 없다. 마치 걷는 경우에 두 걸음 앞으로 가서 한 걸은 뒤로 가는 규칙이나, 그와 같은 사람들을 특별히 야만적으로 다루는 규칙과 같은 규칙들을 준수하는 것과는 달리, 정의 규칙들을 준수하는 것은 그 인간을 동물들과 구별할 수 있을 뿐만 아니라, 한 인간이 자신으로부터 어떤 일회적인 것을 만들기 위한 조건을 창출한다. 정의 규칙들을 준수하지 않게 된다면, 개인들은 자신들의 의지를 자유롭게 실현할 수 없게 될 것이고, 따라서 개성을 발전시킬 수 있는 어떤 가능성도 전혀 가질 수 없을 것이다. 정의 규칙들을 포괄적으로 존중하지 않고 동시에 최소한 자유로운 정의 개념에 의해서 폭력과 사기에 대한 근본적인 배척 없이는, 한 사회는 개인의 일회성이라는 이상을 위한 어떤 자리도 결코 마련할 수 없을 것이다. 물론 개인들은 그들의 개성을 추구하면서 정의 규칙들을 위반할 수도 있지만, 그 때문에 이미 개성의 이상 자체가 파괴되는 것은 아니다. 다만 그들은 단지 노력 없이 이익을 보는 사람으로서만 그렇게 할 수 있다. 말하자면 그들은 기생적으로 사회적인 상호작용 형식의 결과를 함께 누리는 사람들이다. 이론적으로 그들은 정의 규칙들의 구속성을 개성의 필연적인 전제조건으로 인정해야만 하며, 이론적으로 근본원칙의 구속성을 인정하는 것 이상으로 철학적 논증의 결과로서 기대해서는 안된다.

예절의 구속성과의 비교를 통해서 정의 규칙들의 구속력을 해명하고 논증하기 위한 이러한 시도에는 도덕과 정의의 규칙들에 대한 어떤 예증도 없다. 내가 사용했던 인간의 품위나 인간의 종적 가치라는 개념은 어떤 특유의 도덕적인 의미를 가지는 것이 아니라, 특정한 생활양식에 대한 명칭이거나 하나의 삶의 방식이다. 이런 것들은 정의의 근원이지만, 정의나 정의의 개념을 전제로 하지는 않는다.

만일 정의 규칙들을 준수하는 것이, 거의 의심하지 않을 수 없는 바, 더 강한자의 권리에 따라 사는 것이 아니라 인간으로서 또는 인간답게 살기 위한 필연적인 조건이라고 한다면, 이러한 조건을 위반하는 것은 그것을 위반한 자에게 인간답게 대하는 것을 제한하거나 유보할 수 있는 하나의 근거를 제시한다. 정의 규칙들이 정당성을 주고 있는 이 강제는 인간다운 취급을 제한하거나 유보하는 것에 있다. 모든 사람은 인간다운 취급을 향유하는 것(제한과 유보를 행사하는 것과는 달리)에 관심이 있다고 간주할 수 있다. 따라서 정의 규칙들의 준수를 강제할 수 있는 법적 근거에 대한 물음이 다음과 같이 제기될 수 있다. 강한 자의 권리에 따라 살기를 원하지 않는 인간들이 어째서 다른 사람들에게는 인간다움 취급을 유보해도 되는가?

다음의 대답이 옳은 것으로 보인다. 그들이, 정의를 무시함으로써 강한 자의 법에 따라 살기 원한다는 것을 선언했던 자에 대항해서 강한 자(또는 교활한 자)와 동일한 권리를 사용하는 한, 그들은 그렇게 할 수 있다. 물론 그것이 자신의 삶의 양식의 보호를 위해 무조건적으로 정의에 대하여 요구되는 한, 그들은 그들의 생활 원칙이나 행동 방식들을 그저 적용하기만 하면 된다. 그렇지 않은 경우에는 그들은 그것에 대항해서 자신들의 삶의 양식을 지키고자 했던 그러한 삶의 양식을 스스로 떠맡게 될 것이다. 따라서 정의 규칙들을 정당화하고 있는 강제와 더불어 정의 자체는 항상 언제나 스스로 부정의로 바뀔 위험성이 있다. 정의 규칙을 정당화하는 강제는 항상 단지 이차적인 폭력일 수 있다. 그러나 일차적인 폭력과 이차적인 폭력 사이의 구분은 언제나 쉬운 것은 아니다.

여기서 우리는 (일차적인) 폭력에 대항해서 (이차적인) 폭력을 사용하는 것이 도대체 정당한 일인지에 대해 근본적으로 의심해 볼 수 있다. 왜냐하면 평화주의에 거의 호감을 갖지 않았던 막스 베버조차도 말했던 것처럼, “폭력은 언제나 자신으로부터 폭력을 잉태한다는 것, 부정의에 대항하는 폭력성은 최종적인 결과에서는 더 큰 옳음의 성리로 이끄는 것이 아니라, 더 큰 권력이나 영리함의 승리로 이끈다는 것은 아주 보편적인 경험이다”(Weber 1980, 357)

이러한 의심이 얼마나 정당할 수 있을지는, 베버가 알고 있었던 것처럼, 정의의 관점에서부터가 아니라 오직 도덕의 관점으로부터 이끌어질 수 있다. 도덕의 규칙은, 그것이 하나의 개별적인 자기를 가능하게 하기 때문에, 더 가치 있는 삶의 양식을 정의의 규칙으로 규정한다. 그러나 인간이 그러한 능력이 있는지는, 폭력에 대항하여 폭력을 사용하는 이성에 대한 의심만큼이나 의심스러운 것이다. 확실한 점은 일차적인 폭력(그리고 사기)에 대항하는 이차적인 폭력을 사용하는 것은 정의의 규칙에 합치한다는 사실이다. 우리는 도덕의 이름으로 정의를 총체적으로 비판할 수 있지만, 정의의 이름으로 비판할 수는 없다.

4장 국가, 혹은 어떻게 정의를 강요할 것인가

1절 국가는 정의를 실현시킬 수 있는가?

국가는 대부분의 이론가들이 정의(그 정의의 개념이 무엇이든)를 실현시키는 것이 그 과제라고 생각했던 사회제도이다. 그러므로 국가나 폴리스에 관련된 정의의 실천 또는 이론으로서 정치학은 정의를 실현한다는 목표에 의해 규정될 수 있다. 그렇지만 이제 대부분의 이론가들은 정의를 실현한다는 과제를 통해서뿐만 아니라, 이러한 목표에 도달하기 위해 국가에 남겨진 수단을 통해서도 국가를 규정한다. 말하자면 정의에 거스르는 위반들을 폭력을 통해 저지하고 처벌하는 수단이다.[19] 정의의 실현을 목표로 하는 모든 사회 제도나 인간은 적어도 때때로 정의 규칙들에 따르지 않으려고 하는 인간의 명백한 성향을 고려하여 정의를 강요하기 위한 강제 수단을 사용하는 한(그리고 이미 단지 소수의 인간들의 경향이 그러한 수단을 필연적인 것으로 만들었을 것이다), 이것은 정합적인 것이다. 거기에다가 만일 그 수단이 효력이 있어야 한다면, 그 수단의 소유자들은 모든 가능한 저항을 굴복시킬 수 있고, 따라서 권력 독점권을 가질 수 있어야 한다. 그것은 그 수단을 소유한 자의 권력이 그가 정의를 실현했던 집단이나 사회 내부에서 다른 모든 사람들보다도 우월하다는 의미이다.

정의를 실현한다는 과제와 국가에 권력 독점을 지정하는 것은 많은 이론가들에게서 오해를 불러일으키며 진행되었다. 이론가들이 실현의 과제와 권력의 독점을 지정하고 있는 이 국가라는 것은 단지 과제와 강제 수단을 통해서 구성되는 하나의 이론적인 형성물이 아니라, 대개는 폭력과 사기를 통해서 형성되고 유지되는 역사적 현실이었다. 그리고 정의를 실현한다는 과제의 지정은 통치자들에게 있어서는 그들의 요구를 정당화하는 환영할만한 수단이기도 했다. 국가가 오직 정의를 실현한다는 과제를 통해서만 규정될 때, 국가의 권력 독점이 오직 정의를 돌본다는 목적으로만 인정되었을 때, 국가의 모든 다른 요구들과 활동들이 불법적인 것으로 선언되고, 로크의 『통치론』에서처럼 그러한 요구와 활동들에 대하여 저항할 수 있는 권리가 선언되었을 때,[20] 정의를 실현하기 위한 사회제도라고 하는 일반적으로 인정되는 국가에 대한 규정은 국가 예찬의 성격을 갖지 않았다.

그러나 로크와 같은 비판적인 국가 이해조차도 비판이 가능하다. 많은 국가들이 폭력을 통해서 개인들이 서로에 대해서 벌이는 공공연한 폭력과 명백한 사기를 제한했다는 것을 우리는 인정해야 하지만, 그러나 동시에 그들은

19) 오늘날 국가를 그렇게 규정하는 가장 영향력있는 이론가는 M. 베버다. 참조. Weber 1980, 822.

20) 로크는 그의 정치 이론이, 그 전에 받아들였던 것처럼, 이미 성취한 혁명에 대한 찬미라고 생각지 않았다. 그는 그의 『통치론』을 그가 1683년 네덜란드로 망명가기 전에 이미 썼다. 통상적인 로크 이해가 얼마나 잘못되었는지는 M. Cranston의 탁월한 전기, 『존 로크』(London, 1968)을 참조

자주 충분히 더 은밀한 형태의 폭력과 착취의 사기, 또는 구조적 폭력을 사용했다. 더 나아가 그들은 모든 과거의 것들을 훨씬 능가하는 새로운 형태의 폭력에, 예를 들어 오늘날 전 지구를 파괴할 수도 있는 무기들을 이용하는 전쟁에 개인들을 내던져 버렸다. 따라서 국가들에 대한 무정부적인 비판을 진지하게 받아들이지 않는다는 것은, 절대 왕정에 대항했던 로크의 말에 따른다면, 다음과 같은 것을 의미한다.

> "사람들이 **족제비**나 **여우**에 의해 행해지는 해악을 피하려고 조심하는 것은 바보같다고 생각하면서, 사자에 의해 집어삼켜진 것을 오히려 안전하고 마음 편하게 생각하는 것"(ST §93)[21]

2절 권력분할의 이론과 실천

로크는 다음과 같이 믿었다. 만일 **입법권**-정의의 규칙들이 무엇인지를 분명하게 만드는-과, **집행권**-구체화되고 실증된 정의 규칙들에 인정을 마련해 주는-이 역할에 있어서 분리되고 서로 통제한다면, 국가를 정의하는 권력 독점의 위험들은 충분히 약화될 것이다. 이러한 가정은 로크의 새로운 국가 개념에 근거한다. 이 국가 개념에 의하면, 국가는 국가의 과제에 맞추어 본질적으로 더 많은 권력을 갖는다. 이 과제는 개인들의 본래적 집행권을 정의의 집행을 위해(ST §74, 89, 7이하) 단순히 국가의 독점 권력에 넘기는 것이 아니라, 명료한 실증적 법을 더 적합하게 사용하기 위해, 그저 일반적이고 추상적으로 인정된 정의 규칙들이나 자연권의 규칙들을 구체화함으로써 개인들의 집행권을 분명하게 하는 것이다. 따라서 로크에게 있어서 국가는 필연적으로 집행하는 권력과 동시에 입법하는 권력을 가진다. 입법하는 권력은 정의 규칙들을 만들어내지는 않지만 그것들을 분명하게 만들거나 정의하고 또한 집행권을 통제한다.[22] (세 번째 권력, 이미 구체화된 정의의 규칙들을 준

21) 무정부주의적 이념에 대한 탁월한 변호는 M. Taylor, 『공동체, 무정부, 자유』 (Cambridge UP 1982) 참조.

22) 로크는 국가의 임무를 제한하고, 입법자가 배제되어야 하는 개인의 침해할 수 없는 영역을 강조하며. 권력분립을

수했는지 여부에 대해 결정하는 사법권은 몽테스키외에 의해 처음으로 정치 이론에 도입되었다.[23])

이러한 사상은 오늘날 대부분의 민주주의 지지자들에 의해 국가의 잘못된 권력 사용을 감독하기 위해 알맞은 수단으로 인정된다. 그 수단은 매우 경제적인데, 왜냐하면 정의를 실현시키기 위해 필수적인 이 세 가지 심급에 더 이상 첨가할 것이 없기 때문이다. 그 밖의 모든 수단은 잘못된 권력 사용에 있어서 새로운 위험만을 드러내게 될 것이다. 그 수단은 법적 평등의 원칙에 일치하는데, 왜냐하면 그 수단은 집행권을 모두에게 유효한 동일한 법률에 복종시키기 때문이다. 그 수단은 올바른 지점에 시작하는데, 왜냐하면 그 수단은 우선은 집행권을, 즉 그것의 권력 독점으로부터 발생하는 위험을 통제하기 때문이다. 다만 그 수단은 실현될 수 없거나 또는 완전히 실현될 수 없다는 단점을 가진다. 로크의 권고와는 정반대로, 사람들이 입법부로 간주했던 의회는 이미 로크의 시대 때부터 정부를 구성하기 위해 시작되었다(참조. Hayek 1981, Bd. 3, 148). 의회를 통해 집행부를 효과적으로 통제하는 것은 배제되고 있는데, 그것은 일반적으로 의회의 다수파가 정부를 세우기 때문이다.

그렇긴 하지만 대부분의 서구 민주주의에서는 전체 유권자에 의한 집행권의 통제가 있다. 유권자에 의한 통제가 비록 권력분할의 통제는 아닐 지라도, 그 통제는 이미 로크에게 있어서 가장 중요한 역할을 했다. 왜냐하면 그는 입법권을 통해서 집행권을 통제할 뿐만 아니라, 또한 전체 유권자를 통해서 입법권을 통제하도록 하기 때문이다. 그러나 이 통제는 포기할 수 없는 것이긴 하지만 또한 결점도 갖는다. 이 통제는 집행권이 적어도 유권자 대다수의 단기적인 이익을 만족시키는 것을 보장한다. 이 통제는 집행권이 정의를 실현하거나 정의의 테두리 내에서 행동하는 것을 보장하지는 않는다. 1933년 독일에서 분명했던 것처럼 말이다. 그것은 단지 정의의 규칙들을 명료하게 만든다는 과제에 충실하는 하나의 제도일 수 있을 뿐이다.

권고한다. 가령 입법부를 통해 집행부를 통제하고, 선거를 통해 입법부를 통제하는 것이다.

23) 참조. 몽테스키외, 『법의 정신』(Genf 1748, XI 6). 로크의 제 3 권력은 사법권이 아니라 외교정치에 대해 권한이 있는 '연합권'이며, 그는 이를 위해 집행권을 가진 개인연합을 권고한다. (§145-48)

하이예크는 그러한 참된 입법권을 제정하기 위한 주목할 만한 제안들을 만들었다.[24] 그러나 오늘날, 국가의 권력 독점을 통제하기 위한 그 제안들이나 비슷한 개혁들이 충분한지 여부에 대해서는 여전히 불확실하게 남아 있다. 국가의 권력은 그것에 저항할 수 있는 모든 사람들보다 더 강하다는 의미에서, 국가의 권력 독점이 갖는 그 권력은 과거의 모든 시기에 비해 오늘날에는 근본적으로 다른 성격을 갖는다. 핵기술과 유전 공학은, 전통적인 개념들이나 일차적인 권력과 이차적인 권력 사이의 구분조차도 의심스럽게 되어버린 권력의 사용을 가능하게 한다. 따라서 어떻게 정의 규칙들의 준수가 강제될 수 있는지 하는 물음은 오늘날 여전히 열려 있는 물음이다. 비록 우리가 결코 미해결인 채로 그냥 놔둘 수 없는 물음일지라도 말이다.

■ 참고문헌

Aristoteles 1968, *Nikomachische Ethik*, ed. H. Rackham. London.

________ 1879/1978, *Politik*, ed. Franz Susemihl. Leipzig. Neudruck Aalen.

Bentham, J. 1970 (zuerst 1789), *An Introduction to the Principles of Morals and Legislation*, London.

Friedman, M. 9161, *Capitalism and Freedom*, Chicago.

v. Hayek, F. A. 1981, Recht, *Gesetzgebung und Freiheit*, Landsberg am Lech (Law, Legislation and Liberty. 3 vol.s. 1973, 1976, 1979).

Hobbes, Th. 1961 (zuerst 1651), *Leviathan* (Ed. C. B. Macpherson), Harmondsworth.

________. 1839, *Opera philosophica quae latine scripsit omnia*, Vol. 2. London.

Hume, D. 1882 u. 1886/1964, A Treatise of Human Nature (Treatise), - An Enquiry concerning the principles of Morals (Enquiry). In. Philosophical Works, ed. Green u. Grose. 4 vol.s. London (Neudruck

24) 참조, Hayek 1981, 3권 17장. 하이예크의 진정한 입법권은 오늘날의 의회와 관련된 정부나 집행권을 설정할 수는 없었을 것이고, 개인의 자유영역의 한계와 국가의 관할영역의 한계를 지어주는 법률을 제정할 수 있었을 뿐이다. 하이예크는 화폐발행이나 사회보험과 같은 전통적인 국가활동영역의 사유화를 권고함에도 불구하고(참조. 위 책, 14장), 노직(1974/1981)과 달리 국가를 야경국가의 역할에 축소시키려고 하지는 않는다. 그는 집행권이 물과 공기와 같은 공공재나, 건강, 교육, 토지 등도 보호해야 한다는 것을 인정하며, 사적인 보험을 통해 모든 사람의 최소한의 수입을 보장할 것을 권고했다(참조. *Liberalismus*, Tübingen 1979, 38. 위 책, 69). 그는 진정한 집행권의 기구 안에서 정치적 의식을 보다 넓은 토대 위에 세울 수 있고, 정치를 엘리트나 단순한 저항행동으로 퇴행시키는 것을 막는 길을 발견한다.

Aalen).

Kant, I. 1907 ff., *Kritik der praktischen Vernunft* (KdpV).-*Metaphysik der Sitten* (MdS), Zitiert nach der Akademie-Ausgabe. Berlin.

______________., *Grundlegung der Metaphysik der Sitten*(GMsS), Hrsg. v. k. Vorländer. Hamburg 1962.

Kerferd, G. B. 1981, *The Sophistic Movement*, Cambridge.

Locke, J. 1963, *Second Treatise of Government* (ST). In, *Two Treatise of Government*, Ed. P. Laslett. Cambridge.

Marx, K./Engels, F. 1962 ff., Werke (MEW). Berlin (DDR).

Nozick, R. 1974/1981, *Anarchy, State, and Utopia*, New York (dt. München 1981).

Petty, W. 1963, *Economic Writings*, 2 vol.s. New York.

Plato 1957 ff., *Politeia* (Rep.). In, Sämtliche Werke. Übers. v. F. Schleiermacher. Reinbek bei Hanmburg.

Popper, K. R. 1957, *Die offene Gesellschaft und ihre Feinde*, 2 Bde. München.

Quesnay, F. 1758/1958, *Analyse de la formule arithmétique du Tableau Economique*, In, Fr. Quesnay et la physiocratie, Vol. 2. Paris (zuerst 1758).

Rawls, J. 1975, *Eine Theorie der Gerechtigkeit,* Frankfurt/M. (A Theory of Justice, Oxford U. P. Zitate nach der engl. Ausg, 1972).

Rousseau, J. J. 1762/1966, *Du contrat social ou principes du droit politique* (Contrât Social). Paris.

Steinvorth, U. 1981, *Stationen der politischen Theorie*, Stuttgart.

___________. 1990, *Klassische und moderne Ethik*, Reinbek bei Hamburg.

___________. 1991, *Staat und Legitimität, Zur Verträglichkeit von Rechts-und Sozialstaat*, In, K.

Bayertz (Hrsg.), *Praktische Philosophie, Grundorientierungen angewandter Ethik*, Reinbek bei Hamburg.

Strawson, P. F. 1974, *Gesellschaftliche Moral und persönliches Ideal*, In. Grewendorf, G./Meggle, G. (Hrsg.), *Seminar, Sprache und Ethik*, Frankfurt/M. 1974, 317-340 (englisch zuerst 1961).

Weber, M. 1980, *Wirtschaft und Gesellschaft*, 5. Aufl. Tübingen.

________. 1919, *Wissenschaft als Beruf*, In. Soziologie, *Universalgeschichtliche Analysen, Politik*. (편). v. J. Winckelmann. Stuttgart 1973, 311-339.

Wood, E. M. u. N. 1973, Class Ideology and Ancient Political Theory. Oxford.

6부 _ 아름다움(美)

- Ö. 짐머만

다음의 서술은 개념사적인 관점에서 씌어진 것이다. 왜냐하면 우리에게 전승된 철학의 기본 범주 중, 아름다움처럼 역사적 변화의 징표를 지닌 경우는 거의 없기 때문이다. 게다가 이 개념은 위대한 관념론적 체계의 붕괴와 함께 19세기 전반에 중심에서 외곽으로 밀려났기 때문에, 오늘날의 미학에 부과된 임무를 규정하는 데 있어서는 그저 종속적인 역할만을 요구할 수 있게 되어 버렸다. 이로 인해 아름다움의 개념사는 미학개론과 일치할 수는 없다. 물론 '더 이상 아름답지 않은' 20세기 예술[1]의 관점에서 처음 문제가 된 것은 아니다. 이미 그 영향에 있어서 과대평가되었다고 할 수 없는 아리스토텔레스의 시학은 아름다움의 개념이 아니라 기예(techne), 혹은 예술적 제작(poiesis), 예술적 모사(mimesis), 그리고 감정적 효과(katharsis)에 초점을 두고 있었다. 이 때문에 아리스토텔레스의 시학은 미학의 역사에서 상당한 위치를

1) 이와 관련해서 아름다움과 거리를 두려는 예술의 성격은 당연히 고대에 그 연원이 있다. Jauß의 1968년 저술 참조.

요구할 수 있었음에도 불구하고, 그 이후로 더 이상 고려되지 않은 채 남아 있는 것임에 틀림없다.[2] 물론 사용 가능한 모든 영역에서 아름다움에 대한 영향사적으로 의미 있는 사상들을 결코 모두 말할 수는 없다. 예들의 선택은 특히나 체계적인 관점들과 관계되어 있다. 그런 점에서 시작부분에 제시되는 아름다움에 대한 소크라테스의 변증술(Dialektik)은 논증적 영역의 근본 입장을 아주 잘 표현하고 있어서, 본질적으로 더 이상의 어떤 안내도식도 필요로 하지 않는다.

분석적 훈련이 되어 있는 독자는, '아름답다'라는 말을 어떻게 사용할 수 있는지와 같은 물음을 집중적으로 다루는 한 장이 빠져있다고 생각할지도 모른다.[3] 실제로 일상적으로 통용되는 어법에 대해 개괄해 보면 한때는 그토록 숭고했던 범주의 의미축소가 매우 인상 깊게 드러날 수 있을 것이다. ("벤트리너, 만나서 반갑네. 여기 정말 멋지군. 날씨도 좋은데다가, 아름다운 풍경이라니. 게다가 이렇게 훌륭한 와인까지!")[4] 보통 분석적인 질문은 다음과 같이 말한다. 우리가 무엇인가를 '아름답다'고 말할 때, 우리는 어떤 발화행위를 수행하고 있는가? 여기서 이 용어가 표현할 수 있는 범위는 단순히 흡족함을 표현하는 경우에서부터("아, 얼마나 아름다운가", "멋진데~"), 사정에 따라서는 매우 복잡한 논증적인 근거를 전제로 하는 명백한 미적 가치에 까지 이르고 있다. '아름답다'이라는 말이 가지는 이러한 기능은 취향(Geschmack) 비판의 예에서 자세히 다룰 것이다. 그렇지만 이러한 미학적 논증의 세부적인 문제는 사실적인 의미보다는 방법적인 의미를 갖기 때문에 뒤로 제쳐 놓는다(Zimmermann 1980, 145이하 참조). 그러나 무엇보다 가능한 내용적인 관점이 문제라면, 어휘사용에 대한 분석은 결국 역사의 진행과정 속에서 형성되고, 철학적- 미학적인 담론 속에서 서로 비판적으로 작용했던 바, 아름다움의 개념들로 소급되게 될 것이다.

---

2) 이에 대한 분명하고 자세한 도입은 Fuhrmann의 1963년 저작에서 찾아볼 수 있다. 이 책은 Lessing과 Lenz에 이르기까지의 아리스토텔레스 시학의 영향사를 다루고 있다.

3) S. J. Schmidt편, 『논쟁적 개념에 관한 연구-"아름다움"』, München, 1976. 참조

4) "Schön, daß wir uns treffen, Wendriner. Wirklich schön praktisch hier. Und das schöne Wetter, und die schöne Aussicht, und dieser schöne Landwein!" 출처: Kurt Tucholsky

1장 아름다움의 변증술

철학의 분과로서의 미학은 18세기 중반에서야 비로소 확립되었다고 할 수 있다(참조. v. Stein 1866). '아름다움'에 대한 논의는 전통에 보다 깊게 닻을 내리고 있다. 이 전통은 플라톤 철학에서 시작된 것으로, 아름다움에 대해 대화적-변증술적으로 보다 엄격하게 탐구하는 것은 단지 영향사적인 이유에서만 의미 있는 것은 아니다.

그리스어 kalos는, 아주 오래전부터 '아름다운'이라는 말로 번역되어 왔던 것으로, 플라톤 이전의 여러 맥락 속에서도 나타나고 있다.[5] 아프로디테를 '아름다움의 여신'으로 표현하는 것은 오늘날도 여전히 자명한 것이지만, -사포의 시구에서 나타나듯이- 많은 사람들이 "보병"은 "이 어두운 지상에서 가장 아름다운 것"[6]이라고 생각할 수 있다는 것은 우리를 차라리 당혹스럽게 만든다. 더 나아가 어떤 소피스트의 글에서는 kalós-aischrós(아름다운-추한)의 단어 쌍을 설명하기 위해, 친구와 동지를 죽이는 것은 '추한' 일이지만 적을 죽이는 것은 '아름다운' 일이라는 예까지 끌어들이고 있다.[7] 이는 분명히 도덕적으로 요구되거나 혹은 적어도 관습에 맞는 행동을 일컫는 말일 것이다. 또 다른 예는 kalos가 쓸모 있음이나 유용함을 나타낼 수 있다는 것을 보여준다. 그런 식의 가능한 사용법이 바로 플라톤의 초기 대화편에서 하나의 역할을 수행하는데, 이 대화편에서 소크라테스는 소피스트인 히피아스와 함께 <아름다움이란 무엇인가>에 대해 논쟁한다(Hippias Ⅰ, 287e). 동시에 소크라테스는 처음부터 자신의 논쟁 상대에게 특정한 방식의 문제설정을 강요한다. 소크라테스가 알고 싶어 하는 것은 어떤 사람에게 어떤 시점에 '아름답다'고 불려졌던 것이 아니다. 그가 관심을 가지고 있는 것은 **아름다움의 보편**

5) kalós의 용례는 다음의 책에서 찾을 수 있다: W. Perpeet 『고대 미학』, Freiburg, 1961

6) Sappho, "가장 아름다운 것", 『그리스 서정시-2』 D. Ebener(편), Berlin/Weimar, 1080, 109

7) Oemüller편역, 『담론들』, 1982, 96쪽 이하.

적 본질 혹은 '자체적이고 독립적인'(an und für sich) 아름다움이다. 이러한 전제에 따라 그는 히피아스에 의해 제시된, 혹은 소크라테스 자신에 의해 시범적으로 건의된 모든 예시들과 정의들을 불충분한 것으로서 거부할 수 있게 된다.

히피아스가 가장 먼저 내 놓은 예는 <아름다운 소녀>이다. 그러자 소크라테스는 그에 덧붙여 <아름다운 암말>, <아름다운 리라>, 그리고 마지막으로 <아름다운 피리>를 제시하는데, 그가 왜 바로 그러한 순서대로 골랐는지가 분명 숙고할 만한 가치가 있을 것이다. 히피아스에게 소녀와 말, 리라와 피리 등이 아름다움을 동일한 관점에서 예시하지 않는다는 생각이 떠오른다. 그는 '아름다운', '더 아름다운', '가장 아름다운'과 같은 등급질서를 정초해줄 수 있는 **등급질서**와 **척도**의 문제를 인식한다. 그런데 소크라테스는 그런 식으로 비교하는 판단이 판단하는 사람의 **입장**에 달려있다는 것을 지적함으로써 문제를 복잡하게 만든다. 가장 아름다운 원숭이도 인간 종에 비하면 추할 것이라는 헤라클레이토스의 주장은 옳다고 할 수 있다(Hippias 1. 289a). 그러나 이러한 주장이 오직 이 종의 관점에서만 타당할까? 히피아스에 의해 등급의 최상위를 얻게 된 아름다운 소녀도 여신에 비하면 전적으로 추하다고 할 수 있다. 즉 그때그때의 관점에 따라 아름다운 것은 추하고, 또 추한 것은 아름답다. 그럼에도 불구하고 소크라테스는 여기에서 결코 상대주의적 관점에서 말하고자 하는 것이 아니다. 그 때문에 그는 **그러함(Sein)과 그렇게 보임(Schein)의 차이**를 끌어 들인다. 즉 어떤 것은 (주관적으로) 아름답다고 간주되지 않고도 (객관적으로) 아름다울 수 있다. 아름다움은 <대부분의 사람들이 아름답다고 간주하는 것>과 무관하다(Hippias 1. 299a). 우리가 일반적으로 어떤 것이 <아름답게 있다>라고 주장하지 <아름답게 있는 것으로 나타난다>라고 주장하지 않는 것은 사회적으로 뿌리내리고 있는 관습의 자명한 타당성과 연관 지어 설명될 수 있을 것이다. 물론 소크라테스는 여기에 지속적인 합의란 존재하지 않는다고 강조한다. 아름다움에 대해서 "다른 어떤 것들보다 더 많이" 불화와 논쟁이 지배하고 있고, "개인들 사이에서 뿐만 아니라 공공의 국가들 사이에서도" 그러하다고 말한다(294d).

우리가 아름다움의 개념을 적절함(to prepon, Schicklichkeit)과 동일시하는 방식으로 엄밀하게 하고자 한다면, 관습성의 문제가 전면에 등장하게 된다. 바로 소피스트들이 이렇게 말했었다. "당신은 이 세상에서 수많은 관습들을 볼 것이고 관찰하게 될 것이다. 동일한 것이 어디에서나 적절하지 않은/추한 것으로 통용되는 것도 아니고, 혹은 적절한 것/아름다운 것으로 통용되는 것도 아니다. 시간과 공간은 임의적으로 변하면서 동일한 것을 여기서는 적절하지 않은/추한 것으로, 저기에서는 적절한/아름다운 것으로 만든다"(Oelmüller 1982, 96이하). 아름다운 것 이란 여기서는, 대화에서 제시되는 예들-아름다운 옷, 아름다운 신발-에서 알 수 있듯이, 일종의 유행적인 것으로 나타난다. 동시에 소크라테스는 그 자신의 고유한 입장에 대한 가장 강력한 반론이라고 부르면서도, 그는 그 반론을 우아하게 제압한다. 왜냐하면 소피스트인 히피아스는 아름다움의 본질에 대해 집요하게 반복되는 질문의 영향을 받아 점차 거의 소크라테스주의로 돌아섰기 때문이다. 따라서 히피아스는 '아름다움'과 '적절함'의 동일시에 대한 반박도 인정한다. 왜냐하면 양자는 소크라테스에 따르면 본질적이고 보편타당한 아름다움이 <언제나 모든 사람들에 의해 그렇게 간주될> 때에만 동일한 것일 수 있기 때문이다. 그러나 실제로 그런 경우는 존재하지 않는다(Hippias 1, 294c).

아름다움을 정확하게 규정하려는 또 다른 시도는 그것을 "우리를 즐겁게 하는 것"(Hippias 297 e)과 동일시하는 것이다. 이 공식은 우선 객체를 배제하고 그 대신 주체의 상태에 관계 한다. 이때 아름다움이란 감각적 성질로 나타나고, 이는 다시금 그것을 통상적으로 불러 일으키는 객체로 투사될 수 있는 것이다. 예를 들어 "아름다운 사람들, 또한 회화와 조각작품 등 모든 예술작품들", 그리고 마찬가지로 "모든 음악과 연설과 시의 아름다운 소리들"(298a)은 우리를 즐겁게 한다. 이렇게 해서 처음으로 예술이 아름다움의 영역으로 부각된다. 또한 '좀 더 낮은' 감각인 후각과 미각을 '좀 더 높은' 감각인 시각과 청각에서 분리시킨 것도 주목할 만하다. 이러한 분리를 우리는 나중에 칸트의 『판단력 비판』(KdU §3 ff.)에서 쾌적함(das Angenehm)과 아름다움의 구별을 통해 다시 만나게 될 것이다. 예상대로 아름다움에 대한 쾌락주의적(hedonistisch) 견해는 -일련의 다른 시도들이 그랬던 것처럼- 적합하지 않은 것으로 기각된다. 이렇게 소크라테스의 변증술적 논의는 도대체 아름다움이 무엇인지 자신은 당최 모른다는 선언과 함께 끝난다. "적어도 아름다움은 어렵다는 격언이 무슨 뜻인지 나는 이제 이해할 수 있다고 생각한다." (Hippias 1, 304e)

대화편『대 히피아스』는 19세기까지 이어지는 아름다움에 대한 철학적 담론의 구조를 그 핵심에서 전개하고 있다. **아름다움의 타당성 성격**에 대한 물음에서 결정적인 것은 무엇보다도 불변하는 '본질'에 초점을 맞춘 **본질주의적** 정초와, 관습의 변화에 초점을 둔 **상대주의적** 정초 사이의 대립이다. 플라톤은 오직 상대적으로만 아름다운 모든 것들에 대해 척도로서의 역할을 수행하는 절대적인 아름다움이 있다는 것을 가정한다. 이 절대적인 것 자체는 물론 정의할 수 없는 것으로 남아 있다. 왜냐하면 각각의 모든 정의는 적어도 언어적인 협약들을 사용해야 하는데, 그 협약들의 타당성은 다시 관계적 맥락에 따라 동요할 수 있기 때문이다. 그러나 후기 대화편에서 플라톤은 절대적인 것의 부정적인 분리를 넘어선다. 플라톤은 아름다움을 **이데아**로 규정하는데, 이데아는 구체적으로 존재하는 모든 아름다운 것들을 이데아의 광휘에 더 혹은 덜 강하게 관여하게 한다.

본질주의적 정초와 상대주의적 정초 사이의 구분은 아름다움의 타당성에 대한 **객관적인** 기준과 **주관적인** 기준 사이의 구분보다 더 근본적이다. 본질주의적 정초가 요구하는 것이 결국 언제나 객관적인 기준인 반면, 상대주의적 정초는 모든 주장된 객관성을 그 타당성이 모든 시간에서 인정될 수 없는 일정한 관습의 인정에 의존하게 만든다. 결국-본질주의적으로, 혹은 상대주의적으로- 출발하는 객체-연관적 기준들은, 물론 여기에서 분명한 구분선을 긋는 것이 항상 쉬운 일은 아니지만, 아름다움에 대한 **형식적인** 규정들과 **내용적인** 규정들로 분류된다. 앞서 본 대화편의 예에서는 아직 거론되지 않았지만, 다른 대화편들에서 드러나기 시작하는 이 구별은 그 후에 무엇보다도 형식에 지향된 예술이론과 내용에 지향된 예술이론 사이의 논쟁에서 중요한 역할을 하게 된다.[8)]

---

8) 일반적으로 칸트는 형식에 기반한 미학의 대표자로, 헤겔은 내용을 중심으로 하는 미학의 대변자로서 간주된다. 그러나 사실 칸트에게서는 형식적 관점이 충분히 설명되지 않고 있고 헤겔은 형식과 내용의 통일을 끊임없이

비록 역사적 고찰 속에서는 상대주의가 눈에 띄게 증명되는 듯이 보이고, 이미 소피스트들 이래로 줄곧 지지되어온 것처럼 보이지만, 여전히 철학자들은 아름다움의 절대적 타당성과 기준을 증명하기 위해 노력해왔다. 이것은 근대관념론의 몰락에 까지 아름다움에 대한 담론을 지배해 온 철학의 저 존재론적-형이상학적 자기이해에 상응하는 것이다. 헤겔의 미학은 그러한 요구와 수행 면에서 더 이상 능가할 수 없는 전체 전개 과정의 종언을 대변한다. 물론 경험주의, 비판주의와 더불어 18세기 이래로 꽤나 영향력 있는 반대되는 흐름들이 존재하고 있는데, 이러한 흐름들은 19세기의 지배적인 역사주의와 결합하여 결국 모든 본질주의적인 입장들을 많건 적건 낡은 것으로 보이게 만들고 있다.

본질주의의 중요한 전제는 **규범을 부여하는 최상위의 심급**을 설정하는 것으로, 우리는 이것을 <신>, <자연> 혹은 <세계정신>이라고 부를 수 있을 것이다. 반면에 상대주의에게는, 프로타코라스의 저 명제에 따라, 인간이 모든 사물의 척도이다. 누구보다도 니체가 이러한 근대적 소피스트의 대리인으로서 이름을 떨쳤다("'아름다움 자체'는 단지 이름일 뿐, 결코 개념이 아니다."(Nietsche Bd. 2, 1001) 이렇게 본질주의의 명백한 약화는 물론 우리로 하여금 계속해서 무조건 상대주의적 입장을 받아들일 수밖에 없도록 강요하는 것은 아니다. 아름다움이 가진 타당성 성격을 규정하기 위해서는 그저 각기 다른 시대와 사회 속에 실제로 척도들과 기준들과 관습들이 다수 존재하고 있다는 것을 환기시키는 것만으로는 부족하다. 그런 척도들과 기준들과 관습들은 차라리 담론 속에 고려되어 있기 때문에 오히려 폭넓은 논증적 연관관계의 계기로 된다. 그것들은 잘 설명될 수도 있고 잘못 설명될 수도 있으며 서로서로 경쟁할 수도 있고 함께 보충할 수도 있다.[9] 상대주의자도 자신이 다양한 타당성 요구들에 직면해 있는 것을 보며, 경우에 따라서는 그가 인정하는 관습들을 담론 속에서 비판에 맞서 변호해야 하기도 한다. 따라서 이성

강조하고 있기 때문에, 이러한 단순화는 다소 문제의 여지가 있다. 근대적 관점에서야 비로소 우리는 헤겔에게 형식적 관점에 무관심했다는 평가를 내릴 수 있을 것이다.

9) 미적 담론의 개념에 대해서는 필자 1980, 179이하 참조

적인 논증의 **원리들**은 결국은 특정한 아름다움의 개념의 타당성 성격을 부여하는 척도이며, 이것은 역사적, 사회적인 타당성의 전제들에 대한 반성을 포함하는 것이다.

우리는 이러한 입장을 **비판주의**라고 부를 수 있을 것이다. 왜냐하면 우리는 적어도 그 개략적인 내용에서 칸트의 『판단력 비판』에서 처음으로 그것과 만나며, 또한 그것은 본질주의적, 상대주의적 단초들의 비판으로서 이해될 수 있기 때문이다. 물론 이러한 입장이 어떻게 최초로 20세기 미학에서 개진되었는지는, 당연히 해석학적 관점과 이데올로기 비판적 관점을 통해 보충될 수 있다. 여기서는 아름다움에 대한 특정한 견해들을 **전면적으로** 반박하는 것보다는 담론의 전개과정에서 그것을 완성하는 기능을 설명하는 것이 중요하다. 그럼으로써 또한 아름다움에 대한 보편적인 본질규정도 많은 철학자들의 '독백적인' 자기이해와는 반대로 담론의 과정 속에서 변화하고, 새로운 방식으로 경험을 통해 매개되는 것으로 나타난다. 그리고 마침내 담론 속에서 다음의 것, 도대체 아름다움의 개념이 정의하는 기준들의 모든 가변성에도 불구하고 각기 한정된 경험의 영역을 대변하는데 유용한 것인지 하는 것이 결정될 것이다. 그리고 아름다움은 가장 늦게는 19세기에서 20세기에로의 전환기에 이러한 '존재위기'에 빠졌다. 물론 아도르노가 시도했던 것과 같이 **아름다움의 부정**이라는 슬로건 속에서 현대 예술에 관한 담론을 이끌어 갈 수 있는 가능성은 아직 남아 있다. 이러한 전개과정은 이후에서(5장) 적어도 이에 대한 근본적 특징들에서 재구성될 것이다.

2장 플라톤의 단계적 길 : 이데아로서의 아름다움

특히 대화편 『쉼포시온』과 『파이드로스』에 전개되는 아름다움에 대한 본질주의적인 개념은 일련의 등급의 단계들을 포함하고 있는데, 여기에는 가장 낮은 등급의 감각적으로 지각하는 아름다움에서부터 가장 높은 단계의 아름다움의 이데아, “그 자체로 그 스스로, 그리고 자신 안에서 영원히 어디서나 동일하게 존재하는 것”(Symposion 211b)에 이르기까지의 단계가 나타난다. 언젠가 영혼이 덧없는 육체에 묶이기 이전에 온전한 순수성 속에서 보았던 바로 그 이데아(Phaidros 250d)에 가장 근접해 있는 것은 정신적 인식(noesis)의 아름다움이다. 그 밖에 영혼적 특성을 가진 아름다움과 도덕적인 태도들이 가지는 아름다움이 높은 등급의 아름다움에 속한다. 이로써 우리는 인간이 도달할 수 있는 아름다움을 **감각적**(ästhetisch)* 아름다움, **도덕적** 아름다움, **인식적**(noetisch) 아름다움, 세 가지로 파악할 수 있다.

플라톤의 단계적 길은 전체적으로 일련의 개념적 대비를 통해 규정할 수 있는데, 이 때 대비란 각각 존재에 있어서의 충만함 혹은 결핍의 표현으로서 규범적으로 이해되어야 한다. 따라서 이 길은 상대적인 것에서부터 절대적인 것으로, 특수에서 보편으로, 외부에서 내부로, 여럿에서 하나로, 복잡한 것에서 단순한 것으로, 현실에서 이상으로, 감각적인 것에서 정신적인 것으로 향해간다. 이러한 절대적인 것과 그 외에 존재위계에 있어서 그 절대적인 것에 가까이 있는 모든 것들에 대한 무조건적인 편들기는, 이에 상응하여 그 반대편에 위치한 것들에 대한 냉혹한 비판과 결합하는데, 특히 아직도 “인간의 살이나 피부, 그 외에 죽어 없어질 덧없는 것들로 가득찬”(Symposion 211e) 저 아름다움에 대해서이다. 이렇게 해서 순수하게 정신적인 아름다움은 통치, 법률, 질서라는 표현으로서 나타난다. 그것은 무엇보다 삶의 세계에서 관능적인(에로틱한) 암시 속에 자신의 근원을 갖는 감각적 아름다움에 대한 요구를 거부해야 한다. 왜냐하면 “여기서 자신의 명예를 지니는 것”과 “많은 사람들이 가장 복되다고 여기는 것”(Phaidros 256c)은 인간의 육체에 대해서 ‘매혹적인’ 형상일 뿐이기 때문이다. 관능적인 아름다움은 인간의 “동물적인 것과 야만적인 것”(Politeia, 571c)의 표현이며, 혼돈과 무절제, 무질서에 다름 아닌 것이다. 이데아를 향한 오름을 위해서는 따라서 아름다움의 **충동적 토대**(Triebbasis)와의 결정적인 거리두기가 요구되며, 이것은 반플라톤주의자인 니체에 의해 비로소 다시 전면에 등장하게 된다.[10] 어쨌든 플라톤 역시도 여

* 여기서 ‘ästhetisch’는 ‘감각적’, ‘(심)미적’, 혹은 ‘미학적’ 등의 세 가지로 번역될 수 있다. 플라톤에서는

전히 관능적 은유법의 도움으로 인식적 아름다움을 서술하고 있다는 것은 놀라울 만한 일일 것이다. 그러나 이 지적인 아름다움은, 돌발적이고 순간적으로 포착된 성적인 엄습하는 정반대로, "지속적이고 순수한 즐거움을 맛보도록"(Politeia 586a) 하게 하는, 그러한 철학적 생산력의 산물이다. 감각적인 아름다움의 영역 안에서 충동적인 열망과의 최초의 거리두기는, 아름다운 육체에 대한 순수한 직관으로의 이행 속에, 그리고 "저마다가 자신의 취향에 따라 선택한"(Phaidros 252a) 개인적인 사랑의 대상에 대한 주목으로부터 "모든 육체 속에 있는" 아름다움(폴리클레트가 자신의 '카논'을 통해 예술적으로 실현하려 했던 것처럼[11] 보편적 형식법칙의 의미에서)으로 이행하는 과정 안에 있다.

이러한 예는 우리에게 **예술과 아름다움의 관계**에 대한 플라톤적 규정으로 넘어갈 기회를 제공한다. 희랍어 techne와 그것의 라틴어 동의어 ars가 오늘날 우리가 '예술'이라는 이름으로 이해하고 있는 것만을 가리키지도, 그것을 우선적으로 가리키지도 않으며, 모든 종류의 수작업에 있어서 그것을 실현할 수 있는 일반적인 규칙에 대한 지식까지를 전제로 하는 '숙련성'까지도 포함하고 있다는 것이 언제나 재차 지적되어 왔다.[12] 뿐만 아니라 '자유 학예'(artes liberales)라는 중세의 체계 속에도 지식의 그러한 측면이 강조되고 있다. 그러나 예를 들어 오직 수학적으로 논증할 수 있는 '이론적인' 음악만이 그러한 자유 학예로서 통용될 뿐, 그저 물질적인 울림의 불순함에 고착되어 있는 악기를 통한 실현은 그렇지 않았다. 또 한 측면에서는 이미 소피스트들이 예술들을 구별했는데, "일상생활에 유용한 것"들과, 즐거움을 주기는 하지만 그렇다고 "실제 삶에 있어서 유용하지는 않는 것들"이 그것들이다. 예를 들어 시인은 "진리의 관점에서가 아니라 사람들을 즐겁게 하기 위한

대체로 '감각적'이 어울린다고 보인다.

10) 미적인 것을 육체적인 충동표현으로 환원하면서 니체는 미학이 "응용 생리학 이외에 어떤 것도 아닌 것"이 되는 지점까지 나아간다(『니체전집』, 2권, München, 1966, 1041쪽)

11) 참조. Tatarkiewicz, "조형 예술에서의 폴리클레트의 카논의 기능에 대하여", 1979, 179이하

12) "예술-Kunst"의 개념사에 대해서는 다음 책의 관련 항목을 참조: J.Ritter/K.Gründen편, 『철학개념사전』, Basel/Stuttgart, 1971쪽 이하.

시”(Tatarkiewicz 1979, 132)를 쓴다. 마찬가지로 플라톤에게 있어서도 예술의 영역 내부에 어떤 개념적인 단절(Zäsur)이 있는데, 그는 시, 회화, 조각과 음악 모두를 **시가**(詩歌) **예술*** 에 포함시켰다(Nomoi 668a). 그러나 적어도 후기의 플라톤은 이러한 예술들에 대해 불신으로 맞서고 있다. 왜냐하면 그는 그것들이 충동이나 욕망, 그 밖의 정념에 끼치는 영향에 대해 알고 있었기 때문이다. 그러한 영향들에 맞서기 위해서 윤리적이고 인식적인 적합성이 평가의 결정적인 기준에까지 고양된다. 우선 우리는 “무엇이 모사되는지”(Nomoi 669a)를 알아야만 한다. 즉 예술이란 언제나 이미 예술가의 정신에 내용적-개념적으로, 혹은 형식적-구조적으로 미리 주어져 있는 것에 대한 **모방**(mímêsis)으로서 이해된다. 플라톤이 생각하는 완전한 모방이란 본래 오직 신적인 제작자(데미우르고스)의 예술행위뿐이다. 오직 데미우르고스만이 저 **이데아적 원형**을 가지고 있고, 이러한 원형은 심미적으로 현상하는 다양한 **모상들** 속에서 많건 적건 흐려진 채 표현될 수 있을 뿐이다. 만약 목수와 같은 인간 제작자가 단적으로 그저 모상들을 제작한다면, 적어도 의도상으로는 원형을 본삼고 있겠지만, 이 심미적인 모방꾼들은 오로지 이미 모상들을 지향하고 있을 뿐이다. 따라서 그의 예술은 진리로부터 가장 멀리 떨어져 있는 것이다(Politeia 598b). 그것은 그저 특정한 ‘외관’을 재현한 것으로 ‘있는’ 것이 아니라 오직 주관적인 시각에 따라 그렇게 ‘나타나는 것’을 모사할 뿐이다. 플라톤이 여기에서 명백히 회화를 생각하고 있다. 이는 또한 ‘아이들이나 어리석은 자들’의 망상적인 기만의 가능성을 암시하는 것으로 이들은 어떤 대상의 모방을 그 대상 자체라고 생각하게 된다는 것이다. 또한 바로 그런 이유로 환상적이지 않은, 게다가 수학적인 형식적 엄밀함에 가까운 이집트인의 예술이 명백히 모범으로서 권유된다(Nomoi 656d).

특히 플라톤의 비판적 평가의 대상이 되었던 것은 시이다. 왜냐하면 플라톤이 보기에 그것들은 비이성적인 정신 상태를 서술함으로써 위험한 동일시

---

* 역주. 원래 지금의 ‘Musik’이 희랍에서는 Mousa(영어로 Muse) 여신들(Mousai)이 관장하던 기예(mousikē technē)라는 말에서 비롯되었다. 무사이들은 제우스와 기억의 여신인 Mnēmosynē사이에서 태어난 9자매로, 그들은 각각 비극과 희극, 독창과 합창, 서정시와 서사시, 천문, 역사, 춤을 담당했다. 이런 이유로 ‘교양있는(mousikos), 교양없는(amousikos)’의 뜻도 있다(『국가』 349d).

로 오도하고, 그래서 그들의 영향으로 “이성적이고 침착한 감정구조”를 요구하는 법이 아니라 “즐거움과 괴로움이 국가에서 통치자 노릇을 하게” 될 것이기 때문이다(Politeia 607a, 604e).[13] 그리고 같은 이유에서 음악도 비난받게 되는데, 음악은 그저 “빠르게, 거칠 것 없이 매끄럽게, 그리고 짐승같은 소리들을 좋아하기”(Nomoi 669e) 때문이다. 따라서 “즐거움이 시가 예술의 가치라고 주장하는”(Nomoi 668c) 자들에 맞서서, 플라톤은 아름다움을 **좋음**이나 **참됨**과 거의 동일시 할 필요가 있다고 본다.

이러한 좋음, 참됨, 아름다움의 상호 교차는 특히나 플라톤의 예술관에서 **조화**의 개념이 가지는 중심 역할에서 특히 잘 드러나고 있다. 보편적 비율법칙으로서의 조화는 통일성, 순수성, 그리고 불변성의 가장 두드러진 표현, 즉 그저 “다른 어떤 것과 비교해서” 아름다운 것(Philebos 51c-d)과는 달리 “언제나 그 자체로 스스로” 아름다운 것이다. “생겨난 것들 중에서 가장 아름다운 것”이며 “모든 제작자들 중에서 가장 최고”의 창조물인 우주의 조화야 말로 능가할 수 없는 것이다(Timaios 29a). 우주의 조화는 마찬가지로 최고의 심미적, 윤리적, 지성적 규범을 대표한다. 동시에 이 개념을 다양한 의미로 사용함으로써 유추적-비유적인 지시의 망을 형성하는데, 이로 인해 존재의 모든 영역이 서로 관계를 맺게 될 수 있다. 가령 우주적인 건축술의 수적인 질서는 우주적인 음악이나 ‘천구의 화음’으로서 메아리친다. 또는 그것은 육체와 영혼의 조화 속에서 드러나고, 이러한 조화가 다시금 예술가의 모방에 본보기가 되는 것으로, 건축물 속에 재현되는 조각상의 비례법칙으로서, 음악 속에서 음들의 조화로운 배열로서(참조. Zimmermann 1976), 시 속에서 음절들의 운율적 배치로서, 그리고 또한 도덕적으로 ‘잘 질서지워진’ 영혼의 내용적으로 이해된 모방으로서 그러하다.

아리스토텔레스는 이미 이러한 한참 유행하고 있던 화성학적 은유를 무엇

13) 플라톤의 초기 대화편인 『이온』에서 시는 당연히 신적인 도취의 산물로 언급되고 있다. 이러한 신적인 도취는 일반적인 규칙을 따르는 모든 기예를 능가하는 것이다. 후대에 천재미학은 이 작품을 증거로 삼는다(『Ion』, 533c). 역주. 정확히는 모든 음악이 아니라 가사가 있는 음악의 반주나 춤이나 연극을 위한 반주가 아닌 그 자체 악기들만의 연주를 비판하는 것이다. 가사나 춤이나 연극의 코러스는 그 노래 가사도 없이 가장 저급한 것으로 간주되고 있다(Nomoi 669).

보다도 에토스의 영역에 적용함에 있어서 '운율에 맞지 않는' 것으로 거부하고 있었다(『영혼론』 408a). 그럼에도 은유는 영향사적인 측면에서 가장 중요한 의미가 있는데, 여기에서는 개념들의 다의성 때문에 그에 맞는 다양한 해석이 가능하게 된다. 원칙적으로 두 개의 경향을 확인할 수 있다. 화성학적으로 이해되고 있는 윤리적인 아름다움과 인식적인 아름다움이 결정적으로 감각적인 아름다움에서 분리되거나, 아니면 이데아와 조화가 처음부터 이것들이 감각적인 현상의 관점에서 평가됨으로써, 그래서 감각적인 아름다움이 윤리적이고 인식적인 아름다움에 맞서 전면에 드러날 수 있다는 것이다. 만약 첫 번째 경향이 기독교적인 중세의 반감각적 유심론(영지주의, Spiritualismus)에 상응하는 것이라면, 두 번째 경향은 무엇보다도 르네상스의 보다 세속지향적인 사고가 각인한 것으로, 이러한 사고는 고대의 예술과 더불어 플라톤적인 이데아주의도 '재발견하고' 그에 맞게 변형시킨 것이다. 이러한 변형은 특히나 다음과 같은 것에 의거하는데, 즉 플라톤이 정신적인 것을 감각적 영역으로부터 추상된 개념들 속에서 구체화한다는 것이고, 아름다움, 좋음, 참됨 등은 이데아로서 '직관되어야' 한다는 것이다. 이러한 의미에서 기독교철학은 자신의 창조물 속에서의 신의 '자기직관'에 대해서, 개념적인 본질과 감각적인 현상이 일치하는 직관(Intuition)에 대해 말한다.[14)]

이데아라는 개념 속에 있는 이러한 이중적인 성격은 아우구스티누스의 철학에서는 하나의 투쟁으로, 즉 우리 내부의 심안이 외부의 감각적 육안과 벌이는 투쟁으로서 우리와 만나게 된다. "나의 이 눈은 이 세상의 아름답고 많은 형태들과 저 빛나고 사랑스러운 색채들을 사랑한다. 그러나 그것들은 나의 영혼을 사로잡지는 못할 것이다." 따라서 정신의 빛이 "현세에 현혹되어 눈이 멀어버린 이들에게 유혹적이고 위험한 달콤함을 덧입히는" 육체의 빛을 대신해야 한다(『고백록』 X, 285f.). 결론적으로 신 자신이 감각적으로 비감각적인 것의 역설 안으로 유입된다.

14) 이러한 <직관적>지각과 진리개념은 후에 셸링에 의해서 최종적으로 미학적인 것으로 형상화되었다: 예술은 셸링에게 있어서 절대적인 것에 대한 "지적 직관"의 기관으로서 여겨졌다. D. Jähnig, 『셸링. 철학에서의 예술』, 2권, Pfullingen, 1966/69 참조.

그러나 내가 당신을 사랑할 때, 나는 무엇을 사랑하는 것입니까? 그것은 육체의 아름다움도 아니며 시간의 찬란함도 아니며 우리의 눈에 아주 즐거운 빛의 찬란함도 아니며 온갖 노래의 달콤한 가락도 아니며 꽃과 향유와 향료의 향기로운 냄새도 아니며, 만나와 꿀도 아니며, 당신을 안아서 흐뭇한 팔다리도 아닙니다. 내가 나의 하나님을 사랑할 때 이런 것 따위를 사랑하는 것이 아닙니다. 그러나 진정으로 나는 내 안에 존재하는 이의 빛과 소리와 향기와 음식과 포옹을 사랑하고 있습니다. 거기에 어떤 장소도 담을 수 없는 빛이 내 영혼에 비추고, 시간도 그 사랑스러운 소리를 채가지 않으며, 어떤 미풍이라도 그 감미로운 향기를 흩지 아니하며, 어떤 식사라도 거기서 제공되는 음식을 줄어들게 하지 않으며, 어떤 권태도 끊어내지 못할 포옹이 있습니다. 내가 나의 하나님을 사랑할 때 바로 이것을 사랑하는 것입니다. (『고백록』 X, 251)

이로써 감각적인 것도 그것을 결연하게 추방시키고 싶어 했던 저 유심론적인 경험에 이름을 올리게 된다. 그리고 아름다움은 신 안에서의 가장 복된 즐거움과 죄많은 유혹 사이에서 애매하게 서 있다. 그리고 어쩌면 키에르케고르가 옳았을지도 모른다. 즉 아름다운 것의 감각적-관능적 계기는 바로 그것을 추방하려는 기독교적인 시도를 통해 비로소 명백하게 '자리 잡게' 되었다는 것이다(Kierkegaard 1960, 74f.).

비감각적인 것에 대한 감각적인 인식의 역설은 이런 저런 방향에서 예술에 대한 평가에 영향을 줄 수 있었다. 플라톤이 강조한 아름다움의 순수한 이데아와의 거리두기 대신에 관여(methexis)라는 요소가 부각되었는데, 이러한 관여를 통해서 가장 헛된 가상마저도 존재에 참여하게 되었다.[15]

개념전략적으로 특히 유효했던 것은 예술가의 창작과정의 맥락 속에서 심리학적인 설명을 통해 모상(Abbild)과 원본(Urbild)과의 관계에 대한 존재론적인 해석을 떼어 낸 것이었다. 페이디아스(Phidias B.C 500?~432?)가 제우스와 아테네 여신의 조각을 만들었을 때, 그는 "모방을 할 수 있게 해 줄만한 어떤 종류의 실재하는 인간을 염두에 두고 만든 것이 아니라, 그 자신의 고유한 정신 속에 아름다움의 어떤 숭고한 표상이 있었던 것이다. 그는 바로 이

15) 고대, 중세, 르네상스 시대의 이데아 개념의 예술이론에서의 적용에 관해서는 Panofsky 1960. 참조

아름다움을 주시하고, 그 아름다움 속으로 몰두해서, 그 아름다움의 본(Vorbild)에 따라 예술과 작업을 이끌었던 것이다."[16] 그렇지만 예술가는 자신의 표상, 원상, 이데아를 어디에서 취하는가? 플라톤을 자신들 이론의 증인으로 삼고 있는 르네상스시기의 예술이론가들에게 감각을 통해 매개되지 않은 이데아로의 접근은 의심스러운 것으로 여겨졌다. "가장 숙달된 사람들도 거의 인식할 수 없는 저 아름다움의 이데아는 무경험적인 정신을 기피한다." (Alberti 1877, 150)

경험이란 원리가 예술이론적으로 정착함으로써 감각지각(aisthēsis)은 최종적으로 아름다움의 필연적 계기로서 인정된다. 뿐만 아니라 이데아로 접근가능한 방법이 다양하다는 점에서 미학적 관점주의(Perspektivismus)가 정당성을 인정받은 것도 의미 있는 것이 된다. 따라서 결론적으로 물음은 바로 다음과 같은 것이다, 즉 도대체 아름다움에 대한 절대적 척도에 대해 말할 수 있는가 하는 것이다. 이러한 문제 상황은 뒤러에 의해 다음과 같이 인상적으로 표현되었다.

> 좋은 화가는 내적으로 도상들로 가득 차 있고, 만약 이 화가가 영원히 사는 것이 가능하다면, 그는 내부의 관념들로부터, 플라톤이 말하기를, 작품을 통해 어쨌든 뭔가 새로운 것을 주조해 내야 한다. … 아름다운 형상을 만드는 일을 우리는 인간과 떼어서 생각할 수 없다. 왜냐하면 가장 아름다운 인간의 형태가 어떤 것인지 결론적으로 말하고 싶어 하는 사람은 이 세상에 없기 때문이다. 오로지 신을 제외하고 아무도 그것을 알지 못한다. 아름다운 것들을 평가한다는 것에 대해 숙고되어야 한다. 우리는 각자의 재주껏 이 아름다운 것들을 각각의 사물에 부여해야 한다. 왜냐하면 우리는 몇 개의 사물들 중에서 하나의 사물을 아름다운 것이라고 생각하고, 그리고 다른 것에 비해서는 아름답지 않다고 보기 때문이다. 아름답고 보다 더 아름답다고 인식한다는 것은 쉬운 것은 아니다. 왜냐하면 두 개의 서로 다른 그림들이 서로 닮지 않도록 하나는 더 두껍게, 다른 하나는 더 얇게 그려졌다고 할 때, 둘 중에서 무엇이 더 아름다운지를 우리는 결코 분명하게 평가할 수 없기 때문이다. 아름다움, 도대체 그것이 무엇인지를

---

16) Cicero, 「부르투스를 향한 연설」, 2부, 7이하. Panofsky, 1960, 5에서 인용.

나는 결코 알지 못한다. 비록 그것이 다른 많은 사물들에 들어 있기는 하겠지만 말이다. … 내가 정립하려는 것은 무엇인가 '아름답다'고 부르는 것을 어떻게 '올바로' 정립할 수 있는가 이다. 따라서 온 세계가 옳다고 여기는 바로 그것을 우리는 옳다고 간주한다. 또한 마찬가지로 모든 세계가 아름답다고 간주하는 그 것을 우리는 또한 기꺼이 아름답다고 존중하고자 한다. … 이것이 아름다움의 여러 가지 차이이면서 원인이다. 아름다움을 보존할 수 있는 사람은 더욱 더 믿을 만한 사람일 수 있다. 아름다움이 무력함을 벗어나게 되는 만큼, 아름다움은 작품 속에 그 만큼 더 많이 남게 될 것이다. 아무도 자기 자신을 그렇게 많이 믿지는 않을 것이다. 왜냐하면 많은 사람들이 한 사람보다 더 많은 것을 인지할 것이기 때문이다. 비록 한 사람이 수천의 사람보다 더 많은 것을 이해할 수 있는 일이 가능하기는 하더라도, 그런 일은 거의 일어나지 않기 때문이다. (Dürer, 208)[17]

플라톤에 의거한 뒤러의 이러한 주장은 분명 철학과 구체적인 예술이론적 반성 사이의 관계에 대한 인상 깊은 증언이기는 하다. 그러나 이것은 또한 결과적으로는 플라톤주의의 전제와는 반대 방향에서 획기적인 변혁을 증언하고 있다. 절대적인 척도에 대한 물음은 아름다움의 다양한 현실화 가능성이나 담론 속에서 평가의 논쟁가능성의 경향 뒤로 물러서며, 그럼으로써 과연 어떤 예술적 실현이 '더 아름다운지'하는 문제는 더 이상 명백하게 결정할 수 없는 것이 된다.

3장 취향비판의 틀 안에서 아름다움의 주관화와 개별화

이미 소크라테스는 히피아스와의 대화 속에서 아름다움의 타당성에 대한

17) A. Dürer, 『유고집』 2권, 개정판, Nürnberg, 1966, 99 이하.

합의가 이뤄지지 않았음을 지적하고, 그러고 나서 도대체 아름다움이 '자체적, 독립적으로' 무엇인가 하는 질문에 온전히 전념했다. 이러한 아름다움에 대한 존재론적-형이상학적인 선이해에서 벗어남과 동시에 미적 경험의 주관적인 전제들이 철학적 논의의 중심으로 밀려들어온다. 그래서 특히 18세기는 소위 '취향비판'(Geschmackskritik)(참조. Klein 1967, Bäumler 1967)의 기치 안에 들어서 있다. 이미 이 개념은 본래 하나의 도전이지만, 적어도 은유적으로는 예술의 가장 섬세한 생산품을 플라톤에 의해 무시되었던 저 '가장 미천한' 감각적인 것의 차원과 연합시킨다. 어쨌거나 이성과 지성은 지금까지 자명한 것으로 여겨졌던 판단심급으로서의 지위를 점점 더 잃게 되었다. 무엇보다도 아름다움을 미리 주어진 보편적인 규칙으로부터 도출할 가능성과 그의 상호주관적인 구속력이 의심받기 시작했다.

> 이것이 바로 사람들이 이러한 미적 판단능력에 취향이라는 이름을 붙였던 주요한 이유 중의 하나인 것으로 보인다. 왜냐하면 무릇 누군가가 나에게 어떤 요리의 모든 성분들을 열거하고, 그것들 각각이 보통 나에게 쾌적한 것임을 주목하게 하고, 또 게다가 이걸 먹는 것이 건강에 좋음을 당연하게 찬양한다 해도, 나는 이러한 모든 근거에 대해서 귀머거리가 되어, **나의** 혀와 나의 입으로 그 요리를 시식하고, 그에 따라서 (보편적 원리들에 따라서가 아니라) 나의 판단을 내리기 때문이다. (Kant, KdU §33, 378이하)

따라서 논의의 중심은 이제 객체에서 주체로 옮겨가고 있을 뿐만 아니라, 또한 아름다움의 척도에 대한 물음에서 미적 판단의 전제, 방법, 목표에 대한 물음으로 옮겨가고 있는 것이다. 그렇다고 해서 여기서 직접적인 규정과 간접적인 규정이 결정적으로 따로 분리되는 것은 아니다. 취향에 대해서 논쟁할 수 있는지 없는지, 어떤 의미에서 논쟁할 수 있는지, 이는 도대체 '미적 경험'이란 것을 무엇으로 이해해야 하는지, 그리고 그 미적 경험이 객체의 어떤 측면에 향하고 있는지에 달려있다.

경험론자들과 이성론자들, 그리고 비판론자들 사이의 논쟁에서는 형식적-추론논리적인 관점들과 더불어 내용적-규범적 관점들이 언제나 작동하고 있다. 그래서 이성주의적 미학은 주관은 객관의 뒤로, 특수한 것은 보편적인 것

뒤로 물러날 것을 요구한다. 말하자면 개별적으로 판단하는 취향은 아름다움에 대한 판단에 있어서 그저 잠정적이고 부차적인 역할만을 수행할 수 있다는 것이다. 취향이라는 것은 "대부분의 사람들이 그저 분명하게 느끼기는 하지만 한 번도 그 규칙 자체에 대해서는 재고해 본 적이 없는, 시, 사상 혹은 표현의 아름다움에 대해 올바르게 판단할 수 있는 그런 능력"(Gottsched 1977, 125)과 같은 것을 의미한다는 것이다. 따라서 취향판단은 원리상 언제나 판단의 조건을 명시화하고 상호주관적으로 타당한 것으로 입증되는 지성의 판단으로 대체할 수 있을 것이다. 왜냐하면 예술은 '인간의 한갓된 고집'에서 벗어나야 하는 것이기 때문이다. 예술의 규칙들은 반드시 '사물자체의 불변하는 본성 속에' 그 근거를 가져야 한다. 플라톤적 전통과 전적으로 일치하고 있는 바, "부분들의 정확한 관계와 질서, 그리고 올바른 균형"이 "아름다움의 원천"으로서 타당하다. (Gottsched 1977, 123/132)

그에 반해 경험주의적 미학에서의 취향판단은 지성과 어떠한 진정한 관계도 없다. 그것은 오히려 '비이성적' 능력들, 즉 감각적 지각이나 감정, 상상력 등의 기능이라고 할 수 있을 것이다. 그러나 그러한 능력들의 표출은 어떤 종류의 객관적 타당성이나 상호주관적 구속력도 요구할 수 없고, 따라서 동일한 대상에 대한 서로 다른 미적 판단들 사이에 논리적으로는 아무런 모순도 없다는 것이다. "아름다움은 사물 자체에 있는 성질이 아니라, 다만 아름다움을 고찰하는 사람의 정신 속에 존재하는 것이다. 그리고 각각의 정신은 하나의 다른 아름다움을 지각한다."(Hume, Bd. 3. 252) 따라서 취향에 대해서는 논쟁할 수 없다.

그러나 우리는 도대체 어떻게 우리들의 미적 감각의 차이를 확인할 수 있을까? 우리는 그런 차이들의 척도에 대해 상호주관적으로 구속력이 있는 언어를 매개로 소통할 수 있다고 전제하지 않는가? 따라서 취향에 대해서 논쟁할 수도 있다. 만약 보편적인 규칙으로부터 취향판단의 도출가능성에 대한 이성주의적 요구를 거부하는 것이 문제라면, 경험주의적 논증은 설득력이 있다고 할 수 있겠지만, 그렇지 않고 그저 미적 판단의 고유한 내용에 대한 감각의 표현을 설명하는 것에 불과하다면, 이러한 경험주의의 입장은 의문스러워 보인다. 흄 역시도 실제로 존재하는 취향의 표준(standard of taste)에 대해 말하면서, 다음을 인정하고 있다. 즉 개별적으로는 주관적임에도 불구하고 전체적으로는 아름다움에 대한 판단에는 어떤 주목할 만한 합의가 있다는 것이다. 이러한 규범의 타당성에 대한 심급은 다시금 노련한 비평가의 판단이며, 객체의 측면에서는 오랫동안 지속되는 비판적 평가의 과정 속에서 시간의 시험을 통과해 낸 저 일련의 '명작들'이 그것이다. (Hume Bd. 3. 256이하)

경험주의와 합리주의 사이의 이와 같은 논쟁은 칸트가 『판단력 비판』을 쓰게 되는 출발점이 되었고, 이 책은 미적 경험의 주체에게로 관점을 전환하는 가운데 우선은 경험주의적인 논증방식을 따라간다.

> 어떤 것이 아름다운 것인지 아닌지를 구별하기 위해, 우리는 지성을 통해 표상을 객체에 관계시켜 인식에 이르는 것이 아니라, 상상력(아마도 지성과 결합되어 있는)을 통해 주체, 혹은 주체의 쾌, 혹은 불쾌의 감정에 관련시킨다. 따라서 취향판단이란 어떤 인식의 판단, 쉽게 말해 논리적인 것이 아니고 미적인 것으로, 그것을 우리는 그 규정근거가 단지 **주관적일 수밖에** 없는 그러한 것으로 이해한다. (KdU, 1절 279.)

칸트에게 이러한 진술은 어떤 경험적인 단언도, 그렇다고 규범적인 확정도 아닌 단지 "초월론적" 진술이며, 그것은 미적 경험[18]의 단순한 형식과 연관되어 있는 것이다. 그는 또한 아름다움의 여러 '계기들'에 따른 '아름다움의 설명'에 대해 말하고 있는데, 이는 다시 『순수이성비판』에서 해명된 범주표와 부합한다. 그래서 이 설명의 첫 번째 계기는 미적 판단의 '질'과 관련된 것으로, 우선은 긍정 혹은 부정의 조건에 관계한다. 그렇다고 해도 본래의 목적은 취향의 '순수한' 표현에 부합하는 주관적 상태의 질화(Qualifizierung)이다.

> **취향**이란 대상 또는 표상방식을 **일체의 관심 없이** 마음에 듦(좋아함, Wohlgefallen)이나 들지 않음에 의해 판정하는 능력이다. 그러한 마음에 듦의 대상을 **아름답**

18) 그러나 칸트는 "경험"이라는 이 개념을 매우 제한적으로 사용했는데, 그가 언제나 주관적 규정 계기와 객관적 규정 계기의 관계를 언제나 중재해왔다는 점에서, 그의 이러한 태도는 오늘날의 관점에서 전적으로 타당하다고 할 수 있을 것이다. H. G. Gadamer, 『해석학적으로 확장된 경험 개념에 관하여』, 1965, 330 이하, 참조.

다고 일컫는다. (KdU, 5절 288)

이와 같은 무관심함의 계기를 통해서 아름다움에 대한 좋아함은, 한편에서는 **쾌적한 것**(Angenehmes)에 대한 좋아함*과 구별되어야만 하고, 또 한편에서는 선(善)에 대한 좋아함과 구별되어야만 한다. 하나의 아름다운 궁궐을 건설하면서 쏟아 부은 "민족의 피땀"에 대해 도덕적으로 숙고하는 것은 마치 "사물의 실재"에 대해 갖는 관심만큼이나 미미한 역할을 담당할 것이라고 말할 때, 칸트는 분명히 모방예술의 표현내용을 생각하고 있다. 누군가가 정물화를 보면서 거기에 그려진 과일에 대해 식욕을 느낀다면, 그는 아마도 예술감각이 없는 사람일 것이다. 그는 아름다움을 쾌적함과 혼동하고 있을 것인데, 쾌적함은 표상 속에서 그저 "좋아하는" 것이 아니라 "만족시키는"(vergnügen) 것이다(3절, 283). 순수하게 **반성적인** 미적 **쾌**는 저 '조야한' 감각적 향유로부터, 절제를 지키는 거리두기는 저 천박한 욕망으로부터 구별되어야 한다. 우리는 어떠한 만족도 준비하고 있지 않은 이러한 쾌의 구조를 또한 단순한 형식적 규정으로 간주할 수 없을 것을 것이다. 단순한 형식적 규정은 이미 모든 규범적인 결론을 가진 채, 감각적인 것들에 대해 훈련을 하는 플라톤적인 방식을 강하게 상기시킨다.[19)]

취향이 가지고 있는 반성성에 대한 암시는 <아름다움의 설명>의 두 번째 계기에 대한 해명과의 연관하여 보다 설득력있게 작용하고 있는데, 그것은 미적 판단의 가능한 적용범위라는 의미에서 미적 판단의 '양'과 관련된다. "아름다움이란 개념이 없이 보편적으로 마음에 드는 것이다." (KdU §9, 298)

---

* 칸트는 『판단력 비판』에서 '즐거움'이라는 비슷한 뜻을 가진 단어들을 각각 Vergnügen(만족), Lust(쾌), Angenehmes(쾌적한 것) Wohlgefallen(좋아함)이라고 말하고 있다. 그리고 쾌적한 것은 즐거움을 주는 것을 말하고, 아름다운 것은 마음에 드는 것을 말하며, 선한 것은 존중되고 시인되는 것, 즉 객관적 가치를 부여받는 것을 말한다. 쾌적함은 동물들에게도 타당하고, 아름다움은 오직 이성을 가진 동물로서의 인간에게만 가능하고, 좋은 것은 모든 이성적 존재자에게 가능하다. 이 세 가지의 흡족함(쾌적함과 아름다운 것과 선한 것) 중에서 아름다운 것에서 갖는 취향의 흡족함만이 자유로운 흡족이다. 그리고 호의(Gunst, 호의, 은혜, 친절, 애호)만이 유일한 자유로운 흡족이다. 참조. §5.

19) P. 부르디외는 사회학적 논문에서(「미세한 차이들. 사회적 판단력에 대한 비판」, Frankfurt/M. 1982) 칸트의 그러한 구별을 전형적인 계급적 대립들의 징후로서, 즉 "문화적으로 도야된 부르주아와 인민의 대립"(765)으로서 파악했었다.

개념이 없음에 대한 강조는 경험주의에 정당성을 주는 것처럼 보이며, 보편성에 대한 강조는 합리주의에 정당성을 주는 것처럼 보인다. 어떻게 양자를 함께 생각할 수 있을까? 이러한 공식의 역설은 우리가 "개념이 없이"를 '그저 개념에 따르는 것만이 아니라'로 대체한다면 사라진다. 왜냐하면 아름다움을, 어떠한 대상성의 요구도 없이 완전히 사적인 감각의 질로 환원하는 경험주의에 대한 결정적인 비판은, 미적 판단은 왜, 어떤 관점에서 어떤 것이 '아름다운'지에 대한 숙고를 요구한다는 규정에 있다. 취향이 반성적인 것인 한, 그것은 철저히 개념적으로 구체화될 수 있고 담론 속에서 토론될 수 있다. 그럼에도 불구하고 칸트가 여기에서 '정초'에 대해 말하는 것을 거부하는 것은 보편적 규칙들로부터의 논리적으로 필연적인 도출이라는 이상에로의 일방적인 전향과 관련되어 있다. 그러나 어느 누구도 "어떤 것을 아름답다고 인정하는 것"을 "강요받아"서는 안 된다는 것(8절, 294)이 아직은 논증의 포기를 뜻하는 것은 아니다. 물론 미학적 담론 속에서 논거들을 개인들 각각의 구체적인 경험에서 검증한다는 의미에서의 감각적 명증성에 대해 독특한 자리값이 부여된다. 그것은 미적 판단을 '비교할 수 있는 경우들'로 번역하는 것을 매우 좁게 제한한다.

> 만약 누군가가 나에게 자기의 시를 읽어주거나, 어떤 연기를 보여줄 때, 그가 아무리 바토나 레싱, 또는 그보다 더 옛날의 더 유명한 취향 비평가들과 그들에 의해 세워진 규칙들을 자기 시가 아름답다는 논거로 끌어댄다 해도, 또 바로 나의 마음에 들지 않는 어떤 구절들이 (취미비평가들에게서 제시되어 있고 보편적으로 인정되어 있는 대로) 아름다움의 규칙들과 아주 잘 부합한다 해도, 그것은 결국에는 내 취향에 맞지 않을 것이다. 나는 나의 귀를 막고, 어떠한 논거와 어떠한 이성논변도 듣고 싶어 하지 않으며, 나의 판단이 선험적인 증명근거들에 의해서 규정되어야 한다기보다는 차라리 비평가들의 저 규칙들이 잘못된 것이거나, 적어도 이 경우에는 적용되지 않는다고 인정할 것이다. 왜냐하면 그것은 지성이나 이성의 판단이 아니라 취향의 판단이어야 하기 때문이다. (KdU 33절, 378)

그럼에도 다른 한편으로 칸트는 말하길, 만약 우리가 그러한 경우를 새로운 논거들에 비추어 이제부터 다르게 고찰한다면, "다른 사람들의 불리한 판단은 우리의 판단에 대해 올바로 숙고하도록 만들게 하고", 우리로 하여금 우리의 최초의 판단에 대해 수정하도록 자극할 수 있다고 한다. 그렇게 본다면 미학적 담론에서는 단적으로 근거 없는 판단이란 있을 수 없다. 무엇이 '감각적 증거'로서 유효한지는 언제나 각각의 취향판단이 묻혀 있는 반성적인 맥락을 통해서 함께 결정된다.

이것은 재차 저 공식 속에 포함되어있는 보편성과의 연관을 고찰하게 한다. 이 보편성은 "모든 사람의 찬성"과 같은 의미라고 한다. 즉 "취향판단 자체가 모든 사람의 찬성을 **요청하지**(postulieren) 않는다(그것은 근거를 댈 수 있는 논리적으로 보편적인 판단만이 할 수 있기 때문이다). 취향판단은 단지 모든 사람에게 이러한 찬성을 규칙의 한 경우로 요구할 뿐이고, 취향판단은 그러한 관점에서 확증을 개념들에서 기대하는 것이 아니라 다른 사람들의 찬성에서 기대한다"(8절 294). 우리가 만약 여기서 말하는 지나치게 엄격한, 논리적 정초의 이상을 포기하고, 개인들 각각의 구체적인 경험을 통한 공인도 정초의 계기로서 작용할 수 있다는 것을 인정한다면, 취향판단의 특성은 완전히 다른 식으로 표현될 수 있다. 즉 규칙의 한 경우로서 미적 판단들은 정당하게 보편적인 동의를 **요구할** 수 있다는 것이다. 다른 한편으로 논증적 정초의 의무가 미적 경험의 영역에서 만큼 작아 보이는 곳도 없다. 만약 내가 다른 이유는 말하지도 않고 무엇인가가 마음에 든다고 말한다면, 나는 '비합리적'인가?

칸트는 단순히 마음에 든다는 표현과 정교한 반성 간의 대비를 다시 쾌적한 것과 아름다움 사이의 구분과 관련시키려고 한다.

> **쾌적한 것**과 관련해서는 각자는 자신의 판단이 사적 감정에 기초하고 있다는 것을 인정하며, 이를 통해 그는 한 대상에 대해 그것이 자신의 마음에 들고 순전히 자기 개인에 국한된 것이라고 말한다. … 그러므로 쾌적한 것에 관해서는 **〈각자는 자신의 고유한 (감각의) 취향을 가지고 있다〉**는 원칙이 타당하다. (§7, 289/290).

게다가 칸트는 특수한 언어적 규칙을 제안하고 있다. 즉 사람들은 이러한 사적 타당성을 분명히 하기 위해 언제나 어떤 것이 **나에게** 쾌적하다고 말한다는 것이다. 아름다움에 대한 반성적으로 규정된 판단의 경우에는 그런 종류의 부연설명은 불합리할 것이다. "어떤 것을 아름답다고 언명하는 사람은, 모든 사람이 해당 대상에 대해 찬동을 보내고, 경우에 따라서 그 대상이 아름답다고 언명**해야 하기**를 원한다." (§19, 320).

그러나 쾌적함에 대한 판단도 다른 이들의 찬성을 요구할 수 있을 정도로 반성적으로 정초될 수 있지 않은가? 만약 요리비평가가 요리사의 작품을 신문에서 비평함으로써 어떤 특정한 음식점을 더 자주 가거나 혹은 꺼리는데 영향을 끼친다면, 그는 많은 음식점 주인들을 두려움에 떨게 할 것이다. 그러나 다른 한 편으로, 예술 비평의 영역에서 개별적으로 감상하는 귀와 눈은 맛을 보는 혀나 코와 유사한 역할을 담당하지 않을까? 그리고 예술 전문가가 예술에 문외한인 자의 판단을 미적 소양이 결핍되었다는 말로 자격을 갖추지 못했다고 거부할 수 있듯이, 와인 전문가 또한 단지 기분 좋게 달콤한 맛이 난다는 이유로 물을 탄 모젤 와인을 최고로 꼽는 사람의 판단능력을 의심할 수 있을 것이다. 칸트는 마찬가지로 쾌적함이라는 취향판단에서 누군가를 인정할 수도, 혹은 거부할 수도 있다는 것을 인정한다. "그것도 감각기관의 의미로서가 아니라, 쾌적한 것 일반에 대한 평가능력으로서의 의미에서"이다. 그럼에도 어쩌면 여기에 가능한 것으로 깔려 있는 타당성의 보편성이란 오직 감각적이고-상대적인 보편성일 뿐 어떤 초월론적-무조건적인 보편성은 아닐 것이다(§7, 290/291). 이에 반해 이러한 예들은 여기에서 결코 어떤 정확한 경계도 그을 수 없다는 것을 보여준다.

'아름다움에 대한 설명'의 세 번째 계기는 취향판단의 '관계'와 관련되고, 동시에 주체 안에 '쾌와 불쾌의 감정'을 불러일으키고, 이를 통해 미적인 반성과정 안에 포함되는 저 객체의 관점으로 눈을 돌린다. "**아름다움**이란 합목적성이 **목적의 표상이 없이** 대상에게서 지각되는 한에서, 한 대상의 **합목적성**의 형식이다." (KdU, §17, 319)

목적 없는 합목적성이란 우선은 이해관심이 없는 좋아함과 마찬가지로 뭔가 역설적인 듯한 느낌을 준다. 사실상 두 계기들은 서로 매우 강하게 결합되어 있다. 왜냐하면 목적에 대한 지향은 언제나 이해관심을 전제로 하기 때문이다. 그러나 미적인 상태는 칸트에서는 '무관심성'을 통해 정의된다. "모든 이해관심은 취향판단을 망치고, 판단으로부터 공평성을 빼앗는다."(KdU §13, 302)

아름다움이 예속될 수 있는 모든 종류의 목적의 관점들을 추상하는 것이 그러한 공평성에 속한다. 그러한 관점들에는 아름다움의 실제적인 유용성과 '체계-목적'이라고 목적론적으로 규정할 수 있는 아름다움의 완전성도, 심지어는 아름다움의 가능한 감정적인 작용도 속한다. '매력'과 '자극'이 미적 판단의 순수함을 흐리고 있다. 동시에 칸트의 순수주의는 저 고대 이래로 예술의 정당화를 위해 동원되었던 모든 판단기준들에 대항한다. 즉 유익함(Prodesse), 교훈을 줌(docere), 기쁨을 줌(delectare), 또한-수사학적인 의미에서는-감정을 움직이는(movere) 것들이 그러한 것들이다.[20] 아름다움이란 오직 '자기 자체를 위해서', **자유로운** 아름다움과 **한낱 부수적인** 아름다움과의 구분에서 평가될 수 있다는 신념이 용어적으로 표현되어 있다. "전자는 대상이 무엇이어야 하는가에 대한 개념을 전제로 하지 않지만, 후자는 그러한 개념과 개념에 따르는 대상의 완전성을 전제로 한다"(KdU §16, 310). 칸트가 들고 있는 예들은 "자유로운 자연미"로서의 꽃들이지만, 다른 곳에서는 반성의 원인이라기보다는 즐거움의 원인이라고 의심하는 "가사가 없는 모든 음악들"도 있다(§53에 대한 주해, 434ff).

그러나 도대체 목적 없는 합목적성이라는 말을 우리는 좀 더 정확하게 무엇이라고 이해할 수 있을까? 칸트는 그것을 한편으로는 "한 사물의 표상 안에서 형식적인 것, 즉 잡다한 것들을 하나로 합치시키는 것"으로서, 또 한편으로는 "주관 안에서의 표상상태의 어떤 합목적성", 다시 말해 미적 경험에 연루된 다양한 '감정능력'의 조화로운 합주로서 규정한다(§15, 308. §39, 388). 조형예술의 형식이 시사적인 예이다. 조형예술에서는 스케치(선묘)가 본질적인 것이라고 할 수 있는데, "이 스케치에서는 감각에 만족을 주는 것이 아니라 순전히 그 형식을 통해 마음에 드는 것이 취향을 위한 모든 소질들의 기초를 이룬다. 소묘(데생)를 채색하는 색깔들은 자극에 속한다."(§14, 305). 그

20) 이러한 기능들은 특히 호라즈의 "문학작품(Ars poetica)"과 관련해서 논의되었다. 여기에 대해서는: Fuhrmann, 1963, 99쪽 이하 참조.

렇다면 소묘된 형식들은 '지각될' 수 없고, 색들은 '형식적인' 형태화에 기여할 수 없는가? 다음과 같은 주장은 우리에게 더 기묘하게 다가온다. 즉 오직 "단순한" 색깔들만이, 그것이 "순수한" 한에서, 아름다운 것으로 간주될 수 있고, "혼합된" 색들은, 그 순수성의 가능성에 대한 평가의 척도를 가질 수 없으므로, 그렇지 않다(§14, 304). 우리는 그러한 예들을 통해서 미학에서는 보편적인 명제들을 정립하는 것으로 끝날 수 없으며, 그런 명제들은 항상 납득할만한 예시를 필요로 한다는 것을 알 수 있다. 따라서 예술작품의 형식에 초점을 맞춘 미학적 분석의 가능한 성과는 한슬릭, 뵐플린, 스클로비스키와 같은 이론가들을 통해 비로소 입증되었는데, 이들은 자신의 명제들을 처음부터 구체적인 경험영역과 관련시켰고, 그럼으로써 쇼펜하우어가 어느 정도 정당하게 칸트에게 제기했던 비난을 피할 수 있었다. 칸트의 설명은 마치 그가 아름다움을 "직접적으로가 아닌 전적으로 소문을 통해서만 알고 있었다" (Schopenhauer 1960, Bd, Ⅰ, 710)는 인상을 불러일으켰다.

이제 우리는 <아름다움에 대한 설명>의 네 번째 계기를 살펴봐야 하는데, 이것은 '좋아함의 양상'과 관련되는 것이다. "개념이 없이 **필연적인** 좋아함의 대상으로 인식되는 것은 **아름답다**." (KdU §22, 324). 이 계기는 다시 모든 사람에게 '기대되는' 미적 판단의 보편타당성의 계기와 긴밀하게 연결된다. 칸트가 생각하는 이러한 필연성은 일종의 명백히 규범적인 색깔을 띤다. "어떤 것이 아름답다고 언명하는 사람은 누구나 해당 대상에 대해 찬동을 보내고, 그와 함께 그 대상이 아름답다고 언명**해야 하기**를 바란다. 그러므로 **해야함**은 제아무리 평가에 필요한 모든 자료에 따른다고 할지라도 단지 조건적으로만 표명되는 것이다." (KdU §19, 320). 만약 모든 사람이 우리가 내렸던 판단의 조건들을 실현시키기만 한다면, 실제로 모든 사람이 우리의 판단에 찬동할 것이라는 것으로부터 도출할 필요가 없이, "공통감각이라는 무규정적 규범"에 호소할 수 있을 것이다. (참조. §22, 323)

미적 공통감각(sensus communis aestheticus)을 받아들임으로써 실천적-규범적 관점은 동시에 초월론적인 논의의 출발점을 발견한다. 이는 판단 속에서 사적인 편협함에서 벗어나게 하고, 미적 경험을 "보편적으로 전달할 수 있는" 것으로 만들려는 계몽의 과정에 속한다(KdU 40, 392). 이는 다시 일종의 "감정능력의 교화(Kultur)"를 요구하는데, 이는 "인간성"의 전개로서 "인류에 적합한 지고한 행복"을 표현한다(60절, 464). 따라서 이러한 관점에서 우선은 분석적으로 분리된 저 이론적인 것, 실천적인 것, 그리고 미적인 것의 영역들이 '하나'로서 이해될 수 있다. 이로써 취향에 대한 칸트의 탐구는 계몽의 전체 과정에서 자신의 기능을 고양시켜야 하는 아름다움에 대한 정의에서 정점에 이르게 된다. 아름다움이란 "윤리적 선의 상징"이며, "취향을 정초하는 참된 의미"는 이러한 "윤리적 이념들의 전개", 또는 "도덕적 감정의 교화" 속에 존재하고 있으며, "오직 감성이 이러한 도덕감정과 일치하게 될 때에만, 진정한 취향은 일정한 불변의 형식을 취할 수 있다"(KdU §59 461, §60 465). 물론 우리는 합당한 근거를 가지고 다음에 대해 논쟁해볼 수 있을 것이다, 즉 취향의 사태 안에 있는 그러한 불변성이 일반적으로 추구할 만한 가치가 있는 것인지, 혹은 차라리 가능한 관점의 변화가 바로 미적 담론의 살아있는 요소들을 구성하는 것이 아닌지 하는 것이다.

미적 판단들의 분석이라는 의미에서 아름다움에 대한 간접적인 규정은 아름다움에 대한 특정한 내용적 선이해 없이는 객체의 측면에서 가능하지 않다는 것은 이미 진술된 바 있다. 18세기 들어서 두드러지는 아름다움의 **주관화**는 객관적 현상으로서의 아름다움의 **개별화**와 함께 나타나고, 마침내 류의 보편성이 개별 예술작품의 특수성 뒤로 퇴각하는 결과를 가져왔다. 이미 이성주의는 논리적-개념적인 추상화와 미적-감성적인 구체화 사이의 긴장에 대해 잘 의식하고 있었다. 그래서 라이프니츠는 감각적 직관이 "사물의 헤아릴 수 없는 섬세함"과 관계되어 있고, "언제 어디에서나 현실적인 무한성을 포함하고 있다"고 강조했다. 우리는 그것을 오직 사례들을 통해서만 알 수 있다(Leibniz 1959, Bd. Ⅲ-1, 서론ⅩⅩⅨ 와 455). 미적 평가는 가장 눈에 띄게 순수한 개념적 규정의 한계를 두드러지게 표출한다. 여기에는 우리를 만족시키거나 거부감을 주는 것이 <무엇인지 나는 알지 못한다>는 것이 놓여 있다는 것이다(Bd. Ⅰ, 126f.). 바움가르텐에 따르면 이러한 개별적인 것, 특수한 것, 구체적인 것의 영역이 바로 새로운 철학 분과-**미학**-의 대상으로 부각된다. 논리적 진리에 대해 미적 진리(veritas aesthetica)가 대립되고, 이는 다시 무엇보다 예술 작품에 대한 경험에서 예시된다. "아름다운 정신은 미적 진리 안에서 언제나 개별자들에게로 내려 온다"(Baumgarten 1907, Ⅱ, §441). "아름다운 정신"의 관점에서는 언제나 개별자가 보편자보다 선호되어야 한다.

체계의 강요에 대한 부담이 없이 경험론적인 미학은 아름다움의 개별화를 지지한다. 그래서 버크Burke는 결단코 이성적으로 계산할 수 있는 조화가 아름다움의 본질이라는 견해를 반박하고자 한다.

> 모든 비율, 모든 양적인 배열들은 지성에 대해서는 동일하다. 왜냐하면 그 모든 것들로부터 지성에게는 동일한 진리가 발생하기 때문이다. 예를 들어 더 큰 것에서나 더 작은 것에서나, 동일한 것에서나 동일하지 않은 것에서나. 그러나 아름다움은 측정과 관계있는 그런 관념이 결코 아니며, 마찬가지로 계산이나 기하학과도 관계가 없다. (Burke 1980, 129)

구체적인 것, 특수한 것, 개별적인 것은 보편적인 개념이나 수적 법칙으로 환원되지 않는다.

아름다움을 산출하는 조건과 관련해서 개별적인 것을 위해 보편적인 것을 탈피하는 것은 **독창적 천재**의 이론에서 표출된다. 천재는 어떤 종류의 규칙의 강제에도 따르지 않으면서 덜 독창적인 자들에게는 나중에 모범이 될 수 있는 견본적인 작품을 창조해낸다. 특히나 영(Young, 1759)으로 대표되는 이러한 학설은 조화론적 사고에 대한 버크식의 비판과 마찬가지로 칸트의 <판단력 비판>에서 그 출발점을 찾았다. 실제로 이러한 설명을 통해 강조되고 있는 것은, 미적 판단들은 언제나 '개별적인' 판단들이라는 것, 그리고 오직 미적 경험에 대한 이해를 배경으로 하고 있고, 결국 언제나 개별적인 것이 문제일 뿐 보편적인 것이 문제가 아니라는 것이다. 이는 "개별적인 것이 아니라 류(Gattung)를 탐구하고 보편적 특징들과 포괄적인 현상 방식들을 규정할 것"을 요구하는 이성주의적 경향의 미학자들의 입장과는 완전히 반대되는 것이다.[21)]

이러한 독창적 천재 이론의 영향을 받아 칸트는 아름다움에 대한 정의를

21) 고전주의의 영향을 받은 영국의 예술 비평가 사무엘 존슨(1709-1784)의 표현이다. Wellek 1959, 95. 인용.

전개시키는데, 즉 미적 경험의 주관적인 전제들과 그들의 생산적 객관화의 조건들을 예술작품 속에서 결합시키는 것이다. 보편적인 규칙의 적용에 의해 생겨나는 "기계적" 예술의 산물과는 달리 "아름다운" 예술의 산물은 "마치 그 산물이 순전히 자연의 산물이기라도 한 것처럼", "자의적인 규칙들의 일체의 강제로부터" 자유로운 것으로 보여야 한다(KdU §45, 404). 이러한 공식은 우선 우리를 놀라게 하는데, 칸트야말로 자신의 이론 철학에서 '자연'을 모든 경험 가능한 대상들의 합법칙성의 총체로 규정했었기 때문이다. 그러나 여기에서는 자연에 대한 그러한 이성적 측면이 전혀 관심을 끌지 않는다. 지성에게 개관될 수 있는, 후추가 감고 올라가는 나란히 줄지어 서 있는 장대들을 가진 '후추밭'이 미적인 것이 아니라, "어떤 인위적인 규칙의 강제도 받지 않고 잡다한 것이 풍성하게 넘쳐흐르는 자연"이 미적이며, 또한 그 때문에 "취향에 끊임없이 양분을 공급해" 줄 수 있다(KdU, 분석론 1절에 대한 일반적 주해, 327).* 따라서 개별적인 것은 예술미에서와 같이 자연미에서도 예시된다.

물론 개별성은 무규칙성이나 무질서와도 동일한 것이어서는 안 된다. 어떤 면에서 칸트가 보기에 천재란 개별적이고 유일하고 독창적인 예술작품의 창조자로서 주어진 보편적 규칙을 위반할 수 있는 "이를테면 특권을 가지고 있다". "그의 정신적 약동의 모방할 수 없는 특성"이 "소심한 조심성"에 의해 해를 입을 수도 있다(KdU §49, 419). 또 다른 한편으로 칸트에게는 "규칙들에 따라서 파악되고 준수될 수 있는 어떤 기계적인 것, 즉 어떤 **교과서적인 것**이 예술의 본질적 조건을 형성하지 않은" 그러한 아름다운 예술이란 없다. "천박한 자들"은 "그들이 모든 규칙들의 학습의무에서 벗어날 때보다 그들의 천재성의 발현을 더 잘 보여줄 수 있는 경우는 없다고, 훈련된 말(馬)보다는 광포한 말 위에서 자신을 더 뽐낼 수 있다"고 믿는 자들이다(KdU §47, 409).

칸트는 결국 규칙에 대한 순응과 개별적인 자유 사이의 긴장을, 이 두 측

* 마스든은 수마트라 섬에 관한 저술에서, 수마트라섬에는 어디에서나 아름다운 자연의 자유로움이 펼쳐져 있기 실상 그는 어느 숲 속 한가운데에서 후추 밭을 발견했을 때, 이 재배지가 가지고 있는 규칙성에서 아름다움을 느꼈다는 것이다. 그리고 무규칙성을 아름답다고 하는 것은 오직 규칙적인 미를 한껏 본 사람에게 기분전환으로서의 만족을 줄 뿐이라고 했다. 그러나 칸트는 그가 만약 단 하루만 이 후추밭에 있었더라면 다른 이야기를 했을 거라고 말 한다. 지성이 일단 합법칙성에 합치하게 되면, 이러한 대상은 더 이상은 지성을 즐겁게 하지 못하고 오히려 상상력에 구속을 가한다는 것이다.

면을 단하나의 적용사례만을 가지는 하나의 규칙의 개념 안에서 함께 사유함으로써 완화시키고자 시도한다. 그것은 바로 천재의 유일무이한 생산물이다. 그런 종류의 '개별적인' 규칙은 "어떤 공식으로도 처방전으로 작성되어서 사용"될 수 없으며, 오히려 추후에 "생산물 자체로부터 추상"되어야 한다(KdU §47, 409).

이러한 미적 생산의 조건에 대한 반성은 우리를 아름다움에 대한 새로운 정의로 이끄는데, 이는 후에 낭만주의 미학에 의해 계속 발전되었다. "우리는 아름다움이란 일반적으로 미적 이념의 **표현**이라고 부를 수 있다"(KdU §51, 421). 그러므로 천재란 무엇보다도 "미적 이념을 서술할 수 있는 능력"인 것이고, 이것은 다시 생산물에서 "미적 속성"으로서 현상한다. 이념들의 이러한 현실화 능력이 바로 **상상력**이다.

> 나는 미적 이념이라는 것을, 어떠한 특정한 사상, 즉 특정한 개념이 거기에 들어맞을 수 없는, 따라서 어떠한 언어도 온전히 이를 수 없고 설명할 수가 없으면서도 많은 것을 사고하게끔 하는 그러한 상상력의 표상으로 이해한다. (KdU, §49 413).

칸트가 특히 자신의 미적 이념을 현실화하기 위해 필연적으로 언어를 사용해야 하는 시작(詩作)을 염두에 두고 있음을 우리가 고려한다면, 이러한 표현은 역설적인 인상을 준다. 실제로 언어에 대한 두 가지의 서로 다른 개념이 관련되어 있다. 특정한 개념들의 논리적-분석적인 언어와, 그 의미가 결코 결정적으로 확정되지 않기 때문에 언제나 새로운 해석의 동기를 제공하는 다양하게 은유적이며 연상적인 지시를 갖는 미적-상상적인 언어가 그것이다. 물론 칸트가 언어와 미적 경험 사이의 관계를 명시적으로 주제로 삼지는 않았다. 왜냐하면 그는 미적 이념의 생산과 수용을 결과적으로는 하나의 의식내재적 과정으로 이해했고, 언어의 기호는 그 과정을 단지 '외적' 감각에서만 지배할 수 있다고 파악하기 때문이다. "표현의 종류"에 따라 아름다운 예술들을 나누자는 이러한 제안은 어쨌거나 "상상력의 표상들"이 언어적으로든 기호적으로든 규정되어야 한다는 것을 시사하고 있다.

사람들은 말을 하면서, 가능한 완전하게, 단지 개념들에 따라서가 아니라 감각에 따라서도 서로를 전달하기 위해, 그러한 표현을 사용한다. 이러한 표현은 **말, 몸짓** 그리고 **소리**(음절, 동작 그리고 억양) 속에 있다. 이 세 종류의 표현이 결합될 때에만 말하는 자의 뜻이 완전하게 전달된다. 왜냐하면 사상, 직관 그리고 감각은 이를 통해 동시적이고 통합적으로 다른 사람들에게 옮겨지기 때문이다. (KdU §51, 422ff.)

여기에서, 최근에 비로소 구체적으로 실행된 것처럼, '미적 이념'으로서의 아름다움의 기호-이론적인 세분화의 가능성이 예고되고 있다.[22)]

4장 사변적 역사철학의 틀 안에서 아름다움의 역사화

아름다움의 기준과 타당성이 시간과 장소에 따라 달라질 수 있다는 것은 소피스트들이 처음으로 강조했다. 그러나 그런 식의 **상대화**를 **역사화**와 동일시할 수는 없다. 아름다움의 역사적 고찰은 상이한 척도나 표준, 그리고 개념적 이해들을 그저 병렬적으로 나열하는 것이 아니라, 그것들의 발전사적이고 영향사적인 연관 관계 안에서 규정한다. 아름다움에 대한 플라톤적 본질규정은 아름다움의 역사성이 가능하다는 것을 부정했다. 이 때문에 시간과 공간에 예속된 아름다움은 시간에서 해방된 저 이데아의 광휘 뒤로 물러났다. 따라서 이러한 입장에서 보면 구체적으로 장소를 제한할 수 있는 예술형식들의

22) Lotman, 1973, 참조. 그 외에 니체의 "미적 상태"에 대한 성격 규정도 단초를 제공하고 있다. 미적 상태는 "보고자료의 엄청난 양과 동시에 자극에 대한 극단적인 민감성과 기호들을 함께 가지고 있다. 그것은 살아있는 것들 사이에서 통용되고 전달할 수 있는 성질의 것 중 정점에 있는 것이다. 미적 상태가 언어의 원천이다. 언어는 여기에서 자신들의 발생지를 가지고 있다. 언어의 억양은 거의 몸짓이고 눈짓과 같다 ... 예술은 토대에 대한 많은 협약들을 가지고 있다. 적어도 예술이 언어인 한에서는 그렇다"라고 니체는 말하고 있다(3권, 753-754).

다양성을 기술하는 것과 사변적-형이상학적 구조 사이에 어떤 직접적이고 논증적인 연관관계도 존재하지 않는다. 그러나 물론 플라톤이 저 위계적이고 엄격한 이집트의 예술에 대한 찬양에서 나타나듯이, 플라톤조차도 역사적 예시를 완전히 포기할 수는 없었다.

아름다움을 무엇보다도 '변화하지 않는' 신적인 창조질서에서 예시한다는 점에서, 보다 근본적으로 역사를 완전히 등진 것은 중세의 사고다. 아름다움이 가지는 이러한 역사적 성격은 르네상스와 인문주의 시대에 고대 예술의 '재발견'을 통해서 명확한 문제가 되었다. 왜냐하면 여기에서 하나의 특정한 시기가 아름다움의 이념이 모범적으로 실현되었던 그런 시기로 드러나고 있기 때문인데, 이에 따라 어떤 의미에서 당대가 여전히 저 예전의 모범에 빚을 지고 있고 또 따를 수 있는지 하는 물음이 제기되어야만 한다. 초기 계몽주의는 고대에 대한 무조건적인 타당성을 지지하는 '고대인들'의 편과, 반대로 이러한 타당성에 이의를 제기하는 '현대인들'의 편이 논쟁하는 시대였다(참조. Jauß 1964). 마침내 우리는 고대와 현대를 동일한 척도로는 잴 수 없다는 합의에 이르렀다. 그러나 역사적으로 형성된 "상대적 아름다움"(Beau relatif)을 인정한다고 해도, 계속해서 "절대적 아름다움"(Beau absolu)을 추구하는 것을 막을 수는 없다. 때문에 17, 18세기에는 무엇보다도 **자연**이 저 시간에서 해방된 척도로서의 역할을 수행했고, '아름다운 자연의 모방'으로서 예술은 자연에 초점을 맞추어야만 했다.[23] 이성주의 미학이 이렇게 하여 필연적으로 이루어진 역사적인 반성을 회피하는 반면에, 경험주의 미학은 일반적으로 아름다움의 단순한 상대화에 만족하게 된다. 마침내 역사는 문제설정을 명백히 순전히 형식적인 것으로 고찰해온 비판적인 초월철학에서도 숨을 죽이고 있었다. 이렇게 아름다움의 역사화로 인한 충격은 철학의 영역에서보다는 예술사와 문학사의 영역에서 더 컸는데, 이들 영역은 18세기 말엽에 독립적인 분과로서 자리를 잡게 되었고, 특히 낭만주의 시대에 새로운 사변적 역사철학과 밀접하게 결합되었다.

---

23) 자연 모방의 원리는 바퇴의 꽤 영향력있는 작품에서 처음으로 미학 체계의 토대로서 작용하고 있다. 이 원리는 독일 내의 미적 담론에도 많은 영향을 끼쳤다.

헤르더는 이러한 결합을 대표하는 초기 인물이다. 그는 아름다움을 구체적이고 역사적인 표현형식들의 다양성 속에서 실현되는 것으로 본다. 모든 인간적인 완전함이란 "**민족적이고 세속적이며**, 가장 정확하게는 **개별적인** 것이다"(Herder, Bd. Ⅴ, 505). 『아름다움의 역사』에 대한 그의 서술은 정신의 보편적인 도야(Bildung)의 역사의 맥락 속에 있는 것으로, 이 도야의 역사는 다시 환원불가능한 개별성의 연속으로서 읽을 수 있다. 그러나 이 개별성은 단지 "그 자체로 부터"만 이해되어야 하는 것이 아니라, 동시에 사변적으로 설정된 역사의 목적을 척도삼아, 즉 "더 좋은 것으로 혹은 더 나쁜 것으로" 가는 도야의 길을 보여주는지에 따라 평가되어야 한다(Herder, Bd. ⅩⅧ, 6). 이러한 종류의 단초 외에도 전형적인 것은 **유기체론적인 은유**의 광범위한 사용이다. 역사는 발아, 성숙, 그리고 시작과 성숙 그리고 쇠약의 단계를 거치고, 그렇게 해서 역사적 시간의 직선적 성격은 순환들의 결과들로 용해되고, 문화의 역사는 더욱 광범위한 자연사의 하나의 계기로 설명된다.

예술사, 예술이론 그리고 예술비평의 관계에 대한 보다 상세한 체계적인 규정은 슐레겔(A. W. Schlegel)의 1801년에 시작된 "아름다운 문학과 예술"에 대한 강의들에서 다뤄지고 있다. 그는 미학적 반성은 반드시 역사와 이론, 그리고 비평을 함께 결합하고 있어야 한다고 했는데, 왜냐하면 "이것들은 단적으로 서로가 없으면 존립할 수 없고, 또 어떤 하나가 다른 것들과의 매개를 통해 검토되고 더 완전해질 수 있기 때문이다"(A.W. Schlegel 1963, 9). 예술의 역사 홀로는 "무목적적이고 지루한 반복" 속으로 사라진다. 때문에 이론이 예술의 역사에게 예시의 선택을 위한 원리들을 제시해야만 한다(16). 이론은 다시 역사의 진행을 지향해야 한다,

> 왜냐하면 이론의 대상들은 단순한 개념에 따라 인식될 수 있는, 그런 종류의 것들이 아니기 때문에, 이론은 끊임없이 그 대상들 자체를 직접 언급해야 한다. 또한 아름다운 예술의 임무는 모두가 그 가능성이 오직 현실적인 해답을 통해서만 파악되는, 그런 종류의 것이기 때문이다. 따라서 이론은 그 명증성과 확증성의 기초에 역사가 그에 제공하는, 일련의 상응하는 직관들을 놓아야 한다. (A. W. Schlegel, 19)

여기서 슐레겔은 예술가들이 비역사적으로 논증하는 미학의 추상화에 반대하며 제시한 이의에 맞닥뜨리게 된다.[24] 그럼에도 그는 "아름다움의 이념"의 사변적인 연관점을 고수하고 있다.

> "이론은 무슨 일이 벌어지고 있는가를 증명하는 것이고, 이때 이론은 가장 보편적인 최고의 요구에서부터 출발하여, 완전히 개별적인 것에 이르지 않고도, 점점 더 특수한 것에게로 다다르게 된다. 역사는 하나의 개별적인 현상에서 출발해서 다른 것으로 나아가지만, 이때, 가장 보편적인 최고의 것은 언제나 눈에 띠지 않게 현존하고 있다. 그것은 역사가 결코 완전하게 제시할 수 없는 전체 안에서만 온전히 현상할 수 있을 것이다. … 그것은 인간 정신의 동일한 진화이고, 철학자는 이것을 그것의 가장 근원적인 행위 속에서 하나이자 불가분한 것으로 개념적으로 추구하고 그 법칙을 제시하는 반면, 역사학자는 시대적 조건에 종속된, 끝없는 진행 과정 속에서 실현되는 것으로 표상한다. (A. W. Schlegel, 18)

그러나 이론과 역사를 연결하고 있는 매개항은 "아름다운 예술 작품을 평가할 수 있는 능력"(25)으로서의 **비평**이다. 비평은 보편적 규칙들로 환원되지 않고, 언제나 미적 경험의 개별적 입장을 반성한다. 이에 대해서 모든 예술작품을 "그 예술작품의 입장에서" 평가한다는 준칙이 상응한다. "그것은 어떤 절대적인 최고의 것에 이를 필요가 없다. 그것이 그 자신의 방식에서, 그 자신의 영역에서, 자신의 세계에서 최고의 것이라면, 그것은 완성된 것이다. 또한 그것이 어떻게 일련의 무한한 발전의 과정 속에 있는 하나의 항이면서도, 동시에 그 자체- 독립적으로 자기충족적이고 자립적인 존재가 될 수 있는지가 해명된 것이다." (20)

사변적 역사철학의 지평에서 아름다움의 역사와 이론의 결합을 최대한 표현하고 있는 것이 헤겔의 미학이다. 헤겔의 미학은 우리에게는 그의 사후에 한 제자에 의해 출간된 강의 필기록으로만 남아 있다(참조. Szondi 1980, 275

---

24) 이와 관련된 오래된 예는 슐처의 "아름다운 예술작품, 그 기원과 참된 본성, 그리고 최상의 응용"에 대해 괴테가 1772년 발행한 비평이 있다. 그의 비평은 "신이시여, 우리의 감각을 보호하소서! 그리고 저 감각의 이론에서 우리를 지킬 수 있게 해주소서!"라는 절규에서 정점에 이르게 된다(『예술론』, 20). 마찬가지로 장 폴도 자신의 책 『미학 입문』(22이하)에서 이런 철학자들을 강하게 비판하고 있다.

이하). 헤겔 미학은 이념으로서 아름다움에 대한 플라톤적 정초와 더불어 시작된(특히 경험주의 편에서의 모든 비판에도 불구하고), 19세기까지도 계속해서 유지될 수 있었던 전통의 정점이자 동시에 종결이다.

물론 헤겔적인 아름다움의 역사화는 또한 전통의 내부에서 하나의 명백한 단절을 만들어내고 있다. 이러한 단절은 무엇보다도 18세기에도 여전히 예술의 '모범'으로서의 자연의 명백한 역할과 관계되어 있으며, 이는 이성주의, 경험주의, 그리고 비판주의의 방법론적으로 매우 상이한 단초들 사이에서 마치 하나로 묶어주는 끈과 같은 역할을 했던 것이다.

헤겔은 결정적으로 "정신으로부터 탄생한, 정신으로부터 다시 태어난" **예술미**로부터, 정신의 역사적 전개에 참여할 수 없거나 혹은 그저 "정신에 속하는 아름다움의 반영"(Hegel 1965, Bd. Ⅰ, 14)으로서만 참여할 수 있을 뿐인 **자연미**를 분리시킨다. 따라서 헤겔이 아름다움에 대해서 말할 때, 그는 우선적으로 예술미를 염두에 두고 있다. 그에 대한 보다 정확한 규정은 정신의 변증법적인 형이상학의 기초에 묶여 있기 때문에 우리는 여기서 단지 몇 가지 관점만을 해명할 수 있을 뿐이다. 헤겔의 아름다움의 역사화에 대한 일반적인 평가 척도는, 정신이 '절대적' 정신으로서 자신의 완성에 도달하는, 저 사변적으로 조준된 역사의 지점이다. "자신의 앎의 형식을 스스로로 부터 발현시켜나가는 운동은 정신이 현실의 역사로서 수행하는 노동이다. .... 목표, 절대적 앎, 혹은 스스로를 정신으로 아는 정신은 그의 도정에서 온갖 정신들이 자체적으로 있는 그대로, 그의 왕국의 구축을 수행하는 그대로, 정신들의 기억을 지니고 있다."[25] 따라서 정신의 사변적인 역사란 실재 역사 속에서의 다양한 표출들과 철학에 의해서 수행되어야 할 개념적 규정과 체계화의 매개이다. 따라서 여기에서 모든 면에서 전개되는 철학적인 앎이란 정신 일반이 도달할 수 있는 가장 높은 단계를 표현하고 있다는 결론이 나온다. 역사의 모든 운동은 "더 나은 것, 더 완전한 것으로의 나아감"을 의미한다는 것이 헤겔에서는 자명한 것으로 전제된다. 이것이 헤겔에게 그의 변증법적 서술의

25) 이렇게 해서 헤겔은 "정신 현상학"의 결말에서 자신의 사변적 기획을 개괄적으로 정리했다. Hegel, 『정신현상학』, 개정 6판, Hamburg, 1952, 564쪽 인용.

형식을 허용함과 동시에, 끊임없는 진보라는 명제에 반박하는 것으로 보이는 현상조차도, 결국은 운동을 촉진하는 모순으로서 역사의 전체과정 속에 편입시키는 것을 허용한다. 이런 방식으로 헤겔의 체계는 특출한 자료 더미를 일관적인 엄밀한 분류나 규범적인 평가와 통합한다. 이것이 또한 그의 미학 강의록을 똑같이 자극적이고 도발적인 것으로 만들어 주는 것인데, 주요한 반변증법론자라 할지라도 이 작품이 오늘날까지도 요구와 수행에 있어서 능가되지 못했다는 것을 인정해야 할 것이다.

그럼 이제 헤겔의 시각에서 어떻게 "광활한 아름다움의 왕국"(Hegel 1965, Bd I, 13)을 보다 상세하게 특징지을 수 있을까? 원칙적으로 역사적이면서 동시에 체계적인 규정의 세 가지 측면이 구별된다.

첫째, 아름다움은 그 자체로 하나의 필연적인 역사의 발전 단계를, 그것도 "절대 정신의 가장 가까운 직접적인 자기 충족"으로서 표상한다. (1권, 110)

둘째, 아름다움은 그 자신의 편에서 "예술형식들"이라 불릴 수 있는, 여러 단계들의 결과로서 전개된다. (82)

세째, 여러 예술형식들을 "특정한 감각적 질료 안에서" 현실화한다는 것이 개별 예술들의 그때그때 시기적으로 한정된 지배라는 의미에서 역사적 역동적 구조의 기초에 놓여 있다. (88)

이 세 가지 측면들은 다시 상호적으로 제한하게 되는데, 헤겔은 모든 경우에서 역사와 체계를 함께 사유하려고하기 때문이다. 또한 아름다움의 각각의 발전단계와 표현 형식들도 저 유명한 변증법적 3단계에 맞춰 계속해서 분화되며, 이때 유기체론적 은유(발단, 성장, 소멸)가 중심적인 역할을 한다. 이렇게 여러 서술의 전략 속에서 자료의 정돈을 바탕으로 전체 안에서의 모든 발전들에서 언제나 역사적으로는 서로 분리된 아름다움의 표출들 간에 상응이 생겨나게 되고, 그 결과 헤겔 미학의 체계는 전적으로 변화무쌍한 방향들에서 '읽힐' 수 있게 된다. 그리고 이는 역사적 변증법의 강제적 계기와 일정정도 화해한다.

칸트에 의해 강조되었던 미학적 경험의 독립성의 관점에서 보자면, 첫 번째 역사화의 측면에 상응해서 아름다움을 절대정신의 전개과정의 가장 아래 단계로 규정하는 것은 마치 플라톤주의로의 회귀인 것처럼 보인다. 왜냐하면 그렇게 되면 아름다움이란 다시 단지 **참된 것**의 불완전한 표현일 뿐인 것이 되며, 이 표현은 "감각적인 것의 형태와 형상 안에 있는 앎"으로서 종교의 "표상하는 의식"과 철학의 "자유로운 사유"을 위해 극복되어야 하는 것이기 때문이다(Hegel 1965, Bd. Ⅰ, 108). 물론 아름다움에 대한 이런 '인지주의적'(kognitivistisch) 이해는 단지 존재론적인 의미만이 아니라 방법적인 의미도 가지고 있는데, 그것은 경험주의 이래 정신의 '비이성적'으로 여겨지던 영역에 대한 철학의 권한을 강조해야 한다는 것이다. 왜냐하면 만약 아름다움이 "단지 참된 것을 외화하고 표현하는 하나의 특정한 방식"이라면, 그렇다면 아름다움은 "인식하는 사유에 대해-이 사유가 정말로 개념의 위력을 지니고 있다면- 철저하게 모든 면에서 열려있어야"(Bd. Ⅰ, 99)하기 때문이다. 이렇게 헤겔은 이미 이성주의가 그랬던 것처럼, 아름다움의 타당성을 개념적으로 되찾을 수 있다고 가정했다. 그러나 그는 무엇보다도 예술 작품의 생산 안에서 표명되고 있는 **원초적인 미학적 경험과 철학적으로 정초된 미학적 반성**의 관계를 나름대로 역사적으로 규정된 관계로 파악한다. 예술이 "그 최고 규정의 측면에서 볼 때, 우리에게는 이미 지나간 과거의 것"(Bd. 1, 22)으로 되는 철학의 시기 안에서 비로소 명확하게 "사유하는 고찰"의 대상이 된다. 이것은 헤겔 역시도 상당히 기대고 있는 아름다움과 예술의 고대적 이론을 약간 부당하게 다루고 있는 것이지만, 그럼에도 보편적인 '반성의 태도'가 오히려 근대의 특질인 한에서는 신빙성이 있다.

오늘날의 관점에서 보다 의미 있는 것은 미적 생산성의 조건의 변화에서 다음과 같은 명제를 구체화하는 것이다. 즉 개념적인 앎과 학문적인 인식이 "최고의 정신의 형식"이 되는 그러한 역사적 상황 안에서 예술가도 그러한 반성적 태도를 위해 노력해야 한다는 것이다.

> 모든 정신적인 도야는 이런 식이다. 즉 예술가 자신이 그러한 반성적인 세계와 그 관계들 속에 서 있다는 것, 의지나 결단에 의해 거기에서 떨어져 나갈 수도 없고, 특별한 교육을 통해, 또는 삶의 관계들로부터 멀어짐으로써 상실된 것을 다시 보충해 줄만한 하나의 특별한 고독을 만들어 낼 수도 성취할 수도 없다는 것이다. (Hegel 1965, Bd. 1. 22)

'현대적' 예술가의 상황에 대한 이러한 언급은 다시 헤겔적인 아름다움의 역사화에 대한 두 번째 관점을 가리키고 있다. 감각적-미학적인 것에서 개념적-철학적인 앎으로의 단계적 길은 예술의 발전의 내부에서 예술가가 예술을 '자유로운 도구'로 고찰하는 지점까지 진보하는 **감각적인 것의 정신화**로 드러난다. 예술가는 그 도구를 "어떤 종류의 내용이 되었든, 모든 내용과 관련해서 똑같이 다룰 수 있고", 그럼으로써 그의 작품들은 자체 안에 닫혀진, 감각적인 형상으로서 나타나기 보다는 그의 개별적 정신의 다양하게 해석할 수 있는 반영으로서 나타난다(Bd. 1, 579). 감각적인 것, 질료적인 것, 물질적인 것을 자의적으로 처리하는 예술가의 주관성에 대한 단순한 동기로 그렇게 전락시키는 것은 헤겔에게는 물론 오히려 타락의 증상이다. 왜냐하면 예술가의 최고의 임무는 바로 절대정신의 영역 내부에서 감각적인 것과 정신적인 것의 완전한 매개 혹은 '화해'에 있어야 하기 때문이다.

> 이때 예술작품은 직접적인 감각성과 관념적 사상의 **중간**에 서게 된다. 그것은 **아직** 순수한 사상은 **아니지만** 그 감각성에도 불구하고 역시 돌이나 식물, 유기적 생명체처럼 단순히 물질적인 존재는 **더 이상 아니다**. 예술작품 속에 들어있는 감각적인 것은 스스로 이념적이지만, 사상의 이념은 아닌 것으로서 동시에 사물로서 여전히 외적으로 존재하는 것이다. (Hegel 1965, Bd. 1, 48)

이러한 완전한 매개는 동시에 개별적인 예술형식들의 역사적 전개 속에서 중간을 표시하는데, 가령 **고전적인 것**은 **상징적인 것**에서 유래하여 **낭만적인 것**에 의해 해체된다. 전체 예술사의 이러한 도식화는 오늘날 우리에게 지나치게 모험적이고 전혀 경험적인 토대를 가지지 않은 것처럼 보일 수도 있다. 그럼에도 이러한 도식화는 철학적 미학 내에서 하나의 분명한 진전을 표시하고 있는데, 특히 예술형식들의 계속적인 세분화는 역사적 자료에 대해 상당한 유연성을 보여준다. 또한 헤겔은 구체적인 미학적 반성에 대한 관심 속에서 언제나 주어진 체계적인 틀에 의존하는 것은 아니다, 오히려 그는 변증법적으로 결코 정당성이 입증된 적도 없는 그러한 모순들마저도 받아들인다. 따라서 우리가 이러한 미학을 또한 '거슬러' 읽고, 전체의 도그마적 특성에 반대하여 개별적인 것의 시사적 가치를 변호할 때, 비로소 우리는 진정으로 이러한 미학의 의미를 정당하게 평가하게 될 것이다.

그러한 '반대적' 읽기는 이제 곧장 미학적 체계-고전적인 것의 규범과 그러한 규범에 상응하는 "지복한 신처럼 존재하는"(Bd, 1, 159) 이상으로서의 아름다움의 정의-의 '중간'을 비판적인 관점에서 나타나게 만든다. 여기서 헤겔은 독창적이지 못한데, 왜냐하면 그는 원래 이미 빈켈만에 의해 효과적으로 표현된 고전주의적 예술이해를 단지 반복했을 뿐이고,[26] -후기의 괴테와 비슷하게-낭만주의에 대한 방어의 태도로부터 단호하게 과장하여 표현하기 때문이다. 물론 헤겔은 어쨌거나 '절대적' 규범으로서 아름다움의 특정한 정의를 부각시켜야 한다. 왜냐하면 그는, 과거 플라톤처럼, "도대체 아름다움이란 무엇인지"를 "그것의 본질과 개념에 따라"(Hegel 1965, Bd. 1. 29/32) 구성하려고하기 때문이다. 이러한 아름다움에 대한 본질개념은 그에게는 "철학의 체계를 통해 주어진 전제"로서 타당하다. 그는 개념을 "필연성에 따라 도출"하고 싶어 하고, 이로써 미적 담론 안에서 드러나고 있는 아름다움에 대한 여러 '견해들'의 모든 논쟁에서 빠져 나오고 싶어 한다(Bd. 1, 35/28).

아름다움이란 "이념의 감각적 나타남"(Bd. 1, 117)이라는 저 유명한 공식은, **감각적 아름다움**이 아름다움의 본래적인 형식이라고 강조함으로써, 플라톤의 본질개념과도 역시 거리를 두게 되었다. 그러나 동시에 미적 생산과 수용의 실천 속에서 이미 오래전부터 자명한 것이었던 견해만을 철학적으로 정당화하고 있다.

아름다움을 통해 표시되는 감각적인 것과 정신적인 것 사이의 '중간'은 특수한 것과 보편적인 것, 외적인 것과 내적인 것, 형식과 내용, 형태와 이념의 매개와 똑같은 의미를 가진다. 이러한 매개는 오직 고전적 예술형식에서만 완전히 성공적인 것이기 때문에, 고전적 예술형식에 앞선 상징적 예술형식은 그보다 뒤에 오는 낭만적 예술형식과 마찬가지로 각기 둘 사이의 더 혹은 덜 강력한 균열을 통해 매개되어야 하는 아름다움의 측면을 통해 특징지어 진다. "예술 형식들이란 내용과 형태의 여러 관계들에 다름 아니다." (Bd. 1, 82).

26) 빈켈만의 예술 이론에 관해서는: Szondi, 1980, 30쪽 이하/ Nivelle, 1960, 67쪽 이하 참조.

상징적 예술형식에서 "이념은 자신 속에서 아직 형식을 발견하지 못했기 때문에 오직 그것을 찾기 위해 고군분투하고 있다"(Hegel 1965, Bd, 1. 83). 불안과 무절제, 환상과 괴기스러움, 불가사의함 등등은 이념이 현상하는 특징들이다. "따라서 우리는 참된 미를 이렇게 흐릿한 혼돈의 영역에서 찾아서는 안 된다"(Bd. Ⅰ, 327). 아름다움의 전개에 있어서 이러한 단계는 역사적으로 아름다움의 차라리 부정적인 규정 속에서 무엇보다 이집트 예술을 통해 대표되는데, 이들의 작품은 "비밀로 가득한 상징적 표현" 속에서 "객관적인 수수께끼 자체"를 표현하는 것으로 보이며, "의미와 형상을 서로 엮어서 짜며", "다중적인 것을 지시하고 암시하는" "다의적인 결합"을 표현하는 것으로 보인다(Bd. Ⅰ, 352/351).

고전적 예술형식은 이제 **이상**으로서의 아름다움을 적합한 방식으로 표현한다, 즉 "그 개념에 따라 참된 예술인 것"을 "단적으로 적합한 형식과 내용의 통일"(Bd. Ⅰ, 413/297)로서 실현시킨다. 이러한 통일은 다시 보편적인 것의 완전한 개별화와 동일해야하기 때문에, 인간적인 것이 고전적인 것의 핵심을 이루고 있는데, 더 정확하게 말하면 "자유로운 개별적인 정신성이 자연적으로 형성된 존재", "오직 정신에만 알맞은 감각적인 현상"(Hegel 1965, Bd. Ⅰ, 84f.)으로서의 **인간적 형상**이 그것이다. 따라서 헤겔에게 있어서 고전적인 것은 무엇보다도 페리클레스 시대의 조각상에서 구체화되는데, 거기서 "정신은 완전히 물질적인 것을 상상하고, 정신이 자신 안에서 현재화되고 거기서 정신자신의 고유한 내적인 것의 적합한 형상을 인식하도록 이러한 외면성을 구성한다"(Bd. Ⅱ, 95). 오직 그리스에서만 예술은 "절대적인 것에 대한 최고의 표현"이었다(Bd. Ⅰ, 423). 아폴론 혹은 아프로디테의 조형적 형상 안에서 신적인 것의 개별화된 표현이 그러한 것이다. 이러한 개별적인 것도 또한 결국은 미적으로 경험될 수 있는 것일지라도, 헤겔은 사상의 지배, 아름다움에 대한 참된 것의 통치권을 확실하게하기 위해 자유로운 예술적 표현의 여지를 가능한 한 제한하려고 한다. 예를 들어 우리가 "인간적인 것과 동물적인 것의 본질적 차이"를 **내용**으로 정립한다면, 이러한 차이는 어떤 조각상의 머리를 완성함에 있어서 오직 "그리스적 프로필"의 **형식**을 통해서만 적절하게 실현될 수 있을 것이다. "부드럽게 이어져 내려오는 정신적인 이마와 코의 연관"을 통해서 그 아래쪽, 즉 동물적인 것에 속하는 얼굴 부분은 "정신적인 것의 체계로 끌어 올려 지며", 그럼으로써 스스로 "정신적인 표현과 성격"을 획득하게 된다. 중국인, 유대인, 이집트인들은 완전히 다른 코를 아름답다고 간주한다는 반박은 "피상적인 잡담"으로 무시된다. 이러한 그리스적인 프로필은 어떤 우연적인 형식이 아니라 "그 자체로 스스로 아름다움의 이상"에 속하는 것이다(Hegel 1965, Bd. Ⅱ, 113).

이러한 예들은 특히 어떤 절대적으로 구속력이 있는 규범에서 아름다움의 실현을 지향하고자 하는 미학의 문제를 뚜렷하게 증거한다. 실제로 헤겔의 아름다움에 대한 규정은 그 연역과 예시들을 포함하여 미학적 담론 안에서 오직 하나의 특정한, 역사적으로 능가되어 버릴 수 있는 입장만을 표시할 뿐이며, 이 담론은 결코 최종적으로 종결될 수 없고 '동일한 것'이 언제나 다시 새롭게 논의될 수 있는 것이다. 따라서 후기의 해석가들은 빈켈만이나 헤겔, 그리고 괴테에 의해 구상된 고전적 그리스 정신의 형상을 허구라고 거부했다. 니체는 이를 고대 그리스인들의 "대담한 사실주의와 비도덕주의"에 거스르는 "이상으로의 비참한 미화"라고 부른다(Nietzsche 1966, Bd. Ⅱ, 1028f.). 이러한 해석에 대해서도 근거를 가지고 반박할 수 있다. 어쨌거나 고대인들이 '인문주의적' 도야의 특징으로 가지고 있었던, 저 친숙함과 명료함이라는 외관은 허상이라는 것이 입증되었다. 심지어 헤겔에서도, 그가 고전적인 신들의 형상이 그들의 대담하고 완성된 미를 슬퍼하는 듯이 보인다는 것을 인지할 때, 무엇인가 당황스러운 것이 감지되고 있다(1965, Bd. 1. 468).

신들의 비애는 헤겔에게 있어서 초기 중세에서부터 현대에 이르기까지 예술의 전체 발전을 아우르고 있는 **낭만적 예술 형식** 속에서 마치 고전적인 것의 몰락을 선취하고 있다. "육체적인" 아름다움은 "정신적인" 아름다움에서 분리되었다(Bd. 1, 520). 예술적 형식의 표현가능성은 이제 무엇보다도 "자신 안에 있는 영혼의 내적 형상"으로서 나타나는 내용에 뒤처지게 되었다(Bd. 1, 511). 따라서 영혼, 내면성, 주관성 등이 낭만적인 것의 핵심을 이룬다. 낭만적인 것의 근본적 색조는 "음악적"이고 "서정적"인 것이 된다(Bd. 1, 508).

이러한 규정은 다시 헤겔식 아름다움의 역사화의 두 번째 관점과 세 번째 관점의 결합을 가리키고 있다. 개별 예술들은 서로 상이한 표현수단으로 인하여 형식과 내용의 관계를 서로 다른 방식으로 실현시키기 때문에, 상징적인 것과 고전적인 것, 그리고 낭만적인 것의 특징들 또한 모든 예술 속에서 똑같이 적합하게 표현될 수는 없다. 비록 개별 예술들이 이미 고대 이전에 공존했다고 하더라도, 미적으로 구체화되는 정신의 발전 상태에 따라 하나의 특정한 표현의 수단이 다른 모든 것들에 비해 두드러질 수 있는 한, 예술의 전체체계 속에서 그들의 역할은 헤겔에게 있어서는 역사적으로 형성된 것이다. 그래서 **건축**은 상징적인 것에 특별히 적합한 매체이다. 왜냐하면 건축의 재료는 "그 자체로 비정신적인 것, 무겁고 오직 중력의 법칙에 따라서만 형상화될 수 있는 질료"(Hegel 1965, Bd. Ⅱ, 17)이기 때문이다. 따라서 건축은 정신적인 내용의 적합한 표현에 대한 단순한 탐구를 가장 먼저 표현할 수 있다. 그에 비해 **조각**은 앞서 상세하게 설명되었던 고전적인 것의 의미에서 내용과 형식의 완전한 매개이다. 그래서 **회화**와 **음악** 그리고 **시**는 낭만적인 것에 부응하는 표현매체들로서 남게 되고, 이러한 순서는 나름 역사적인 우세의 변화로 읽을 수 있다. 색채와 음향, 낱말들은 "내적인 직관과 표상"의 기호로서 낭만적인 것이 근본적으로 요구하는, 외적인 것에 대한 내적인 것의 과잉에 상응한다. 그렇지만 **회화**는 가장 강하게 외적인 가시성을 지향해 있으면서, 예술을 다만 건축과 조각의 고유한 "질료의 감각적-공간적인 완전함"(Bd. Ⅰ, 93)에서 해방시킨다. **음악**의 질료는 "그 역시 감각적이기는 하지만, 더 심오한 주관성과 특수화로 나아간다." 음악이 낭만적인 것의 중심을 이루는 반면, 시는 자신의 질료가 가진 "추상적인 정신성" 때문에 이미 매개인 이며, 여기서 예술은 "또한 자기 자신을 넘어서서", "사유의 산문으로 올라간다." 따라서 시의 의미는 "감각적인 요소를 정신과 정신의 표상에 예속시키는"(Bd. Ⅰ, 94) 힘에 있다. 때문에 시는 또한 "내용에 있어서 가장 풍요롭고 또 가장 무제한적인 예술"이며, "절대적이고 참된 정신의 예술이며, 정신으로서 정신의 외화"(Bd. Ⅱ, 19)이다. **시**는 다시 서사적인 시와 서정적인 시, 그리고 드라마적인 시의 셋으로 분리되는데, 이때 **서사시**는 회화의 객관성으로 이어지는 다리를, **서정시**는 음악의 주관성으로 건너가는 다리를 만들고, 따라서 **드라마**는 "정신의 참된 예술"의 가장 순수한 매체로서 나타난다. 즉 자신의 "가장 완전하고 가장 심오한 전개"(Bd. Ⅰ, 203) 속에서의 아름다움의 표현이다.

그러나 드라마를 예술 일반의 가장 높은 단계로서 부각시키는 것은(Hegel 1965, Bd. Ⅱ, 512) 조각을 감각적인 것과 정신적인 것의 고전적인 통일이라는 의미에서 아름다움의 완전한 실현으로 부각시키는 것과 모순되는 것으로 보인다. 실제로 여기서 문제가 되는 것은 서로 간에 경합을 벌이고 있는 고찰의 관점들이다. 조각의 두드러짐은 "아름다움의 왕국" 자체에서 하나의 절대적 중심을 표시하고자 하는 의도와 대응하며, 그와 달리 드라마의 두드러짐은 예술이 "그의 최고의 규정의 측면에서" 우리에게 오래 전부터 정신의 지나간 단계를 표현하면서, 전반적인 "반성적 도야"를 위해 극복되는 역사적 상황을 반영하는 데 있다. 그러나 반성의 매체는 **언어**이다. 언어는 시와 철학에게 있어 공통이다. 시적인 장르 안에서 **드라마**는 다시 헤겔적인 자기 이해에 특별히 부합하는데, 그것은 드라마가 진행적인 변증법의 범주들 안에서 가장 눈에 띄게 표현되기 때문이다. 드라마는 이제 더 이상은 일의적으로 보이지 않는 아름다움의 개념에 대해 광범위한 영향력을 가진다. 조각이 자기 안에 고요하고 자족하는 조화로서의 아름다움을 대표하고 있는 반면, 드라마라는 매체 안의 아름다움은 적합한 실현을 위해 작품의 조화로운 통일을 위협하는 계기들을 언제나 필요로 하는, 그 자체로 적대적이고 역동적인 범주가 된다. 이상(理想)의 **부정**이 이상의 전개 안에 포함됨으로써만 전체적인 미적 범주로서 아름다움이 '구원될' 수 있다.

> 그러나 이상적인 미는 이상의 순수한 통일과 평정, 그리고 완성 속에서 그 자체로 드러난다. 충돌은 이러한 조화를 깨뜨리고 통일된 상태에 머물러 있던 이상을 불협화음과 대립 속으로 옮겨 놓는다. 그러므로 이상의 침해를 표현함으로써 이상은 스스로 침해된다. 따라서 예술의 과제는 오직 그런 충돌의 차이성 속에서 자유로운 미를 사라지지 않게 보존하면서도 또 한편으로 불화와 그에 대한 투쟁을 스쳐 지나가게 하여, 그로 인한 대립의 해소의 결과로서 조화를 이루고, 이런 식으로 비로소 조화의 완전한 본질성에 맞게 드러내는 데 있다. (Hegel 1965, Bd, Ⅰ. 203)

이러한 내부분열에 대해 시적 서술은 "내적으로는 가장 극단적인 절망의 고통까지, 외적으로는 추함 자체에 이르기까지" 나아갈 수 있다.

헤겔은 모든 대립들을 관통하고 있는 예술의 조화화를 통해 화성학적 사고에 대한 경험론적인 비판이래로 두드러지기 시작한 **철학적 미학의 범주로서의 아름다움의 위기**에 대처하고자 한다. 그러한 위기는 특히 고전주의에 대한 낭만주의적 반대에서 뚜렷하게 나타났다. 헤겔은 이 부분에서 지극히 애매한 태도를 취하고 있다. 즉 한편으로 그는, 그의 시대의 예술을 내면성과 주관성과 같은 개념들을 통해 규정하고, 이런 식의 특징화를 심지어 후기고대의 모든 예술에까지 넓힐 때, 초기 낭만주의의 본질적인 특성을 받아들이고 있다. 그러나 다른 한편으로 그는 "모든 사실적인 것, 인륜적인 것, 그 자체 내용으로 가득찬 것의 공허함"이나, "모든 객관적인 것, 그 자체 스스로 타당한 것들의 덧없음"과 동일하다고 여기는, 낭만적 아이러니의 부정성에 맞서 싸우는 것에 지치지 않는다(Bd. I, 74). 마찬가지로 헤겔은 고전주의적인 이상화와 대립하고 있는 **사실주의적** 예술이해에 대해서도 비판적인 입장을 취한다. "아름다움의 왕국"은 결코 일상적인 삶의 무미건조함과 어울리지 않는다. "예술의 이상적인 기반 위에서 삶의 궁핍성은 제거되어야 한다"(Hegel 1965, Bd. Ⅰ, 252).

그러므로 아름다움의 부정은 조화를 이루려는 모든 시도에도 불구하고 점점 더 강하게 두드러지는 많은 면들을 가지고 있다. 가치들의 전도가 예고되고 있으며, 이는 결국은 전통적으로 지배적이었던 미적 규범들과 모범들로부터의 전향으로 이끌어가는 것이다.

5장 아름다움에 대한 반대개념들과 근대의 자기이해

아름다움의 변증법적 '보존'이라는 헤겔식의 시도는, 이 개념이 처음부터 언제나 그가 배제했던 것에 의해 특징지워지고 있다는 점을 떠올리게 한다. 즉 아름다움의 부정으로서의 **추함**(Jauß 1968, Wiegand 1967), 혹은 미적 경험의 긍정적으로 제한된 영역 내에서 아름다움과 경쟁하면서 동시에 아름다움의 타당성을 많건 적건 제한하고 있는, **숭고한 것**, **특성적인 것**, **흥미로운 것**과 같은 개념들이 여기에 속한다.

예술은 어떤 의미에서, 그리고 어디까지 추함을 서술해도 되는가 하는 문제는 이미 고대 그리스시대에 논의 되었다. 플라톤은 이 문제에 대해 예상대로 가장 엄격한 입장을 취한다. 즉 아름다움(美)이 좋음(善), 그리고 참됨(眞)과 형제인 것처럼, 추함은 악과 거짓과 형제라는 것이다. 따라서 이런 식의 서술은 이제 가장 단호한 심판의 대상이다. 그래서 추한 성격을 생생하게 묘사하고 있는 희극이야말로 플라톤의 이상국가에서는 노예조차도 상연하는 것이 허락되지 않는다(『국가』 395e). 반대로 좀 더 자유로운 아리스토텔레스는 그것이 "고통스럽게 하거나 침해하지 않는"(『시학』, 5장, 29) 것이라면 추함에 대해 서술하는 것도 허락한다.

특히 기독교적인 중세에서 추함은 다시 도덕적인 문제이다. 악이 그렇듯이 추함은 결핍을 통해 자신의 존재를 규정한다. 그 대조적 기능을 통해서 추함은 분명 아름다움을 한층 더 효과적으로 드러낼 수 있게 된다.

> 마치 올바른 장소에 어두운 그림자를 드리우는 그림처럼, 우리가 사물들을 정당하게 고찰할 줄만 안다면, 비록 죄인들이 그들의 추함을 통해 그림을 왜곡시킨다고 하더라도, 사물들의 전체는 죄인들이 함께 있더라도 아름답다. (Augustinus, Soliloquia Ⅰ, 2, 3. Wiegand 1967, 21)

전형적으로 미학적이고 예술이론적인 문제로서의 추함의 개념은 18세기에 처음으로 상세히 논의되기 시작한다. 레싱은 『라오콘』에서 이에 대해 많은 장을 할애하고 있다. 그는 시작(詩作)에서 추함을 서술하는 것에 대해서, 그것이 완전함에 대한 대비로서 사용되는 것에 한해 허락하고 있다(Lessing, Kap. ⅩⅩⅡ, 388). 그러나 보다 직접적으로 감각에 영향을 끼치는 회화는 그와 반대로 추한 형태들에 대한 서술을 자제해야만 하는데, 왜냐하면 그러한 서술이 "질서정연함과 조화에 대한 우리의 애호"와 충돌하고 또 혐오를 불러일으키기 때문이다(Kap. ⅩⅩⅣ, 391). 비록 예술 속에 나타나는 것을 부인할 수 없는 저 **소름끼치는 것, 끔찍한 것, 우스꽝스러운 것, 메스꺼운 것들**의 특성들이 언급될 수는 있겠지만, 그럼에도 조화로운 아름다움이라는 개념을 지향하고 있는 미학에 그것들이 편입될 수는 없는 노릇이다.

아름다움은 기본범주로서의 기능을 경험주의 미학에서 처음으로 잃게 된다. 그래서 아름다움은 버크에서는 숭고함과 같은 지위를 거의 주장할 수 없게 되는데, 이 숭고함이 이제는 미적으로 긍정적으로 규정된 개념으로서 전통적으로는 부정적으로 규정된 추함의 기능을 넘겨받는다.[27] 버크는 이에 덧붙여 추함이 **숭고함**과 조화될 수 있다고 명백하게 언급하게 있다(Burke, 160). 그러나 아름다움의 약화를 촉진시키는 데에는 이러한 내부적인 새로운 규정도 기여하고 있다. 아름다움의 현상은 오랜 형이상학적 위엄이 박탈된 채, 작은 것, 부드러운 것, 매력적인 것, 귀여운 것 등으로 퇴행한다(같은 책, 152 이하). 숭고는 보다 강력하게 아름다움에서 떨어져 나가는데, 지금까지 아름다움에 속하는 것으로 인정되어 왔던, 조화, 완전함, 명료함, 질서, 절제 등과 같은 저 모든 속성들의 부정이 그 숭고함의 규정계기를 이룬다. 공허, 어둠, 고독, 침묵, 그리고 거대함과 무한함을 통해 모든 척도를 능가하는 것 등이 숭고의 속성들이다(같은 책, 107 이하). 미적 경험의 주체와 관련해서 숭고함은 쾌감을 주는 공포라는 모순적인 감정을 불러일으킨다.

> 어떤 식으로든 고통과 위험의 관념을 불러일으키는데 적합한 모든 것, 말하자면 어떻게든 무시무시한 모든 것, 또는 무서운 대상과 관련된 것, 또는 공포와 유사한 방식으로 작용하는 것은 어떤 것이든지 숭고의 원천이다. 즉 그것은 우리의 마음이 느낄 수 있는 가장 강력한 감정을 산출한다. … 위험이나 고통이 너무 가까이에서 우리를 압박해 오면, 그 감정들은 우리에게 어떤 즐거움도 주지 못하게 되고, 따라서 오직 공포의 대상일 뿐이다. 그러나 거기에서 어느 정도 일정한 거리를 두게 되어 완화되고 나면, 위험이나 고통은 안도감을 줄 수 있고, 실제로 그러하다는 것을 우리는 매일 경험하고 있다. (Burke 1980, 72이하)

27) 18세기 영국식 미학 배경에서의 숭고함의 범주에 대해서는, S. H. Monk, *The Sublime*, Ann Arbor, 1960. 참조.

자연, 예술, 종교, 역사, 그리고 사회적 생활세계의 현상들에서의 예시는 숭고가 참으로 보편적인 범주임을 증명한다. 이 보편적 범주로서 숭고는 미적 경험의 영역 밖에서 오직 공포나 혐오만을 불러일으키는 것마저도 '즐길 수 있게' 만드는, 전면적인 **미학화**의 가능성을 만들어 낸다.[28]

이제 가장 애매한 것은 낭만주의 미학에서의 아름다움의 위치이다. 아름다움은 한편으로 유한함 속에서 무한함, 실재적인 것 속에서 관념적인 것, 외적 현상 속에서 내적 본질의 반영으로서 사변적으로 규정된다(아름다움이 신과 같은 '지적 직관'의 상관개념으로서 절대적인 것의 고유한 계시가 될 때까지). 이성의 최고의 행위는 "미적 행위"[29]이며, **예술**은 **철학**의 "단 하나의 참되고 영원한 기관이자 동시에 도구"(Schelling, Abt.1, Bd.3, 627)이다. 다른 한편으로 구체적이고, 내용과 형식에서 있어서 상론할 수 있는 범주로서 아름다움은 명백히 의문시된다. 그래서 프리드리히 슐레겔은 셰익스피어의 예술을 예로 들어서 관습적인 미적 척도들이 완전히 부당하다는 것을 주장한다.

> 그(셰익스피어)의 문학을 아름다운 예술이라고 평가하는 사람은, 그저 더 깊은 모순에 빠지게 될 뿐이다, 이 사람이 명민함을 가진 자일수록, 그 작가를 더 잘 알게 될 것이다. … 그의 드라마 속에 나오는 어떤 것도 **전체**로 아름답지 않다. 아름다움은 결코 전체의 배열을 규정하지 않는다. … 그의 충만함은 흔히 풀리지 않는 혼돈이며, 전체의 결과는 영원한 분규이다. … 그는 목적에 필요하다면 역겹고, 쓰고, 선동적이고, 구역질나고, 무미건조하고, 끔찍한 것도 결코 피하지 않고 서술했다. (Friedrich Schlegel 1964, 146/147).

이러한 아름다움에 반하는 예술가적 표현의 '목표'는 **특성적인 것** 혹은 **흥미로운 것**으로, 이는 근대가 고대와 고전주의적인 전통과 갈라지는 지점이다

---

28) 버크의 이 저작은 칸트의 『판단력 비판』에 나타나는 "숭고함에 대한 분석"을 위한 토대가 되었다. 칸트는 그러나 숭고함의 경험을 미적으로 승화시킴으로써 그러한 자극을 순화시켰다. 때문에 우리는 자연의 위력을 숭고하다고 말한다. 왜냐하면 자연의 위력은 "영혼의 능력을 그것이 지닌 일반적인 평범함 이상으로 고양시키고, 또한 우리로 하여금 외견상 보이는 자연의 모든 강제력과 위력에 맞설 수 있도록 용기를 주는, 완전히 다른 방식의 저항 능력을 우리 안에서 발견하게 해준다(칸트, 『판단력비판』, 28절, 349).

29) 저자가 누구인지는 아직 논쟁의 여지가 있는, 이른바 "독일 관념론의 가장 오래된 체계구상"에서 나온 표현으로, 이 구상에 가장 적합한 것은 셸링의 철학이다(Oemüller, 1982, 210. 인용).

(F. Schlegel 1964, 140이하). 노발리스와 젊은 시절의 프리드리히 슐레겔로 대표되는 '무정부적' 초기단계에서 낭만주의 미학은 미래 예술의 대략적 윤곽을 보여주는데, 이는 아주 오랜 시간이 흐른 후에 저 전위적(아방가르드적) 사조에 의해 비로소 실제로 실현된다. 이 사조를 오늘날 우리는 특히 **근대(Moderne)**라는 개념과 연결시킨다.[30] 전체적-완결된 형식에 단편적-열린 형식이 대비된다. 다의성, 어둠, 이성적 불가해성 등이 내용적 측면을 규정한다. 노발리스는 시를 쓸 때 "마치 완전히 다른 사물들로부터 나온 그저 각각의 부분들인 것처럼, 어떤 전체적 맥락이나 연관관계 없이 단지 각 연들이 잘 이해되도록"(Novalis 1968, Bd. Ⅲ, 『단편과 소품』 113번) 쓸 것을 요구했다. 한때 아름답지 않은 것으로 금지되었던 것은 이제 "추의 이론"에서 상세히 논의된다(F. Schlegel, 193). "흥미로운 것의 지배"는 여전히 "취향의 일시적인 위기"인 것처럼 보인다. 슐레겔은 **자극적인 것**, **기발한 것**, **충격적인 것**의 계기를 그의 "세 가지 하위 부류들", 즉 "상상력을 선동하는" **모험적인 것**, "감각을 격발시키는" **역겨운 것**, 그리고 "감정을 괴롭히는" **끔찍한 것**이라 부른다.

낭만주의자들이 다시 한 번 특별한 집중력을 가지고 불러내는 예술의 형이상학적 아우라가 붕괴됨과 더불어, 아름다움과 상반되는 추함의 계기들은 최종적으로 해방되었고, 결정적으로 '형이상학 이후의' 근대의 자기이해에 각인된다(참조. Friedrich 1967). 철학적 미학이 보다 절충적으로 관념론적 유산을 관리하기 때문에, 근대의 인상학은 무엇보다 예술가들에 의해 '개념화' 된다. 동시에 **파괴**, **왜곡**, **해체**와 같이 전통에 대해 비판적인 목적을 가지는 개념들이 핵심적인 역할을 수행하게 된다. 랭보는 이러한 근대의 예술가를 일컬어 "정상이 된 비정상"이라고 불렀다(Friedrich 1967, 63). 그럼에도 철저한 근대의 포고자들에게도 저 아름다움의 아우라에서 벗어나는 것은 어려운 일이다. 보들레르는 이러한 아름다움을 "불가사의한 스핑크스", "괴물"이라고 부르는데, 여기서 그는 아름답지만 치명적인 여인(femme fatale)의 상을 염두

30) '근대'라는 개념의 재구성에 관해서는: H. R. Jauß, 『루소에서 아도르노까지 모더니즘의 학술적 경과』, L.v. Friedeburg, J. Habermas 편, <1983 아도르노-학술회의>, Frankfurt/M, 1983. 참조.

에 두고 있었음이다. 또한 이데아의 영원한 아름다움도 다시 한 번 소환되지만 기껏해야 멜랑콜리한 기억들을 깨울 뿐이다. 근대성(modernité)의 기치아래에서 "현재적 아름다움"의 특성은 완전히 반플라톤적으로 "지나가는 것, 사라져버리는 것, 우연적인 것"(Baudelaire 1981, Bd.Ⅳ, 286)이다.

초기 낭만주의 이래 예고되어왔고, 또한 20세기 초의 아방가르드 운동에서 결정적으로 구체화되는 근대의 자기이해는 오랫동안 철학으로부터 무시되었거나, 혹은 여전히 모범적인 전통에 근거해서 보편적인 문화의 몰락 내지 후기부르주아적 데카당스의 표현이라고 비판되었다.[31] 엄밀히 말해 아도르노의 **부정성의 미학**만이 어느 정도 이러한 근대를 철학적으로 규정하고 정당화했다고 주장할 권리가 있다. "예술작품의 진리내용"을 개념화한다는 요구(Adorno 1970, 498)에서, 그것은 그의 '고전적인' 반대상, 즉 20세기에 이르기까지 그의 변증법을 지속적으로 발전시키려고 했던 헤겔의 미학과 관련이 있다. 그러나 정확하게는 부정을 상위심급에 놓인 조화로 완전히 통합시키는 방식이 아니라, 그 완전한 대립성 속에서 부정을 인정하는 방식으로 그러하다.

> 현실적 예술과 전통적 미학의 화해불가능의 시대에 철학적 예술이론은, 니체의 말을 변형시켜 말한다면, 몰락하는 범주를 특정한 부정 속에서 과도적 범주로 고찰하는 것 이외에 선택의 여지가 없다. 관용적인 미학의 범주들에 대해서 동기를 지닌 구체적 해체만이 현재적 미학의 형태로서 남아 있다. 그것은 동시에 저 범주들의 변형된 진리를 드러낸다. (Adorno 1970, 507)

이제 통일성, 전체성, 완전성과 같은 말 대신에 아도르노에게 있어서는 "근대의 진품성의 낙인"인 파괴의 은유들이 우위를 점하게 된다(41). 가령 파편들, 텅 빈 자리들, 틈과 균열들, 부분들의 불일치, 이종들 간의 몽타주, 구조의 단편적인 개방성, 부조리와 이해할 수 없음에 이를 때까지 감각에 대한 부정 등등. 미적 가치들의 전도에 직면해서 자명한 것은, 근대의 예술은 더

31) 근대에 대한 가장 저명한 혹평가로는 G. 루카치가 꼽힌다. 그리고 루카치에 대해 아도르노는 다시 자신의 "문학 노트"(Frankfurt/M. 1981, 개정판, 251쪽 이하)에서 비판적으로 답했다. 이 논쟁에 대해서는: H. J. Schmitt편,『게오르크 루카치와의 논쟁』, Frankfurt/M, 1974. 참조.

이상 아름다움의 개념 안에서는—변증법적으로 규정된다고 할지라도— 인식될 수 없다는 것이다. 물론 아도르노에게 아름다움은 여전히 그의 극단적인 부정 안에서 '현존하는' 계기로서 남아있다.

> 예술이 되고자 했던 것과 관련해서 아름다움의 범주는 오로지 하나의 계기, 내면 가장 깊숙한 곳까지 변한 하나의 계기를 제시한다. 즉 추의 수용을 통해서, 미학이 아름다움의 개념을 포기하지 않고서, 아름다움의 개념 자체가 변화하게 되었다는 것이다. (Adorno 1970, 407)

부정성의 미학은, 마치 그의 적대자-모든 면에서 조화로운 매개의 미학-가 전통에 대한 **하나**의 상을 매개해 주었듯이, 근대에 대한 **하나**의 상을 재현한다. 이 두 개의 상들은 이론적인 구조들로서 결코 확정적으로 종결될 수 없는 하나의 담론 내에서, 중요하고도, 그 규범적인 단호함 속에서는 선동적인 입장들도 드러낸다. 그러나 우리 스스로 미적 경험의 어떤 특정한 입장을 수용하고 또 그에 따라 표현할 때에만, 우리는 그러한 담론을 비판적으로 판단할 수 있을 것이다.

6장 미적 경험

형이상학적 전통의 붕괴와 근대 예술의 발전에 기인된 아름다움의 위기는 다음과 같은 질문을 제기한다. 즉 이제 미학이 더 이상은 '아름답다'고 지칭할 수 없게 된 저 현상들을 정당하게 평가하고자 한다면, 과연 미학은 어떤 개념을 지향해야 하는가 하는 물음이다. 이에 마땅한 용어가 바로 '미적 경험'이다. 왜냐하면 이 용어는 내용에 있어서 가능한 규정들의 어떠한 역사적인 가변성에도 불구하고, 저 경험의 영역, 즉 그 중심은 과거로부터 아름다움을 표시해 왔지만 아름다움 속에서 완전히 소진되지 않은 그러한 경험의 영역을 한정하는데 가장 적합하기 때문이다. 이미 고대 예술 속에 있는 추함의 존재가 그것을 입증하는데, 이는 18세기 이래로 미학 내에서 아름다움의 적용범위를 제한하는 개념들(그 변양들을 포함해서 숭고함, 개성적인 것, 흥미로운 것)이 그런 것과 마찬가지다. 이러한 모든 표현형식들은 **미적 경험**의 영역 안에 위치하고 있다. 예술의 존재 전체에 대해 의문을 제시하려는 시도까지 포함해서 아름다움을 가장 단호하게 거절하고 있는 저 근대의 예술도 마찬가지로 이 영역 안에 놓여 있다. 다다이즘이라는 '반-예술'조차 결과적으로는 종교, 학문, 도덕, 그리고 정치 영역에 대한 미적인 것의 독립성만을 증명했을 뿐이다.[32)]

경험의 측면으로서의 미적인 것은 인류학적으로 거의 '근원적인' 현상이다. 역사적으로 아주 이른 시기의 미적인 양식화의 흔적들이, 손으로 만든 제작물들의 맥락 속에서나, 제의적인 것, 성애적인 것, 조리에 관련된 것의 표현양식들 속에서 이러한 현상을 증명하고 있다. 물론 미적인 것은 여기서 언제나 사회적이고 이데올로기적으로 중첩된 관계들 안에 매몰되고, 따라서 미적인 것으로서 '의식되지도' 않고 분리되지도 않는다.

18세기에서야 비로소 미적 경험은, 그 자신과 세계 경험의 다른 형식들에 비해 어느 정도 강한 고유권리를 요구할 수 있는, 그러한 독특한 경험형식으로서 인정된다. 특히나 관념론적인 미학은 예술이 '자신 안에 최종목표'를 가지고 있다는 것을 강조한다. 물론 "그 원리 안에 비도덕적인 것이나, 그러한 것을 장려하는 것을 의도해서는 안 된다"(Hegel 1965, Bd. Ⅰ, 64/61)는 명제를 통해 제한되기는 하지만 말이다. 이러한 자율성에 대한 선언이 최근의 기능화를 배제하는 것은 아니다. 그럼에도 이 기능화는 이제 명백히 미적인 것의 '완고함'에 맞서서 수행되어야 한다.[33)]

어떻게 상이한 경험형식들의 적용범위들이 서로에 의해 제한되는가, 그리고 그것들이 어떻게 더 상위의 관점들에 따라 서로 관련될 수 있는가 하는

---

32) 20세기 아방가르드 운동을 통해 <예술>이라는 제도에 대해 의문을 제기하는 문제와 관련해서는: P. Bürger, 『아방가르드 이론』, Frankfurt/M, 1974.

33) 예술을 예술 자신의 "자기목적"으로서 파악함으로써 이데올로기적 기능을 실행할 수 있다는 것은 누구보다 맑스적 입장을 가진 미학자들 쪽에서 강조되었다. P. Bürger, 1983. 참조.

문제는 언제나 하나의 **규범적인** 문제이다. 결국 이것은 실천적 철학의 중심에서 있는 '좋은 삶'의 척도에 대한 질문을 제시하고 있는 셈이다. 도대체 미적 경험에는 어떤 **실존적인 의미**를 부여해야 하는가? 인간의 실존이 현상세계를 초월하고 있는 이상들의 빛 속에서 평가되는 한, 미적인 것에 헌신하는 것은 근본적으로 의심스럽다고 여겨질 것이 당연하다. 덧없이 사라지는 것들과 그것을 예술을 통해 모방하는 것에 대한 플라톤의 경멸, 또는 공허한 감각적 쾌락들의 유혹에 대한 기독교 사상가들의 지칠 줄 모르는 경고들이 이러한 불신을 가장 분명하게 나타내고 있다. 그러나 이것은 근대적 관념론이 끝나갈 때까지도 뚜렷한 경향, 즉 아름다움의 타당성을 참됨과 선함의 타당성을 가지고 제한하려는 경향 속에서도 여전히 나타난다.

물론 미적인 것의 정당화에 대한 훨씬 앞선 예들이 있는데, 일찍이 아리스토텔레스가 그의 형이상학 서두에 덧붙인 말, 즉 인간은 "본성적으로" 감각적 지각(aísthēsis)에 대한 즐거움을 가질 수 있는데, 그것도 유용함과는 상관없이, 이론적 혹은 실천적인 관점에서 가질 수 있을 거라고 한 것이 그러한 예이다(『형이상학』 980 a). 인간학적인 것이 강조되는 18세기 철학에서 비로소 감각적-미학적인 인간의 실존이 논의의 중심으로 들어오게 된다. 그래서 루소는 자신의 『고독한 산책자의 몽상』에서 현상적으로 변화하는 자연에 대한 미적 경험의 맥락 속에 있는 주체의 시간성을 시사하고, **순간 속의 '충만한' 실존**을, 인간이 "그 자신과 자신의 고유한 현존으로서만 누릴 수 있는" 지복의 상태로, 그리고 "이러한 상태가 지속되는 한, 인간은 마치 신처럼 그 스스로 충분하다"고 규정한다(Rousseau 1978, Bd. Ⅱ, 699). 미적인 감수성은 구체적이고 덧없는 현존재를 자칭 더 실체적인 목적을 위해 언제나 이미 넘어섰던, 그 때문에 현존재를 더욱 더 기꺼이 도구화했던 이성의 반대 개념이 된다.

도구적 이성에 대한 간접적인 비판은, 미적 상태를 외부의 목적 관점들에 대해서는 고려하지 않는 "표상능력의 자유로운 유희"와 "인식 능력들의 조화에 관한 쾌감"으로 보는 칸트의 규정도 그러한 것을 포함하고 있다(Kant, KdU §9, 296). 실러는 이러한 생각을 계승시켜, 미적 상태는 "필연적으로 모든 개별적인 발현을 그 능력에 따라 자기 안에 포함하기" 때문에, 오직 미적 상태만이 “인간성 전체”를 자신 안에 포함하고 있다고 강조했다(Schiller 1968, 164). 그러나 어떤 합목적적이고 전략적인 의도 없이 자기 자신과 세계에 대한 전면적인 미학적 경험은 **자유로운** 실존의 가장 완전한 표현이다. “자유를 통해 자유를 주는 것”이 국가의 “기본법”이라고 할 수 있으며, 그런 국가에서는 좋은 삶이란 미적인 것의 공동체적인 향유와 같은 것이 된다(같은 책, 204).

> 그러한 미적인 국가에서는 모든 것, 심지어 사용하는 도구조차도 가장 고귀한 사람과 동등한 권리를 가진 자유로운 시민이 되며, 참을성 많은 대중을 그 자신의 목표 아래 강제로 굴종시키던 지성도 대중에게 그들의 동의를 물어 보아야 한다. (Schiller 1968, 206)

물론 이것은 미적인 가상의 국가일 것이고, 그리고 오직 “몽상가”만이 그러한 국가가 “본질상”-다시 말해 미래의 자유로운 사회로서-실현되는 것을 보고자 노력할 것이다. 따라서 제거할 수 없어 보이는 현실적인 예속과 불평등에 직면해서 이러한 유토피아적 기대는 다시 파기된다. 그러나 실러에게 있어서도 좋은 삶과 인간의 미적인 자기실현의 동일시는 불가능한 것인데, 왜냐하면 그는 “취향과 미에 대한 교육”을 기능적으로 “윤리적 국가”에서의 “도덕적 상태”의 실현이라는 고차원적 목표에 관련시키기 때문이고, 윤리적 국가를 구성하고 있는 “법의 위엄”에서 미적인 것의 자유는 한계를 느끼기 때문이다(176/204). 그리고 **윤리적인 것**은 현상계의 내재성을-신과 불멸성이라는 단순히 ‘규제적인’ 관념들의 관점 하에서라 하더라도-초월할 때에만, 그것은 다시 인간 실존의 목적적 내용으로서 규범적으로 확정될 수 있을 것이다.

미적, 윤리적, 그리고 종교적인 실존들 간의 관계에 대한 문제는 나중에 키에르케고르의 『이것이냐 저것이냐』로 더 첨예화되어, 후기관념론적인 ‘세속화’ 경향에 대한 초월의 요구를 변호하기에 이른다. 그러나 이러한 저항의 강렬함은 오히려 미적 경험을 **절대적으로** 정립하는 가능성이 이제 얼마나 명백해 졌는지를 보여주고 있다. 키에르케고르는 실존의 이해를 오늘날 우리가 심미주의라고 부르는 개념으로 표현한다.

> 인간에게 있어서 미적인 것이란, 그것을 통해 인간이 **직접적으로** 그 자신인 것 ... 미적인 것 안에서 미적인 것에 대해서, 미적인 것을 통해 미적인 것을 위해 사는 사람은, 미적으로 사는 것이다. (Kierkegaard 1960, 729)

미적 실존의 매체는 주체의 기분상태 및 순간들의 끊임없는 변화로서의 시간이다. "그 때문에 미적으로 살고 있는 사람은 저 엄청난 진동들에 내맡겨진다"(791). 이렇게 "본질적으로 사라질 수 있는" 인생 속에서 우리가 미적으로 실존하며 살아가고 있다는 것을 목도할 때 생기는 "절망"이야말로, 키에르케고르가 보기에는 실존의 미적인 단계에서 윤리적인 단계로의 "도약"을 위한 필수요소이다(798). 그러나 만약 미적인 것의 덧없음에 비해 윤리적인 것을 가치있는 것으로 만들어줄 '절대적인 것'과 '신적인 것'이 사실은 그저 비유일 뿐이라면?

모든 초월적인 의미 규정들에 대한 거부는 니체에게는 심미주의에 대한 명백한 긍정이 된다. "오직 **미적인 현상들**로서만 현존재와 세계는 영원히 **정당화된다**"(Nietzsche 1966, Bd. Ⅰ, 40). 관념론에 대해 가장 급진적으로 등을 돌림으로써 생성과 소멸의 이른바 그림자의 세계가 유일한 '현실적' 세계로 설명된다. 그럼에도 심미주의와 비도덕주의의 결합은 미적 경험이 새로이 역할을 맡을 수 있다는 데에로 나아간다. 그 역할이란 자신의 상승과 무제한적인 발전에 대한 관심 속에서 저 "자유에 의해 주어져야 할 자유"(실러가 미적인 것의 "사회적인" 실현의 표현이라고 불렀고, 결국 정서의 내부 안에 있는 단순히 가상적인 자유로 설명했던)를 부정해야만 하는 "권력에의 의지"의 도구로서의 역할이다. 그에 반해 "사회적인" 미적인 실존에로의 자유를 **정치적으로**도 실현시키고자 하는 저 "몽상가"의 요구를 지지한다면, 미적인 것과 윤리적인 것의 새로운 국면이 나타나게 될 것이다. 즉 윤리적인 것의 목적내용은 하나의 사회적 상태가 될 것인데, 여기에서는 모든 사람들이 자신의 현존재를 "자기 목적"로서의 자유와 평등 안에서 실현시킬 수 있고, 또한 "사용하는 도구"－무엇보다도 자연－마저도 "가장 고귀한 사람과 동등한 권리를 가진 자유로운 시민"이 된다(Schiller 1968, 206).

20세기의 철학 내에서는 마르쿠제가 가장 단호하게 이러한 몽상가의 요구를 인수하여, 모든 정치적 현실주의자들과 그들과 동맹 관계에 있는 심정적-관념론자들에 맞서서 의미 있는 유토피아로 지지했다.

> 미적 차원 속에는 단지 승화된 문화적인(예술적인) 형식에서만이 아니라 탈승화된 정치적인 형식 내에서도 자유와 본질적인 친화성을 가진 그러한 무엇인가가 있을까? 그렇게 해서 미적인 것이 사회적 생산력이 되는 것, 즉 생산기술의 한 요인이나, 물질적이고 정신적인 욕구들이 스스로를 전개시키는 그러한 하나의 지평이 될 수 있을까? (Marcuse 1969, 46이하)

이러한 **미적인 것의 유토피아적 지평**을 열어놓고, 그 안의 여러 다른 관점들을 구체화시키는 것이 바로 비판철학의 과제 중 하나로 남아 있다.

7장 자연미[34)]

19세기까지 통용되는 미학 내부의 분류 중에는 아름다움을 **자연미**와 **예술미**로 '구분'하는 것이 있다. 동시에 이러한 분류는 예술은 자연의 '모방'이라고 하는 테제로부터 나온 것이며, 이 테제는 동시에 예술미에 대한 자연미의 **존재론적 우위**를 정당화할 수 있게 해주었다. 예술과 자연 사이의 관계에 대한 논의는 여기서 자세히 다뤄질 수 없는 매우 복잡한 논쟁이다.[35)]

우리는 차라리 우리의 조망을 오늘날의 관점에서 특별히 시사적인 측면을 개괄하는 데에 제한할 것이다. 그것은 바로 미적으로 경험할 수 있는 자연과,

---

34) 이후 이어지는 논평은 필자의 논문 「미학적 자연개념의 역사에 관하여」(Zimmermann, 1982)에 나오는 구절과 거의 동일한 것들이다. 이 주제와 관련에서는 또한 다음을 참조하라: J. Ritter, 『주관성』, 「풍경. 근대 사회에서 미학적인 것의 기능에 대하여」, Frankfurt/M, 1974, 141이하, 그리고 R. Piepmeier, 『베스트팔렌연구』, 「미학적 범주로서"풍경"의 종말」, 30호, Münster, 1980, 80이하 참조.

35) 이 주제에 관련해서: H. Koller, 『고대의 모방』, 취리히/베른, 1954, 참조. 또한: H. R. Jauß편, 『모방과 환상』, 2쇄, 뮌헨, 1969. 참조

경제적-기술적 '착취'로 이어지는 과학적으로 파악할 수 있는 자연 사이의 대립이다.

그래서 특히 낭만주의적인 철학과 미학은 근대적 합리성에 특유한, 인간의 자연의 관계에 대한 도구화에 맞선 (사변적으로 '위장한')저항으로 나타난다. 실용적인 목적설정이 없다는 것이 자연으로 가는 미적 통로의 조건으로 통용된다. 자연은 마땅히 '자기 자체를 위해' 경험되어야 한다. 이것은 다시 자연이 '자유로운' 자연으로 현상한다는 것을 전제로 하고 있다. 낭만주의의 후계자로서 쇼펜하우어는 이렇게 "자유롭게" 스스로를 전개하는 자연을 참으로 "아름다운"자연이라고 해석했다.

> "자연이란 얼마나 미적인 것인가! 아무것도 건설되지 않고 황폐화된, 스스로 자유롭게 내버려진 모든 장소는 아무리 작은 것이어도, 만약 인간의 투박한 손이 곧장 자신의 미적 감각에 따라 꾸미지 않고 내버려 둔다면, 그래서 강요되지 않은 본성과 자연스러운 기품으로 우아하게 무리짓고 있는 식물과 꽃들, 관목들로 뒤덮는다면, 자연은 이기주의자의 채찍 아래서 자라난 것이 아니라 이곳에서 자연이 자유롭게 지배했다는 것을 증명할 것이다. 모든 내팽개쳐진 조그마한 장소들은 당장에 아름다운 곳이 될 것이다. (Schopenhauer 1960, Bd. Ⅱ, 520)

"이곳에서는 자연이 자유롭게 지배한 것처럼" 보이게 만든다는 영국식 정원 예술에 대한 언급은 물론 다음과 같은 것을 보여주는데, 즉 여기에서 중요한 것은 '자유로운'자연과 '정복된' 자연의 절대적인 대립이 아니라, 단지 자연의 전개 성향들을 강화시키는 가공의 '미적' 형식의 조건이라는 것이다.

자연을 목적에 부합하게 훈육하는 것에 반해 '자연 그대로의' 자연을 옹호하는 것은, 루소의 문명비판이래로 증대하는 제도적 훈육에 맞서 '자연 그대로의' 인간을 옹호하는 것과 밀접하게 연관된다.[36] 인간이 손대지 않은 '외적' 자연은 '내적' 자연의 해방이 이루어지는 특출한 무대이다. 주체는 사회가 자신에게 강요하는 역할을 벗어던지고 그 자신의 '참된' 욕구를 자각하게 된

---

36) 자연이라는 개념이 가진 관념론적-유토피아적인 이중의 의미와 "자연"의 소명에 대해서는: B. Wormbs, 『자연과의 친화에 대하여: 환상과 관념 사이의 풍경』, München, 1976. 참조.

다. 범신론적 동일화 속에서 자연은 '너'가 되고, 그의 시민적인 생활세계에서 소외된 '나'는 '너'와 함께 의사소통 관계 안으로 들어오게 된다. 그러나 자연은 오직 자연이 주체로서 '정립되고' 인정된다는 전제 아래에서만 '말할'-말을 걸고 대답을 하는- 수 있는 것으로 보인다. 그리고 다시 오직 인간이 자신을 미적인 경험 안에서 **자연-주체**에 상응하는 **주체-자연**으로 파악할 때에만 이러한 말하기를 이해할 수 있는 것으로 보인다(참조. Zimmermann 1982, 134, 140이하).

이러한 배경에서 명백하게 낭만주의에 맞서는 입장을 취하고 있는 자연미에 대한 헤겔의 평가절하는 도구적 합리성에 대한 보편적 요구의 정당화와 같은 역할을 하게 된다. "무의식적인 감성" 속에서 정신이 없는 자연을 장악한다는 것이 정신의 규정이다. "인간의 뇌리를 스치는 대로의 보잘 것 없는 착상"조차도 "형식적으로 고찰하자면" 그 어떤 자연의 산물보다도 더 가치 있을 수 있다(Hegel 1965, Bd. Ⅰ, 14). 그러나 철학적 미학이 다루어야할 문제의 영역에서 자연미를 제외하는 것도 또한 방법론적으로 정초된다. "우리는 자연미에 있어서는 척도들 없이 **무규정성** 속에 있음을 뚜렷하게 느낀다."(Bd. Ⅱ, 15) 사실상 우리가 살아있는, 자신을 표출하면서 우리에게 말을 걸고 있는 그러한 자연의 표상을 제거했을 때, 자연미에 대한 담론은 그의 시사성을 잃게 된다. 이렇게 해서 자연은 예술미와는 대조적으로 미적 담론의 언어에서 멀리 벗어난, 무지향적인 침묵하는 아름다움이 되어 버린다.

그러나 바로 그 낯설음에서 자연은 **근대의** 자기이해에서 새로운 의미를 얻게 된다. '무언의>, 그러면서도 미적으로 시사적인 자연의 현존재는 명확하고 개념적인 모든 종류의 고착을 스스로 거부하는 예술의 불가사의한 인상학(Physiognomie)과 상응하는 것으로 보인다. 따라서 자연미가 예술의 '불가사의한 성격'을 지향하는 아도르노의 미학에서 그런 특별한 지위를 차지한다는 것은 놀랄만한 일이 아니다. 여기에서 대상적-내용적 혹은 형식적-구조적 모방은 더 이상 예술의 자연에 대한 미메시스로서가 아니라, 자연의 표현적인 인상을 각각의 예술 매체 속에서 '모방하려는' 시도로 인정된다. 그 개념적으로 구체화할 수 없음 속에서 즉각적으로 모든 구체적인 미메시스에서 가장 멀리 떨어져 있는 음악적 작품이 자연의 미적 표현에 가장 가까운 곳에 자리

잡게 된다.

> 자연미는 다른 규정들과는 반대되는 비규정적인 것으로, 규정이 불가능하다. 그런 점에서 자연미는 슈베르트에게 있어서 비대상적인 유사성에 있어서 가장 큰 효과를 끌어내는 음악과 매우 가깝다. 음악에서 무엇인가 아름다운 것이 번쩍 빛을 발하고 지나가듯이 자연에서도 아름다운 것은 빛을 발하다가 그것을 움켜쥐려 시도하는 순간 곧장 사라져 버린다. 예술은 자연을 모방하는 것도 아니고, 개별적인 자연미를 모방하는 것도 아니며, 그저 자연미 바로 그 자체를 모방한다. 이는 자연미의 아포리를 넘어서 미학 전체의 아포리를 뜻한다. 미학의 대상은 규정할 수 없음으로서, 부정적으로만 규정된다. (Adorno 1970, 113)

자연은 “있는 그대로 보다 더 많은 것을 말하는 것으로 보인다”(같은 책, 122)는 점에서 자신의 아름다움을 가진다는 테제는, 다시 자연의 주체성에 대한 오래된 낭만주의적 가정을 상기시키며, 동시에 근대 학문의 ‘사물화된’ 자연개념에 대한 대안의 가능성을 요청한다. 만약 그럼에도 자연을 ‘그 독립적 존재’에서 인정하는 자연과의 교섭에 대한 요청이 물활론적이고 범신론적인 자연 해석의 의미에서 순전히 사변적인 것이 아니어야 한다면, 그 요청은 오로지 실천으로 인도하는 요청, 즉 ‘마치’ 자연이 주체인 것처럼 다루어라 라는 요청의 성격만을 가질 수 있을 것이다. 이에 따라 무엇보다도 미적 자연경험의 가능성을 보장하고 확대할 수 있는 조건들을 공식화하는 새로운 **자연의 윤리학**이 요구된다.[37]

■ 인용문헌

Adorno, Th. W. 1970: Ästhetische Theorie. Frankfurt/M.

Alberti, L. B.: Della Pittura. Zit. nach der deutschen Übersetzung in: Kleinere kunsttheoretische Schriften. Hrsg. v. H. Janitschek. Wien 1877, 50 ff.

Aristoteles: Poetik. Zit. nach der deutschen Ausgabe. Stuttgart 1961.

37) 새로운 “윤리학과 자연”에 관한 담론에 대해서는: D. Birnbacher편, 「생태학과 윤리학」, Stuttgart, 1980. 참조.

Augustinus: Confessiones. Zit. nach der deutschen Ausgabe: Bekenntnisse. 2. Aufl. München 1983.

Baeumler, A. 1967: Das Irrationalitätsproblem in der Ästhetik und Logik des 18. Jahrhunderts bis zur Kritik der Urteilskraft. 2. Aufl. Darmstadt.

Batteux, Ch.: Les beaux arts réduits à un même principe. Paris 1746. Deutsche Übersetzung: Einschränkung der Schönen Künste auf einen einzigen Grundsatz. Leipzig 1751.

Baudelaire, Ch.: Gesammelte Schriften. Dreieich 1981.

Baumgarten, A. G.: Deutsche Kollegnachschrift der Ästhetik. In: B. Poppe: Alexander Gottlieb Baumgarten. Leipzig 1907.

Burke, E.: A Philosophical Enquiry into the Origin of our Ideas of the Sublime and the Beautiful. Zit. nach der deutschen Ausgabe: Vom Erhabenen und Schönen. Hamburg 1980.

Bürger, P. 1983: Zur Kritik der idealistischen Ästhetik. Frankfurt/M.

Dürer, A.: Schriften, Tagebücher, Briefe. Stuttgart 1961.

Friedrich, H. 1967: Die Struktur der modernen Lyrik (erweiterte Neuausgabe). Reinbek bei Hamburg.

Fuhrmann, M. 1963: Einführung in die antike Dichtungstheorie. Darmstadt.

Gadamer, H. G. 1965: Wahrheit und Methode. 2. Aufl. Tübingen.

Goethe, J. W.: Schriften zur Kunst. In: Werke Bd. XII. 8. Aufl. München 1978.

Gottsched, J. Ch.: Versuch einer Critischen Dichtkunst. 4. Aufl. Leipzig 1751 (Nachdruck Darmstadt 1977).

Hanslick, E.: Vom Musikalisch-Schönen. 2. Aufl. Leipzig 1858.

Hegel, G. F. W.: Ästhetik. Bd. I und II. Hrsg. v. F. Bassenge. Frankfurt/M. o. J. (1965).

Herder, J. G.: Sämtliche Werke. Hrsg. v. B. Suphan. Berlin 1877 ff.

Horaz: De arte poetica. Deutsche Übersetzung in: Sämtliche Werke. München 1964, 230 ff.

Hume, D.: The Philosophical Works. Boston/Edinburgh 1854.

Jauß, H. R. 1964: Ästhetische Normen und geschichtliche Reflexion in der <Querelle des Anciens et des Modernes>. München.

__________. (Hrsg.) 1968: Die nicht mehr schönen Künste. 2. Aufl. München.

Jean Paul: Vorschule der Ästhetik. In: Sämtliche Werke. Bd. V. 4. Aufl. München 1980.

Kant, I.: Kritik der Urteilskraft (KdU). In: Werke. Hrsg. v. W. Weischedel. Bd. V. Darmstadt 1957.

Kierkegaard, S.: Enten – Eller. Zit. nach der deutschen Ausgabe: Entweder – Oder. Köln 1960.

Klein, H. 1967: There is no Disputing about Taste. Untersuchungen zum englischen Geschmacksbegriff im 18. Jahrhundert. Münster.

Leibniz, G. W.: Werke. Hrsg. v. W. v. Engelhardt und H. H. Holz. Darmstadt 1959 ff.

Lessing, G. E.: Laokoon. Zit. nach: Werke. Hrsg. v. P. Stapf. Bd. II. München o. J., 271 ff.

Lotman, J. M. 1973: Die Struktur des künstlerischen Textes. Frankfurt/M.

Marcuse, H. 1969: Versuch über die Befreiung. Frankfurt/M.

Nietzsche, F.: Werke. Hrsg. v. K. Schlechta. München 1966.

Nivelle, A. 1960: Kunst- und Dichtungstheorien zwischen Aufklärung und Klassik. Berlin.

Novalis: Schriften. Bd. III. 2. Aufl. Stuttgart 1968.

Oelmüller, W. u. a. (Hrsg.) 1982: Diskurs: Kunst und Schönes. Paderborn.

Panofsky, E. 1960: Idea. Ein Beitrag zur Begriffsgeschichte der älteren Kunsttheorie. 2. Aufl. Berlin.

Platon: Hippias maior - Phaidros - Symposion - Politeia - Nomoi - Ion - Philebos – Timaios. Zit. nach der Übersetzung von F. Schleiermacher. In: Sämtliche Werke. Reinbek bei Hamburg 1957 ff.

Rousseau, J. J.: Schriften. Hrsg. v. H. Ritter, München 1978.

Schelling, F. W. J. v.: Sämtliche Werke. Stuttgart/Augsburg 1856 ff.

Schiller, F.: Über die ästhetische Erziehung des Menschen. In: Werke. Hrsg. v. E. Jenny. Bd. X. Basel/Stuttgart 1968, 76 ff.

Schlegel, A. W.: Die Kunstlehre. In: Kritische Schriften und Briefe. Hrsg. v. E. Löhner. Bd. II. Stuttgart 1963.

Schlegel, F.: Über das Studium der griechischen Poesie. In: Kritische Schriften. 2. Aufl. München 1964.

Schopenhauer, A.: Sämtliche Werke. Hrsg. v. W. v. Löhneysen. Stuttgart/ Frankfurt 1960 ff.

Sklovskij, V.: O teorii prozy. Deutsche Ausgabe: Theorie der Prosa. Frankfurt/M. 1966.

v. Stein, K. H. 1866: Die Entstehung der neueren Ästhetik. Stuttgart (Nachdruck Hildesheim 1964).

Szondi, P. 1980: Poetik und Geschichtsphilosophie I. Antike und Moderne in der Ästhetik der Goethezeit. Hegels Lehre von der Dichtung. 3. Aufl. Frankfurt/M .

Tatarkiewicz, W. 1979: Geschichte der Ästhetik. Bd. 1: Die Ästhetik der Antike.

Basel/Stuttgart.

Wellek, R. 1959: Geschichte der Literaturkritik 1750－1830. Darmstadt/ Berlin/Neuwied.

Wiegand, A. 1967: Die Schönheit und das Böse. München/Salzburg.

Winckelmann, J. J.: Geschichte der Kunst des Altertums. Wien 1934.

Wölfflin, H. 1943: Kunstgeschichtliche Grundbegriffe. Das Problem der Stilentwicklung in der neueren Kunst. 8. Aufl. München.

Young, E.: Conjectures on Original Composition. London 1759.

Zimmermann, J. 1976: Wandlungen des philosophischen Musikbegriffs. In: G.

Schnitzler (Hrsg.): Musik und Zahl. Bonn/Bad Godesberg 1976, 81 ff.

- 1980: Spracbanalytischc Ästhetik. Stuttgart.

- 1982: Zur Geschichte des ästhetischen Naturbegriffs. In: Ders. (Hrsg.): Das

Naturbild des Menschen. München.

보충문헌

Abrams, M. H. 1978: Spiegel und Lampe. Romantische Theorie und die Tradition der Kritik. München.

Assunto, R. 1963: Die Theorie des Schönen im Mittelalter. Köln (mit Quellentexten).

Bartuschat, W. 1972: Zum systematischen Ort von Kants Kritik der Urteilskraft.

Frankfurt/M.

Böhme, G. 1989: Für eine ökologische Naturästhetik. Frankfurt/M.

Dahlhaus, C. 1967: Musikästhetik. Köln (historisch und begriffsgeschichtlich

angelegt).
Frank, M. 1989: Einführung in die frühromantische Ästhetik. Frankfurt/M.
Garin, E. 1969: Die Theorie des Schönen im Humanismus und in der Renaissance.
Köln (mit Quellentexten).
Grassi, E. 1962: Die Theorie des Schönen in der Antike. Köln (Neuausgabe 1980, mit Quellentexten).
Jauß, H. R. 1982: Ästhetische Erfahrung und literarische Hermeneutik. Frankfurt/M.
Jung, W. 1987: Schöner Schein der Häßlichkeit oder Häßlichkeit des schönen Scheins. Ästhetik und Geschichtsphilosophie im 19. Jahrhundert. Frankfurt/M.
Kamper, D./Wulf, Ch. (Hrsg.) 1989: Der Schein des Schönen. Göttingen (auch zur alltagsästhetischen und soziologischen Relevanz des Begriffs).
Knabe, P. E. 1972: Schlüsselbegriffe des kunsttheoretischen Denkens in Frankreich. Düsseldorf (Ästhetik des 18. Jh., mit Quellentexten).
Koppe, F. 1983: Grundbegriffe der Ästhetik. Frankfurt/M.
Kuhn, H. 1966: Die Vollendung der klassischen deutschen Ästhetik durch Hegel.
In: Schriften zur Ästhetik. München.
Kulenkampff, J. 1978: Kants Logik des ästhetischen Urteils. Frankfurt/M.
Oelmüller, W./Dölle-Oelmüller, R./Rath, N. (Hrsg.) 1982: Diskurs: Kunst und Schönes (Philosophische Arbeitsbücher Bd. 5). Paderborn (Quellentexte zur Geschichte der Ästhetik und Kunsttheorie von der Antike bis zur Gegenwart).
Paetzold, H. 1974: Neomarxistische Ästhetik. 2 Bde. Düsseldorf (zu: Bloch, Benjamin, Adorno, Marcuse).
__________. 1983: Ästhetik des deutschen Idealismus. Zur Idee ästhetischer Rationalität bei Baumgarten, Kant, Schelling, Hegel und Schopenhauer. Wiesbaden.
Pochat, G. 1986: Geschichte der Ästhetik und Kunsttheorie. Von der Antike bis zum 19. Jahrhundert. Köln (u. a. zur Theorie der bildenden Künste).
Venturi, L. 1972: Geschichte der Kunstkritik. München (Ästhetik und Theorie der bildenden Künste von der Antike bis zur Gegenwart.)

역자 약력

원승룡 전남대학교 철학과 교수, 서울대학교 철학박사, 현대 유럽철학 전공
이강서 전남대학교 철학과 교수, 뮌헨대학교 철학박사, 서양 고대철학 전공
김은주 전남대학교 철학과 박사과정 수료, cum역사도서관 공동대표

철학적 사유의 근본 주제들 I

PHILOSOPHIE:
EIN GRUNDKURS, BAND I

인 쇄 | 2018년 1월 25일
발 행 | 2018년 1월 30일

역 자 | 원승룡 · 이강서 · 김은주
발행인 | 정병석
발행처 | 전남대학교출판문화원

등 록 | 1981. 5. 21. 제53호
주 소 | 61186 광주광역시 북구 용봉로 77
전 화 | (062) 530-0571～2
마케팅 | (062) 530-0573
팩 스 | (062) 530-0579
홈페이지 | http://www.cnup.co.kr
이메일 | cnup0571@hanmail.net

값 18,000원

ISBN 978-89-6849-469-7 (93160)

이 도서의 국립중앙도서관 출판예정도서목록(CIP)은 서지정보유통지원시스템 홈페이지(http://seoji.nl.go.kr)와 국가자료공동목록시스템(http://www.nl.go.kr/kolisnet)에서 이용하실 수 있습니다.
(CIP제어번호: CIP2018003054)